水做的火焰
——江南文化的旷世风华

徐国保 著

东南大学出版社
·南京·

内 容 简 介

江南文化是"理性早起"的奇点文化。本书打破学科边界，驱动时空双轮，一切从史实出发，凿开了封闭许久的观念石墙，走出疑古时代，重新评估江南古代文明，"全"幅展示了以太湖流域为中心的江南"世界"文明由水而起、柔极而刚的超宏观发展轨迹，将诗心、史笔与哲思完美结合，文史互证，揭示出江南文化的奇光异彩与旷世风华。本书素雅沉实，贴近心灵世界直言吐论，亮点闪烁，其绿色观点具有新时代破题发展的现实指导意义。未来已来，书中表达了人们对美的感叹，字里行间充满着东方特有的文化自信、"中国主义"与雄性的阳刚之气。

图书在版编目(CIP)数据

水做的火焰：江南文化的旷世风华 / 徐国保著. —
南京：东南大学出版社，2019.8
 ISBN 978-7-5641-7818-5

Ⅰ.①水… Ⅱ.①徐… Ⅲ.①文化史－研究－华东地区 Ⅳ.①K295

中国版本图书馆 CIP 数据核字(2019)第 180519 号

水做的火焰——江南文化的旷世风华
Shui Zuo De Huoyan：Jiangnan Wenhua De Kuangshi Fenghua

著　　者	徐国保
出版发行	东南大学出版社
社　　址	南京市四牌楼 2 号　　邮编 210096
出 版 人	江建中
网　　址	http://www.seupress.com
电子邮箱	press@seupress.com
经　　销	全国各地新华书店
印　　刷	江苏扬中印刷有限公司
开　　本	787 mm×1092 mm　1/16
印　　张	20
字　　数	438 千
版　　次	2019 年 8 月第 1 版
印　　次	2019 年 8 月第 1 次印刷
书　　号	ISBN 978-7-5641-7818-5
定　　价	58.00 元

本社图书若有印装质量问题，请直接与营销部联系。电话(传真)：025-83791830

歌德说,思考比了解有意思,但比不上观察。观察之趣,就像与一个新世界相遇。远古时代,天倾西北,地陷东南,以太湖流域为中心的江南先人从洪水、血水、汗水、泪水中走来,坎坷而艰辛。他们犹如苔藓,"白日不到处,青春恰自来。苔花如米小,也学牡丹开"(清·袁枚《苔》)。

"苔"是低等的隐花植物,它可能起源于绿藻,出现于3.5亿年前的泥盆纪中期,是现存最原始的植物。在农村长大的我打小就熟悉它。苔在墙角、树洞、石缝、草丛皆有,分布于全球各地。这些低至泥土、丛簇翠绿的微小植物从不起眼,只有被踩踏、铲除、忽略的分儿,更少有人知它也会开花。

江南古人与苔藓一样,源远流长,虽生在"下下"之地的"卑湿"处,不引人注目,不被人喝彩,但从不自惭形秽,不顾影自怜,仍执着地释放青春,静默开放,笑对世界。"白日不到处""苔花如米小",是客观,也是事实;"青春恰自来""也学牡丹开",是不可企及的生命风采。不仅如此,它虽小,却是自然界的拓荒者!

民以食为天,食以土为本。地球上的泥巴是从哪里来的?数据显示,约4.58亿年前,河流沉积物中泥巴成分约占1%,这个数值在此后1亿年里稳步上升。研究人员认为,这种增长不是冰期作用和板块运动导致的,而是由寒武纪剧烈的地球板块运动导致的地球大气氧含量上升带来的,带来"泥巴革命"的可能就是兴盛的苔藓植物,约4.3亿年前有较深根系的高等植物诞生并传播开来,才使泥巴进一步增加。苔藓因其独特的生活习性,成为土壤酸碱度的指示植物,还可保土蓄水、做燃料、做草药……可见,小植物也有大作用、大境界,小人物也有大格局、大气场。

"江南"一词,首现于2 300多年前屈原的《招魂》中。它既是个地理概念、文化概念,也是个历史概念,一部江南史里就藏着半部中国史。江南有大(地理江南)、中(文化江南)、小(核心江南)之分,在本书中多指"小江南",即以太湖流域为中心的江南核心区(见图0-1),地跨江苏、浙江、安徽和上海四省市。在"江南文化"的内生基因源头中,除了本地因素之外,苏州和宁波是两个重要来源,它是千百年来根植于太湖流域的吴文化和宁

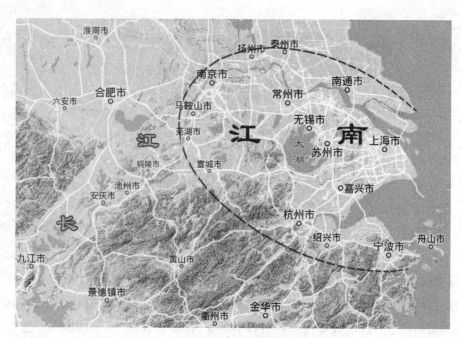

图0-1 以太湖流域为中心的江南核心区域示意图

绍平原的越文化融合发展的结晶。先秦时期,江南被称为"吴越",而明清时期江南的核心区乃"八府一州"——苏州、松江、常州、镇江、应天(江宁)、杭州、嘉兴、湖州八府及从苏州府辖区划出来的太仓州,江河纵横,湖泊星罗棋布,稻花飘香,芬芳迷人。

远古江南,地广人稀,很少有人涉足,是个"姥姥不疼,舅舅不爱"的地方,江南先人烤着生命之火取暖,像牛一样劳动,像土地一样奉献。如今人口稠密,风情万种,生机勃勃,仿佛沉浸在诗、酒与美的天宫。它展示了盛世的逻辑——"不经一番寒彻骨,怎得梅花扑鼻香",幸福生活都是从奋斗中得来的。没有等来的辉煌,只有拼来的精彩。

唐朝诗王白居易曾经担任过杭州刺史,在杭州两年,后来又担任苏州刺史,任期也一年有余。当他因病卸任苏州刺史,回到洛阳十余年后,写下了超越时空的三首《忆江南》,他把江南景色写得极其明丽鲜艳。王国维曾说:"一切景语皆情语也。"诗,不仅是诗词,而且是诗意的生存;远方不仅仅是遥远,也是心志高远的意境。

江南,风是透明的河流,雨是晶莹的流星,到处清流弯弯、翠柳婆娑,是梦开始的地方,犹如日出的激荡总叫人看不够!她为何如此多娇?特别是吴中地区那些让人着迷的、专属于自己的"谜题",更是吸引着各方的关注。洞其奥隐,识其旨趣,江南"多娇"的秘诀,乃是水做的火焰!看似潜于渊,实则可腾天;它远超"希腊火",每一滴水珠都蕴藏着奔腾的力量,乃是江南人的秘史;有"融"则大,聚"合"则强;更可贵的是,它不嫌贫爱富,具有天下一家的家国情怀。

古希腊哲学家赫拉克利特认为,世界的本原是永恒运动、发展着的火,燃烧的火象征着自然界中普遍的生生不息的现象和转化。烟雨的江南、隐逸的江南、匠心的江南、诗意的江南,基于创新,成于实干,超越理性进而达到"万物不同而相通之一体"的诗意境界。

她像一个大 π(Pi),彼岸虽遥不可及却又近在咫尺。

一切对历史的致敬都是为未来壮行。时间可以让一切都变成故事,也可以让一种灾难变成一份厚礼。春秋时期"礼崩乐坏",神的退隐伴随着人的尊严的出落。人们因失而悲,因得而喜,此乃一种禅意。翻开《说文解字》会发现,只有"华(華)"字,后来才出现了"花"字。"华"字本有个草字头,可以看出华和草木之间的关系。《说文解字》解释"华"的本义是"荣也"。江南不仅是中华的精华,还是草丰水美"花"的代名词。"华"与"花"本一字,它们是一对古今字。"花"字虽是今天的常用字,但其实它是个六朝后才有的俗字,尽管如此,它却是个"后起之秀"。江南因"华"而兴,因"华"而荣,因"华"而"花"。

水记录保存了人类希望了解的一切秘密,所以从古人到当代宇宙学家都在寻找水,有水是"宜居星"的首要条件。但古人追问的是天地与大洪水的来源,而当下宇宙学家千方百计地利用各种最先进的太空望远镜在广袤宇宙的亿万星系间寻找的是地球的兄弟——有水的宜居行星。火热般的激情,都是因水之故而燃烧。

2018 年摘取"世界杰出女科学家奖"的中国科学院院士、古生物学家张弥曼用 60 多年的时间找到了鱼从水里"爬上陆地"逐步演变为人的证据。可见,"水,具材也"。但它是在特定"空间"中运行的,是主客观的统一和结合。清代大医学家陈修园说:江南水"其水较其旁诸水,重十之一二不等"。原来这水是较重的,不是轻浮无力刁声浪气,不是飞扬跋扈放诞任气,而是静水流深。于是这里的水与他处的水就有了差别,故而这里的"世界"出现了奇观异景、旷世风华:在长江南岸边湖北宜昌长阳地区出土距今 5.18 亿年的各种新的前所未见的生物类群——"清江生物群"化石库;中外科学家在南京东郊的一处早侏罗世地层中,发现第一批"真正"的花——迄今为止世界上最古老的花朵化石——"南京花",它绽放于 1.74 亿年前;1 万年前世上首粒晶莹的稻米面世;7 000 多年前人们开始掌握养蚕纺织技术;5 800 年前,地处苏州东北角长江边上的张家港东山村显现出中华文明的第一缕曙光;5 000 多年前良渚早期国家横空出世,它使中华文明 5 000 多年的传说成了信史;2 500 多年的苏州古城至今仍在原来的版图上巍然屹立,昆曲与评弹等天籁神曲响遍五湖四海……这种声音,你只要保持一份纯净的心态,广收草木、细考虫鱼,于细微处便能听到。它不仅使我们走出了疑古时代,更促使我们重新评估江南古代文明。还是陈修园说得好,人之血脉,宜伏而不宜见,宜沉而不宜浮,三江水"清而重,性趋下",静水流深。它勾刻出江南大地的掌纹,映现了时间,也映照着生命——刚柔并济,柔得真诚,刚得坚韧。万年以来,他们带着原始农业社会"天人合一"的符号而来,厚德载物,坚守"半半哲学",不忘本来、吸收外来,羊大则美,处处闪烁着独特的"东方智慧"——变越来越多的"不可能"为可能,使之青山不改、绿水长流,把疯狂的想法变成了现实,实现了跨越式发展,使我们感受到江南文化的绚烂与博大。在走进新时代、踏上新征程之际,江南人应从江南之内看江南,上升到跳出江南看江南,还要跳出中国看江南,方有新的认知与感悟,完成其在当下文化生态下的继承与发展,使之成为中华民族文化自信的重要源泉。

　　读书的本意在元元,发展从未有穷期。人类一切努力的伟大目标在于获得安康与幸福,这既是最大的人权,也是共产党人的宗旨。我国是后发现代化国家,仍处于并将长期处于社会主义初级阶段,仍是世界上最大的发展中国家,既要勇于探索新知,又要敢于推动变革;既要跨越发展,也要用生态潜能激发经济动能,以永续生态换取资本;既要追求全面发展,也要有"灵魂的壮游",接触一个无穷的世界。

　　"水""尘"不言,大美至简,循行变换,生生不已。天地的"大美"连着人间的"大爱",二者都应认真呵护。"人类世"已经来临,人类要担负起保卫地球的重任。有鉴于此,人类应向动植物"偷师学艺",逐步改变其生产生活方式。这没有什么不可能,人类的创造力和想象力在大自然面前总是能给人惊叹,如引力波能以全新的方式来探索宇宙,丽莎·兰道尔提出第五维空间——"宇宙的隐秘之维",两百多位科学家联合观测捕获影像——使我们看到了黑洞也会"发光",以及因为暗能量和暗物质的存在,宇宙不是变小而是在加速膨胀等等,都是有力的例证。

　　轻舟已过万重山,绿色发展路上花正好,人类的想象理应牵引科技到达心灵的理想国——民胞物与,美美与共,天下大同。所谓的"美国优先""美国例外"都是有害的文明优越论。构建人类物质与精神世界的"普照之光",把绿色底色化为幸福的成色,护佑绿水青山,做大金山银山,"德合天地,道济天下",这既是"天人合一",又是"中国主义"。

　　天下为公,大道致远。史的壮丽,诗的斑斓,信仰是支撑我们前行的不竭动力。老子曰:"既以为人己愈有;既以与人己愈多。"[1]笔者相信真理将改变未来,科技进步亦将改变人类;人文与自然科学都能够提升人类的精神境界,改变人类的生存处境。由此,我"怀抱观古今,深心托豪素",只是"地力"不足,很想拜托老子给我写序,庄子指点我几句。尽管是梦想,好在"老子不老,历久弥新",他那些永不会过时的、总会有用武之地的、既抽象却又能落到实处的理念、方略,早已佐证未来会更美好,因为生态文明是"甜的"。

　　是为序。

二〇一九年五月二十三日于苏州市姑苏区东中市寓所

---

[1] 陈鼓应著,《老子注译及评介·第八十一章》,中华书局,1984年5月,第361页。

目录

- 第一章　沧海桑田的文明之光 ··· 001
  - 一、地陷东南　蕴奇藏珍 ·· 002
  - 二、首显曙光　国家出世 ·· 009
  - 三、日长夜大　稻桑之源 ·· 026

- 第二章　因水结缘的经典传奇 ··· 037
  - 一、以水为媒　南北相融 ·· 038
  - 二、震泽底定　人杰奔吴 ·· 048
  - 三、舟楫为马　旷世风华 ·· 058

- 第三章　独一无二的神秘古城 ··· 072
  - 一、象天法地　因水而生 ·· 073
  - 二、古城雄姿　世界之最 ·· 081
  - 三、处处珠玑　本真之美 ·· 096

- 第四章　湖海锻造的吴越奇人 ··· 107
  - 一、断发文身　水中火焰 ·· 108
  - 二、带经锄野　文化昆仑 ·· 119
  - 三、外柔内刚　理性之光 ·· 133

- 第五章　国朝第一的书画艺术 ··· 141
  - 一、鸟虫书体　首创字艺 ·· 142
  - 二、大家辈出　冠绝古今 ·· 147
  - 三、兰亭新序　推陈出新 ·· 157

第六章　因水而生的家国情怀 …………………………………………… 175
一、江南之胜　独在于水 …………………………………………… 176
二、勠救世主　自救自度 …………………………………………… 187
三、天下一家　江河握手 …………………………………………… 195

第七章　壶中天地的奇观意境 …………………………………………… 209
一、春秋西湖　吴王苑囿 …………………………………………… 210
二、四大名园　中国之最 …………………………………………… 221
三、意境见长　居尘出尘 …………………………………………… 232

第八章　水韵绽放的天籁神曲 …………………………………………… 243
一、水韵神曲　古之遗音 …………………………………………… 244
二、百戏之祖　誉满天下 …………………………………………… 252
三、烟水滋养　最美声音 …………………………………………… 266

第九章　绿水青山的地上天宫 …………………………………………… 276
一、唯实求真　自强不息 …………………………………………… 277
二、转型升级　江海潮涌 …………………………………………… 289
三、中国主义　美美与共 …………………………………………… 298

第一章

沧海桑田的文明之光

"我们从哪里来?又往何处去?"这是一个古老的话题。

战国时期,楚国伟大的诗人屈原(约前340—前278)在《天问》里曾这样问道:"遂古之初,谁传道之?上下未形,何由考之?冥昭瞢暗,谁能极之?冯翼惟像,何以识之?明明暗暗,惟时何为?阴阳三合,何本何化?圜则九重,孰营度之?惟兹何功,孰初作之?"[1]意思是:请问,远古始初的情况,是由谁流传下来的?天地没有成形之前,如何才能探究清楚?天地蒙昧昏明一片,谁能探究根本原因?宇宙混沌一团,怎么识别,将它认清?白天光明夜晚黑暗,为什么会这个样子?阴阳两气渗合而生宇宙,哪是本体哪是演变?天体传为九重,是谁筹谋规划?这样浩大的工程,是谁干的?屈原追寻的是世界的起源问题,这首诗也表达了他对世界本源的基本看法。

2 200多年后的2018年3月14日,"科学斗士"、宇宙学家史蒂芬·霍金魂归宇宙。他在2014年曾说过,他一辈子最大的希望就是能在外层空间死去。他虽然患有"渐冻症"(肌萎缩侧索硬化),却没让身体的残障浇熄他解开宇宙奥秘的热忱,他的奇点理论、"霍金辐射"、《时间简史》、《果壳中的宇宙》等似乎都是前所未有、独一无二的。但他同样发出疑问:宇宙从何处而来?又往何处而去?在霍金的想象中,宇宙起源有点像沸水中的"泡泡"。他认为,一些坍缩的"泡泡",由于不能维持足够长的时间,来不及发展出星系和恒星,更不用说智慧生命了。但一些"小泡泡"膨胀到一定尺度,就可以安全地逃离坍缩,继续以不断增大的速率膨胀,这形成了我们今天所看到的宇宙。联想到屈原的《天问》,霍金的宇宙起源"泡泡"说,是否有感于屈原的世界起源于"蒙昧昏明一片""阴阳两气渗合而生宇宙"?不知诸君的想法如何?至少笔者是这么想的:因为地球是圆的,一切皆有可能。难怪霍金先后三次来中国,两登长城。好在引力波天文学时代正在到来,中科院紫金山天文台研究员韦大明说:"引力波能帮人类洞悉整个宇宙的起源。如果找到合适的引力波,人们将有机会为大爆炸等一系列基本物理假设找到证据。到那时,人类

---

[1] 刘庆华译注,《楚辞》,广州出版社,2001年6月,第63-65页。

会以前所未有的方式看到塑造宇宙的力量。"

138.2亿年前的一次大爆炸产生了宇宙。45亿多年前诞生了地球。但世事变化很大。中国有一个著名的成语——沧海桑田。据考证,这条成语出自东晋葛洪(284—364,晋丹阳郡句容人,即今江苏句容市)的《神仙传》。书中说有一个叫麻姑的仙女(就是那个献寿桃的麻姑),她见到仙人王远(字方平)后,说了这么一番话:"从上次接见以来,已经看到东海三次变为桑田。刚才到蓬莱仙岛,见东海水又比过去浅了,计算时间大约才过了一半,难道又要变成丘陵和陆地吗?"方平笑道:"圣人都说,东海又要干涸,行将扬起尘土呢!"(麻姑自说云:"接侍以来,已见东海三为桑田。向到蓬莱,水又浅于往者,会时略半也,岂将复为陵陆乎?"方平笑曰:"圣人皆言,东海行复扬尘也。")这便是"沧海桑田"成语的来历,其本意是指大海变为农田,农田又变为大海。在宏大的宇宙中,人类只不过是一粒微小尘埃,但你依然能找到自己的意义。

同理,美丽的江南从何而来,为何在此?几代地球物理学家与科学考古工作者经过共同努力,用实证的方法,已基本回答这一古老的问题:美丽江南不是飞来之地,它是自然妙造,奇异天成。它犹如一条丑陋的毛毛虫变身为五彩斑斓的蝴蝶——"会飞的鲜花"——首显文明曙光,早期"国家"横空出世,展示出独一无二的旷世神奇。

一、地陷东南　蕴奇藏珍

屈原的《天问》是以大量的神话传说作为背景的,其中包含了我国"盘古开天辟地"的美丽神话。

有些人一听"神话",便觉得不着边际。其实,神话是人类幼年时期的童话。的确,古老的神话没有框框,不受任何限制,古朴自然:盘古一只手就可以举起苍天;共工一头可以碰倒一座大山;夸父两口就能喝干黄河水;刑天被砍去了头颅竟然还能以乳为目,以脐为口,挥动着干戚战斗下去……

从表面看,神话是宗教的附属品,那些纯朴的古人,每当举行重大宗教祭祀活动时,都要由这个部落最年长、最有知识的祭师向人们讲述从开天辟地以来本部族的神话。事实上,神话远非人们想象的那样简单。神话从本质上讲,它是信息积累和信息传递的手段,在这个意义上,将神话理解成为历史记述的一种形式似乎更加准确。因为我们相信,早期神话的出现并非出自某些人的有意编造,它应该是人类认识和经历的真实再现。恩格斯认为,原始宗教是自发的,而自发的宗教"在它产生的时候,并没有欺骗的成分"[1]。恩格斯对原始宗教的论述也一样适用于神话。神话是口述历史的一种形式。

当然,在神话的形成与传播过程中,由于认识水平的局限、人为编撰的过失,以及神话自身在发展中也需要融合、消化、兼并其他同类型神话的内容,所以,神话渐渐失去了

---

[1]《马克思恩格斯全集》,第19卷,人民出版社,1963年12月,第327页。

原来的模样,甚至严重扭曲变形。但无论如何演变,神话口述历史的本质不会变。

当西方学者来到古老的非洲大陆的时候,他们很快便意识到,无论怎样强调口述历史的重要性都不为过。他们发现,落后的部族对口述历史的重视程度远远超出现代人的想象,他们把口头传说不单单看成是知识的传播,而且把它当成一项神圣伟大的事业来做。部落中掌握口头传说内容与技巧的人一旦年老,部落就会举行隆重的挑选接班人的仪式,被选中的人要接受长达二十几年的训练,既要背诵自己部落自古流传下来的所有神话和传说,还要有能力将本部落新近发生的事情编进去。西方学者的这一发现,为我们进一步证实了神话和传说的可信度。

我们相信,原始人在神话中想要告诉后人的,绝不仅仅是奇妙的幻想,更不是漫无边际的梦境,他们要告诉我们某些真实的东西,是他们那个年代曾经发生过的一些历史事件。中国的神话一直保持着"原生态"。自古以来,中国人总是在记录神话,而没有对它进行过多的后期加工。所以中国神话口述历史的作用表现得更为明显。从时间上看,中国的神话没有断裂,从传说里的古神一直到文字出现,是世界上时间跨度最大的一种历史记载。从形式上看,中国神话基本保留了它的原始面目,与"二手货"的古希腊神话相比,很少有后人文学化的痕迹,所以它最大限度地保留了史前人类十分可贵的资料。

比如西汉初年,淮南王刘安(前179—前122)撰写的《淮南子·天文训》载:"昔共工与颛顼争为帝,怒而触不周之山,天柱折,地维绝,天倾西北,故日月星辰移焉;地不满东南,故水潦尘埃归焉。"这是一个推源神话,讲述了天地分离的过程,其中提到了两个重要的天文现象,即"天倾西北"与"地不满东南"。后来的《史记》和《论衡》虽然也记载了相关内容,但都比较晚。可见,《淮南子》所记载的这两个重要的天文现象是十分有价值的。请问:有谁能把天地间变化的事件想象得如此一清二楚呢?

通过近百年的科学研究,我们现在已经知道,"沧海桑田"在地球自然演化的过程中曾经出现过许多次,但地球的自然演变过程极其缓慢,几千万年未必有大的变化,几万年对于地球而言,真是一眨眼的工夫,但对人类而言却是一个漫长的过程。自从600万年前人类出现以后,我们根本看不到地球的这种自然演变。但是"沧海桑田"这个成语太准确了,准确到让人难以想象。遗憾的是世界上文字出现的时间并不长,最多不超过6 000年。所以我们认为,"沧海桑田"成语的源头,肯定与大海侵事件有关。住在高原和山区地带幸存下来的人们,在短短的时间里,他们看到了巨大的海浪以雷霆万钧之势吞没了平原和高山的情况,也看到了海水向东南方向退去,露出了陆地和山脉的情形,所以才能把看到的这个全过程用一句极其准确的语言来表达——沧海桑田。

"八柱何当,东南何亏?"(屈原《天问》)意思是,八柱撑天对着何方? 东南为何缺损不齐? 八柱撑天在西北,地倾东南,这就是孔雀为何要东南飞的文化证据——因为"西北有高楼,上与浮云齐",从西北飞不过去,只有往东南飞了。

随着现代科学技术的发展,人类在天文学、考古学、生物学、人类学等方面取得了一个又一个突破性进展。1915年前后,放射性同位素测年方法被运用到岩石测年中,地质学家们首次测定出岩层的绝对年龄,并很快完成了地质年代表的编制。地球已有45亿年历史,在约24亿年前地球上蓝藻的活动使得大气中出现了氧气,但直到6亿~5亿年前的"寒武纪生命大爆发",方才出现了无脊椎动物。大约在5亿年前,现在的长江中下游苏、皖、赣、鄂一带,还是一片被称为"古扬子海"的汪洋,江西湖口发现的三叶虫化石与宜昌三峡地区发现的地球上最古老的距今5.4亿多年的海底动物爬行留下的足迹化石(一种类似虾的动物)就是证据(见图1-1)。

图1-1 宜昌三峡5.4亿多年前地球上的第一个海底动物爬行"脚印"

图片来源:新华社

经过多次大规模的地壳运动,古扬子海不断缩小,逐渐消失,随之露出的陆地被称作"江南古陆"。它形成于前震旦纪,其范围大体上东起浙江昌化,呈北东东—南西西方向,经皖南、赣北、洞庭湖,由湘西转为南西西方向,直达广西东北部。此广大地区在整个古生代期间大部分保持隆起。因为它所覆盖的这些地域,也包括唐朝时的"江南道"的南面,所以称为"江南古陆"。它长约1 500千米、宽约200千米,出露的最古老的地层主要由浅变质的变质砂岩、变质粉砂岩、板岩和千枚岩组成。

《苏州市志》上记载:"远在5亿7 000多万年前(寒武纪),苏州地区广为浅海,接受了一套碳酸盐岩石沉积,这一时期,延续2亿多年。4亿年前(泥盆纪),地壳上升转为陆地……3亿5 000万年前石炭纪早期为海陆交替。"[1]那个时候(泥盆纪),江南地区已经成为陆地出现在世界上。太湖边"长兴灰岩"这本"天书"详细记录了地球生物的演变,是亿万年沧海桑田变迁的见证。

当时,"江南古陆"这块陆地东南边只接近现在的上海西边——嘉兴、德清一线,现在的江阴、宜兴、长兴一线的西北边还有不少海滩,它像一只巨大的挪亚方舟,停歇在茫茫的海洋上。在此后的悠久岁月里,地壳在地球内部火热岩浆巨大力量的作用下发生变动。现在的南京、镇江一片广大的"宁镇山区",从大海底部缓慢而坚挺地升起,露出水面,由古生代和中生代三叠纪灰岩、砂岩、页岩组成,逐渐形成了"江南古陆",亦即"扬子古陆";北与华北古陆这个较大面积的陆地连成一片,现在的河南就位于华北板块与扬子板块碰撞带的结合部;南与华夏古陆(浙闽地区、赣南、桂东南和海南岛等地)相连,奠定了中华大地构造的基本轮廓。大地显得宽广起来,海洋绿色植物发展到陆地,裸子植物和低级的蕨类滋长在水畔岩边,鱼在水中洄游,青蛙一类两栖动物间或爬上岸来,在洼地和山石间已有低级的爬行动物在蠕蠕活动。那大约是2.3亿年前的情景,地质史把那个

---

[1]《苏州市志》,江苏人民出版社,1995年1月,第162页。

时代称为中生代的三叠纪。

在2.47亿年前,地球曾经骤然变暖,那时地球上的气温基本常年维持在接近华氏100度(约35摄氏度),且持续了数千年之久,导致氧气消耗殆尽,地球上几乎所有的生物因此灭绝。[1] 距今1.95亿~1.37亿年的侏罗纪,是现属华东地区大陆火山活动的鼎盛时期,其直接原因是,地球上爆发了一次被称为"燕山运动"的地壳大变动。大地震颤,今北京以北的地壳隆隆升起,并褶皱叠曲,形成了今天连绵不绝、苍苍茫茫、险峻天成的燕山山脉。而这股力量的余波,直接带动了我们这块江南古陆,大地猝然间剧烈地起伏震荡,山崩地裂的巨大声响撼天动地。这时期的强烈地壳运动,致使岩层发生断裂,造成地面火山喷发,大量中酸性熔岩流夹着碎屑物质填满了沟谷低地,此时上海西部地区已是一片陆地,查山、钱圩、青浦等地至今还留有一些火山残迹。

在7 000万年前,中国的西部大都还在海面以下,当时的地势是东高西低,大江大河水都是由东向西流的,其证据有二:一是中国地质大学博物馆里放着的一块很不起眼的小石头,它是一块来自奥陶纪(4.8亿年前~4.4亿年前)的灰岩,其貌不扬,可它是珠穆朗玛峰峰顶的岩石,是由中国国家登山队的著名登山家王富洲赠送给其母校的。因为形成这类灰岩的古地理环境是海洋,所以它可以证明珠峰地区曾是一片汪洋。二是在位于西藏日喀则市东南约20千米处的群让枕状熔岩自然保护区内,几座不起眼的石头山静静诉说着青藏高原由海成陆的秘密——保存最完整的海底熔岩地貌(见图1-2),证实了"世界屋脊"青藏高原6 500万年前才逐步脱海成陆。

图1-2　西藏日喀则市地质环境监测站工作人员安晶谭在记录一块裸露的枕状熔岩(《人民日报》记者邓建胜摄)

正如宇宙不是一天形成的,青藏高原也不是一下子就升这么高的,它是印度板块以每年30多毫米的速度向北移动而引起一次次地震造成的,像汶川那么大的一次地震才把地壳抬高六七米,一座4 000多米的高峰必定经历过大大小小数不清的地震,而每一次地震都意味着高原的发展又前进了一步。

进入甘肃的东部和宁夏、陕西地区,以及云南、中南半岛,虽然离青藏高原已经有了比较远的距离,但依然没有逃出它的"势力范围"。由于四川盆地的阻挡,青藏高原外流的物质从它两侧分叉前进,给这些地区带来了巨大的灾害。在陕甘宁三省区,历史上发生过多次强震:1739年平罗发生8级地震,死亡5万余人;1556年在西安东部的华县发生8级地震,据震后统计,死亡约83万人,并重创西安,小雁塔的塔顶被震落,这可能是人类历史上死亡人数最多的一次地震。而在云南,地震同样频繁,比如在1988年云南南

---

[1] 程瑶,《2.5亿年前气候骤暖,地球生物经历大劫难》,国际在线,2006年4月4日。

部的澜沧—耿马地区连续发生7.6级、7.2级两次地震,伤亡惨重。1996年,丽江发生7级地震,丽江古城遭受重创。而且,来自印度板块的影响不仅限于高原及其周边,它还有隔山打牛的功夫。新疆天山,原本是一条古老的造山带,活动性已经比较微弱了,照理说青藏高原并不应该影响到它。但是,天山南部的塔里木板块实在是太过坚硬,来自高原的力量就传到了较为软弱的天山身上,使得原本已经比较稳定的天山发生了活化,天山地区发育了大量的断裂构造,地震频发,山脉再次隆盛,这被称作高原的远程效应。如1902年的喀什阿图什城8级大地震,1906年的玛纳斯县7.7级大地震等。可以说,青藏高原是整个中国中、西部地质运动的"发动机",来自印度板块的力量源源不断地输送到高原,再由高原传递到中国内部,带来了一次又一次惨痛的地震灾害。在将来,地震仍会像现在这样不期而至,"一江春水向东流",不仅现在是这样,将来也必然是这样。

持续撞击的余波牵动了江南大陆,引起了镇江附近茅山山脉的出现。随后江南大陆还受到其他一些地壳构造运动方面的影响,甚至还经历了一些脉动式的起起伏伏,因而引起多次海水大规模的进进退退,还发生了大面积的海侵和海退现象。但从总体地貌上来说,已没有什么根本性的重大变化了。加之,5 500万年前,彗星碰撞地球,被称为"古新世—始新世极热事件",大气层二氧化碳指数快速升高,伴随着出现全球气温升高5~8摄氏度,持续大约15万年时间,地球生机勃勃了。

1956年,人类学家罗伯特·雷德菲尔德在《乡民社会与文化:一位人类学家对文明之研究》中提出"大传统"和"小传统"这对概念。针对中国文化"源远流长和多层叠加、融合变化的复杂性具体情况",我国学者叶舒宪把雷德菲尔德的概念做了符号学的改造,他把由文字编码的文化传统叫作"小传统"(即从甲骨文开始的3 000多年有文字记载的历史),把前文字时代的文化传统视为"大传统"(即"无字句"时代)。而在"扬子古陆"这个"无字句"的"大传统"中,蕴奇藏珍,因为它位于北纬30°线上。不管是巧合还是冥冥注定,北纬30°线都是一条能引起人们极度关注的地带。

北纬30°是一条看不见的曲线,一条地理学家为方便研究地球而画出的虚拟的线,其他任何一条经纬线都没有如此神奇的魔力。它被世人称为地球的"脐带"。赤道、北回归线、南回归线、本初子午线、国际日期变更线……这些著名的经纬线在北纬30°线面前,都黯然失色。

该线贯穿四大文明古国,在这条纬线附近还有神秘的百慕大三角、著名的埃及金字塔、世界最高的珠穆朗玛峰和最深的西太平洋马里亚纳海沟;还有中国的长江、美国的密西西比河、埃及的尼罗河及伊拉克的幼发拉底河;这里有最神奇的湖泊、最瑰丽的山体、最壮观的大潮、最汹涌的海流;这里有世界上最早最大的乌鲁克和良渚古城、北非撒哈拉大沙漠的"火神火种"壁画、玛雅文明遗址、美国加利福尼亚达圣塔柯斯小镇的"违反万有引力定律"现象等等未解之谜。

北纬30°"中国段"被誉为中国最美的风景走廊,跨越长江三角洲、江汉平原、四川盆地、川西高原和青藏高原。这里有中国的天柱山、神农架的白熊白鹿野人之谜、四川的"中国死海"、鄱阳湖"魔鬼三角"、雅安市蒙顶山的神秘图案、被誉为世界"第九大奇迹"的三星堆史前文明等等。特别是最近,在长江南岸湖北宜昌长阳地区出土"寒武纪生命大爆发"——距今5.18亿年的各种前所未见的生物类群——"清江生物群"化石库。在这一纬度线上,奇观绝景比比皆是,自然谜团频频发生。江西万年县大源乡境内仙人洞遗址出土的两万年前的世界人类最古老陶罐入选了 2012 年《考古》杂志评选的 2012 年世界十大考古发现。2012 年,在云南马鹿洞遗址上发现距今 1.4 万年的疑似新人种。我国的页岩气资源居世界第一,而其三分之二就分布在长江经济带……可以说,在这一纬度线上,奇事怪事,数不胜数。

进入长江下游,这里还有长江两次突然断流的怪事:公元 1342 年,江苏省泰兴县(现泰兴市)内,多少年来从未断流的长江水一夜之间枯竭见底,次日沿岸居民纷纷下江拾取遗物。江潮骤然而至,淹死了很多人。1954 年 1 月 13 日下午 4 时许,这一奇怪现象在泰兴县再度出现。当时,天色苍黄,江水突然出现枯竭断流,江上的航轮搁浅,历经两个多小时,江水汹涌而下。还有安徽千古迷窟、钱塘江大潮……

国内外科学家通过长期考察和研究发现,在地球北纬 30°线附近的区域,地质地貌最纷繁多样,自然生态最奇特多姿,物种矿藏丰富多彩,水文气候复杂多变,是自然之谜、神秘现象最集中多现的地区。

抛开那些难以解释的"超文明现象"不提,我们不禁要问,今天我们所说的人类,最初文化始于何时?以前笔者对文化也曾做过界定,即生活方式,其历史至少也有上百万年。罗伯特·L.凯利教授的观点:文化是"由一群人共享的一系列观念和信仰"[1],而"艺术标志了文化的出现"[2]。萧伯纳说:"如果没有艺术,现实的粗野足以令世界变得不堪忍受。"而每个区域文化"都有独特的制作工具、讲故事、分享食物、婚姻、崇拜和墓葬的方式"[3],语言、符号、艺术和宗教是其标志。众多考古资料证实,这时在亚洲、非洲一些滨水地区文化首先出现,展示出地球这颗美丽星球上的瑰丽篇章。而"文化"一旦出现,它和"技术"一样,只要开始,无法终结。

正如上文所述,每个地区都有独特的故事——长江为何会突然断流?北京大学地质学系教授何国琦认为,地球在旋转过程中,如果它的速率有变化的话,它在整体上就会发生一些变形,加快的时候是两极稍稍压扁,赤道的地方稍稍膨胀,反之,就是两极的方向稍稍要伸展,赤道之处被压扁,这样交替,就会造成地球一定纬度上的一些地质作用的出现。这也许不仅是地球北纬 30°线附近的区域之所以如此神奇的谜底,更是"江南古陆"天造地设的基底。

在"江南古陆"上,春风暖暖吹过,穿过头发穿过耳朵,温柔懒懒轻轻说着;盛夏之际,就会狂花繁草,野趣满眼,甚至连石头在阳光下闪闪烁烁也像山花一般绚丽;忽而从山坡

---

[1] [美]罗伯特·L.凯利著,徐坚译,《第五次开始:600 万年的人类历史如何预示我们的未来》,中信出版集团,2018 年 7 月,第 101 页。
[2] [美]罗伯特·L.凯利著,徐坚译,《第五次开始:600 万年的人类历史如何预示我们的未来》,中信出版集团,2018 年 7 月,第 95 页。
[3] [美]罗伯特·L.凯利著,徐坚译,《第五次开始:600 万年的人类历史如何预示我们的未来》,中信出版集团,2018 年 7 月,第 112 页。

上飘来一阵晒热的、因快成熟而略带苦味的草香,忽而又从海滩上吹来一股凉爽沁人的略带苦涩的水腥气息……这些环境景致令人折服,甚至连想都难以想象得出来。

大自然作为世间完整的、唯一的造物主,毕竟也有它自己的宠儿。扬子古陆,毫无疑问,正是大自然倾心尽力、精益求精创造的产物。实际上,它还远远不只如此,当下的江苏盐城与上海崇明岛沿海地区就有一片神奇的息壤,以每年2万~3万亩的成陆速度向大海延伸。

人们称江南为明珠不是没有道理的。它之所以如此荣耀和神圣,就在于它那神奇的勃勃生机,在于它那种精神——从前的、已经过去的、眼下的、现在的,不受时间和改造所支配的,自古以来就如此雄伟、具有如此不可侵犯的强大实力的精神,"一江春水向东流"——那种具有天然的意志和诱使人们去经受考验的精神。

置身于"江南古陆"那原始而古朴的美景,你甚至会失去时代感和人类活动的限度感——这里只有一种闪耀着光辉的永恒,唯有它在如此慷慨而又如此严峻地管辖着这古老的圣洁之地——大自然的神威、永恒、宁静与美丽。一年四季,它仪态万千,色彩、色调、气候、运动和精神上都在瞬息万变。它足以使人相信那些古老的传说,诱使人类怀着一种神秘的胆怯心理去思考:一个人要在别的地方,究竟在多大程度上有自认为该干什么就能干什么的自由。

江南,这里的一切都是宏大而辽阔的,一切都是自由自在、神秘莫测的,于是你便受到这些不可思议的玄妙概念的触动。在多元宇宙、亿万星河、超维空间中,人是自然界的一部分,地理气象创造了往往被人们忽视的真实文明。约两亿年前,地球上到处是裸子植物,无需开花结果的过程。1.74亿年前,地球上第一朵"真正"的花——"南京花"(2016年初,在南京东郊的一处早侏罗世地层中,发现了第一批花朵化石),绽放于中华大地的江南(见图1-3)。它既是"上帝的粒子",也是大地神灵的"舍利",状态各异、数量繁多,盛开的花朵使一片单调绿色的地球变得万紫千红。

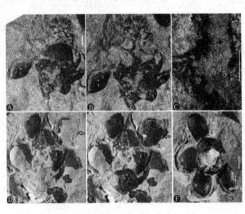
"南京花"化石

"南京花"重建图

图1-3 "南京花"

图片来源:南京地质古生物研究所

二、首显曙光　国家出世

宇宙不息,生命不绝,外星人也绝不会等于零。历史的节点处,总是激荡着思想的伟力。"人是蓝色的兽,鸟兽鱼虫的背后是我们人类的来路。"这句话既浪漫,也真实。从本质上说,人类文明的进程就是不断脱离动物界的过程,这一过程主要包括人类体质的进化和心性的提升两个方面。从古猿到人类,看似简单的站立,却让人等待了千万年,而人类心性的提升则还要缓慢。当人类跨越石器时代、青铜时代进入铁器时代之后,动物性依然顽强地在人类身上闪现着。

沿着历史的长河溯流而上。"我们从哪里来？我们是谁？我们到哪里去？"这是法国后印象派画家高更于1897年2月创作的最大一幅油画的名字,也是人类探索存在意义时的终极之问。古往今来,人们穷尽宗教、哲学、艺术、文学、数学和科学等种种手段,就是想找到这3个问题的答案。然而,孰对孰错,无法定论。并非你未看见,而是你尚未发现。也许宇宙中不只有我们,故事还会继续。

在地球46亿年漫长的历史中,人类出现在地球上仅仅是演化史中小小的一段。"700万年前,人类从进化线索中独立出来"[1],距今600万年时,人类的祖先开始了直立行走("已知最早的人科是乍得沙赫人"和肯尼亚"图根原人"[2]),昂首挺胸迈步在苍茫大地,变为地球的主宰,并影响了其他一切生物活动。

回望生命的缘起,人们感叹沧海的馈赠。通过现代科技考古,科学家们已经证实了人类是由鱼演变而来的！这是中国科学家的惊世大发现。

以科学的精神研究科学,以真理的精神追求真理,化石给予了我们穿越的钥匙。中国科学院院士、中国科学院古脊椎动物与古人类研究所研究员张弥曼所带领的团队借助化石破解了这一世界性难题。

他们于20世纪80年代初,在中国云南曲靖地区两座山包上发现了杨氏鱼、奇异鱼,并提出了关于鱼的内鼻孔起源、肉鳍鱼类和四足动物起源等新的观点。随后,肯氏鱼、斑鳞鱼、蝶柱鱼、无孔鱼、弥曼鱼等接二连三的化石新发现,不断刷新着古生物界对上述问题的认知,令这片不到1平方千米的区域成为全球肉鳍鱼类起源和早期分化的中心地。

4亿多年前,曲靖为地处赤道附近的滨海环境,繁衍了地球上最早出现的肉鳍鱼类。如果没有它们,就不会有后面的鱼类登陆事件,地球上也就不会有飞禽走兽和我们人类自己。正是张弥曼他们,发现了古生物界苦寻一个世纪的志留纪鱼化石群。距今4.4亿

---

[1] [美]罗伯特·L.凯利著,徐坚译,《第五次开始：600万年的人类历史如何预示我们的未来》,中信出版集团,2018年7月,第47页。

[2] [美]罗伯特·L.凯利著,徐坚译,《第五次开始：600万年的人类历史如何预示我们的未来》,中信出版集团,2018年7月,第48-49页。

年到4.1亿年的时代,有着比西屯动物群年代更古老的鱼,分为有颌类和无颌类。其中,有颌类是99.8%现生脊椎动物的祖先,当然也是人类的"远祖"。

志留纪的有颌类鱼化石是古生物界的"圣杯"。2009年,在曲靖市麒麟区石灰窑村的一处山坡上,一条名为"梦幻鬼鱼"的有颌类化石被发现了!它的名字足以证明其不凡的地位:它是迄今世界上最古老、保存最完整的有颌类化石,人类第一次捕捉到了那条如"梦幻鬼影"般鱼形祖先的样子。2013年,《自然》杂志长文发表了"初始全颌鱼"的惊世大发现——"天下第一鱼"。此前,经典学说认为,志留纪的软骨鱼类是有颌类脊椎动物的祖先,盾皮鱼类是一个后来完全灭绝的盲支。但新化石却清晰无误地告诉世人:人类的遥远祖先追溯到了盾皮鱼类中。对于这一完全颠覆过去观点的新知,国际古脊椎动物学会前副主席、澳大利亚弗林德斯大学朗(J. Long)教授认为:"对古生物学家来说,找到这条鱼就像物理学家找到了希格斯玻色子(上帝粒子)。"

后来,又发掘出麒麟鱼、宏颌鱼、甲鳞鱼等大量丰富、完整的志留纪鱼化石,令此地的潇湘动物群和西屯动物群"齐名",被印在国际通行的古脊椎动物教科书上,成了全球古生物学者心目中的"圣地"。人是鱼演变而来的!大量无可争议的化石证

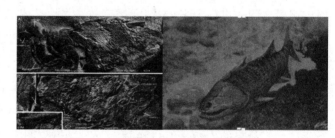

图1-4 云南曲靖地区发现的"梦幻鬼鱼"化石复原图
图片来源:新华社

据表明,中国云南曲靖地区是4亿年前人类远祖的发祥地!(见图1-4)这是一幅江南、中国与世界从鱼到人,跨越5亿年的演化最美丽的史诗。为此,张弥曼获得了2018年度"世界杰出女科学家奖"。

在3.6亿年前,两栖动物开始出现,它们拥有具趾的四肢,还能够用肺呼吸,一举攻占了陆地。"600多万年前的撒海尔人头骨是迄今发现最早的人类化石。"由此证明,人是超级改进版的鱼,"我们用'胸鳍'翻动书页,用'腹鳍'四处行走。"后来出现了会直立行走的南方古猿,以及靠智慧生存的能人。中国境内已知最早的巫山人、元谋人就是由直立人进化而来的。

(一)星火闪烁,首显曙光

文化和文明没有多大差别,甚至可以说,两者是同义的。文明是文化的内在价值,文化是文明的外在形式。但文化是以人为本的,包括文明,即文化所包含的概念要比文明更加宽泛,"文明"是指一种较高级的、较发达的文化形态。

1. 百万年前太湖流域人猿相揖别,江南是中华文明的重要发祥地

树高叶茂,源于根系,人类应记住来时的路。了解历史,能帮助创造未来。江南之地从远古至今,由东水西流到"一江春水向东流",源远流长,预示着美好的未来。

从自然条件看,北纬30°这条温度带处于亚热带和温带的过渡地带,是最适于人类生存的地带,此地的降水比较丰沛,植物茂盛,尤其是在生产力水平比较低的情况下,人类可以靠大自然的供给就能获得一个较低水平的发展。所以,在这里早期人类可以比较容易生存,其初始文明和社会就容易在这片地带发展起来,这就是远古江南的特殊优越环境和本土特色,从而产生了很多独特而精彩的故事。

1985年12月,经国务院文化部批准,南京博物院、上海大学文学院、苏州博物馆、吴县文管会的考古工作者,在太湖中的三山岛西北部清风岭下一溶洞内发现了一万年以前的旧石器时代晚期的人类文化遗址——长约60米,宽约12米,总面积达700多平方米,洞内文化层厚40厘米,系旧石器时代晚期古人类的石器加工场地。从中发掘出石核、石片、刮削器、尖状器等旧石器一万余件,以及猕猴、豪猪、貉、棕熊、鬣狗、虎、鹿等5目18种1万～2万年前的哺乳动物化石,当时《人民日报》称其为"中华民族古文明的摇篮",由此揭开了江南人类历史的序幕,三山岛成为人类历史文化的发祥地之一。

从出土的众多石器文物中,我们可以清晰地看到打制与磨制的石器,它标志着人类物质文明发展的新阶段——对新生活的积极创造精神。毛泽东在《贺新郎·读史》中吟道:"人猿相揖别,只几个石头磨过,小儿时节。"诗人用生动形象的笔调描绘人类远古时代的"小儿时节",人与猿之间的区别,只在于"几个石头磨过",是很富有想象力的。人与动物的区别在于能否创造使用工具,动物一般不能。当时所使用的工具,多为石器,人类使用石器作为工具的时代便是石器时代。石器根据制作的不同,又可分为打制石器和磨制石器。使用打制石器的时代是旧石器时代,使用磨制石器的时代便是新石器时代。严格说来,在旧石器时代,磨制石器是不见或不多见的。当人刚与猿分离时,他们的区别或许就是"几个石头磨过"。

毛泽东仅用16字就写了一部历史,而且是一部惊天动地的历史,这岂不是高度的时间浓缩艺术!这种浓缩的奥秘就在这一"揖"、一"磨"二字之中。大学问、大道理,全然不以概念出之。历史的第一页,是人含笑挥手与猿"揖别"的卡通画。原始氏族公社时代,人类在"磨"石头中度过了童年。接下来,诗人写下"铜铁炉中翻火焰"(青铜器与铁器的制造与使用)、"记得斑斑点点,几行陈迹"(文字的出现与记录),这一"翻"、一"迹"标志着人类逐渐进入了文明社会。国际知名考古学家罗伯特·L.凯利教授用实证证明:600万年前人类的祖先开始直立行走,330万年前开始使用石器工具,20万年前～5万年前人类创造了艺术、墓葬仪式甚至宗教等文化,1.2万年前世界的不同地区出现了农业。

在江南大地上,太湖南岸边浙北地区湖州市长兴七里亭遗址,用精美的打制石器诉说了百万年前江南先人活动的历史。随着旧石器时代向新石器时代的转变,江南先人加工石器的技术已经不再是用石头打石头的简单锤击法,而是发明了比较进步实用的间接剥片和修理技术,如把尖尖的石头装柄成为长矛,石刃装柄成为石刀、石镰……一切都变得生动、自由、雄浑与欢乐,变得新鲜、甘美而光华。

在距今 2 万～1.2 万年的更新世晚期，以中国山顶洞人为代表的晚期智人各方面的特征已基本上接近于现代人。那时人类经历了对现在来说是最后一次的冰期。到处是冰原雪峰，海面水位大幅度下降，海水从苏州至上海的广大地区退走，本来淹没在大海中的泥沼、沙洲、浅滩等都露出了海面。严寒过去后，大地气温逐步回升，地球增温 7 ℃左右，灿烂的阳光，使千年冰封的大地重新苏醒过来。冰雪消融，流水四溢，长江的浩浩激流，从上游带来大量泥沙，年含沙量逾 4.5 亿吨，随着入海口向东移动，一直被冲泻到远离现在上海海岸线以外的东海中。厚厚的沙层，连同过去多次海退形成的冲积层积累起来，竟达到二三百米的厚度，松软地覆盖在我国东海大陆架的表层，这就是现在淹没在东海中的最后一次形成的长江古三角洲。

众所周知，地球曾经不止一次遭到大洪水、大爆炸、大灾难的侵袭，古文明也一毁再毁。末次冰期结束后的第一个强烈变暖事件促进了人类的智力发展。那时的天目山水主流不是流入太湖，而是直入钱塘江，所以那时钱塘江要比现在宽广得多，海水经常倒灌入大海湾——海迹湖，即现在的太湖。海潮时时威胁先吴人的生存，他(她)们"断发文身，裸以为饰"。为了生存，经常发生人海大战。强悍的男性处变不惊，以钢铁般的意志，像滚动的惊雷，用自身的肉体铸成"美的铠甲"，赫然袒露自己矫健的裸体身躯，战海潮斗猛兽，成为"水上蛟龙"，展现出阳刚健壮的直线之美；女性不屈服于命运，面对痛苦，以血肉之躯，展示出胴体的娇美，流露出天真无邪的品性；粗糙的皮肤下涌流的血液、未老先衰的容颜、尴尬与无奈的表情，歌颂了生命的美好；他们或行走于芦苇丛林，或站立于海边，或飞身于流云之外，在果树花草之中，用毅力、智慧、能忍耐的气质，采撷野果野菜……

到全新世，在距今 6 000 年左右时，沙嘴的前锋已经伸展到今天的太仓和上海的外岗、马桥、漕泾一线，和杭州湾北岸的玉盘山连接，形成了一条高出海面的宽阔沙带。直到现在，它仍旧作为当年海陆变迁的见证，静静地躺在嘉定、南翔、漕泾一线。

漕泾镇东北的沙积村三组古冈之上的高宅基古冈身是上海地区目前保存最完整的 6 000 年前古海岸遗址(地质学上称为"冈身")。"冈身"是隆(筑)起的贝壳砂堤。20 世纪 70 年代，华东师范大学地理系的专家教授到高宅基考察，他们把高宅基的贝壳砂带回去用碳 14 测定，确认它是古海岸遗址，距今已有 6 400 多年历史。这条古海岸从见龙桥原林场西侧一直向北延伸，经沙积、胡桥，直至江苏的太仓，是上海地区古代三条"冈身"中最古老的一条。因百姓(李家)建房，无意中保住了高宅基这段冈身。

20 世纪 60 年代后期，笔者与苏州军分区作战科副科长徐永山等三人到常熟福山勘察地形，围绕福山转了一大圈，发现有两道江堤：外堤宽 20 多米，高约 10 米；与外堤相距约 1 000 米处还有一道内堤，宽约 10 多米，高 1～2 米，笔者两手用工兵铲加脚踩使劲也挖不下去(贝壳)，这内堤就是"冈身"。清人顾祖禹《读史方舆纪要》中说："自常熟福山以下，有冈身二百八十余里，以限沧溟。"即在今常熟市的福山、梅李、支塘和太仓市西部及上海马桥直至金山的漕泾一线。至此，长江南岸的沙嘴，完成了一个大规模的向东南迂回的战略，把今天的江南水乡、太湖平原和大海隔离开来。南为江南古陆,北为今天的苏北大平原。

面对苍茫的大海和水草丰茂的水乡泽国,江南先人在地势较高的近水之地建立起了原始村落。南有河姆渡、马家浜、草鞋山、良渚等地的人类古文明,北有海安青墩出现的星星之火。四千年前大禹在太湖西山约定时日协调联合治水,"三江既入,震泽底定",留下了禹王庙、禹期山等古迹。在世代劳动人民的辛勤耕耘下,在青山绿水之间,沃野绵延,稻浪飘香,山青水绿,花果满坡,江南人谱写出如诗如画的动人乐章。

相比之下,地球的近邻——金星和火星都不大适合人类生存。金星与地球虽很相似,但表面平均温度约为475摄氏度,所以许多科学家认为,"火星可能是地球的未来"。现在探测火星的国家越来越多。不过,假如人类成功登陆火星,需要改造升温后方可适合居住。目前,火星的全年平均气温大约在零下62摄氏度,且昼夜温差很大,需要人类通过温室效应将火星温度大幅提升。还要构建合适的大气厚度,释放火星表面之下可能藏有巨量的冰冻水。从这个角度看,地球似乎有着与生俱来的优越性,或许地球从诞生那一刻起就被赋予了特殊的使命——诞生人类这样的智慧生物。而江南则是一方地理、气候与环境均占优势的区域。霞光编织着辉煌,苍穹呈现出无尽的洒脱,那层层叠叠的海浪一浪接一浪向着海滩涌来,一圈一圈地堆积出新的沙滩,拍岸时发出哗哗的声响,倾诉着自己的欢快与喜悦。江南地区交织着世间的最美丽与人世间的最幸运,成为中华文明的重要发祥地。

2. 江河是人类文明的基流,江南显现中华文明第一缕曙光

岁月是生活的长链,历史是活在我们心中的文化。在石器时代,人们必须依赖集体的力量才能生存,物质生活主要依靠简单的狩猎、采集,为时300多万年。距今1.2万~1万年间,地球已逐步调整到位,定居农业出现了,随着铜铁器逐步的出现,人类改变自然的能力产生了质的飞跃。

溯文明之河而上,我们今天仍然在寻觅文明的源头。考古发现、科学研究不断延伸着人们的视线,我们正在知道并期待更多地知道在远古发生的有关文明的史实。不论对于地球,还是系外行星来说,水是生命之源。根据地球生命演化的经验,有了水才有可能孕育生命,生态系统才能不断进化,从而产生文明的星火。

地处苏州东北角长江边上的张家港东山村,出现了"中华文明的第一缕曙光"!这恐怕连11岁能诗、12岁拟作《吊古战场文》,人皆惊叹不已的明朝才子杨慎也未必清楚。被马克思称为"英国唯物主义和整个现代实验科学的真正始祖"的弗朗西斯·培根有句名言:"真相是时间的女儿,而不是权力的女儿。"当下,有些文人言必称黄河,请别忘了扬子江。

世上没有奇迹,有的是偶然与必然,而偶然又寓于必然之中。江苏张家港市金港镇东山村遗址中社会的分层分阶就是个必然。

该遗址位于东山村的香山(海拔136.6米)。这个香山虽没有北京的香山那么出名,但山不在高,有仙则灵。北京香山的文化历史只有250多年——静宜园致远斋,因乾隆皇帝曾在那儿驻留253天而声名鹊起;而东山村的香山文明,距今至少5 800年。

东山村的香山与长江边的十里长山遥相呼应,是一座和长江水同样走向的奇山。它曾经叫桃花山,相传春秋时期,这里桃树漫山遍野,花开时节如云霞般灿烂。它也叫卧牛山、伏虎山,因其山形犹如巨兽,匍匐在广袤的大地上。但真正闻名遐迩的,还是香山。乾隆《江阴县志》载:"由麓而上,曲蹬盘行,攀萝扣石,足底云生,相传吴王尝遣美人采香其上……"因有了这个美丽的传说,香山的名字,便从古时唤到了今日。

在远古时,这里既是江海汇聚之地,也是北边黄河流域、西边长江流域与南边太湖旁长兴百万年前古人类的接触地带,而"接触地带才是生成新的社会体系的源泉所在"。这是一个重要的历史视点。山上的土石是赭色的,山间的风是清凉的。山的北面是奔腾不息的长江,年年岁岁惊涛拍岸,凿出了山北陡峭的山势和丛生的怪石;山的南面是蜿蜒的冈峦和徐缓的坡度,延展为平畴的沃野;而山的顶端则平缓开阔,有不少的残留古迹。山下民间至今还流传着古远的《斫竹歌》。

2008年8月至11月和2009年3月至11月,南京博物院等单位对其进行了两次抢救性考古发掘,发现一处马家浜和崧泽文化类型的新石器时代大型村落遗址。正如前不久由中国社会科学院考古研究所、北京大学考古文博学院、南京博物院、张家港市人民政府主办的"中国文明起源与形成学术研讨会"与会专家所说,东山村遗址发掘收获的最大意义,在于它将改变中国考古界对长江下游尤其是环太湖流域文明起源研究的认识;张家港东山村遗址作为长江下游的文明探源的重要地域,并被冠以"文明之光"美誉是当之无愧的。中国社会科学院考古研究所所长王巍兴奋地说,东山村遗址是一个了不起的重大发现,人们从这里可以找到长江下游的文明源头。这个地区至少是文明的中心,是社会文明的见证地,它既是苏州的原生文明,也是长江流域和黄河流域文明的交汇地,揭示出中国原生文明的源流。

众所周知,随着良渚古城、大型水坝等的发现,良渚文化被誉为"中华文明的圣地"。但作为良渚文化的前身,崧泽文化却一直没有大墓发现。东山村遗址崧泽文化早中期高等级大墓的重大发现,对考古界的认识是颠覆性的。

南京博物院考古部先后在东山村遗址发现了10座大墓,已清理出8座崧泽文化早中期高等级大墓,出土各类文物300多件。看现场,东山村遗址的整体平面近圆形,南北长约500米,东西宽约500米,总面积逾20万平方米。遗址的中心区域位于遗址的中部偏北,现存面积约2.5万平方米,东部主要是小型墓葬遗址,中部为建筑区,发现多座房址,崧泽文化时期房址达5座,遗址的西部主要是大型墓葬。2009年年底,国家文物局考古专家组成员、北京大学考古文博学院教授严文明参观后,将这处遗址称为"崧泽王"。其中编号为M90的墓葬创造了迄今为止崧泽文化墓葬中的多项之"最":一是墓坑的规模最大;二是墓葬内出土的玉器最多——19件;三是墓葬内出土的大型石钺最多——5件;四是墓葬内随葬品的总数亦是迄今为止发现的崧泽文化墓葬中最多的一座,共有56件(见图1-5)。东山村遗址的发现位居2009年中国考古六大新发现之首。

崧泽文化距今5 800~4 900年,属新石器时期母系社会向父系社会过渡阶段,因其首次

图 1-5　张家港东山村遗址（局部）

在上海青浦区崧泽村被发现而得名。崧泽文化上承马家浜文化，下接良渚文化，是长江下游太湖流域重要的文化阶段。东山村遗址在崧泽时期处于中心地位，是氏族社会、部落文明发达与成熟的一个重要体现。上海崧泽遗址出土了 150 多座墓葬，出土器物最多的一座不过 20 余件；浙北一带的崧泽墓葬规格都比较窄，而且器物出得也不多。而东山村遗址的墓坑规格大，墓长普遍在 3 米左右，最长的有 3.3 米，宽在 1.6 米左右，最宽的有 1.7～1.8 米。M90、M91、M92、M94、M95、M96 等 6 座墓葬的墓坑长度均在 3 米以上。

中国社会科学院考古研究所副所长陈星灿认为，东山村遗址出土的文物是目前中国研究古代社会分层分阶出现的最早实例，是同时代中黄河流域不可比拟的，对中华文明起源的研究具有重要价值；东山村遗址崧泽文化早期高等级显贵墓群的发现以及与小型墓埋葬区域的严格分离，改变了学术界以往对崧泽文化尤其是崧泽文化早中期社会文明进程的认识。国家文物局考古专家组成员徐光冀对东山村遗址的考古成果给予了高度评价："今天看了现场，觉得这个遗址把长江中下游的文明向前推了一步，过去我们只知道良渚文化达到了一个巅峰，但是它从何而来，一直没找到源头。东山村的发现为这个寻找提供了太多重要材料。"最大的一座崧泽文化时期的房屋面积约有 80 平方米，且遗留的柱洞很大，特别是墓地按尊卑贵贱分开使用。种种细节让徐光冀非常兴奋："氏族头领和平民已有如此明显的社会区别，这一点很重要，说明当时的社会已经出现阶级分化了。"他还对大型墓葬中出土的大型石钺、石锛不是实用器而是礼器印象深刻，比如 M90 中随葬的 5 件大型石钺和 1 件大型石锛，磨制非常精致却未见使用痕迹。

氏族社会、部落文明发达与成熟的一个重要体现是社会分层分阶。因为有了差别的存在，就意味着社会有高低、层次和贫富之分。东山村遗址出土的文物证明，它是中国古代社会分层分阶出现的最早实例，说明中国社会已有明显的贫富分化，这填补了崧泽文化时期没有高等级大墓的空白，为良渚文化高度的社会文明找到了源头。北京大学考古文博学院原院长、教授李伯谦称东山村遗址"独一无二"。这一实例告诉我们,中华文明的起源距今至少已有5 800年,从全国范围内看,原来以为是5 300年,现在又向前推进了500年。南京博物院院长龚良说,"东山村遗址好比是中华文明的'第一缕曙光'",使我们见证了中华原生文明的"胎记"。

3. 5 000多年前出现原始文字,4 200年前刻写陶文

文字是文明的重要标志。通常人们把文字出现以后的历史称为人类文明史,而把文字以前的历史算为史前史。20世纪,世界各国开始对上古文明进行大规模的考古挖掘,集一个世纪的考古成果,人们发现文字出现的时间并不长,最多不超过6 000年,如在埃及发现的最早文字约起源于公元前4 000年楔形的象形文字,被称为泥版文书。而人们对于中国尤其是江南地区的古文字的认识多是陌生、零散、模糊的。

庄桥坟遗址位于太湖东南浙北平湖市林埭镇群丰村,是一处大型的良渚文化遗址。2003年至2006年,浙江省文物考古研究所与平湖市博物馆联合对该遗址进行了两期发掘,在出土的近4 000件器物中发现240余件器物上有刻画符号,表明约在5 000年前,良渚先民已开始使用原始文字。侧转石钺(如图1-6),就能看到其表面有极浅的划痕,这些划痕比较集中,并非杂乱无章,有些符号单个存在,笔画较多,显得较为复杂,还有几个组成一组,笔画相对简单。随后,考古专家在其他的石钺上也发现了类似的刻画符号。根据刻画的痕迹在纸上描下这些符号,就看得很清楚,那些单个的符号很像一件件事物,比如旗帜、鱼虫等,还有连接在一起的6个符号较简单,每个符号的笔画不超过5笔,有两个像现在的"人"字。

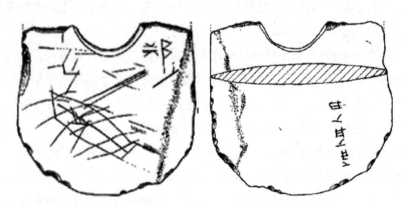

图1-6 庄桥坟遗址石钺上的文字(正反两面)
图片来源:浙江省文物考古研究所

在整理中,还发现陶器上的刻画符号大多在烧前形成,石器上的刻画符号与陶器上的多有相似之处,其中两件残石钺的两面均发现了良渚文化的原始文字,且是较为成熟并初具系统的文字。除正面的6个字笔痕较浅,风格略有不同外,其余字刻的方法基本一致,说明其刻字方式和笔顺较为规范。李伯谦教授欣喜地说,这些原始文字不像其他单体刻画符号那样孤立地出现,而是可以成组连字成句,这符合文字的一些特点。而且从原始文字的发展阶段来看,这些文字已经处于高级阶段。虽然目前将其完整释读较为困难,但其具备文字特有的表意功能。

文字是在人民中萌芽的,"有的即使有文字也不是汉字,或者使用自己特有的文字"[1]。史学界普遍认同中国最早的文字是甲骨文,距今 3 600 多年,而庄桥坟遗址距今 5 000 多年,这些刻画符号将中国的文字史向前推了 1 000 多年。庄桥坟遗址的研究表明,当时的先民已达到了一定的文明程度,需要用某种方式(文字)来交流沟通。

继原始文字后,吴地出土陶器上又出现了 4 200 多年前刻画的陶文。陶文是中国最早的文字雏形。古文字学家于省吾等学者认为陶文已属文字范畴,是现行文字的远祖。在中国的史前期以及有史早期,汉字产生前,最像文字的符号就是陶文。陶文不像甲骨文那样有成文的篇幅,而只有单个或数个符号。1993 年 4 月至 1996 年 4 月,南京博物院考古研究所对江淮之间的高邮龙虬庄遗址先后进行了 4 次发掘。第一次发掘时,于河边采集到一片磨光泥质黑陶盆口沿残片,只有 4 平方厘米大,在陶器内壁上有两行 8 个刻画符号,左行 4 个近似甲骨文;右行 4 个类似动物图形,第一个似兽,第二个像鱼或鳖,第三个如蛇,第四个若鸟(见图 1-7)。如此图文并茂的刻文陶片,在中国还是首次发现,其重要性不言而喻。

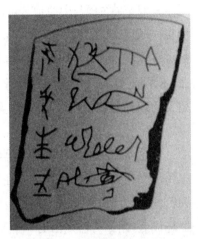

图 1-7 高邮龙虬庄遗址出土的泥质黑陶文临摹图
图片来源:《扬子晚报》

该刻文笔画纤细,技法娴熟,通篇包含一个完整的意义,被评为 1993 年中国十大考古新发现之一。日本东京大学名誉教授松丸道雄先生在 1996 年 3 月 1 日的《朝日新闻》上对此做了介绍,称之为中国尚未公开的至宝。中国古文字学家周晓陆著文说:"这肯定是文字,且为一段完整文句。"从其文字组合来看,比较成熟,似成词语,已脱离了早期发现的如仰韶、良渚等遗存的单个字节,更接近成熟的甲骨文。

更为远古的是苏州澄湖(又名沉湖、陈湖)中的刻文陶罐。《太平广记》载:澄湖"湖滨寝浦禅林寺内,有明弘光元年所铸钟,上刻有'天宝六年春,地陷成湖'"。唐玄宗天宝六年,即公元 747 年下沉为湖。从 1974 年至 2003 年,苏州博物馆等考古人员先后两次在苏州古城东南 20 多千米的澄湖湖底抢救性挖掘,共清理出古井 550 多口,最大直径达 1.6~1.7 米,最小不到 0.5 米。古井年代从崧泽晚期到良渚文化、商周,呈不均匀状密布湖底。清理出灰坑 443 处、水田遗迹 20 块、房址 3 座、水沟 3 条、池塘 1 处。发现从新石器时代至宋代之间各个时期的文物达 1 700 多件,年代从 5 500 年前至 800 年前之间,时间跨度长达 4 000 多年。有漆绘陶罐、红陶花瓣足罐、刻花陶罐、鳖形壶、彩绘罐、匝形罐、带陶纹鱼篓形罐、长贯耳罐、猪

---

[1] [日]平势隆朗著,周洁译,《从城市国家到中华——殷周 春秋战国》,广西师范大学出版社,2014 年,第 51 页。

形壶、鸟形壶、带木柄的石斧等原始文化遗存器物。其中，尚属首次发现的动物形刻花罐、鳖形壶等模拟动物形态的器物，造型生动，形象逼真；漆绘、彩绘陶器，图纹十分精致，真实地反映出距今五六千年的新石器时代先民渔猎的生活状况。从其早期几何印纹陶器、带有"二里头文化"因素的仿铜陶器可以看出，夏商时期先吴古国与中原地区可能已发生了较频繁的交往，如巫咸就是一例。还有弦纹罐、坛、盘口壶、褐斑短流壶、敞口青瓷碗、菱花口碗、黑釉执壶、韩瓶、木吊桶、铁钩等汉至宋的文化遗存、器物。在原始文化遗存器物中，有件刻有陶文符号的鱼篓形黑陶罐尤为引人注目（见图1-8）。

图1-8 苏州澄湖出土鱼篓形黑陶罐陶文（苏州博物馆藏）

这是一件良渚文化的典型器物，器壁很薄，造型规整，质地坚硬，厚薄均匀，足以与山东龙山文化中的黑陶相媲美。在其腹中部表面有4个刻画符号，呈左高右低形式横向排列，曾引起专家极大的兴趣与关注。著名考古学家李学勤先生研究后，认为"符号是在陶器烧成后，用锋刃器刻出的……其结构非常接近殷墟甲骨文，似乎可以释为'巫钺五偶'这四个字"，意思是神巫所用的五对钺。

可以看出，早在5 000多年前，江南地区已出现了原始的文字，它可能是甲骨文的"父亲"、汉字的"字原"，亦可能是陶符向甲骨文的过渡形式。笔者以为，大江大河是人类文明的基流，特别是长江下游的江南地区，通过淮河与泗水聚融了长江黄河的文明因子，产生了新的文明形态而有可能向南北扩散。

（二）中华文明的圣地，良渚早期国家横空出世

史前太湖流域文明，如出水芙蓉，展示出胴体的娇美，流露出天真无邪的独特品性，这是自然生态环境与社会经济发展的历史必然。

但原生文明发展的道路并非王府井大街上的人行道，它完全是在田野中行进的，有时穿过尘埃，有时穿过泥泞，有时横渡沼泽，有时行经丛林。时间随风而逝，经百万年的风云变幻和世事沧桑，生长出缤纷的奇花异果，让每一个远方的来客感到如此新奇，却又如归故里。

世界上有"四大文明古国"——中国、古印度、古埃及和两河流域的古巴比伦。遗憾的是，除中国之外，其他三个文明古国已在地球上消失，只留下了一些历史痕迹。如果与其他三大文明古国相比，中华文明的起源虽不算最早，但大体都在同一个起跑线上，且是唯一从未中断的文明。在数千年的发展历程中，虽然历经磨难，饱受风霜，其文化传统却一以贯之。中华文明同根同种同文完整地保留下来，传至今天，这在整个世界人类史上是很独特的现象。对此，北京大学袁行霈教授认为，我们可以从地理环境中找到一些答案，前三种文明都是在相对集中的一个较小范围内展开的，回旋的余地不大，一旦遭到强

悍的外族入侵和战争的破坏或自然灾害,就难以延续和恢复。而中华文明则是在一个很大的范围内开展的,回旋的余地很大,便于不同民族文化相互吸纳与整合,也不致因地区性的自然灾害而全体毁灭。"自旧石器时代以来就存在着中国北方与南方这两条区域社会的文化轴"[1],既有北方"在史前时代就已存在微弱的、间接的世界性联系"(欧亚大陆),又有南方文化轴的广阔天地。正如苏秉琦先生所指出,世界上没有哪一个像中国如此之大的国家有始自百万年前至今不衰不断的发展大系。

在茫茫宇宙中,中华文明是地球上欧亚大陆东部产生的一支原生文明,上述云南曲靖地区的志留纪鱼化石实证"鱼变人"的"上帝粒子"就在江南。

2018年5月28日,"中华文明起源与早期发展综合研究"(简称"中华文明探源工程")成果发布会在国务院新闻办公室举行,它向世界宣布:距今5 800年前后,黄河、长江中下游以及西辽河等区域出现了文明起源迹象;距今5 300年以来,中华大地各地区陆续进入了文明阶段。探源工程负责人之一、中国社会科学院考古研究所研究员王巍以考古调查和发掘实例证明了中华文明五千年的历史:浙江余杭良渚遗址修建于大约5 000年前,古人在修建之前先修了一个长3.5千米、宽十几米的巨型水坝(见第六章图6-8);经考古勘测,该遗址目前发现最大规模的城址总工程量,初步估算是1 200万立方米。这样的工程量如果动用1万个劳动力也需要10年甚至更长时间才能完成。能组织这么大规模的人力来进行这么大规模的工程,应该是动员了相当广阔地方的人力。

由此可见,良渚古城非一般的酋邦古国,而是进入了更高一级的早期国家形态(见图1-9)。国际知名考古学家罗伯特·L.凯利教授指出,在人类的历史上曾经发生过四个临界点,也就是四个"开始":第一次是技术的开始——300万年前人类开始使用石器工具;第二次是人类获得文化能力——20万年前人类开始有了象征性建构;第三次开始则由农业的发展推动——公元前1万年世界的不同地区都出现了农业,狩猎—采集者的世界变成了农民控制的世界,定居的村落以及驯养的动植物成为这一时段重要的人类物质遗存;第四次始于5 000年前国家诞生。继以世界上第一座城市乌鲁克著称的乌鲁克国家诞生于公元前4000年的两河流域之后,早期国家风起云涌。"最终,城市成为国家的政治和贸易功能的枢纽。"[2]显然,世界的文明进步具有一定的同步性。而"所有这些物质文化——计数系统、书写、科学和艺术——就是很多人所称的'文明'。这给人留下深刻印象"[3]。

良渚文化是农耕文化,是本源性的文明。从1936年面世以来,尤其是近些年来,良渚考古常常有重大发现惊艳学界,声名甚至远播海外。著名考古学家、英国考古学院院士科林·伦福儒先生说,过去远远低估了中国新石器时代的发展程度。这是国外学者长期对中

---

[1] [日]宫本一夫著,吴菲译,《从神话到历史——神话时代 夏王朝》,广西师范大学出版社,2014年,第390页。
[2] [美]罗伯特·L.凯利著,徐坚译,《第五次开始:600万年的人类历史如何预示我们的未来》,中信出版集团,2018年7月,第163-164页。
[3] [美]罗伯特·L.凯利著,徐坚译,《第五次开始:600万年的人类历史如何预示我们的未来》,中信出版集团,2018年7月,第174页。

图1-9 良渚古城鸟瞰图
图片来源：良渚博物院

国考古不甚了解,在认真关注之后发出的感慨。在国内,正如北京大学考古文博学院教授赵辉所说,不少人在很长时间里担心的是不要过早过高评价良渚文化的成就,怕说过了头,贻笑大方。大概是出于这个原因,国内学者中明确地表达良渚社会已经进入国家阶段的观点的没有几位,反倒是主张良渚还处在酋邦社会阶段的研究者似乎更多一点。

不过,笔者在10年前依据恩格斯《家庭、私有制和国家的起源》原理已断定:"良渚乃泱泱古国。"[1]理由有5条:有良渚古城、有多层次的社会结构、有自己的宗教、有规模宏大的"宫殿广场"、已经具有使用文字的能力。[2]

截至目前,我国考古发掘的新石器时代古城共有60多座,面积大多为10万~20万平方米,其中不乏大型古城,如约120万平方米的湖北天门石家河古城,约280万平方米的山西陶寺古城。然而,距今5 000年的完整良渚古城刷新了这个纪录:这座古城的城墙基址,东西长1 500米至1 700米,南北长1 800米至1 900米,总面积达290多万平方米,是目前我国发现的新石器时代城址中规模最大、最为完整的一座,堪称"中华第一城",已列入"世界遗产名录"。世界遗产委员会认为,良渚古城遗址展现了一个存在于中国新石器时代晚期的以稻作农业为经济支撑,并存在社会分化和统一信仰体系的早期区域性国家形态,印证了长江流域对中国文明起源的杰出贡献,填补了东亚地区早期国家文明的空白。同时,也用实证让世界重新认识了5 000多年的中华文明。

2006年6月,余杭区瓶窑镇葡萄畈村的村民要在良渚文物保护区内建房子。为防止

---

[1] 徐国保著,《吴文化的根基与文脉》,东南大学出版社,2008年,第16页。
[2] 徐国保著,《吴文化的根基与文脉》,东南大学出版社,2008年,第13-16页。

破坏埋在地下的文物,良渚遗址工作站的考古队依照惯例先行勘探。在一片稻田下,考古队员们先发现了一条南北走向的河沟,宽约45米,河床内有许多良渚晚期的碎陶片,深挖下去发现这里的土质为黄土,不同于良渚一带灰黑色淤泥,明显是人工从外面搬运而来,而在黄土下面,竟然铺着一层大小均匀的石块,"由于当地经常发洪水,我们当时以为这可能是个河堤遗址",可随着发掘工作的继续,"四周的城墙都出现了"。2007年4月下旬,这条底部铺垫石块、大量黄土夯建的南北向"堤坝"遗迹终于露面。

根据计算,古城墙在莫角山四周的田间延绵超过了6千米,但由于年代久远,许多地段已被破坏。保存较好的北城墙,高度约4米,靠外墙的石块明显比内墙的大,依稀可见当年非凡的气势。古城城墙的厚度同样十分罕见。除了南城墙略窄,宽40多米外,其余三面城墙都有60多米宽。古人为何要筑这么厚的城墙?有关研究人员解释说,城墙的发展有一个过程,像长城是用砖石砌成的,下宽上窄,只有十几米,明城墙也只有20多米,而良渚古城地处沼泽地边缘,地基较松,因此要用石块做基础,然后再在上面夯黄土。其原因可能是,在公元前6 000年至公元前3 000年的全新世高温期是全世界范围的温暖湿润期,气温要比现在高2摄氏度左右,海平面达到了很高水平,城墙必须加大基座夯实并筑高,以阻断洪水与海浸。

在发掘过程中,考古人员陆续发掘出陶器、木器、石器。在东城墙的一段剖面里出土的陶器也具良渚晚期特征,与西墙和北墙出土的陶片完全一致。"夏商周断代工程"首席科学家李伯谦指出,中央集权政治制度对保证大型工程兴建和国家统一发挥了重大作用;"天人合一""和而不同"等理念及在其指导下正确处理人与自然、人与人、国与国等关系的实践,是中华文明发展比较顺利的重要保证。1936年以来,在这40余平方千米的遗址范围内,已发现墓地、祭坛、制玉作坊、建筑基址、保护工程、聚落遗迹等各类遗址点135处,显示出一个庞大而完整的早期国家形态。

夏鼐先生在20世纪80年代撰写的《中国文明的起源》一书中,提出用考古学研究我国文明起源需要着重探索三种标志性遗存,即作为政治、经济、文化各方面活动中心的城市,文字,冶炼金属,即"文明三要素"要求。曾在中国留学,又在中国大江南北很多地方参与过考古挖掘包括苏州草鞋山考古挖掘的日本考古学家、九州大学人文科学研究院教授宫本一夫提出意见:"国家的定义或社会进化的定义都是相对的,并非是用一套绝对的人类进化的发展规则就能够衡量。在东亚之外,世界各地关于各自区域的初始国家形成过程的争论也十分激烈……但在此我仍然希望能从东亚或中国大陆的特殊性当中来解决这个问题。"[1] 毋庸置疑,良渚就是在5 000多年前、世界早期国家风起云涌中诞生的中华民族文明史上史无前例的国家形态,谱就了激荡人心的文明华章。具体体现有六:

第一,具有史无前例的古城(都城)。刘易斯·芒福德在《城市文化》中指出:"城市,

---

[1] [日]宫本一夫著,吴菲译,《从神话到历史——神话时代 夏王朝》,广西师范大学出版社,2014年,第381-382页。

就是人类社会权力和历史文化所形成的一种最大限度的汇聚体。在城市这种地方,人类社会散发出来的一条条互不相同的光束,以及它所焕发出的光彩,都会在这里汇聚聚焦,最终凝成人类社会的效能和实际意义。城市就是一种象征形式,象征着人类社会中种种关系的总和。"卡尔维诺在《看不见的城市》中说得更精彩:"城市是在欲望和恐惧中疯狂增长的梦。"联想到"黄帝攻蚩尤,三年城不下"[1],5 000多年前蚩尤族筑城而居的史实,可见太湖流域原生文明闪耀的根柢。远古人类为了生存,以群居为主,良渚古城由居于中心的面积约40万平方米的宫殿区和内城、外城构成,总面积达到630多万平方米,城内有山有水,足以容纳2万以上人口的居民,它所创造的文明为中华文明做出了杰出的贡献。无论规模还是内涵,在世界同类遗址中都极为罕见。

第二,高度发达的科学技术。碳14测年数据表明,良渚古城修建于大约5 000年前,古人在修建之前先修了一个长3.5千米、宽十几米的巨型水坝。该水坝除了防御洪灾之外,还起到了水路运输的作用。设计这项庞大的工程,无疑需要对当地水文、气象、年均降雨量和最大降水量等有深入全面和准确的了解。完成这项工程,也需要高超的测绘技术和建筑技术。关于后者,在对古城城垣、塘山和岗公岭等水坝的发掘中,已经显示出当时人们营建这类大型土建时对基础处理、基础用土和坝(墙)体用土的不同选择以及堆筑过程中草包泥块的分段和错缝堆砌等复杂工程技术,令人叹为观止。由人工堆筑的建筑台基和台地由内而外逐次降低,显示出明显的等级差异。古城北部和西北部还分布着规模宏大的水利系统和与天文观象有关的瑶山、汇观山祭坛墓地。古城核心区、水利系统、外围郊区总面积约达100平方千米,规模极为宏大。整个城市系统的布局与山形水势充分契合,显示出良渚先民在规划建设古城时视野之广阔,呈现出典型的早期国家形态。

第三,广泛的社会动员能力和高效的组织管理能力。上文已述,据初步测算,古城城垣、外城以及水坝坝体,再加上古城城内南北400米、东西600米的莫角山高大堆筑台基的土方量,总工程量达约1 005万立方米,这是个惊人的数字。发动如此规模的劳工队伍,对其令行禁止地分配调度,为其提供包括工具、饮食等后勤保障和进行有效的工程质量监控,这是一整套系统工程,而其背后一定存在着一个高度权威的社会动员和管理机制。推测它具有相当程度的强制性色彩,"这并不是始终都令人愉悦的"[2],"对于国家而言,超越以亲属关系为治国之本的转变至关重要。这个转变推动了两项重要的变化:显著的社会不平等和有组织的战争"[3],"坐在历史长河鸟瞰位置上的你,都忍不住闭上双眼"[4]。

---

[1]《太平御览》卷三二八引《玄女兵法》。
[2] [美]罗伯特·L.凯利著,徐坚译,《第五次开始:600万年的人类历史如何预示我们的未来》,中信出版集团,2018年7月,第174页。
[3] [美]罗伯特·L.凯利著,徐坚译,《第五次开始:600万年的人类历史如何预示我们的未来》,中信出版集团,2018年7月,第180页。
[4] [美]罗伯特·L.凯利著,徐坚译,《第五次开始:600万年的人类历史如何预示我们的未来》,中信出版集团,2018年7月,第192页。

第四，卓越而发达的玉器。良渚玉器的数量相当惊人。据载，过去那里的村民常常在田地里挖到玉器。据说清朝末年安溪一位姓洪的农民曾掘出几担玉器。古董商乘机收购，其中不少还漂洋过海，成为欧美及日本公私收藏之宠。当时在良渚附近的乡镇，冬闲时挖玉几乎成了当地农民的一种副业。当农民把这些被误认为是周、汉遗物的玉器挑到上海时，都能卖到令他们意想不到的好价钱。有琮、璧、钺、璜等40余种，其中的琮、璧、锥形器、三叉形器等半数以上的器类都为良渚文化所原创。作为物质与技术结晶的良渚文化玉器，不仅渗透着宗教、政治、军事、礼制等诸多方面的重要内容，而且其数量之众多，器型之丰富，工艺之先进，纹饰之精美，功能之复杂，影响之深远，为中国新石器时代晚期甚至世界同时期所绝无仅有，其中最具代表性与原创性的玉琮、玉璧和玉三叉形器等3件玉器，以组合的形式，于2010年10月被正式命名为"中华玉"。其内圆外方的形体造型，是中华上古"天圆地方"宇宙观的直观体现；中心部分为圆柱状镂空，被认为是连通天神与地神的通道，表露沟通"天人合一"的愿景；表面精雕细刻，刻有名为神人兽面纹的精细纹样。专家解释说，玉琮表面的图案是一种与祭祀和原始宗教巫术活动有关的器物，一般称其为"神徽"。"神人"可能代表神化的国王形象，也可视为"族徽"或"国家"的"国徽"（见图1-10）。"从莫角山遗址等处的建筑遗迹来看，社会群体的团结通过祭祀活动得以实现，已形成了宗教祭祀国家的原型。如果说见于商周青铜彝器之上的饕餮纹的原型就是玉琮的兽面纹的话，二里头、二里岗文化的包括祭祀活动在内的祭祀统治权的原型也许就来自良渚文化。"[1]

图1-10　良渚文化遗址出土的黑陶器、玉琮、木屐、漆器、陶片和玉璧（左上起，顺时针方向）
图片来源：新华社

[1]　[日]宫本一夫著，吴菲译，《从神话到历史——神话时代　夏王朝》，广西师范大学出版社，2014年，第159页。

第五,已经具有使用原始文字的能力。上文已经指出的良渚古城东边的平湖庄桥坟遗址考古中就有重大发现;苏州吴县澄湖古井堆遗址出土的良渚文化陶罐腹部刻有"蓍戉五族"4个字;上海马桥遗址下层出土的良渚文化陶杯底部刻有"入田戈"3字,并作为中国最早的原始文字资料首先被郭沫若先生引用在《中国史稿》中;美国哈佛大学沙可乐博物馆藏良渚文化陶壶上刻有"孑孑人土宅厷育"7个字等等。按照国学大师饶宗颐的观点,这些都"不同于一般孤立的单字符号,而是成文的句子"。笔者认为,郭沫若是对的,我们不可以割裂中华文字产生的历史,不能抛开甲骨文之前就存在的多种象形图像符号系统,单用甲骨文来断定中华文明的起源。早在5 000多年前,中华象形文字就已经产生了,诸如岩画、"陶书"和"玉书"等都是早于甲骨文的文字形式,是人们利用当时所能利用的材料记录下来的信息,是甲骨文以及之后金文、简书、纸书的重要源头,加上文字以外的其他已形成的重要文明要素,中华5 000多年文明史是确定无疑的。中国人对"文明"的概括比西方要早得多,作为古典语汇的文明,其内涵也非常地逼近当代的理念。中华文明由此走出了疑古时代,它并非"由来昆仑巅",更不是"来自古巴比伦",而是有着丰富的文明图谱。

第六,拥有深厚而广泛的社会基础。良渚在东方首现早期国家形态并非偶然,它的东南边有7 000多年前的河姆渡遗址。该遗址上具有先进的农业、建筑、纺织、艺术等东方文明。在太湖流域良渚文化更是星罗棋布,有独具特色的被称为"江南源"的6 000多年前的马家浜文化,有可分为10个地层的6 000多年前的丰富多彩的苏州唯亭草鞋山遗址,有5 800多年前、在苏州东北角长江边上的张家港东山村出现的"中华文明的第一缕曙光"——社会分层分阶文明的最早实例,又有距今5 800~4 900年的崧泽文化……从拥有土墩墓的遗址来看,这类遗址在太湖周围至少存在5个组群(见图1-11)。应该说,良渚国家是在周边众多文明交流与融合中,众星衬托出的一轮明亮的月亮。良渚文化的源头应是马家浜文化,早期中心在苏州的"草鞋山陈州古国"[1],那里有距今6 000多年至5 500年的稻田与河道遗址,及"中华第一玉琮"等等众多实证实物。该地域不断沉降,导致内涝严重,良渚文化中晚期时被迫将都城迁至余杭一带,此乃良渚文化的形成过程。有鉴于此,笔者断定:良渚文化的探索还未结束,还有更多有魅力、有内涵的考古发现等待我们去解读和品味。

后来这轮明亮的月亮——良渚国家为何又突然消失了?其主要原因可能有三:

一是被洪水或海浸摧毁。在长江下游,新石器时代早期遗址并不多,因该地区位于沿海地带。从冰川期的更新世向后冰期的全新世的过渡时期,地球环境变暖导致海平面上升。在最高海平面期之前和之后,地形发生了巨大的变动。"上海以西的太湖一带……公元前4500年左右的最高海平面以后,海域后退,附近一带形成沙洲,加之泥沙的冲积作用,

---

[1] 徐国保著,《吴文化的根基与文脉》(第2版),东南大学出版社,2018年,第18页。

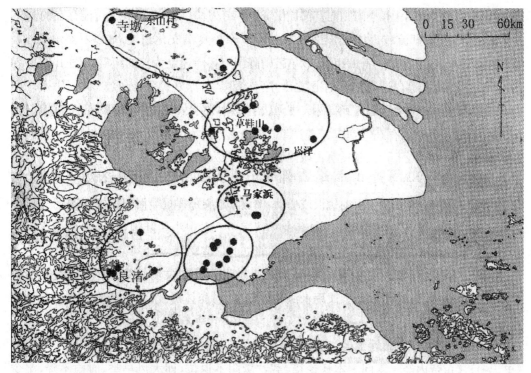

图1-11 太湖周围良渚文化5个遗址群示意图

逐渐成为陆地。"[1]根据近年来的考古发现,此时良渚先民可能从西南的天目山脉西苕溪与北面的湖州长山一带的河谷地带逐步向平原地区迁徙,因水源充足、地形平坦、排灌便利、适宜种植水稻而定居,逐步发展"形成了宗教祭祀国家的原型"[2]。但"公元前3000年前的中叶阶段,由于气候转凉,很可能引发了大规模的洪水灾害。实际上多项考察事例显示,良渚文化的包含层上覆盖着厚重的冲积层"[3]。10多年前,笔者实地勘察所见,在良渚东北方不到60千米的罗家角、马家浜等遗址的地层上均有红烧土层和淤泥层,厚达12~80厘米,就是证据之一。其二,地质学家发现了4 000年前黄河发生大洪水的首个证据。其三,太湖东南部原本就有一条水深潮急的深切支谷通道,易遭遇海浸。

二是受到战争的摧毁。如上所述,国家的本质,"推动了两项重要的变化:显著的社会不平等和有组织的战争"。有不少学者认为,良渚是个比较温和的社会,其乐融融。笔者认为,这种说法不大符合逻辑。其一,"古城内的大型仓储区遗存有大量的烧焦稻米,储量为10万千克",那时的水稻产量本不高,他们哪儿来的这么多"稻米"?关键词是"大量""烧焦"(该省考古负责人说是"失火")。这"火"是哪儿来的呢?没人说。"国家社会之所以为'国家'就是因为他们已经征服邻邦,有能力对资源进行跨地区再分配。许多古国演化成帝国,

---

[1] [日]宫本一夫著,吴菲译,《从神话到历史——神话时代 夏王朝》,广西师范大学出版社,2014年,第145页。
[2] [日]宫本一夫著,吴菲译,《从神话到历史——神话时代 夏王朝》,广西师范大学出版社,2014年,第159页。
[3] [日]宫本一夫著,吴菲译,《从神话到历史——神话时代 夏王朝》,广西师范大学出版社,2014年,第159-160页。

向外扩张,征服众多小国;小国则向首都提供资源和劳力。"[1]这种事实是可能存在的。

须知,仅在太湖流域,目前已经发现多达600余处良渚文化遗址,如以罗家角遗址为首的组群、以马家浜遗址为首的组群、以草鞋山陈湖与崧泽遗址为首的组群、以东山村和寺墩遗址为首的组群等。这些酋邦、小国之地,当良渚国家"向外扩张,征服众多小国;小国则向首都提供资源和劳力",但遇到自然灾害无法生存时,就会发生战争,杀死、驱赶良渚人,毁城烧粮,这种可能也是存在的,此其一。其二,按当下权威专家估算,良渚古城城垣、外城以及水坝坝体等的巨型工程仅靠良渚古城内最多2.5万人能搞起来吗?那数十万劳工(包括开采、加工数以万件的玉器)从何而来?有可能用宗教、公共权力的强制手段或暴力驱赶酋邦、小国之民而来,这就易于引发仇恨或暴动,像黄巢起义那样揭竿而起,这种可能性也是存在的。当然,也不要忘记,良渚地名中有个"渚"字——水中小块陆地,他们会利用水搞运输,在这一点上应相信古代智人是聪明的。尽管如此,"造反"暴动是可能存在的。

三是遭遇严重的瘟疫。良渚文化属于农耕文明,而农耕文明的特点之一就是长期地定居在一个地方,当粪便污染了饮用水源,瘟疫就容易集体爆发;家畜的驯养也是各种瘟疫暴发的温床。从古至今,人类遭遇了无数的瘟疫,其中有些瘟疫特别严重,如鼠疫、天花、流感等一些强烈致病性细菌、病毒等引起的传染病。"江南卑湿""湿邪致病"(司马迁《史记》)。《黄帝内经·素问·本病论篇》载:"厥阴不退位,即大风早举,时雨不降,湿令不化,民病温疫,疵废……"这种可能性也是存在的。

但上述三种可能性中,第一、二种可能性最大,尤其是第一种可能性。不论是近年在良渚古城西北面发现的深埋地下距今5 000多年、功能系统保存完整的1条长堤和11条短坝组成的规模巨大的水利系统(其中,老虎岭水坝的剖面显示,先民用芦荻、茅草包裹泥土制成"泥包"筑在坝体关键部位,显然是十分危险的),还是在苏北兴化、东台蒋庄良渚文化遗址发现的4 000多年前洪水淤积层上的实物,都显露出洪水或海浸摧毁良渚国家的真实印记。

无数事实证明,良渚文化所在的太湖地区,是我国早期文明的主要发祥地,将中华文明推前了一千年,为中华文明"多元一体"的发展特征提供了最完整、最重要的考古学实证。

蔚为壮观的良渚国家,她与山西襄汾陶寺遗址、陕西神木石峁遗址和河南偃师二里头等遗址,"多元一体、兼容并蓄、绵延不断",使中华文明从传说时代进入了信史时代——5 000多年前,这一段没有被文字直接记录下来的历史——"国家文明"填补了历史空白,超越了文献记载,进一步丰富了我们对人类文明起源的认知。良渚古城申遗成功,将是我国文化遗产保护工作一个新的起点。

三、日长夜大 稻桑之源

时代潮流,浩浩荡荡,唯有弄潮儿能永立潮头。但成长发展总需要付出代价。在江

---

[1] [美]罗伯特·L.凯利著,徐坚译,《第五次开始:600万年的人类历史如何预示我们的未来》,中信出版集团,2018年7月,第190-191页。

南人站立的地方,历史的洪流撞上了冷峻的峭壁,腾起巨浪,淘尽黄沙,始见真金。

在花开花落、梦里梦外的长江三角洲,当长江奔涌到东海之滨,却因将全部的乳汁都奉献给了华夏儿女,而变得如此舒缓凝重,缓缓地步入了碧蓝的东海之中,呈扇面形展开而去;蔚蓝和金黄在这里水乳交融,海浪和流水在这里纵情歌唱,如两匹美丽的锦缎缠绕在一起,呈现出裂帛般雄伟壮观的大美。

古长三角是奇幻的,从空中俯瞰,大片新生地宛若巨幅水墨画。近处,是些随风摇曳的狗尾巴花;远处,是棕绿色的蒲草湿地。伸展向远方的泥沙路被高高的草木遮蔽得若隐若现,许多地方水潜伏在各种野生植物下面。植物丰茂的地方,水自然是充足的。数不清的鸟儿在此栖息和中转,犹如"鸟类的国际机场"。刚刚长起来的芦苇,一片一片地铺展开去,虽还不高大,却已经绿浪婆娑。不言而喻,这里正如司马迁所言,地广人稀,是中国东部沿海唯一的"自然之地",这就是当今太湖平原前身玄妙的"复原图景"。

(一) 无性生殖,日长夜大

大美宏景的长江宛如一支锋利的青铜箭头射向大海,好像陆地向大海的宣战,那尖头状的就是它的战利品——长江三角洲。在入海口一带,虽然海水的波浪作用也较强,但是江流流量大,沙滩依然不断向海里生长,至今从未停止。所以扬子古陆既是古老的,也是新鲜的。说她古老,是因为她是几千万前生成的;说她新鲜,是因为她每时每刻都在无性生殖——不断长出!既是昨日之地,也是今日之地。

长江水丰沙富。据国家大通水文站统计,年经流水总量达 9 250 亿立方米。泥沙的运动以悬移质和推移质两种方式进行,前者每年平均输送量达 4.86 亿吨,后者为 0.53 亿吨。此外,还有少量来自杭州湾和苏北沿岸的沉积物。这些泥沙都堆积在长江河口的外海域。在三峡工程蓄水运作前,长江平均每年下泻 4.3 亿吨泥沙进入长江口地区。史料显示,长江口周边,特别是长江南岸,上海市有近 70% 的土地面积都是由淤泥沉积成陆的;苏州张家港市大部分区域由江河泥沙运输沉积而成,就连常熟、太仓市的土地面积也有近半是江河泥沙运输沉积而成的。

长江入海口北岸,滩涂犹如调色板,"绘制"了独特的风景。据学者陈㠥考证,五六千年前,南通除如皋、海安西北部外,大部地区还是茫茫海域。从汉代以后到公元 11 世纪,南通在其形成的过程中,曾有扶海洲、胡逗洲、东布洲等沙洲与大陆连接,18～20 世纪初,又有一批江口沙洲陆续连上了大陆。先后经四次大规模的近岸沙洲并接连陆,江海平原展现在辽阔的长江三角洲上(见图 1-12)。

资料显示,近 150 年来,在长江口浅滩共淤积了约 19.48 亿吨泥沙,占大通泥沙量的 3.73%,年均淤厚 0.83 厘米。

三峡水库于 2003 年 6 月 1 日正式下闸蓄水后,据统计,大通站 2004 年至 2008 年平均输沙量为 1.436 亿吨,仍达 2002 年的二分之一。今后随着生态环境的不断改善,如在正常年景下,长江年输沙量或将略少,但仍将很可观,"日长夜大"是常态。目前的盐城射

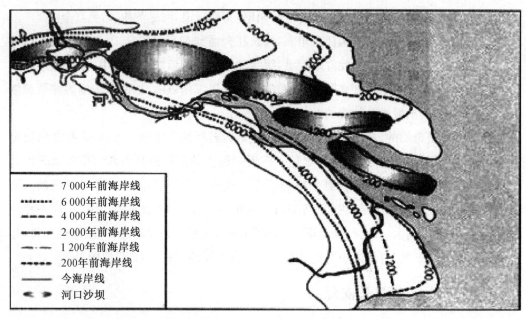

图1-12 长江三角洲海岸线历史变迁示意图

阳河口以南沿海地段还以每年近10平方千米的成陆速度向大海延伸,被称为"黄金海岸",是江苏最大、最具潜力的土地后备资源。而作为世界最大河口冲积沙岛的崇明岛,从公元618年,即唐朝武德元年长江口最早出露水面的东沙、西沙至今,以每年新增近两万亩(1亩≈666.67平方米)土地的速度日长夜大,这在世界大河三角洲中是少有的。从飞机上向东海的方向远眺,长江又仿佛是一根柔软的金绸带,徐徐地飘入东海。

(二) 碟形盆地,稻桑之源

传说在很久很久以前,有一年,王母娘娘要做寿了,玉皇大帝叫四大金刚抬去了一份厚礼。王母娘娘看见后,高兴得连嘴都合不拢了。原来玉皇大帝送的是一个大银盆,里面有72颗特大的翡翠,而且还有各种五色玉石雕琢的千姿百态的飞禽走兽,简直是一个聚宝盆。远远望去,还活像一只精致的大盆景!各路神仙都赞不绝口。

看过《西游记》的人都知道,王母娘娘设蟠桃会,没请弼马温,结果齐天大圣孙悟空发了脾气,大闹天宫。他见一样打一样,当他看见玉帝送的这只大银盆,也不管三七二十一,一棒打了下去,银盆便从天上落了下来,摔到地上砸了个大洞,银子便化作白花花的水,形成了三万六千公顷的湖。因为湖是从天上掉下来的,"天"字上面的一横落在下面就变为一点,也就是"太"字,所以此湖就叫"太湖"。72颗翡翠就成了72座山峰,分布在太湖中间。玉石雕刻的鱼,就是现在太湖里肌白如银、肉嫩味鲜的银鱼。玉石雕刻的飞禽,变成了对对鸳鸯。

当然,上述只是传说,却让太湖增添了一道迷人的神话色彩,起到了"沉珠再现、隐星发亮"的积极作用。据科学考证,太湖是"海的儿子"——海迹湖,地理上称"潟湖"。原来这里是一个大海湾,由于长江、钱塘江泥沙的冲积,长江三角洲不断向东延伸,海湾因湾口被泥沙淤积成的沙冈所封闭而形成了太(大)湖,以后在江水和雨水的作用下,海水逐年淡化,于是就成了淡水湖。

太湖平原是一个以太湖为中心的碟形洼地,面积3.69万平方千米,北起长江,南达钱塘杭州湾,东抵东海,西面以天目山及其支脉茅山与皖南山地、宁镇丘陵相隔开,包括浙江省杭州市主要地区、嘉兴市和湖州市全部、江苏省苏州市、无锡市、常州市、丹阳市和上海市大部分。其地形演变大体如下:

在距今一万年前后,随着气候转暖,冰川消融,海平面迅速回升。当时长江三角洲覆盖着一层晚更新世末期陆相褐黄色硬黏土层,此硬层构成自西向东倾斜的太湖平原全新世原始地面,现在太湖湖底的褐黄色硬黏土层就是佐证。其高程在茅山以东、金坛一带构成3～5米高地,奔牛一带出露地表,常州、无锡一带海拔为-1～-2米左右,太湖东部、苏州、吴江等地海拔在-2～-5米,昆山在-5米以下,上海东部地区为-25米左右。其时,滨海平原北部的长江谷地下切深达50～60米,南部的钱塘江也达40～50米,两岸的大小支谷随之深切,致使长江三角洲(太湖平原地区)成为沟谷切割的滨海台状平原。东太湖大部和西太湖部分地表为晚更新世末期2～6米厚的陆相硬土层所覆盖,地势较为平坦。其水大部由太湖西部的南北谷地与钱塘江、长江沟通:南部从太湖中的大、小雷山之间,向南经吴兴至杭州与乔司之间与钱塘江交汇,注入钱塘江;北部从马圩向北经雪堰、前洲、青阳、芙蓉、夏港注入长江。

距今9 000～8 000年时,海平面继续上升,达到现今的-25～-10米,海侵到达长江三角洲顶部的镇江、扬州一带,海潮通过太湖西部南、北两条支谷入侵西太湖地区。特别是西南部的钱塘江深切支谷,因之演变成为从钱塘江口侵入太湖西部的大海湾,被称为"太湖海湾"。

西北部的茅山、宜溧山地海拔高度一般在200～300米,湖西的平原海拔高度一般为5～8米,长江南岸和杭州湾北岸以及沿海一带海拔高度一般在4～6米,湖东平原地势较低,一般在2.5～3米。然而,在冈身一带以东,由于受历史时期海潮倒灌影响,地面以西部略高,达4～5米,因而太湖四周形成一天然的碟形盆地(见图1-13)。

在太湖东、西两侧大部沦为潟湖的全新世早期,太湖周边除湖沼洼地之外,在较为高爽的地区,已有江南先民在此活动。太湖平原南部的嘉兴、桐乡石门、崇福一带地势高爽的台状平台,已有先民定居。因此在罗家角、马家浜、秦堂山、谭家湾、彭城等地,均有形成于这时段的马家浜文化遗址。此外,在一些墩台、小丘上,如苏州的草鞋山、张陵山、龙灯山,昆山的绰墩、黄泥山以及上海冈身内侧的崧泽、福泉山、查山等也都有马家浜文化遗址分布,说明在太湖地区潟湖扩展期内,并非整个太湖平原都沦为潟湖。而常州圩墩马家浜文化遗址的发现,则说明太湖西北通道封堵之后,其附近的潟湖经泥沙淤填已转变为陆地,适合先民居住。

全新世中期(距今6 000～5 000年),太湖平原东部紧邻沙冈的东侧,又有滨岸滩脊

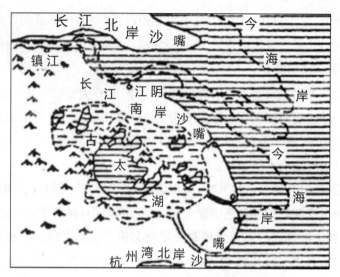

图1-13 7 000多年前太湖四周形成天然的碟形盆地(资料图片)

(紫冈)的形成,它在加宽、加厚碟缘高地,进一步塑造太湖碟形洼地的同时,封堵了先前的一些通道,阻遏了海潮涌入西部的潟湖地区,加之距今5 400年左右时气候一度转凉,海平面略有下降,碟形洼地中的潟湖面积显著缩小,湖底大部出露成陆,周边地区则排水不畅演化为星罗棋布的淡水湖沼群,于是出现了良渚文化。

全新世晚期(距今5 000~4 000年),长江携带的泥沙,不断在太湖平原东部的冈身外侧加积,在塑造新的水下边滩的同时,并形成紧邻沙冈、紫冈东侧的竹冈,太湖地区碟缘高地的冈身海岸大致建造完成。

史太公记载的大禹治水,可能与这一时期因洪涝灾害造成太湖扩大与良渚国家突然消失有关。太湖古称震泽,《尚书·禹贡》曰:"三江既入,震泽底定。"北宋郏亶在其《水利书》中,对《禹贡》的这一记载做出合乎历史情境的解释:"昔禹之时,震泽为患,东有堰阜,以隔截其流,禹乃凿断堰阜,流为三江,东入于海,而震泽始定。"

大自然的神奇造化,在这里形成了曲折的浅水海湾、山岬和沙滩,海蚀地貌千姿百态。以穹隆山为高峰(海拔341.7米)的苏州西部山区、常熟的虞山、昆山的马鞍山、无锡的锡惠山等延伸到浅滩盆里,形成很多突出于水面的大片陆地,像莲花般在太湖平原湿地中绽放,呈现出原始而壮观的自然风光。山峦青碧如洗,万草千花,一股清新的空气扑面而来,略带一点潮湿,你会贪婪地大口呼吸起来,这才发现这里原来真美!抬头白云翠岚,举步溪谷丛林,感觉大自然与古雅文明和谐地交融在一起。

1.绿肥红瘦,长三角是世界水稻的发源地

考古实物证实:西亚地区最早种植小麦,中国长江下游则最早种植水稻。今天,稻米种植区几乎遍及整个地球,全世界有近半人以此为主食。早在丝绸之路形成以前,中国的"稻米之路"(又被称作"庶民之路"),就穿越崇山峻岭、漂洋过海,陆续传播到西亚、欧洲等地。

"很早,大致开始于亚洲,水稻分别从不同地方与不同方向传播,至今遍及除了南极洲以外的各大陆。""在中国,众多的考古证据表明长江和淮河中游是两个最早种植栽培稻的地方,已发现了至少8 000年前的稻谷和农具。"[1]悠久的稻作历史伴随着中华民族一万多年的农耕文化史,稻米将中国和世界连接到一起。中国水稻的资源、传播和稻作技术曾经直接影响了全球的文明进步。

我们选择了稻米,就选择了一种文化,我们的生活情感甚至精神世界与稻米的荣枯盛衰纠缠在一起,与之同悲共喜,生生不息。

长江三角洲是世界水稻的发源地。浙江余姚市河姆渡遗址及遗址中出土的厚达四五十厘米的碳化稻谷米香七千年。《周礼·职方氏》载:"东南曰扬州……其谷宜稻""正南曰荆州……其谷宜稻"。2000年秋冬之际,考古工作者在浙江浦江县中部发现了1万年前的上山水稻遗存(见图1-14),显现出江南文明的源远流长。

图1-14 浦江上山遗址出土的1万年前"夹炭"陶片,胎土中夹杂着大量的稻谷壳

图片来源:《北京日报》

《尚书·禹贡》中荆州、扬(梁)州都有"沱潜既道"的记载。《召南·江有汜》中提道"江有汜""江有沱"。所谓"沱",指江水的支流、水湾。根据笔者近10年的种植经验,这是我们种植水稻的梦寐以求之地。"一两土二两油。"通常来说,在河湖沼泽地带,泥土长期被水浸泡,形成大片淤泥,由于长期缺氧,呈现青黑色,颜色越黑,土壤越肥沃,适宜种稻。历史上长江上游带来的大量泥沙,加上钱塘江北岸的部分沉积,使江南的中心地区太湖流域形成水网交错、草丰水美、土壤肥沃的冲积型平原,这种地理环境为稻谷生长提供了十分优越的条件。故远古时江南之地就出现了"鸟田"——鸟啄食之处有野稻谷的种子。郦道元《水经注》云:"有鸟来,为之耘,春拔草根,秋啄其秽。是以县官禁民不得妄害此鸟,犯则刑无赦。"由此有了从野生稻到栽培稻、从籼稻变为粳稻的发展。

加之江南在北纬30°线上,气候温暖湿润。从太湖流域新石器时代遗存出土的稻谷

---

[1] J. L. Maclean 等著,杨仁崔、汤圣祥等译,《水稻知识大全》,福建科学技术出版社,2003年9月,第1页。

品种来看,稻谷的品种很多,从此江南的先民有了种稻的家园。为了发展生产,秦朝时全国是不能吃牛肉的,因牛是耕田的重要工具,随便杀牛吃牛肉是犯法的。唐朝的韩滉(723—787)任苏州刺史和浙江东西都团练观察使时,一贯提倡农桑,他看到耕牛一天劳作以后,卸去犁具,漫步在夕阳下,便绘制了中国美术史上现存最早的纸本绘画真迹、传世孤本——《五牛图》(见图1-15)。

图1-15 （唐）韩滉《五牛图》（北京故宫博物院藏）

印度最早的稻谷发现于印度中西部的卢塔尔,距今3 700年,比浦江上山遗存稻谷要晚7 300多年。可见,江南是世界上最早种植水稻的主要地区。美国斯坦福大学人类学家理查德·克莱恩博士在肯定人类从未停止进化时说:"三类人种中特定基因的变化很难与考古学中所记录的大事件联系起来,但是东亚和欧洲人种的变化时间和性质都与农业的发展相吻合。六七千年以前,中国境内开始普及种植水稻,而后水稻种植由近东传入欧洲。"如今,又有了巨型稻、海水稻、超级杂交水稻等,就连新疆塔克拉玛干沙漠西缘也种上了水稻,让所有人远离了饥饿。可见,中国人拿筷子挑起了世界。

考古界曾经做过一件有意思的工作,将我国考古工作中有碳化稻谷出土并已明确是稻作遗迹的地点按年代分别标志在地图上,结果此图提供了一个一目了然的事实——目前已知的年代最古老的稻作遗址基本上都分布在长江中下游一带,仅江苏省境内先吴地区发现的5 000年以前的稻作遗址就有泗洪县梅花镇大新庄、高邮龙虬镇、苏州唯亭镇、昆山巴城镇等等20多处,而太湖流域尤为集中。

稻作农业是江南文化的奠基石,由此江南的先人逐步由狩猎—采集转入了定居。随着技术的进步与管理水平的提高,水稻产量也逐步提高,出现了"苏湖熟,天下足"民谚。

京杭大运河始建于春秋晚期,距今已有2 500多年的历史。利用运河将稻米运送出去滋养四方,是江南人的奉献。隋朝时出现了漕运专业管理机构——漕运专署,其全国漕运总管机构就设在江苏的淮安。据《重修山阳县志》(山阳为淮安的旧称)载:"凡湖广、江西、浙江、江南之粮船,衔尾而至山阳,经漕督盘查,以次出运河,虽山东、河南粮船不经此地,亦遥禀戒约。故漕政通乎七省,而山阳实属咽喉要地也。"当时,江南的千万艘粮船衔尾而至淮安,入淮北上,以解决北方粮米缺乏之苦。根据史书记载,"元都于燕……无不仰给于江南"。史料载,元朝一年的粮食征收额为1 201万石(古代重量单位,不同时代标准不同)。江浙行省(今江苏安徽两省的江南部分、浙江、福建两省以及江西省一部分地区)即占449万石。

笔者是江苏句容人,小时候一过谷雨,男人在太阳下就不大穿上衣(名曰"晒背"),准备下田插秧。插秧时,大人要求我们"小年轻"要两腿分开成"八"字形,屁股下蹲;为了保证秧苗插得既快又在一条直线上,两肘要悬空,不可放在膝盖上,眼睛既要看眼前又要用余光看前方;三指插秧时,以中指与食指触泥为准,深了秧苗难分蘖,浅了秧苗会浮上水面。

不吃苦中苦,怎得梅花放清香。插秧时,背曝烈日,躬身倒行,右手中指指甲上方的皮往往上翻,有时会红肿出血。令人哭笑不得的是,久插后会腰疼,只要一站立叫苦,大人就会训斥:"小孩子没有腰,疼什么?快插!"那时,我已知"谁知盘中餐,粒粒皆辛苦"。而诗人笔下水稻的壮美则令人怦然心动:"新筑场泥镜面平,家家打稻趁霜晴""稻花香里说丰年,听取蛙声一片"……"南风之薰兮,可以解吾民之愠兮。南风之时兮,可以阜吾民之财兮"(《南风歌》)。

通过稻米这种既平凡又不凡的食物,我们在习以为常的现象中看到了不一样的世界。不论是江南先人还是当代江南人,都是从稻穗里长大的,"一条大河波浪宽,风吹稻花香两岸",由此唤醒了我们对稻谷、对劳动、对大自然的敬畏之心,每一粒白米都教会了我们如何去感恩,其中融入了江南人的血脉与灵魂。

2. 养蚕植桑,丝绸之源

中国是世界上最早养蚕植桑、缫丝纺织的国家。大量考古发现证明,至少在5 000多年前中国人已开始养蚕和用蚕丝纺织了。神话里,精卫鸟栖息在发鸠山的柘木之上。《说文》云:"柘,桑也。""桑"字在上古具有生命和死亡的双重属性,除了谐音产生相似含义之外,恐怕也与"马头娘"的神话有关。

蚕神在中国古代又叫先蚕。祭祀的蚕神有官方嫘祖、民间蚕神"马头娘"等。在官方的传说中,最为著名的是黄帝元妃嫘祖始创养蚕种桑之术。事实上,在嫘祖之前,人们可能将黄帝本人作为养蚕的发明人,后来人们又逐渐将养蚕的发明人归到女性的名下。通过对历史文献记载的追溯,一般认为,"嫘祖始蚕"并非自上古传承而来的民间传说,而是统治阶级把文化的创造归功于帝王贵夫人的正统思想的产物,一般蚕农只是敬而远之。民间认账的是马头娘,也就是许多学者所称的"蚕马"。

这一传说最早见于晋代干宝的《搜神记》。旧说,太古之时,有个姑娘的父亲外出远行。姑娘思父心切,立誓说如果谁能把父亲找回来,就以身相许。家中的白马听后,飞奔出门,没过几天就把父亲接了回来。但是人和马怎能结亲?这位父亲为了女儿,就将白马杀死,还把马皮剥下来晾在院子里。不料有一天,马皮突然飞起将姑娘卷走。又过几日,人们发现,姑娘和马皮悬在一棵大树间,他们化为了蚕。人们把蚕拿回去饲养,从此开始养蚕历史。那棵树被人们取"丧"音叫作桑树,而身披马皮的姑娘则被供奉为蚕神。因为蚕头像马,所以又叫作"马头娘"。

神话是人类文明最早的精神印记,实现自我成长的标志,既是民意也是信仰。它是文化的源头、永恒的诗篇。这一故事说明了中国古代文化的思维逻辑,来自对大自然运行规律的体认,来自对世界万物、社会以及人本身的理解,是一种自然文化。

"蚕马"的故事各地细节虽有不同,但内容大体相同,特别是其中关于马、女、蚕这三个基本要素大体一致。战国时期的荀况曾在《赋篇》中描述了蚕的形象:"有物于此,儴儴(裸裸)兮其状,屡化如神,功被天下……臣愚不识,请占之五泰。五泰占之曰:此夫身女好而头马首者与?"也就是说,蚕的头时而昂起,颇似马首,而蚕身柔软,又像是女性。蚕、马、女之间的联系,正是因为它们之间的相似,而蚕马故事也正是源自于此。《山海经》亦云:"欧丝之野在大踵东,一女子跪据树欧丝。"[1]这里的"欧丝"就是吐丝的意思。所讲的可以吐丝的女性即为蚕,树即桑树。因此,蚕马故事的渊源或许来源更广,因商朝时期的甲骨文中已出现了多个"丝"字。据胡厚宣的研究,甲骨文中祭祀蚕神的卜辞约有四条。现以祖庚祖甲时蚕神与上甲微并祭的一条卜辞为例:"贞元示五牛,蚕示三牛,十三月。"[2]意思是说祭祀元神上甲要宰牛五头,祭祀蚕神用牛三头。"示"指神祇,"蚕示"也即蚕神,说明了民间的传说格外可靠。其所以有生命力,诚如神话学家袁珂先生所指出,《搜神记》中的"女化蚕"是属于"推原神话"之一,即推寻事物的本源。换言之,古人并不大熟识天地万物、风云变异的缘由,故以朴素的唯物辩证法推想出世间事物之源。它借一个被马皮所裹而代身为蚕的姑娘的神话故事,不仅表达了女性对人类的奉献,也说明了养蚕业与谷物同等重要,它乃是中华民族经济的重要来源之一。农民希望有稳定的收入,故奉某一神祇为蚕神。

"蚕马"的故事,"趣"在哲理。从本质上来讲,文化的博大精深并非来自经史典籍的浩如烟海,而是来自对世界的理解和解释,即思维方式或思维逻辑的精深,亦即世界观和方法论的科学性。致大而穷宇宙之理,致小则通无微之变,涵盖了中国人最基本的世界观、价值观、人生观和方法论,是中国人理解和处理帝王将相与百姓、人与人、人与自然、自然万物之间关系,包括自身所遵循的基本思维逻辑,帮助人类打破了神权、君权,建立起理性、民主与科学的信仰。"舍得一身剐,敢把皇帝拉下马",充分说明:文化大于权力。

《搜神记》中所提"旧说,太古之时"是个亮点!这表明"蚕马"故事不是有史以后的事,而是晋时已很流行的故事。作者干宝祖籍河南,后举家迁至浙江海宁,曾做过山阴(今绍兴)县令。他在《搜神记》序中说:"考先志于载籍,收遗逸于当时。"这说明他这个故事很可能就是在江浙一带收集来的,蚕桑神"马头娘"的神话起源与原版可能就在江南地

---

[1] 袁珂校注,《山海经校注》卷三《海外北经》,上海古籍出版社,1980年,第242页。
[2] 胡厚宣,《殷代的蚕桑和丝织》,《文物》,1972年第11期。

区,她的精神与灵魂在江南。

事实胜于雄辩。1977年在河姆渡遗址出土了蚕纹牙雕器,距今至少已有7 000年的历史,是目前所知最早的蚕形刻画。联想到1972年9月,苏州唯亭镇草鞋山出土的罗纹葛布实物:经密约10根/厘米,纬密为13～14根/厘米,有罗纹部为26～28根/厘米,有山形和菱形花纹,花纹处的纬纱曲折变化,罗纹部纬纱上下绞结,系中国目前最早的原始绞纱葛纤维织品,使我们为中华民族的卓越智慧而由衷自豪。

《黄帝内传》上说:"(黄)帝既斩蚩尤,蚕神献采丝,称织纴之功。"蚩尤是南方人的祖先,这就进一步证明了江南地区除了早有盛名的稻米文化,更是丝绸纺织文化的摇篮。1956年和1958年经两次挖掘,在太湖边的湖州(时称吴兴)境内钱山漾文化遗址上,出土了距今4 700多年的蚕丝,经鉴定为典型的桑蚕丝,不是柞蚕、椿蚕或野蚕丝。[1] 2014年11月,学术界正式将钱山漾一期文化遗存命名为"钱山漾文化"。2015年6月25日,中国湖州钱山漾遗址被正式命名为"世界丝绸之源"。

苏杭二州历来被誉为"丝绸之府",在上古时期属九州中的扬州,夏禹时苏州地区就有丝织品土贡"织贝"一类的彩色锦帛,至今丝绸从未中断。所谓"织贝"就是贝锦,是织有贝形图案花纹的锦。南宋蔡沈研究《尚书》亦说,"织贝"即"织为贝文",为锦名(《书经集传》),此说早已成为后世的一种流行的认知。《周礼·职方氏》曰:"东南曰扬州。"《尔雅·释地》说:"江南曰扬州。"《尚书·禹贡》:"(扬州)厥篚织贝。""厥篚"就是竹篚、竹筐。《说文》:"筐如竹篚是也",上有盖,盛物也。

春秋时期吴国公子季札到中原各国观礼时,曾将吴国所产的缟带赠给郑相国子产。周敬王元年(公元前519年),吴楚两国因争夺边界桑田,曾发生大规模的"争桑之战",说明蚕桑之利在当时经济上的重要地位。吴国都城就在苏州,三国东吴时,丝帛之饶,衣覆天下,说明苏州丝绸已发展成为"赡军足国"的重要战略物资。南北朝时,有日本使者求吴织、缝织女工归;《日本书纪》亦有相应的史实记载。

隋唐时,苏州属江南东道,丝绸贡品数量最多,"土贡"有丝葛、丝绵、八蚕丝、绯绫。韩愈曾说:"赋出天下,而江南居十九。以今观之,浙东西又居江南十九,而苏、松、常、嘉、湖五郡又居两浙十九也。"当时有"蜀桑万亩,吴蚕万机"的说法,以形容长江流域蚕桑纺织业的发达。

养蚕必备桑。江南地区得天独厚的人文地理气候条件,创造了发达的蚕桑文化。当时,富贵人家都以蚕纹(形)装饰为贵,并作为财富的象征。据《民国吴县志》记载:吴王"阖闾夫人墓中……尤异者有金蚕、玉燕各千余双"。将蚕作为国王夫人重要的陪葬品,足以看出蚕在当时人们心目中所占的地位。

江南的蚕桑生产经数千年漫长的探索实践,至明末清初完成了理论上的总结,并由地方史书——县志记录下来,它标志着江南蚕桑生产进入了完全成熟的阶段,其丝有两

---

[1] 浙江省文管会,《吴兴钱山漾遗址第一、二次发掘报告》,《考古学报》1960年第2期。

个誉满世界的著名品牌:一是"辑里丝",二是"吴丝"。"辑里丝"又名"湖丝";"吴丝"又称"香山丝"。它们都是中国历史上久负盛名的两种土丝。所谓"土丝",是现在对古时"丝"质品的统称,它不是用机械缫制的,由于农家分散自行抽缫,因此都是鲜茧直接缫丝,不经烘成干茧。又由于在生产中充分利用了太湖之滨优越的水土自然条件与精细的加工技艺,这两种土丝色泽光亮,质地坚韧,条分细匀,拉力强,历来皆为上品,"名甲天下,海禁既开,遂行销欧美各国"。

2013年9月,中国政府提出共建"丝绸之路经济带"和"21世纪海上丝绸之路"(简称"一带一路")的倡议,在各地的共同努力下,"一带一路"建设在探索中前进,在发展中完善,在合作中成长,已经取得了明显的阶段性进展,正向落地生根、持久发展的阶段迈进。

"一带一路"连接亚欧非,一头是历史悠久的东亚,一头是高度发达的欧洲,中间是广袤的文明中间地区。早在商周时期,东夷、百越族群就以江河湖海水系为媒,逐岛漂流,从东海、南海穿越第一岛链,到达波利尼西亚等南太平洋诸岛,这是大航海时代以前人类最大规模的海上移民。这些移民,包括传统海洋社会基层的,如渔民、疍户、船工、海商、"海盗"等群体,早就拉开了海上丝绸之路的帷幕。况且,"阿拉伯商人因为陆路成本太高,特别是唐朝安史之乱后陆路断了,只好改走海路。唐朝以后,中国出口的丝绸、茶叶、瓷器等都是东南沿海生产的"(葛剑雄)。他们还逆长江而上进入"南方丝绸之路"(亦称"西南丝绸之路"),又通过大运河进入"天路"——"北方丝绸之路"。

溯源而上,中国航海之路可追溯至远古时代,早在距今7 000年时,我国东南沿海的先民便开启了伟大的航海历程,为海上丝绸之路的起源奠定了坚实的基础。我国从北到南的广大滨海地区的贝丘遗址,是古人从海洋获取食物资源、生息繁衍的重要证据。尤其是在唐代中叶以前的数千年间,扬州、镇江一带的长江广陵潮比后来的钱塘江潮更加波澜壮阔。当时,扬州位于长江和大海的交汇处,"襟江带海",呈喇叭口形,扬州与江对面的镇江焦山形若双阙,亦称"海门山",形成"陵山触岸,从直赴曲"的地理态势,是东南海上丝绸之路的重要出发点。明代著名航海家郑和,从江苏太仓刘家港出发,完成了七下西洋的壮举,其时间之长、规模之大、范围之广都是空前的。这对发展中国与沿线30多个国家与地区政治、经济和文化友好关系,特别是深拓"海上丝绸之路"做出了重大贡献。在新时代的2017年,江苏共发送中欧班列880列,同比增长51.2%。特别是苏州,2018年成为同时运营两条中欧班列("苏新欧""苏满欧")的城市。截至2018年10月,江苏87所高校在校外国留学生达3.99万名,同比增长20%。

历史是一条长河,祖先与我们同在。英国著名历史学家彼得·弗兰科潘认为,因为丝绸之路的存在,早在2 000多年前,全球化就已经是事实。江南,可谓"陆海丝路,两翼齐飞";太湖流域与宁绍平原乃是"人文炽盛,战略支点"。携手发展,逐梦未来;兄弟同志,这就是"中国主义"。

第二章

因水结缘的经典传奇

浩瀚东海,水天相连。奔流不息的扬子江,碧波荡漾的太湖水,江南人从这里启航。千千万万江南人为身为这片大地的主人而意气风发,无数劳动者为创造自己美丽的家园而燃烧着激情。世代众神用"洪荒之力"创造了光辉灿烂的历史诗篇,启迪我们自强不息,开创未来。

12 000年前,世界的不同地区都出现了农业,狩猎—采集者的世界逐渐变成了农民控制的世界,定居的村落以及驯养的动植物成为这一时段重要的人类物质遗存。江南在进入农耕时代后,稻桑是主业,在多数情况下较北方有一定的优越性,但"有一点必须牢记:田地终结了自由。不管文明随之而来取得了怎样惊天动地的伟业,它也付出了一些公认的代价:人类自身变成了其自己驯化的物种之一"[1]。一旦遇到自然灾害,为了生存,对立族群之间就会发生战争,如分别以黄帝与蚩尤为首领的两个农耕部落间的"涿鹿之战",引起了"新石器时代突变",从这个意义上来说,"战争是进化的唯一动力"[2]。

有人认为战国时代战争是最多的,其实,这是一种误解。在这之前的2 000多年里战争也是很多的。如商初人口估计在400万到450万之间[3],商代不断对其他国家和部族征战杀伐,每次都调动数千甚至数万人的军队。公元前1046年初,武王亲率佩甲之士近5万士兵,其中还有敢死队3 000人,一举击败了商朝,这就是著名的武王伐纣的牧野之战。在春秋时代的242年里,载入史册的战争就超过480次[4]。尤其是周朝后期"东迁"后,周王朝权威衰落,诸侯纷争各自为政,到了春秋晚期,随着文字与铁器的逐步普及,各国(方)称王称霸,很多地区出现了"部族—城市—邦国"。这时,氏族进一步瓦解,很多没有血缘关系的人聚集在同一个城市里,以往靠首领的威望解决问题的方式已经不

---

[1] [英]伊懋可著,梅雪芹、毛利霞、王玉山译,《大象的退却:一部中国环境史》,江苏人民出版社,2014年12月,第94页。
[2] [英]伊懋可著,梅雪芹、毛利霞、王玉山译,《大象的退却:一部中国环境史》,江苏人民出版社,2014年12月,第93页。
[3] 宋镇豪著,《夏商社会生活史》,中国社会科学出版社,1994年9月,第107页。
[4] 许进雄著,《中国古代社会》,台湾商务印书馆,1988年,第408-411页。

适用了,为了解决现实遇到的问题,人们自然会受到刺激,去思索解决问题的方案,思想异常活跃,从而出现了"百家争鸣"的壮观局面,人们对人生、人性、宇宙观产生了广阔而有深度的思考。此时中国出现了老子、孔子、庄子等诸子百家。与此同时,在北纬30°线左右,古希腊出现了苏格拉底、柏拉图、亚里士多德等思想大家,印度出现了释迦牟尼在菩提树下悟道。一时间,世界各地先哲如云,虽然天各一方,然而他们却不约而同地思考人生、人性、灵魂、世界观、宇宙观等根本问题,他们的思想犹如黑夜中的火花,燃起一方之烈焰。对此,德国雅斯贝尔斯在1949年出版的《历史的起源与目标》一书中,首次将这一时期(公元前800年至前200年)称为世界文明史上的"轴心时代"。

这个"轴心时代",既是一个思维转型的时代,也是一个历史环境变迁导致思想创新集大成的时代。在这一时代,江南获得了前所未有的发展机遇,形成了当时较为先进的特色文化,"威动天下,强殆中国"(《荀子·王霸》)。它犹如一颗天狼星闪耀在太平洋的西岸,轰鸣着一个民族高情烈志的心韵、鲜活高扬的灵魂,像蝴蝶的翅膀扇起了一场风暴,处处充满着雄性的阳刚之气,其势如金鼓雷震,其志如长虹凌霄。

叱咤风云的人物纷纷消失之后,历史便成为一笔巨大的遗产,完整无损地留给了我们。欲问江南"心源"何在,动力哪来? 一言以蔽之:东海之滨,大江大湖水的滋润。正是在这里,高天厚土,江南文化得以孕生、发育。江南人在这里休养生息,积蓄力量,成为江南文化崛起的文化台基。

中華(华)的"華"是草字头,可以看出华和草木之间的关系。因为有大江大河水的滋润,所以《说文解字》解释"华"的本义是"荣也"。江南不仅是中华的精华,还是草丰水美"花"的代名词。"华"与"花"本一字,它们是一对古今字。"花"字虽是今天的常用字,其实它是个六朝后才有的俗字,尽管如此,它却是个"后起之秀"。同理,江水浩浩,湖水汤汤;"桃之夭夭,灼灼其华";"大鹏一日同风起,扶摇直上九万里":无不打上了深深的江南文化烙印。

一、以水为媒　南北相融

《史记·吴太伯世家》云:"太伯之奔荆蛮,自号句吴。""句"(gōu),同"勾"。省去"句"——古人认为"句"(勾)是发语词,无意义,"吴"代表什么? 众多的专家学者、权威连篇累牍,用字意、语音、方言发声等等撰文来解释,甚至写入了地方志与小学地方教材。笔者认为,"字"中有历史。任何历史问题都不能脱离当时的时代背景,更不能用近代或当代的景象来推测解释上古的历史。须知,在历史研究中,"论从史出"是一个基本的方法。史料是学者治史的史源,是为学的基础。如果缺乏基本史实支撑,很容易成为缺乏生命的空壳,甚至成为建立在沙滩上的楼阁。解释是自由的,事实是神圣的。"江山留胜迹,我辈复登临。"用史实发言,方可悟出真经,坚守记忆。

（一）一个太阳战胜十个太阳，"吴"国随着汉字的普及横空出世

上古时人们还无法解释自然现象，产生了许多神话与传说。这些神话与传说也并非空穴来风，江南地区本来就是个"神本社会"——敬天崇祖。1993年10月，湖北荆门市纪山镇郭店村郭店一号楚墓出土了804枚楚简，内有《太一生水》佚文14枚，讲述的是天地起源的宇宙神话。开篇曰："太一水生。水反辅太一，是以成天。天反辅太一，是以成地……"认为宇宙的根源是太一，从太一又生成了天地，其特征是：从太一生成了水，水辅助太一形成了天，天又辅助太一生成了地。这种说法闻所未闻，大有重写先秦轴心文明之势。

上述说法类似于蛋黄、蛋白与蛋壳的关系。太一是蛋黄，蛋白是水包裹着太一，蛋黄与蛋白不停地运转，于是便生成了蛋壳的天。天上（蛋壳）一个太阳，蛋壳上布满了星星。

从这座墓中还出土了多件彩绘衣箱，其中一件上绘有十个太阳，在扶桑树上休息，传说中的人物后羿搭弓而立。

史上传说这十个太阳每天一换，轮流东升西落，然后穿越地下再回到东方，它们每天淋浴之后便在扶桑树上休息。人们按时作息，日出而耕，日落而息，生活美满。可是有一天却出了差错，这10个太阳一起出来了，于是大地便被烤得焦灼不堪，为了拯救万物生灵，天帝便令后羿射落了其中9个，人们顿感清凉爽快，于是欢呼雀跃。

一般认为，可能是信奉一个太阳的部族打败了信奉十个太阳的部落，所以创造出了这样的神话故事。而信奉十个太阳的部落就是商王朝，信奉一个太阳的部族则是周王朝。信奉一个太阳的周王朝，战胜了"多中心"的商王朝。一个太阳的思想，体现了周王朝的宇宙观。十变一，周革殷命，颠倒乾坤，确立了一个伟大的信仰——"天"的精神。这一精神信仰赋予周人统一的文化意识，为周人的社会生活提供了价值标准，为周人的社会发展提供了动力：自然和神明共同构成的最高范畴的精神信仰。笔者认为，这是周文化非常重要的长寿文化基因，周文化的一小步，使中华文明向前迈进了一大步。

究其原因，周朝半神半人的始祖是后稷。后稷是农耕文明的始祖，他善于种植各种粮食作物，曾在尧舜时代当农官，"教民稼穑，树艺五谷"，被认为是开始种稷和麦的人。渭河的"血液"，静静地输入农作物的根须，幻化为金黄的麦浪。那时，农耕靠天吃饭，一是企盼一个好太阳，获得好收成；二是清除树木，扩大面积，多耕多收。《诗经·大雅·绵》中专门描述了周朝先祖古公亶父是如何清理周原地区森林发展农耕的：

绵绵瓜瓞。民之初生，自土沮漆。古公亶父，陶复陶穴，未有家室。
古公亶父，来朝走马。率西水浒，至于岐下。爰及姜女，聿来胥宇。
周原膴膴，堇荼如饴。爰始爰谋，爰契我龟。曰止曰时，筑室于兹。
乃慰乃止，乃左乃右。乃疆乃理，乃宣乃亩。自西徂东，周爰执事。……
肆不殄厥愠，亦不陨厥问。柞棫拔矣，行道兑矣。混夷駾矣，维其喙矣。

虞芮质厥成,文王蹶厥生。予曰有疏附,予曰有先后。予曰有奔奏,予曰有御侮。[1]

《诗经》中描写了周民族的祖先古公亶父率领周人从豳迁往岐山周原,开国奠基的故事,以及文王继承古公亶父的事业。古公亶父对开拓前景兴奋不已。

遥想远古,渭河沿岸草木丰茂,不仅有大象、犀牛、水牛、鹿之类的哺乳动物,而且有蚌类等多种淡水软体动物。像渭河这样水量适中、温顺驯服的河流,正适合人类的童年,212万年前这里就有古人类遗址就是证据。

牧野之战后推翻了商纣统治,周武王和周文王传承了商的应用文字(甲骨文和殷金文,主要是甲骨文,契刻者是当时地位极高的贞人,约4 500个单字,系最早的王室档案文献记录材料)——最早的汉字,恩泽了中华。遗憾的是商周王朝垄断了文字(系城市文字)。这些文字最早都是用于祭祀活动的,平民百姓难以见到,更难以认识。与此相对,自从文书行政制度开始后,文字成了行政工具。而文字成为行政工具后,便有了史书的出现。

图 2-1 出土甲骨文"吴"字

但是没有最早汉字(甲骨文)的地方则无从留下记录传于后世,即便有地域性原始文字,不仅少且现在也难以识别。而殷墟出土了多个甲骨文"吴"字,可见《殷墟书契前编》第四卷所载(见图2-1A)。

西周甲骨文在1976年2月及2003年12月两次批量出土,总字数虽不如殷商甲骨文多,但第一批出土于陕西岐山县凤雏村西周宗庙遗址的就有甲骨文292片,计903字,其中又有两处出现"吴"字(见图2-1B)。这个"吴"字下部像奔跑的人,上部似大写的口,既像一个一面追赶野兽、一面大声吆喝的猎人,更像大步去砍伐森林、拓荒农耕的人。

商周出土的这些"吴"字,在时间上虽有差距,但都很相似。前者信奉十个太阳,后者崇拜一个太阳。泰伯由周原来到江南,其路线很可能下渭河乘木伐(舟)、入"河"(即现在的黄河,那时叫"河",因河水是清的)向东顺流而下至现在的山东刘庄一带,上岸步行30~50千米入泗水进淮河来到江南(当然,也有可能从发源于陕西省的长江最大支流汉水乘船顺流而下进入长江,由西而来)。一路向着日升的东南方向,碧水连天,郁郁葱葱,阳光斜照着树冠,闪闪点点,生机盎然,如探进梦乡。

泰伯或许边行边看:江南的天空,像块画布,风吹着,人在画中,画在眼里,四周漾开一种悠然;抬头仰望,云软得像个枕头,一团一团聚在一起,堆成一座枕头山。温暖,中正,包容,和融……或开张,或窄流,或越野,或穿峡;或湍急,或舒缓;或大潮,或微澜……曲时洋洋大观,弯处湛蓝似沃沃丰田。也许他不由自主地吟唱道:

---

[1] 陈晓清、陈淑玲译注,《诗经》,广州出版社,2004年5月,第195页。

"皇矣上帝,临下有赫。监观四方,求民之莫。维此二国,其政不获。维彼四国,爰究爰度。上帝耆之,憎其式廓。乃眷西顾,此维与宅。"[1]

其意思是:深感上帝伟大呀,洞察人间慧目明亮。监察观照天地四方,发现民间疾苦灾殃。殷商这个国家,它的政令不符民望,想到天下四方之国,于是认真研究思量。上帝经过一番考察,憎恶殷商统治状况。怀着宠爱向西张望,就把岐山赐予周王。

黄河流域与长江流域是两个不同的文化轴。北方的黄河流域是粟黍农业,南方长江流域是稻桑农业。江南先人通过玉琮跟太阳神"对话",5 000年前良渚文化玉琮上刻的饕餮纹(早期是"眼目纹"、兽面纹)就是佐证。它巨目凸出,把太阳视为"天眼",崇拜一个太阳,得以在太阳神的庇护之下安居乐业,其乐融融。南北种植不同主粮的两个农业社会都以一个太阳的信仰作为共同的思想基础。

南方多雨,从最早的文字——甲骨文来看,雨为象形字——"雨"像雨点自天而降之形。《说文解字》释云:"水从云下也。一象天,冂象云,水霝其闲也。凡雨之属皆从雨。"雨,作为一种从云中降落水滴的自然现象,其表现形态多种多样,比北方更胜一等。

泰伯怀着对太阳的信仰与黄河流域贤人开拓疆土的经验,"奔荆蛮,自号句吴"。以"吴"作为国号、政治文化符号,非常绝妙! 具有或显或隐的美义:一是既符合他到南方开发的指导思想,又照应了江南民众之心理要求,显现出浓厚的顺天应人色彩;二是既传承了周太王"敬天"重农的遗俗,又使人倍感南方太阳更加温暖的恩泽(因当时正逢中国五千年气象史上第一个寒冷期,即公元前1100年至前850年)。不论是崇拜太阳,还是三星堆的青铜太阳轮、阴山岩画的"拜日图"[2],都与埃及的万神庙壁画——诸神来自天上的太阳不约而同,这说明世界上的文明是相通的——崇拜自然、敬畏自然。

无数事实证明,大自然的力量是伟大的,它是最神奇的造物主。正如袁隆平所说,"不能没有书本,也不能没有计算机,但书本和计算机上种不出稻子来"。"水""土"不言,大美至简。梦想纵使再飞逸激扬,也一定是起始于坚实的大地。

至春秋晚期,周王朝势单力薄,陷入混乱,周王朝的文字工匠也离散到各地,他们将青铜器上的铸造铭刻技术也传到了各地。吴国的"吴"字也随泰伯从商周甲骨文中传了过来,这个"吴"字便成了一部文化史。吴国立国后,从寿梦开始振兴,经过数代人的奋斗,至阖闾于公元前514年建都称王,开始实施强国富民振兴计划,吴国随着汉字的逐步普及而横空出世,成为春秋五霸之一。它的辉彩,是本土文化与外来思想相互激荡而燃起的一方熊熊火焰。

(二)大江大河同为母亲河,花开两朵同在一枝

"长江长,黄河黄,大江大河是故乡。南有滚滚珠江水,北有黑龙江。滋润锦绣田园

---

[1] 陈晓清、陈淑玲译注,《诗经》,广州出版社,2004年5月,第197页。
[2] 徐国保,《吴文化的根基与文脉》,东南大学出版社,2008年1月,第87页。

美,哺育我成长……"宁林演唱的歌词好优美。

长期以来,人们一直认为中华文明单独起源于黄河。然而,近几十年的考古新发现改变了这一认识,"一元起源论"被"多元一体论"所取代。中华文明,其实是由黄河、长江、辽河、珠江等大江大河文明共同催生、构建而成,尤其是长江文明与黄河文明共同构成了中华文明的主干,分别代表了南方地区和北方地区文明的主要内涵与发展水平,二者同为中华文明的母亲河,同为中华文明的摇篮与发祥地。它们互为补充、互相影响、互为依托、互相育化、共同发展,统一于中华文明之中,推动着中华文明生生不息。

长江、黄河流域崇拜一个太阳的精神信仰告诉我们,地理环境在文明起源时代具有重要意义。事实证明,离开了一定地理环境中的气候、地形、土壤、水分、植被、动物以及矿产能源等自然条件,离开了人类生存、繁衍的自然生态,一切文化创造活动都会失去客观的基础。中华文明的起源与发展,同样离不开自然环境的影响。正因为如此,环境史成为"21世纪的新史学",成为人们学习历史的必要环节。

中华文明,亦称华夏文明,是世界上最古老的从未间断的文明。一般认为,它的直接源头有三个,笔者称之为"三条文化轴":即长江文明轴、黄河文明轴和北方草原文明轴。华夏文明是由这"三条文化轴"交流、融合和升华的灿烂硕果。

黄河流域产生的农业文明,享受了自然地理得天独厚的有利因素,在与北方草原文明相碰撞中产生了相对独立的创新文化。

我们的地球是一个十分活跃的星球,它的表面和内部每时每刻都在以一种我们很难直接感知的速率运动着。在黄河形成之前,青藏高原一带海拔很低,而黄土高原还在发育期,所以现在的亚洲中部地区还可以看作是一个很大的"准平原"。由于当时全球正处于大气环流强盛期,所以大陆内部降雨量充沛。青藏高原的抬升造就了黄河,黄河又利用黄土高原造就了华北平原。

从考古学的发现可以看出,当人类在陆地上生存并开始活动的时候,人类出于自身的本性,都是选择比较优厚的自然环境作为生存之地。世界四大文明古国(古美索不达米亚、古埃及、中国、古印度)所在的地域,恰如事先约好的一般,都诞生在北纬30°线附近的温带和亚热带地区。这是因为温带和亚热带的自然环境有利于人类生存,而自然条件恶劣的地区,如热带、寒带,就难以发生早期文明,这就是良渚国家之所以首现江南的重要原因之一。黑格尔也认为,在极热和极寒的地带就找不到世界历史民族的地盘,因为这些地方的酷热、严寒使"精神"不能给自己建筑一个世界,使人类不能做自由运动。历史的真正舞台只能是北温带,因为地球在这里形成一个大陆,有着一个广阔的胸膛,自然物产也丰富多样,远比南半球那分裂的地形和较为贫乏的资源优越得多。从当今世界来看,中纬度地带,不仅是人口分布最多的地区,而且是经济、文化、科技发展较快的地区,这也从一个侧面证明了为什么早期文明都产生在这些区域。

为什么在20世纪80年代前都说古代文明首先产生在黄河流域? 主要原因可能有三:

一是如李学勤先生所说明的,过去把中国文明的历史基本上看成是单线的,或者叫作中原中心论的狭隘观点。这是因为在早期的考古工作中,由于人力等客观限制,成果大多数只在中原一带出现。只是到1978年以后,各地方的考古力量逐渐充实扩大了,才使局面有很大改观,大量的发现不是以前所能够预料的。

二是黄河流域是黄土地。据著名气象学家竺可桢研究,距今5 000~3 000年时,黄河流域平均气温约比今天高2 ℃,冬季气温高3~5 ℃,相当于今长江流域的气温,降水比现在丰沛。当时的黄河中下游地区,山上森林茂密,平川河网密布,到处山清水秀、郁郁葱葱,在谷地、盆地的冲积平原,覆盖着深厚的黄土,具有较好的成土母质。黄土表面构造团粒细微,组织均匀疏松,良好的森林植被增加了土地的腐殖质,使黄土具有较高的肥力。更因为早期农业生产工具非常原始,在很长的时期内,耕田的主要工具是一些树枝、木棒和石器,即使后来慢慢有一些简单加工,但依然是拙笨的木石器。尽管这样简陋,因是黄沙土,与南方相比,仍比较容易开发耕耘。《诗经》云:

> 作之屏之,其菑其翳。修之平之,其灌其栵。启之辟之,其柽其椐。攘之剔之,其檿其柘。帝迁明德,串夷载路。[1]

相比之下,长江下游地区湿热,湖泊沼泽四布,不少地区还覆盖着大片的原始森林,盘根错节,用原始工具开垦相对比北方困难。正如张新斌在《黄土与中国古代城市》一文中说的那样,"中国城市的建设是以黄土夯实的城垣为标志;以黄土高台的夯筑为基础的土木混合结构为特色;以广袤无垠的黄土平原而布局设计,平面铺开为基调:从而形成独树一帜的鲜明风格而自立于世界文化之林"。

三是黄河流域矿产资源丰富,蕴藏有煤、石油及铁、铜、铝、铅、金、银、钨、铬、镁等矿藏,到了二里头文化时期,已出现刀子、锥等简单的工具及坠饰一类的青铜器。史料证明,这得益于西北游牧民族将西亚青铜冶炼技术经过欧亚大陆而较早传入。2017年度全国十大考古新发现的新疆吉木乃通天洞遗址,首次提供了该地区旧石器时代—铜石并用时代—青铜时代—早期铁器时代的连续地层剖面,为莫斯特文化由西向东的传播路线提供了文物依据。青铜的出现,使黄河文明进入了一个新的阶段。

这里有必要指出的是,长城以北,青海、甘肃与辽西一带的畜牧型农业(游牧)文化是不能被遗忘的,如内蒙古的石虎山遗址、敖汉旗大甸子墓地以及辽宁发现距今约8 000年的新石器时代早期古村落等出土的众多文物,历史都很悠久,它们与西亚、中亚及北方边缘的贝加尔湖皆有交流联系,其文明历史亦是源远流长的,它们是世界上原生的两大文明发源地——东方文明与地中海文明连接的纽带。

江南文化是中华著名的特色文化之一,自远古以来就与中原地区保持着密切的联系。如世界公认的4 000多年前人类最早起源的货币,中国货贝第一,西非玉髓第二……

---

[1] 陈晓清、陈淑玲译注,《诗经》,广州出版社,2004年5月,第197页。

而这个货贝(海贝)是哪儿来的？史料证明,很可能就是从东南沿海,特别是从长江口江南沿海地区,即现在的苏州常熟福山、梅李、支塘和太仓西部及上海马桥至金山的漕泾一线贝壳沙冈(冈身)上拾取来的。它促进了尧舜禹时期的交流,由南助推了南北的统一。

综上所述,地形地貌、维度气候和自然资源的优劣影响着生产力发展水平的高低和文明产生的早晚。从自然因素来讲,中纬度适宜的气候、地形、矿藏、动物、植物等五大因素对文明的产生起到了重要作用。

黄河流域以南、中原以外的地域,上古时被称为"四夷"之地,包括整个的长江流域地区,中原人认为那是"断发文身"而"不火食"的蛮夷之地。20世纪80年代以来,历史学家、考古学家和人类学家跨学科合作,田野考古与科学研究互动,把我们对于国史的认识引领进入了一个全新的境界。它颠覆了司马迁时代根深蒂固的"中原中心论"历史观,于是出现了"长江文明"和地域史研究轰轰烈烈的考古热。

史实证明,中华文明不仅起源于黄河流域的中原地区,也起源于与黄河流域相匹配的甚至有些地方超过黄河流域的南方长江流域,良渚早期国家的横空出世就是最好的例证。

田野考古表明,中国大地如满天星斗般散布着7 000多处新石器时代的文化遗址。这些文化遗址各具特色,涵盖了种种别具一格且具地域特色的早期文明要素。

在距今约5 000年甚至更早的时代,在长江中游的江汉平原、下游的太湖平原,以及东北的辽河流域,已经出现了一批文明古国,表明从夏、商到周朝这些被传统史家推崇为大一统正宗的早期王朝虽然都定鼎于中域(中原),但中华文明的发祥地却绝非中原一地。换言之,中华文明的星火到处闪烁,尤其是长江流域特别是中下游地区,早已出现人类活动与文明的曙光,如巫山人、元谋人、皖南的人字洞人、河姆渡人、良渚人与三星堆人等等,这些货真价实的史实也颠覆了当下的"中原文化区的花心论"(其他文化区皆为花瓣)。

《尚书·禹贡》曰:"雷夏既泽。"《史记·五帝本纪》云:"舜耕历山,渔雷泽。"皆载有"雷泽"二字。传说天帝的女儿华胥在雷泽踩着了蛇迹(履迹),因此怀孕而生伏羲。《山海经·海内东经》又云:"雷泽中有雷神,龙身人头,鼓其腹则雷,在吴西。"

"吴西",一般指的是吴国都城西,即今苏州之西,因而有人认为华胥故里在苏州之西太湖。周处《风土记》载有:太湖中有大雷、小雷二山,相距六十里,其中曰雷泽,即舜所渔者也。而小雷山,据《太湖志》载,在苏州洞庭山西南。这些奇特的传说难道是空穴来风、胡言乱语吗？传说虽不是历史,但它是史实的素地。如果是的话,吴地说不定还是大圣人诞生的所在地呢。20世纪60年代末,笔者乘木船登上大、小雷山勘察地形,所见山水,格调高古,意象清新,苍穹洒脱而空灵。

中国号称礼仪之邦。从考古发掘的资料看,礼与礼制早在5 000年前已经在长江三角洲的良渚国家中出现,并逐渐走向规范化和制度化。夏、商、周三代王朝统治者祭祀天地的玉琮、玉璧和玉璜等礼器,也基本是仿制良渚先民的首创。

从物质文明的层面看,中华文明的诸多基本要素,如稻桑农耕、瓷器、丝绸、铜器等,也大多是从长江流域的新石器时代文化中创造发展而来。其中,水稻的培育成功促使南方地区在10 000多年前就开始了从狩猎—采集经济向产食经济的转型,高温烧窑技术和瓷器制造、丝绸生产和织机的发明、铜制工具的发明推广,不仅对长江流域人口的迅速增长和社会财富的增加产生了决定性的作用,而且为秦汉以后中华文明的高度发达奠定了坚实的基础。

以上种种精神和物质的文明要素,最终"九九归一",随着夏朝的崛起而汇集到中原地区,为中华民族赢得了"礼义之邦""丝绸之府""瓷器之国"的美称。

中华文明绵延5 000多年而不绝,其根本原因就在于,中国有"两河文化"(黄河与长江),且从未中断;而西亚的"两河文明"(底格里斯河与幼发拉底河)则早已消亡。早在起源阶段,中华文明已经取精用宏,兼收并蓄了长江、黄河两大流域各种新石器时代文化的血脉精华,从而为后来文明的发展延续奠定了坚实的历史根基,凝聚了丰厚的文明底蕴,创造了以汉字、汉语为传播媒介的伟大文明。在如此辽阔的区域空间内实现了文明的广泛交融和积聚,这是世界上其他任何一个古代文明国家都无法达到的境界。

正是这种江河兼济、南北汇聚的兼容性特质,决定了中华文明得以在与异域和异族文明的交流、冲突和碰撞中,始终保持着文明的青春活力,成功地经受了大动荡、大混乱和大分裂而依然巍然屹立。

隋唐以后,随着南北大运河的开通和江南地区农业生产技术的提高,江南经济日益发展繁荣,特别是武肃王钱镠(852—932,杭州临安人)平息战乱后,维护地方安宁,建立了吴越王国,造就了"上有天堂,下有苏杭"的格局,构建了富有特色的江南水乡文化,全国的经济重心开始从中原向江南转移,这种趋势至南宋而成定局。"苏湖熟,天下足"的谚语,见证了长江流域成为定都北方的大一统王朝的主粮仓、大金库,使得中华文明在大一统政治格局的发展中,血脉相传,发展壮大,繁荣昌盛。

呜呼!大江东去,地灵人杰,含英咀华,无限风光既在黄河,更在长江。一部中华文明的发展史,其实就是在江河相济、南北互补中铸造的辉煌历史。

(三)冲破一元文化,泰伯南下首创南北文明大融合

风从西北来,吹来黄土情。陕西渭河流域是个古老之地,在河之南的蓝田县就发现了非洲以外约212万年前的年代确切的最早古人类遗址。泰伯自公元前11世纪从周原黄河流域而来,不仅给江南带来了黄河文明、游牧业文化及先进的种植粟黍的农业技术与畜牧业的管理经验,更传播了汉字(甲骨文),扩大了影响,对中华民族的长久统一起到了极为重要的促进作用。"自号勾吴"本身就是一个最有影响力的传播。这既是一个五彩纷呈的戏眼,更是一个历史的大视点!

武王克商后的周人,在继承先周文化的基础上,兼收并蓄商和其他民族的文化(如江南文化),形成了我国历史上独树一帜的周文化,这种文化全面体现在西周社会的政治伦理道德中,它是中华民族文化的重要基石,也是中国传统文化的重要源头之一。

史实证明,西周王权专制的确立是经历了一个艰苦过程的。它本是陕西、甘肃地区的一个弱小民族,自称"小邦周",《左传》中称之为"外地人"——从别的地方来的人,与"大邦

殷"相较,是小巫见大巫。要建立西周的王权专制制度首要的任务是灭商统一全国,这一重任实际上在周文王时期已经打下了坚实的基础。周文王为武王灭商准备了条件,并为周文化的形成奠定了基础。《史记·周本纪》中说:"公季卒,子昌立,是为西伯。西伯曰文王。"其文化是以一个太阳、"天"为上为精神信仰,以"德"为价值取向,以"和"为社会行动准则的比较完整而协调的文化体系,至今仍有其巨大的精神魅力。泰伯不畏艰险,在商军包围的隙缝中探索前进,水陆并用,走走停停,以坚忍不拔的毅力,跨越了大河大江,深深感动了江南人——"荆蛮义子,从而归之千余家,立为吴太伯"。同时这也说明,江南人喜交际游乐,能善待四方来客,优容异地风习,这也可能是上海"海派文化"的重要源头。

江南之地,不管你来或不来,它就在那里,仿若空谷幽兰,兀自芳菲。不因俗子不遇,便自弃尘封。它相信远离喧嚣、追寻灵境的人,终必会寻它,而它也必不会令寻者空归。

江南人似乎在用望远镜看中原,中原地区所有的美好,都被这个望远镜给放大了;而中原人似乎也在用望远镜看江南人,但我猜他们将望远镜拿反了。

泰伯"奔吴"这项前所未有的挑战,对商周的"价值观及其本身存在的理由"提出了疑问。中原地区频繁的战争灼痛了人们的双眼和心灵。江南地区平安祥瑞,深深地吸引了周人。中原地区的传统是农耕文明、内陆文明、世俗文明,这是商周的底蕴;而江南地区除具备商周的底蕴外,还有一个特有的湖荡海洋文明,使泰伯明显感受到不同文明和谐共存、交流融合的脉动。其间,泰伯回家奔丧,带回了江南安定团结、很少战乱杀戮、开放包容的社会形象和与洪水猛兽搏斗、拓荒、造田种植水稻的先进经验,拓展了周人的视野,促进了大江大河的文明交流、融合与升华,开创了民间交流的先河,首创了在广阔的地域上南北文明的对话,成为世界文明史上首屈一指的传奇人物。

美哉美哉!悠悠万事,唯此为大。社会的开放和文明在于接纳各种不同的价值观。文明因融合而出彩,交流和合作是人类进步的原动力。泰伯在中华文明史上谱写了史无前例的历史画卷。

打开这一历史画卷,我们看到了理性和自由如太阳一样是从东方升起的。文明具有多样性,在黑格尔看来,世界历史的推进,也就是处于不同区域文明的主导地位的变更与转换。东方国家最古老,是"历史的幼年时期";希腊次之,"属于青年时代";罗马国家"属于壮年时期";日耳曼世界则是"世界历史的老年时代"。左右不同文明地位转换的深层法则,是理性和自由。泰伯"奔吴"让我们看到了中国的传统哲学中"多元一体""和为贵"般的文明对话。不动刀枪,避开烽烟,通过文明对话,拓展自己的论域和走向"天下"舞台的空间,为自身的发展建设提供动力。不但让"四方"了解了"中国",而且也获得了自我反观、自我调整的机会,经过整合,在互动和锻淬之中走向世界,为人类的美好生活做出了贡献。

它使我们看到了人类能够"化黑夜为白昼",诚如汤因比所说,"人类离开原始状态愈远,愈是有能力按照他的需要并且在需要的时候'化黑夜为白昼'"。文明多样性的成因主要来自自然与社会,自然生态的多样性是文明多样性的重要基础。孟德斯鸠认为,不同的地理区域具有不同的特点,人为了在这些不同的区域生存、发展,必然形成与具体的气候、资源等条件相适应的不同的生存方式、生活方式、行为方式、制度方式、空间形构与思想观念等等，形成具有不同特点的多样文明。人的禀赋、行为、习俗、观念等等的多样性，特别是多样的分工领域一旦形成，就超越了时空与自然生态，成为文明多样性不断推进和深化的重要因子。

防止利益与机会的固化，使所有分工领域、空间区域、语言区域的人群都有可能获得经济、文化、政治层面的上升通道，从而保持总体均衡、差异与流动相统一，这是文明多样性健康发展的客观法则。而泰伯在注重"空间实现"的同时，更注重"心性内化"，因地制宜，入乡随俗，因物赋形，从而有力地推进了南北文明事业的发展，这对当下我们处理国际事务亦具有重要的启示意义。

非洲的古埃及文明、西亚的两河文明、东亚的中华文明、南亚的印度文明，都是人类文明的历史起源。诸子百家的出现、佛教文明的诞生，构成了人类几大文化模式的重要板块。在历史长河中，世界众多古国文明交相辉映、相得益彰，为人类文明进步做出了重要贡献。我们应传承这一古老文化，求同存异、聚同化异，积极推动全球经济治理变革，维护开放型世界经济体制的成果。

罗伯特·L.凯利指出，世无永恒，第五次已经开始——"始于公元1500年——欧洲殖民运动、工业革命、资本主义和全球化的开始。过去的500年波澜起伏"[1]。但他遗忘了中国的郑和七次下西洋，其势不是"波澜起伏"，而是波澜壮阔。这"类似于人类学家称为的'共同体'（来自拉丁文sodalitat，意指'同志'）"[2]，而这个"同志"又源于中国成书于战国初期的《国语·晋语四》中的"同德则同心，同心则同志"[3]。笔者觉得，"同志"就是"共同体"的代名词！它贯穿着人格的平等，是主体地位的体现。

近年来，世界各国间人文合作蓬勃发展，成为中国与世界各个国家交往中，继政治安全、经贸合作之后的第三支柱。我们应紧握这一纽带，像泰伯那样促进不同文明、不同民族、不同宗教汇聚交融，共同组成多彩多姿的世界大家庭。

文明之间，需要对话，需要倾听，更需要心与心的碰撞。文明交流互鉴，是推动人类文明进步和世界和平发展的重要动力。早在1879年，戈鲲化（1838—1882，皖南休宁人）到美国，开创了哈佛大学的中文教育，他也成为中美文化交流的第一人，也是登上哈佛讲台的第一个中国人。在新的历史航程中，我们应应时而动、顺势而为，在尊重世界文明多样性的基础上，让和平的薪火代代相传，让发展的动力源源不断，让文明的光芒熠熠生辉，以文明交流超越文明隔阂，以文明互鉴超越文明冲突，以文明共存超越文明优越，不断向纵深推进，形成各地文明交流互鉴擎云举日、波澜壮阔的万千气象。

---

[1] [美]罗伯特·L.凯利著，徐坚译，《第五次开始：600万年的人类历史如何预示我们的未来》，中信出版集团，2018年7月，第216页。

[2] [美]罗伯特·L.凯利著，徐坚译，《第五次开始：600万年的人类历史如何预示我们的未来》，中信出版集团，2018年7月，第240页。

[3] 黄永堂译注，《国语全译》，贵州人民出版社，1995年2月，第386页。

开放是一种文化自信。世界反法西斯战争胜利后的70多年,世界形势发生了前所未有的变化,各地的文明交流更是达到了前所未有的广度与深度。我们应相互尊重,拓展文化交流渠道,协商一致、同舟共济、共克时艰,使世界各国成为你中有我、我中有你的命运共同体,和而不同的世界文明必将更加繁荣,人类命运共同体的前景亦必将可期,定会在这文明交往的史诗中写下新的璀璨篇章。

海阔春潮涌,风劲好扬帆。天外有天,人外有人,另一个地球也有存在的可能性,即使掉入黑洞,霍金认为人还可能逃逸,人类生存发展的前景必将阳光普照、天空湛蓝。

二、震泽厎定　人杰奔吴

4 000多年前,世界性的洪水为患,鲧禹治水的传说家喻户晓,由此产生了"洪水猛兽"的成语。

鲧用堤埂障洪水,吃足了苦头。而禹采取的是"疏川导滞"汇流入海的治水办法,十分灵验。过去认为这是个传说故事,可现在已为事实证明——美国《科学》周刊发表了一项研究结果:地质学家发现了4 000年前中国黄河发生大洪水的首个证据。这次大洪水后,公元前1920年夏朝建立,由5 000多年前的良渚早期国家走上了中华文明一统,这也使得夏朝历史从传说进入了信史。

据说大禹出生于四川西部——"禹兴于西羌"。2013年9月,笔者曾到那一游,拜祭了禹圣像。但据河姆渡与湖南城头山古文化遗址发现的史实,大禹可能出身于百越族群,所以凡与大禹有关的古迹,更多地集中于长江下游的长江三角洲。当时洪水过后,长江三角洲沿海一带形成新的沙洲砂冈,海湾因此封闭,形成潟湖,流水不畅,先吴人饱受海浸之苦。经大禹与防风氏带领民众治理后,"三江既入,震泽厎定",旱时灌溉,涝时排水。除特大暴雨外,先吴地区一般不再有江海水患泛滥之虞,光风霁月,和煦明媚,"三江五湖"碧波荡漾,鱼虾成群,芦苇、蒲草流连在波光粼粼的江湖水岸边,蜻蜓、鸳鸯、青蛙嬉水于荷花丛中;在丛林中行走,稍不留神,脚下或许窜出一只野兔或蜥蜴,不但不跑,反而气定神闲,一片盎然生机。"低调"的先吴之地,显露出高调的壮美。三生花草梦苏州,君子皆言江南美;四方宾客奔吴地,一展身手成人杰。

(一)大禹防风氏平治水土,江南红肥绿瘦出门不用带干粮

随着汉字的传播,春秋时代是个"清楚"的时代。大禹这个传奇式人物,已在春秋时代中期的青铜器"秦公簋"铭文中"清楚"地有了记述。同属春秋时代的"叔夷钟"与"叔夷镈"的铭文中也有禹与夏王朝的记载。

大禹治水,治的并非滔滔的长江、黄河之水,而主要是倒灌(流淌)到陆地(砂堤)上来的海(江)之水。先吴地区海水退后,地面一片淤泥,不加以治理,就难以耕种。这和孔子所说的"尽力乎沟洫"是大致符合的。《孟子·滕文公》中说:"当尧之时,洪水横流,泛滥

于天下……当尧之时,水逆行,泛滥于中国。"一般来说,不论水大水小,都不大会"横流""逆行",只有在先吴之地的太湖流域海侵时,海水由东向西倒灌,才会出现"横流""逆行"现象。这一水文现象,可佐证大禹确在太湖流域治过水。至今太湖西山岛(今苏州金庭镇)西北衙甪里村北郑泾港甪头洲仍存有纪念治理太湖水患的大禹庙(又称禹王庙),供奉大禹为水神。

关于《禹贡》中提到的"三江"的概念长期存在着争论。笔者认为,问题可能主要出在缺乏水文知识,没有认清太湖地区的特殊地理特征。其理由,笔者已在上述引用孔、孟关于水流的证词予以说明。

整个太湖地区是一个以太湖为中心的碟形洼地,只是太湖东部沿海地势较高,使太湖水先从西、南、北较低处向高处仰流,进入冈身中的吴淞江故道低地后,才由高处(冈身)向低处流入大海。此外,水流还受潮水的顶托。两种因素使水流总体上呈缓流状态。这种状态看似排水有点不畅,实际有利于太湖东部的稻作农业。大面积处于浅水缓流状态的河流,为后来圩田开发提供了最佳水环境。

20世纪以来,考古学者与历史地理学者以及农史学家对于宋元以前的早期开发以及更早时期的长三角海陆变迁,进行了长期的探索,对太湖平原的形成和发育的总体过程,逐渐形成了较为一致的看法。日本的海津正伦以中国学者的研究成果为基础,通过卫星影像判读并实地考察,细述太湖流域各地区的沉积年代和地质特征,制成江南三角洲古代地理变迁图,直观呈现了长三角地貌发育过程:长江出海口南部上下两段沙嘴合拢,形成古海岸线;古海岸线长期停驻,缓慢推进,在停驻的地带形成了地势稍高的贝壳砂堤,古人称之为冈身;后来海岸线又从冈身向东缓慢推进。这一过程的结果,奠定了历史时期太湖平原地形的基本面貌,即在冈身东西两侧形成了高地和低地的差异地貌。"氾滥原"即是低地,"砂州"即冈身,"砂堤列平野"则是高地。

打开太湖流域地形图,我们可以清晰地看到一条"西北—东南"走向的高、低地貌界线,此线在今吴淞江以北,大体上沿着盐铁塘西侧,从北向南依次经过常熟、太仓、嘉定、青浦、松江一带。按1956年黄海高程系,此线以东,陆高在2至3米,此线以西、太湖以东的大部分地区陆高1至2米。由于太湖以西是较为高阜的山地,而太湖以东的平原由低而高,因此,古人形象地将太湖平原比喻为"仰盂",以形容其四周高、中间低的地势特点,又分别用"高乡"和"低乡"来指称太湖以东的高地和低地。这种地势有利于太湖从西南部的山地获得来水,却不利于太湖向东入江海的排水。

根据现存的文献,对太湖以东高、低地貌进行详细的区分和讨论,始见于11世纪下半叶苏州昆山人郏宣的水利著述。他细致地研究了太湖流域的地貌特点以及古人治低田(水田)和高田的办法,倡导以治田为先,决水为后,并从整体上统筹水网体系,塑造高低兼治的水利格局。在郏氏的水利学说中,他认为高低兼治的水利格局,在前代已经出现,在五代吴越国割据时期更形成了完备的农田水利布局。

郏氏的水学对后来的江南水利学说和治水事业产生了深远的影响。他关于唐代及五代吴越水利的推崇和描述,也常常被后代论水利者所因袭。今人曾按照史载,将五代吴越时期的塘浦圩田理想图绘制出来。

"禹贡三江"就是"太湖三江"。当然,这一结论经历了一个很长时间的研讨,因太湖下游去水历史变化很大。《禹贡》上的一句——"三江既入,震泽底定",鉴于禹迹茫茫,文字简奥,至今仍有不同看法。但我们应关注"震泽"这个字眼,这里所说的"震泽",就是太湖的古称;而所谓"三江",即松江、娄江、东江,那是大禹带领先吴人利用太湖流域自然水流与湖荡改造而成的三条泄水河道。从文献记载可知,大约在唐代晚期,娄江已湮塞无踪,东江的委废还要更早一些。只有东行入海的松江,故道犹存,至今仍是太湖水进入长江的主要通道。元至元十五年(1278年),华亭府改为松江府后,为免混淆,遂将松江改称吴淞江。古时松江水面广阔,据嘉庆《上海县志》记载,在唐代松江口宽达20里,超过今天东太湖的宽度,完全可以看作太湖水面的延展。松江经席墟浦与澄湖相通。考古发现澄湖湖底有一条南北向的深槽,推测为古东江河道的一部分。而在席墟浦河口东岸,曾两次发现新石器时期崧泽文化遗址;在澄湖水底,又曾发现宋代以前乡村生活的痕迹。

有鉴于此,华东师范大学地理系和复旦大学历史地理研究室曾对太湖地区的地貌和表层沉积物进行了调查,发现太湖尾闾存在三个显著的线形低沙地带,其中两个与唐宋学者所称娄江、松江的线路大体符合。清代著名《禹贡》研究学者胡渭敏锐地指出,唐以后江南逐渐成为财赋重地,太湖地区水利重要性凸显,导致了庾仲初之"禹贡三江即太湖三江"之说开始流行,宋代学者蔡沈所著《尚书集传》采纳。自此,"禹贡三江,即太湖三江"广泛传播。[1](见图2-2)

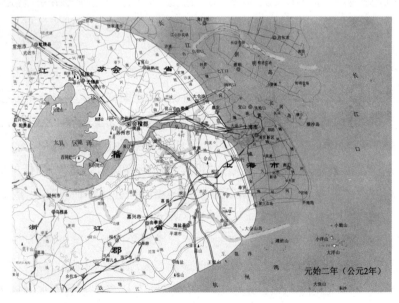

图2-2 太湖"禹贡三江"地理位置示意图

---

[1] 参见谢湜,《11世纪太湖地区农田水利格局的形成》,《中山大学学报(社会科学版)》,2010年第5期。

鉴于太湖本身不是由天然的河道扩张而成的，湖水在蓄满后必然要寻找出路，最终流入大海。所以太湖的水不可"堵"，需要通过人工的"导"，尽早地将太湖连通大海的河道固定下来，以减少湖水漫流对于陆地居住区的影响。

而上古时期，虽说大禹时期是"以铜为兵"（《越绝书》载），但民间仍以石器为主要工具，疏通太湖河道的工作肯定十分艰难。大禹治水居外近10年，三过家门而不入，连自己刚出生的孩子都没工夫去爱抚，不畏艰苦，身先士卒，腿上的汗毛都被泥沙磨光了。

需要指出的是，太湖出现的由西北至东南的这三条入海通道（娄江、松江与东江），并非大禹带领民众就此挖出的三条运河，而是在湖水漫流之时，利用水流就势疏导，加深加宽的天然河道。它们能够更快速地起到泄洪作用，省工省力又高效。这个经典案例告诉我们：人类与洪水的抗争持续了数千年，事实上，只有当人类栖息地占据河流正常的行洪空间时，洪水才变成灾害。因此，我们对待洪水，不是抗争，而是协助疏导，大禹的伟大正在于此。他治水的精神、哲理和故事随悠扬的乐章回荡在"五湖四海"，这种顺应自然——依靠人力、就势疏导而改变水文地理结构的能力，在后来的吴国决定越过长江，进入江淮平原，北上中原地区时发挥了重要作用。

据说大禹死后葬于会稽。除大禹外，还有一位亦神亦人的治水英雄——防风氏，他是与大禹同时代的管辖江南地区的酋长。传说他是巨人族，有三丈三尺高，是上古防风国（在今太湖南边的德清县）的创始人，又称汪芒氏，治水功绩卓著，威信很高。据《国语·鲁语下》载："昔禹致群神于会稽之山，防风氏后至，禹杀而戮之，其骨节专车，此为大矣。"[1]防风氏是"后至"，即迟到，而不是"不至"，不到，却遭到了"杀而戮之"！这确实令人匪夷所思。但孔子似乎不这么认为，在孔子看来，这是很正常的事。夏禹在制服洪水过程中，"披九山，通九泽，决九河，定九州"，得到众多部落首领的拥护，为中华民族实现真正的统一奠定了组织基础。他照会各个部落首领，在会稽大会天下"诸侯"，这在历史上是一件意义非同寻常的大事。防风氏在这样重大的关键时刻竟然"后至"，可以想见夏禹一定大为恼火，也许他在性格上也像历史上有的伟大人物一样，对人不得罪则已，一旦得罪就索性得罪到底，就地处决了防风氏，而且"杀而戮之"，砍了头还要陈尸，也是够严厉的了。这听来多少有点残忍，有点血腥，但历史就是如此。不能简单地将之归结为"错杀"或者"误杀"，也不能因防风氏被杀而否定其生前的一切。他分管江淮地区，是安邦立国、福泽吴越的始祖之一。

至此，百川汇海，浩浩荡荡，太湖之水"包孕吴越"。太湖平原，川泽沃衍，物产丰美，其中有千年古木，奇花异草，四时变化，色彩纷呈，倒影斑斓，气象万千。它是江南人筚路蓝缕、手胼足胝、艰苦奋斗的硕果。

在晴好的时日，碧空亮山青，清山衬秀水，水光幻山色。与其说景色宜人，不如说是人入了画卷中。一片直达山腰的山竹，袅娜蓬翠，四季葱郁，展示着江南的水乡风情。鱼潜湖底，又竞相跃出，全是盈盈满满、步步登高的意趣，谁能抵挡这样的魅力？

---

[1] 黄永堂译注，《国语全译》，贵州人民出版社，1995年2月，第227页。

碧水，微波，光奕；树影，茅屋，人喜。四季分明的江南，秋天红肥绿瘦。那些地上的、水里的、树上的花花叶叶大都能吃，地上有稻谷、野菜和鹿类、水牛、野兔等各种动物；树上有各种野果；水中还有螃蟹、鱼虾、贝类、茭菜、莲藕、菱角等；人们出门不用带干粮，山上的野果为他们调味，水里的鱼虾、莲藕等为他们充饥，地上的马齿苋等为他们治病。

(二) 潮起东南，四方人杰"奔吴地"

时间本无意义，而其一旦与"三江既入，震泽底定"联系起来，便拥有了重量与质量。在吴地这片神奇的土地上，人们书写着为这片土地做出过重大贡献的众多远方英雄豪杰。

自公元前11世纪，周太王古公亶父之子泰伯、仲雍奔吴建立勾吴古国后，江南加速了发展，至公元前841年，仲雍曾孙周章被封为吴王，历经熊遂、柯相、强鸠夷、余桥疑吾、柯卢、周繇、屈羽、夷吾、禽处、转、颇高、句卑、去齐、寿梦、诸樊、余祭、余眛、僚等23代，"专诸刺吴王僚"后，阖闾于公元前514年自称为王，被荀子称为"信立而霸"。

阖闾何来底气、信心而发飙？哈哈！今非昔比，时代不同，潮流变啦！时至春秋时代，曾经为殷商与周王朝独占的决不向外泄露的文字——汉字已开始远播、普及、生根发芽了，国家城市也增多了，尤其是吴地自然形成的土地形态发生了变化，它们开始被人们用金属工具区划成大块的适宜耕种的田地，并借用牲畜的力量进行耕种，水利技术又进一步发展，出现了培育秧苗的秧田，水田里插秧，产量明显提高。吴地家底厚实，已经脱离了狩猎—采集维生的时代。原来商周自己称王，把其他国家称为诸侯，到了春秋时期，黄河流域的各诸侯国仍然对周称臣，而在汉字新传入的长江中下游地区，则出现了各自称王的现象，他们一方面臣服于周王朝的权威，另一方面实施自己的霸道统治，甚至公开与周王朝对抗，进而产生了南方轴线与北方轴线的较量。公元前584年左右，吴国的第十九代君主寿梦当政，一个地处偏僻默默无闻的蛮荒小国，在华夏大地突然刮起了一股旋风，吴国自良渚早期国家后开始在春秋舞台上横空出世，崭露头角。

南方雄起，潮起东南；北方战事频繁，周王朝日渐衰落。吴越地区新潮萌动，老牌楚国乘隙扩大疆土。随着汉字与铜铁器的逐步普及，生产力与生产关系的相互促进，解放了思想，出现了老子、言子、屈原、季子等一批才艺卓绝、博学谦恭的大家，开放包容，创造了既有中原文化特质，又区别于黄河流域文明，具有鲜明自身特点的吴地文化。它如翠绿的叶子托着黄灿灿的向日葵，张着欣喜的笑脸，在微风里跳着迎宾的舞蹈，恭迎着四面八方的宾朋豪杰，重用、活用"天下"英才。这就是吴国的战略定力。

1. 伍子胥衔冤亡命奔吴地，一夜白头过昭关

伍子胥(？—前484年)，又名伍员，楚人也。据说现在的湖北省监利县伍家场是伍子胥的故里。

伍子胥的一生，如钱塘江大潮，大起大落，波澜壮阔。南北朝《武陵古志》作者之一鲍侍郎在伍氏古谱中评论说："伍姓是始终信行忠孝仁爱、礼义廉耻的民族，是信行永不屈

服外强压力、永不结派反叛朝廷的氏族,是信行永不争权争利、永不称王称霸的家族。其悠悠世传是十分坎坷、十分曲折、十分荣光而又十分令人可歌可泣的中华民族代表。其忠魂前仆后继,源远流长。"

他出身于楚国贵族,父亲伍奢,哥哥伍尚。他的祖先伍举,因为侍奉楚庄王时刚直谏诤而显贵,所以他的后代子孙在楚国很有名气。

楚平王的太子叫建,平王派伍奢做他的太傅,费无忌做他的少傅。平王派无忌到秦国为太子建求亲,因秦女长得姣美,费无忌便急忙赶回来报告平王说:"这是个绝代美女,大王可以自己娶了他,再给太子另外娶个媳妇。"平王就自己娶了秦女,极度地宠爱,生了个儿子叫轸,另外给太子建娶了媳妇。

费无忌用秦国美女向楚平王献媚后,就趁机离开了太子去侍奉平王,又担心有一天平王死了,太子建继位杀了自己,竟没日没夜地在平王面前说太子建的坏话,于是平王发怒,把伍奢囚禁起来,同时命令除掉太子建。太子建知道后逃到宋国去了。

费无忌对平王说:"伍奢有两个儿子,都很贤能,不杀掉他们,将成为楚国的祸害。可以用他父亲做人质,把他们招来,不这样将成为楚国的后患。"平王就派使臣对伍奢说:"能把你两个儿子叫来,就能活命,不叫来,就处死。"在生死时刻,伍尚对弟弟伍子胥说:"我能死,尔能报。"伍尚为救父命来了,平王将伍奢父子一起处死,而在逮捕伍子胥时,伍子胥拉满了弓,箭对准使者,使者不敢上前,他就逃跑了。

公元前522年,伍子胥逃离楚国,投奔吴国,被楚国兵马一路追赶,一天慌不择路,逃到长江之滨,只见浩荡江水,波涛万顷。前阻大水,后有追兵,正在焦急万分之时,伍子胥发现上游有一条小船急速驶来,船上渔翁连声呼他上船,伍子胥上船后,小船迅速隐入芦花荡中,不见踪影,岸上追兵悻悻而去,伍子胥终于脱身。

辗转到了昭关,即现在的皖南马鞍山含山县城北7.5里处,东有马山,西有城山,整个山脉呈东西走向,形成一道天然屏障。由于昭关两峰对峙,地势险要,易守难攻,自古以来这里就是兵家必争之地,有"吴头楚尾"之称。如出了昭关,就直通吴国了。然而,此关被楚右司马远越领兵把守,很难过关。

扁鹊的弟子东皋公就住在山中,他从悬赏令上的图案中认出了伍子胥,他很同情伍子胥的冤屈与遭遇,决定帮助他。东皋公把二人带进自己的居所,好心招待,一连七日,却不谈过关之事。伍子胥实在熬不住,急切地对皋公说:"我有大仇要报,度日如年,这几天耽搁在此,就好像死去一样,先生还有什么办法呢?"东皋公说:"我已经为你们筹划了可行的计策,只是要等一个人来才行。"伍子胥犹豫不决,晚上,寝不能寐;他想告别皋公而去,又担心过不了关,反而惹祸;若是不走,不知还要等多久。如此翻来覆去,其身心如在芒刺之中,卧而复起,绕屋而转,不觉挨到天亮。东皋公一见他,大惊道:"你怎么一夜之间,头发全白了?"伍子胥一照镜子,果然全白了头,不由暗暗叫苦。皋公反而大笑道:"我的计策成了!几日前,我已派人请我的朋友皇甫讷来,他跟你长得像,我想让他与你换位,以蒙混过关。你今天头发白了,不用化妆,别人也认不出你来,就更容易过关了。"

当天,皇甫讷如期到达。皋公把皇甫讷扮成伍子胥模样,而伍子胥和公子胜装扮成仆人,四人一路前往昭关。守关吏远远看见皇甫讷,以为是伍子胥来了,传令所有官兵全力缉拿之。伍子胥二人趁乱过了昭关,待官兵最后追拿到皇甫讷时,才发现抓错了。因官兵都认识皇甫讷,东皋公又与守关长官要好,于是平安脱身了。这就是"伍子胥过昭关,一夜白了头"的出典。此故事后来被《东周列国志》《吴越春秋》等多部史籍记载,还被演绎成中国军事上著名的三十六计之一——"蒙混过关"。

《礼记·曲礼》有言:"父之仇也,弗与共戴天。"伍子胥为了复仇,奔吴、渡江、乞市,历尽艰辛,得到了吴王阖闾的赏识,认为他"勇且智",以礼相待,"昔者,吴王阖庐始得子胥之时,甘心以贤之,以为上客"(《越绝书·越绝外传纪策考》)。公元前514年,他受命"相土尝水,象天法地",设计建造苏州"阖闾大城"。"子胥居吴三年,大得吴众。阖庐将为之报仇。子胥曰:'不可,臣闻诸侯不为匹夫兴师。'於是止。"(《越绝书·越绝荆平王内传第二》)其间,伍子胥曾七次推荐到吴国的孙武,后与孙武一起鼎力助吴,吴国的国力蒸蒸日上,军队素质和战斗力大大增强,西破强楚,北威齐晋,南服越人,立下了汗马功劳。

伍子胥身为吴国相国,他一生凭借超凡的才识辅佐吴国日渐强大。公元前494年,吴国战胜越国,吴王夫差接受了越国"卑辞厚礼"的求和政策,聪慧的伍子胥敏锐地洞察到越国求和政策中隐藏着巨大的阴谋,便再三向吴王夫差提出反对意见,并设法阻止,其言行激怒了夫差,被逼自刎。死前悲曰:"树吾墓上以梓,令可以为器。抉吾眼置之吴东门,以观越之灭吴也。"夫差听后大怒,便命人把伍子胥的尸体装入皮革里投入了大江。

我们或许无法知道,对伍子胥来说,吴国究竟是什么。是帮他复仇的工具,还是个实现抱负的舞台? 我们只能从青史中看到,伍子胥治吴兴吴倾尽了自己的心力。可即便如此,他也逃不出为人臣者的悲剧命运。只可惜"累世忠信,不遇其时"(《越绝书·越绝外传纪策考第七》)。五月初五,这一日他永远告别了对他至关重要的吴国,沉入了滚滚的江涛……成为吴人的泪点。

伍子胥死后三年,吴国被越所灭,夫差掩面自杀,吴国百姓更加怀念国之柱石伍子胥。千百年来江浙一带相传伍子胥死后忠魂不灭化为涛神,世人哀而祭之,端午节即为纪念伍子胥之日。从时间上来说,它早于屈原200多年,且端午的其他习俗,如"斗百草""吃粽子""划龙舟"等均来源于此地,现已被列入世界非物质文化遗产。

2. 孙武因田鲍四族之乱奔吴地,战功显赫横空出世《孙子兵法》

《史记》载:"孙子武者,齐人也。以兵法见于吴王阖庐。……阖庐知孙子能用兵,卒以为将。……膑亦孙武之后世子孙也。"孙武是春秋末期著名的大军事家,撰有《孙子兵法》一书传世。他的谋略思想在中国乃至世界军事史和哲学思想史上都占有非常重要的地位,受到国内外历代兵家、学者和各界人士的推崇,被誉为"兵圣"。毛泽东曾评价孙武说:"孙子不简单,用兵不教条。大千世界,千变万化,哪有一成不变之理?"并指出:"中国古代大军事家孙武子书上'知彼知己,百战不殆',乃是科学的真理。"

孙武为何要奔吴?《新唐书》言明孙武是因"田、鲍四族谋为乱",才从齐地奔往吴国的。《史记·司马穰苴列传》中对此是这样记述的:"司马穰苴者,田完之苗裔也。齐景公时……晏婴乃荐田穰苴曰:'穰苴虽田氏庶孽,然其人文能附众,武能威敌,愿君试之。'景公召穰苴,与语兵事,大说之,以为将军。……穰苴尊为大司马。田氏日以益尊于齐。已而大夫鲍氏、高、国之属害之,谮于景公。景公退穰苴,苴发疾而死。"

《春秋左传》和《晏子春秋》二书又云:公元前522年,田穰苴与梁丘据二人均为当时的齐国重臣。此时的田穰苴还是很受齐景公宠爱的。只是在此之后,也就是田穰苴被尊为大司马和"田氏日以益尊于齐"若干年之后,齐景公偏听偏信了鲍、高、国三氏陷害田氏之言,黜退田穰苴的大司马之职,田穰苴由此发疾而死,导致田、鲍四族谋乱。

同为田完之裔的孙武,自然亲历、亲见或亲闻过这次四族之乱。这次田、鲍四族之乱,鲍氏与高、国二氏结盟,以共同对付田氏,使其矛盾白热化,田氏之族因之受损甚大,这就是孙武奔吴的直接原因。《史记》之《孙武传》及《伍子胥传》还载明孙武奔吴献兵法和为将军的时间是吴王阖庐三年即公元前512年。

孙武奔吴的路线,据清代在今济南市东之济水旁(即今小清河岸边)出土的孙武私人印和孙星衍撰《家吴将印考》所证实,是从齐国乐安(今广饶草桥)乘舟顺济水经济南东而奔吴的。[1]

一脉济水,三隐三现,却至清远浊。唐代诗人白居易在河南做官时去济南,置身济水之上吟唱道:"自今称一字,高洁与谁求;惟独是清济,万古同悠悠。"高洁,是古人眼中的济水。虽然济水位尊四渎,却波澜不惊,温文尔雅,润泽万物。而太湖"三江"亦如济水清流,粼粼碧波,恬静高雅,温柔多情,令多少才子英雄垂怜。

笔者恍惚看到,田穰苴的猝死,在齐国朝野上下,特别是在田氏家族中引起了极大震动。因受鲍、国、高三族排挤而解甲归田、赋闲在家的孙书听到这一噩耗,陷于极度悲愤之中。

这件事对孙武的打击很大。按照周礼,男子三十而立,四十而仕。自己眼看就到了入仕的年龄,凭着自己家族的地位,凭着祖父和父亲在朝中的威望,出仕为官一般不成问题。况且孙武从小就有大志,想干一番轰轰烈烈的事业。为此,二十多年来,他苦心钻研兵法,虚心向长辈请教,游历崇山巨川进行考察,足迹遍布了泰山南北,大河两岸。如今自己费尽心思、耗尽心血撰著的兵法十三篇业已完成草本,正准备步入仕途,施展鸿鹄之志时,却遭遇晴天霹雳般的打击。

这天晚上,孙武找到父亲孙凭,一起来到祖父孙书的房里,三人进行了彻夜长谈。

孙武先说了很多对时局的看法,孙凭也谈了很多近期朝政混乱的情况,孙书静静地听着。很明显,对田氏家族来讲没有一点乐观的迹象。虽然自己一系因景公赐姓而改孙氏,但谁都知道孙氏与田氏实为一家。眼下田氏遭到重创,下一步就是不遭灭门之灾,元气恐怕也难以在短期内恢复。巨大的阴影笼罩在孙书头上,他不由得想起了先祖陈完自陈国来齐的情形。听完孙武对时局的分析,又听着他发泄满腹的牢骚,孙书问孙武:"你

---

[1] 赵金炎,《兵圣孙武的籍贯与奔吴内情》,《海内与海外》,2006年第2期。

下一步有什么打算?"孙武考虑一会儿说:"看来在齐国很难实现我的理想和抱负,我很想到外地去闯一闯,就像当年先祖陈完逸齐一样。只是,周礼中有'父母在不远游'的训导,故孙儿迟迟未敢向祖父和父亲大人禀明。"

孙书赞许地点了点头,孙武的想法和他不谋而合。不论是从孙武的个人前途考虑,还是从孙氏家族的长远考虑,他都希望孙武出去另闯一条新路,把孙氏基业传承下去。退一步讲,万一哪一天田氏遭灭门之灾,也好为孙家留下一条根。

在孙武离开齐国的问题上,三人很快统一了意见。然后三人一起分析着列国形势,为孙武挑选一个好的去处。三人经过分析、比较,最后同时把目光放在了远在南方的吴国。吴国正处于上升发展时期,如今疆域扩大到千里,成为春秋末期可以与齐、晋、楚、秦、鲁等国抗衡的一支新兴力量,并开始显露出霸主景象。

孙武明白,南方的水稻产量比北方高,仅这一项,南方百姓在经济生活方面要比中原富得多;二是太湖平原上玉器雕刻精细,说明当地工匠技艺高超,有文明生活的理想;三是没有长时间和大规模的战争,南方出土的尸体只有少数是不全的,尸体骨骼上留下的伤痕也很少,好像大都是自然死亡的。但在军事和政治方面南方群体组织能力好像要差一点。故孙武认为,吴国既是实现自己理想的地方,也是自己大展宏图的地方。

于是,几天后,孙武坐上了远去吴国的商船(管仲主张"以商止战",以刺激经济),沿济水逆流而上。与孙武同去的是他的妻子鲍氏,携带次子孙明,另外还有两个家丁和一个仆人。与其他商人不同的是,孙武的货柜里除了金银细软及部分生活用品外,剩下的空间全部由简书塞满。这些简书就是孙武耗尽心血撰著的十三篇兵法草本,以及自小陪伴他左右的各类兵书。

商船行至济南,孙武弃舟登岸,改走旱路。在搬移行李的过程中,他不慎将一枚私人印章丢失。因印章无关紧要,孙武未及仔细搜寻便又随商队登车,一路南下。

约一个月后,孙武一行历经旅途颠簸劳顿,终于到达了日思夜想的南方新兴的吴国。经伍子胥推荐为将后,孙武不负众望,于公元前512年12月,亲自指挥了第一次战争并获大胜。阖闾派孙武等征灭"钟吾"和"徐"两个小国,又乘胜夺取了楚国的舒地。"孙武为将,拔舒,杀吴亡将二公子掩余、烛庸。"第二次于公元前511年,"阖闾闻楚得湛卢之剑,因斯发怒,遂使孙武、伍胥、白喜伐楚",接连攻占了楚国的"六"和"潜"二地,又获大捷。第三次于公元前510年,吴、越之间发生了第一次大规模战争,史称吴大胜的"槜李之战"。《孙子兵法·虚实篇》真实地记述了孙武在这次作战中的体验:"以吾度之,越人之兵虽多,亦奚益于胜败哉。"总结了用兵打仗贵精不贵多的战争经验。第四次于公元前509年,吴、楚豫章大战。楚国君命公子子常等伐吴,以报前年失陷六、潜二地之仇。吴王阖闾再次派孙武等率兵回击,迂回作战,避开楚军主力,俘楚公子子繁,又占巢城。楚军攻而转败。第五次于公元前506年11月18日,吴、楚两国最大规模的战争爆发,即"柏举之战"。战前,吴王接受孙武和伍子胥等人的高见,联合了对楚有世仇的唐和蔡两个小国,共同对敌。作战过程中,孙武等充分利用蔡、唐攻楚的有利地理条件,采取正面钳制和北侧迂回的策略,出奇制胜,以 3 万对 20 万,五战五捷,于 11 月 27 日,攻克郢都,楚昭王出逃。从此,孙武谋高一筹,善战制敌,战功赫赫,名传"天下"。

孙武来到就战,战而必胜,为何如此了得？关键是他结合时势变化实际、传承发展,运用自己独创的十三篇兵法,用兵如神。这从下面两点可以看出其玄机：

一是传承发展,"六经注我"(即"万物齐备于我,修炼出自己的战争观与战略战术")。上面已述,他博览群书,在奔吴时携带的就有各类兵书与自己的兵法十三篇草本,以广阔的视野,结合南方实际,创新发展。

加之他与其家族又存在着不解之缘。孙武是由陈国到齐国的田完家族的七世孙,比起弑杀齐简公的田常晚一辈,虽是旁支,却是不折不扣的将门巨族。平日里的耳濡目染,特别是前辈的言传身教使他受益匪浅。

据《左传》记载,鲁昭公十九年(公元前 523 年)秋天,齐国的高发率师讨伐东夷民族的莒国。莒共公逃奔到纪鄣城堡。齐国就派孙书乘胜追击。莒国有个妇人,她的丈夫被莒国的国君杀掉了。她这时已是老寡妇,寄居在纪鄣城堡,她纺出一根麻绳,长度刚好和城墙的高度相等。等到孙书的追兵一到,就把麻绳从城头垂到城外。有人把麻绳献给孙书,孙书安排军队夜间顺着麻绳登城。登上 60 人,麻绳就断了。城下的士兵和登城的士兵,一齐鼓噪。莒共公害怕,就开启西门逃走。7 月 14 日,齐国的军队攻入纪鄣城堡。这位孙书原名陈(田)书,是田完的四世孙陈(田)无宇的儿子,由于攻打莒国有功,被齐景公赐以姓氏"孙"。这就是孙武的祖父,纪鄣城堡战役之时,孙武约二十岁。《孙子兵法》最后写了《用间篇》,谈论间谍情报、里应外合的重要性,认为"三军之事,莫亲于间,赏莫厚于间,事莫密于间……"追根溯源,不能不说他用兵依照间谍情报而行动思想的发生,与其祖父得到纪鄣城堡内部的老寡妇的内应从而一举破城有渊源关系。

二是吸收了老子关于"道"的精华。《孙子兵法》十三篇的行文不过六千余言,略长于《老子》。如果说《老子》言道妙以机趣,那么《孙子兵法》则述"诡道"以精诚。据考证,《老子》成篇于孔子于鲁昭公三十一年(公元前 511 年)适周问礼于老子后不久,《孙子兵法》十三篇成于鲁定公四年(公元前 506 年)吴楚柏举之战前不久,略晚于《老子》。这是春秋末年诸子学术的双璧。《论语》则是孔子于鲁哀公十六年(公元前 479 年)死后,众弟子为他庐墓守心孝时开始编纂,中经若干时期的增补、修改、编纂,最终到曾子死(鲁悼公三十一年,公元前 436 年)后,第三次编定,这已经进入战国前期了。

春秋之世,中国社会发生了长久、全面、激烈的震荡和变动,催化了整个民族的思想创造能力,推动了中国文化在突破和超越中出现蓬蓬勃勃的思想原创,裂变为百家之学。率先开宗的堪称"春秋三始"：一是老子言道德五千言,开道家之宗；二是孔子聚徒讲学,开儒家之宗；三是孙武以《孙子兵法》见吴王阖庐,开兵家之宗。孙子把老子的"道"引进兵家,"道"是春秋时期的一个关键词。《老子》提出"人法地,地法天,天法道,道法自然"的纲领。《孙子兵法》开宗明义就强调"兵者,国之大事,死生之地,存亡之道,不可不察也",因而提出"经之以五事"的"道、天、地、将、法"作为全书的经纬,把"道"放在五事之首,形成整部兵法的"全胜之道"的核心思想。《老子》突出了以柔弱胜刚强的智谋方针:"将欲翕之,必故张之;将欲弱之,必固强之;将欲废之,必固兴之;将欲取之,必固与之。是谓微明。柔弱胜刚强。"《孙子兵法》则说:"善用兵者,避其锐气,击其惰归,此治气者也。以治待乱,以静待哗,此治心者也。以近待远,以逸待劳,以饱待饥,此治力者也";"乱生于治,怯生于勇,弱生于强"。注重战争行为和政治态势的辩证转化。

随着吴国霸业的蒸蒸日上,夫差渐渐自以为是,不再像以前那样励精图治,对孙武、伍子胥这些功臣不再那么重视,反而重用奸臣太宰伯嚭。越王勾践为了消沉吴王斗志、迷惑夫差,达到灭吴目的,一方面自己亲侍吴王,卧薪尝胆;另一方面选美女西施、郑旦入吴。西施入吴后,夫差大兴土木,修建姑苏台,日日饮酒,夜夜笙歌,沉醉于酒色之中。孙武、伍子胥认为,勾践被迫求和,来日一定会想办法复仇,必须彻底灭掉越国,绝不能姑息养奸,留下后患。但夫差听了伯嚭奸臣的挑拨(奸臣历来没有好下场,最后还是被勾践杀死),不理睬伍子胥、孙武的苦谏。正如前所述,由于伍子胥一再进谏,夫差大怒,遂制造借口,逼其自尽。伍子胥的死,给了孙武一记沉重的打击;他的心冷了。孙武深知"飞鸟尽,良弓藏;狡兔死,走狗烹"的道理,于是便悄然归隐在苏州太湖东岸的西部山区,根据亲自训练军队、指挥作战的实践经验,修订其兵法十三篇,使其更臻完善,成为经世不衰、名传天下的"超时空"十三篇。

《孙子兵法》除了含有孙武的家族基因和混合着老子式的道外,其兵学理论是经实战检验后蘸着血写出来的,乃千古兵家第一书。唐太宗李世民曾说:"观诸兵书,无出孙武。"明朝茅元仪给《孙子兵法》的评价是:"前孙子者,孙子不遗;后孙子者,不能遗孙子。"西方人崇尚以力取胜,中国人则推崇以谋取胜,其战略文化和西方迥然有别。

巍巍中华,英雄辈出。自古以来,奔江南之历史人物众多。"水质"好了,鱼自然就会游过来。江南人喜交际游乐,能善待四方来客,悦纳异地风习是其主因。

历史让人回味,未来令人神往,人才是一个国家兴旺发达的首要资源。

三、舟楫为马　旷世风华

战争是每一个民族和国家形成发展的历史坐标。在北纬30°线左右,大自然中的水,将温暖与力量注入了江南人的血脉与灵魂,由此燃起水的火焰,柔中寓刚,使生命渐渐变得强大与无敌,造就了世界"轴心时期"中的"强吴时代"。

公元前585年,"寿梦立而吴始益大,称王"(司马迁《史记·吴太伯世家》)。吴国登上了历史舞台。公元前514年,阖闾为王后,重用伍子胥与孙武,这两位人杰运用自己的兵学理论,在江南厚实的经济与技术的支撑下,上演了一幕幕十分精彩的"活剧"。

(一) 舟楫为马,创建中国最早强大水军

江南乃水乡泽国,尤习水性,乘船弄潮是专长。《春秋大事表》载:"不能一日而废舟

楫之用",早在公元前800年的常州淹城内城河中就出土了独木舟。在春秋中晚期激烈的争霸战争中,列国扩大兵源,改革兵役制度,出现新型军赋制度。随着军队组织的改变,军事编制和军阵阵法也有了发展,都邑兵和卿大夫采邑家兵普遍建立。此时,吴、越、楚、齐四国都建立了庞大的"舟师",而吴国尤盛。范文澜在《中国通史》中记载,"吴以水师立国,有船五千余艘,水军主力在长江,但航海规模也很大"。这个时期出现了中国最早的水战:公元前549年"夏,楚子为舟师以伐吴,不为军政,无功而还"(《左传·襄公二十四年》);还出现了中国最早的海战:公元前485年"徐承帅舟师,将自海入齐,齐人败之,吴师乃还"(《左传·哀公十年》)。

1. 系列编制,造船技术世界领先

中国和地中海周边国家是古代战船的发源地。中国"盖古之兵书,言水战者,自子胥始,故其书有'戈船''下濑船'。《太白阴经·水战具篇》云:'水战之具,始于伍员,以舟为车,以辑为马'"[1]。当时,吴国的主要战船长达十多丈,"《伍子胥水战法》:'大翼一艘,广丈六尺,长十二丈,容战士二十六人,棹五十人,舳舻三人,操长钩戈矛四吏仆射长各一人,九十一人当用长钩矛长斧各四,弩各三十二,矢三千三百,甲兜鍪各三十二'"[2]。且战船多种多样,有大翼、小翼、突冒、楼船、桥船等。当时一丈合今2.3米,可知其中的大翼长度已达27.6米。大翼是吴国内河水战中的利器之首,船形瘦长,桨手多,速度快;突冒是一种船首装有冲角的攻击战船;楼船体型高大,是水战中的主力船(舰);桥船是水战中的小型战船,灵活轻快,水战中常打头阵。此外,还有君王乘坐的装饰华丽的楼船,是水战中的旗船(舰)。在出战时,水师还配有迷惑敌人的"疑船"。据《国语·吴语》载,至春秋晚期,吴国出现了中、上、下、左、右"五军",总兵力约达10万人。有的学者经深入研究后甚至说,吴国储备的总兵力达20万人。

当时吴国的造船与驾船技术在世界领先:一是船的形状。欧洲最早的船是模仿鱼的,船头比较大,船尾比较小,而吴人棋高一着,设计的船是模仿鸭和鹅的,船头昂起比较小,船尾比较胖,这样的船行驶时因船头受水阻力小而比较快。二是驾船技术亦遥遥领先世界,如三角帆、"纵帆"(利用分力、合力原理,可以"船驶八面风"),特别是舵、橹(用鱼摇动尾巴前进的原理)及后来的水密隔舱等都源于吴人之手,皆为中国人最早发明。世人说,除了摇船的"橹"外,其他"长技"都被后来地中海一带的欧洲人学去了。

2. 兵种齐全,水陆合成

据《左传》载,吴国在鲁成公七年(公元前584年)前尚无较强的陆军,水军是其传统的兵种,其"舟师"由作战部队和运输部队两部分组成。到春秋中叶,晋国采用巫臣通吴的建议,使其子狐庸在吴任行人之官,"教吴乘车,教之战阵,教之叛楚","吴于是始通于中国",由此建立了一支较强大的陆军,但吴国的陆军往往主要依靠"舟师"运送并保障后

---

[1] (东汉)袁康、吴平辑录,俞纪东译注,《越绝书全译》,贵州人民出版社,1996年10月,第297页。
[2] (东汉)袁康、吴平辑录,俞纪东译注,《越绝书全译》,贵州人民出版社,1996年10月,第299页。

勤供给。从这一意义上说，吴国的"舟师"实际上是吴国军队组织的命脉。清代学者顾栋高说，吴地利于水行，不利于陆行。诸侯平丘大会，晋征召吴参加，吴人以水道不通而谢绝。正因为水军是吴国军队的命脉，所以伍子胥著有《水战法》；《孙子兵法》中也提出水战五原则，即"绝水必远水；客绝水而来，勿迎之于水内，令半济而击之，利；欲战者，无附于水而迎客；视生处高，无迎水流，此处水上之军也。绝斥泽，惟亟去无留；若交军于斥泽之中，必依水草而背众树，此处斥泽之军也"。《春秋大事表》卷八中对吴水军的评价是"率用舟师蹈不测之险，攻人不备，入人要害，前此三代未尝有也"。

3. 武器精良，训练有素

江南地区资源丰富。在现代地理概念中，按照秦岭—淮河为界划分，南边以丘陵和红土为主，地下储存成百上千种有色金属，盛产铜锡。而北方战争频繁，又用大量铜锡铸造鼎铭，很快资源匮乏，于是出现了"南金北运"的"金道锡行"（郭沫若）。吴军利用地产资源与特有的冶金铸造技术，拥有戈、矛、戟、剑、钩及弓、弩、箭镞等各式武器（见图2-3）。《吴越春秋》载，吴王令"能善为钩者，赏百金"。尤其是剑，名闻天下，留下了干将莫邪铸剑的传奇故事。

镇江丹阳孙家村遗址出土的3 000年前铜刀

镇江青龙山大墓出土的3 000年前铜箭镞

图2-3　镇江出土的各式武器

资料来源：镇江博物馆

吴国以水军为主，兵器多为步战用的短兵械，佩剑持矛是吴国士兵的基本配置。剑者，"直兵推之"，"剑承其心"。《战国策·赵策》云："夫吴干之剑，肉试则断牛马，金试则截盘匜",确非虚言。由苏州市政府出巨资征集来的台湾"古越阁"旧藏青铜兵器——吴王夫差剑,于2015年初在苏州博物馆公开展示,见者无不称奇。这柄被称为"吴老大"的吴王夫差剑,是目前已知存世的9柄吴王夫差剑中保存最完好的国宝。苏州博物馆馆长助理、文物征集委员会主任程义介绍,这柄吴王夫差剑通长58.3厘米,身宽5厘米,格宽5.5厘米,茎长9.4厘米。"每一次触碰,我们都小心翼翼,它真的太过锋利,一不小心手指就会被划破""此前的藏家曾经做过实验,他们把一张A4纸放在桌上,没有任何人去按住白纸的情况下,剑刃只在纸上轻轻划过,纸便立刻被割成了两半。"(见图2-4)剑格作倒凹字形,装饰有兽面纹,镶嵌绿松石,一面已佚。剑身近格处铸有铭文两行十字:"攻敔(吴)王夫差自乍(作)其元用。"

图 2-4 吴王夫差剑历 2 500 多年寒光不朽
(苏州博物馆馆藏)

"剑"之家族中年纪最长的"祖辈"则是青铜剑。从商朝时的短如匕首开始成长,到东周时期,吴越之地的铸剑大师造就的青铜剑已达刚柔相济的完美境界,其冶炼技术领先西欧近千年,精湛技艺至今仍令世人叹为观止。

吴军训练严格。"选练士,习战斗。"(《吕氏春秋·首时》)《论衡·率性篇》载,阖闾为了训练三军之士视死如归,"尝试其士于五湖之侧,皆刃加于肩,血流至地"。孙武训练宫女时,对三令五申不听号令的吴王妃同样斩首(《史记·孙子吴起列传》)。

(二)五战五捷,经典传奇

越继吴后而起,也出现了"舟师"。吴、越毗邻,两国互争三江、五湖之利。于是,吴、越的战争就构成了春秋中后期江南历史的重要内容。

但吴国是春秋时期的一个新兴国家,原本从属楚国,自吴君寿梦继位称王后开始崛起。晋国出于同楚国争霸的需要,主动与吴国缔结战略同盟,让吴国从侧面打击楚国,牵制楚国北上。日渐强大的吴国,为了进入中原,也将楚国作为战略打击目标,由此脱离了与楚国的臣属关系,并积极动用武力,同楚国争夺淮河流域。自寿梦至吴王僚的六十余年间,吴楚两国战争频繁,有时一年连打七战。公元前570年,楚共王大举伐吴,深入到衡山(今吴兴)。公元前538年至公元前514年,吴王余祭时,楚国又三次伐吴。吴王僚时,吴则四次伐楚,双方互有胜负。其中,吴、楚的"鸡父之战"与吴破楚入郢之战最具代表性。

1. 一国战胜七国的"鸡父之战"

公元前546年(周灵王二十六年),在宋国大夫向戌倡导下,晋、楚、齐、鲁、卫、陈、蔡、郑、许、宋、邾、滕等14国在宋国的西门外举行春秋第二次弭兵会盟,会盟后中原诸侯列国之间出现了相对和平的局面。晋、楚、齐、秦4个强国,因国内矛盾激化,国势趋于衰弱,放慢了对外扩张、争夺中原霸主的步伐。偏处于长江下游的吴国和越国则先后兴盛起来,加入了中原争霸的行列。

地处淮河地域中心的州来,与东面的钟离(今安徽省凤阳县东)、南面的居巢(今安徽省合肥市西北)互为掎角,成为吴国难以逾越的障碍。州来虽曾先后两次落入吴国之手,但却复为楚国所据。公元前519年(周敬王元年),吴国因淮河流域之地尚为楚国所盘踞,吴王僚率公子光等再次进攻州来,于是吴楚之战再起,这就是著名的"鸡父之战"。

吴公子光得知楚军统帅阳匄病亡,楚联军不战而退,认为这是吴军退敌的良机,便向吴王僚建议率军尾随楚联军,等待战机。吴王僚采纳公子光的建议,并制订出具体的作战计划:迅速向楚联军逼近,定于到达鸡父战场后的次日即发起攻击,利用当天"晦日"之机(古代晦日不打仗),乘敌不备,以奇袭取胜。在兵力部署上,先以一部分兵力首先进攻胡国、沈国和陈国的军队,打乱其他诸侯国军,再集中兵力攻击楚军主力。同时决定在作战中采取让先头部队放松戒备减少军威,后续部队巩固军阵整顿师旅的灵活战法。

是年农历七月二十九日,吴军准备就绪后,于用兵所忌的"晦日"突然出现在鸡父战场。楚司马薳越仓促之中,让胡、沈、陈、顿、蔡、许六国军队列为前阵,以掩护楚军。吴王僚以自己所率的中军、公子光所率的右军、公子掩余所率的左军等主力预做埋伏,以不习战阵的3 000囚徒为诱兵,攻打胡、沈、陈诸军。双方交战不久,未受过军事训练的吴刑徒即散乱退却。胡、沈、陈三国军队贸然追击,捕捉战俘,纷纷进入了吴军主力的预定伏击圈中。这时吴三军从三面突然出击,战胜了胡、沈、陈军队,并俘杀胡、沈国君和陈国大夫夏啮。许、蔡、顿三国军队见此状况,军心动摇,阵势不稳。吴军紧随乱兵之后,乘胜擂鼓呐喊进攻许、蔡、顿三国之军,该军因惊恐、惶惧败退狂奔,不战而溃。楚军初见胡、沈、陈军战胜吴军,向前奔逐,正感吴军脆弱无能,忽见许、蔡、顿乱军漫山遍野狂奔而来,而后面吴军又冲击过来,楚军突受此种奇袭,仓促之间向后败退。吴军大获全胜,并乘胜攻占了州来。

2. 孙武初试兵锋的"养城之战"

公元前511年(吴王阖闾三年)夏,吴国派出使臣,责令徐国(今安徽泗县)和钟吾国(今江苏宿迁东北)交出领兵在外的公子掩余和烛庸。两国倚仗有强楚撑腰,拒不从命,并私自放走二公子,让他们去投奔楚国。

楚昭王十分得意,立即派出大员隆重迎接二公子,并让二公子在养城(今河南沈丘县)暂住。接着,又命令莠尹然、左司马沈尹戌重修养城,把养城东北边的城父、东南边的胡田两块地封给二公子,企图利用二公子为害吴国。

吴王阖闾十分清楚楚国此举的用意,所以阖闾以孙武为将,下定决心要攻克养城。这一仗是孙武初试兵锋的一场战斗,因此,孙武在战前认真分析了敌我双方的形势。孙武认为,养邑一战,阖闾的目的一方面是要擒杀掩余和烛庸二公子,剪除自己政治统治权的隐患;另一方面还在于消灭淮水北岸的楚军势力,为日后破楚扫清障碍。因此,孙武向阖闾提出了"肆楚疲楚、攻克养城"的战略方针。在战术实施时,孙武将吴军分编成三支劲旅,先以第一军兵力佯攻伐夷,在佯攻不克后,吴军便兵锋一转,南下渡过淮水,直驱500余里,攻打潜、六二地;当楚军的增兵即将到达时,吴军便撤退待命,不与楚军正面冲突。

楚军见吴军撤走,便将部队驻扎在南冈(今安徽潜山县)。孙武这时调动他的第二军人马沿淮水而上,急行军数百里直扑楚之战略要地弦邑。当楚军即将赶到弦邑时,孙武便命部队撤退待命。由于吴军的两支部队成功地调动了敌军,楚军疲惫不堪,士气低落。这时,孙武才命令吴军的第三军实施了攻克养城的战斗。吴军一举攻下养城,擒杀了二公子,胜利地结束了这场战斗。

这时的阖闾被胜利冲昏了头脑,想要一鼓作气攻克楚都郢(今湖北江陵县纪南城)。但孙武认为这样做不妥,便向吴王进言道:"楚军乃天下劲旅,非徐国和钟吾国所能比。我军已连灭二国,人困马乏,军资消耗甚大,不如暂且收兵,蓄精养锐,再待良机。"吴王听从了孙武的劝告,下令班师。这次战役的胜利为吴以后大举攻楚打下了良好的基础。

3. 势不可当的"吴越槜李之战"

公元前510年,越王允常登上王位。允常雄心勃勃,想显露头角,因而在国内整军经武,积蓄国力,引起了吴王阖闾的密切关注。此时吴国已做好了全面攻楚的准备,远征大军蓄势待发,如上弦之箭,一声令下,就将射向楚国心脏。然而近在咫尺的越国却动向不明,不能不使吴王阖闾忧心忡忡。前事不忘,后事之师,27年前的越国尚弱小,就敢派出部队,助楚伐吴,现在若吴军远出千里之外,后方空虚,越国只要派一支精悍之旅,从背后偷袭,吴国就首尾难顾,连回师救援都难。然而现在从表面来看,越王允常安分守己,唯命是从,遵守先王遗训,按时交纳贡物,看不出任何异动迹象。抓不到把柄,就难以下手。

在精心策划后,一条妙计脱颖而出:以兄弟邻邦的名义,相约共同出兵伐楚。这道无可回避的政治难题,越王允常必须回答。

吴国向越国派出了使者,以不计前嫌、忘却宿怨的友好态度,重提兄弟友谊,并坦诚告之吴将伐楚的重大机密,希望越国起兵相助。最后告之:在这样的紧急关头,越若不能按吴要求去做,吴国就只能认为越存心助楚,与吴为敌。吴国为了安全,不得不采取其他措施,万一兵戎相见,恐怕对越国不利,希望越国思之再三。

允常岂是俯首听命之辈?再加上文种、范蠡巧舌如簧,反复夸耀楚国强大、不可打败。他俩认为越必须坚决助楚,届时吴败,远在荆地的楚国无暇东顾,必然会将吴地赠送越国作为酬劳,开疆拓土,在此一举;若助吴抗楚,楚国一灭,吴国接下来必然会侵吞越国,国破家亡,悔之莫及。

越王允常反复斟酌,考虑再三,决定不能造次,以免重蹈覆辙,万全之计,还是暂守中立,以观大局。他婉言答复吴国使者,限于国内种种情况,暂难出兵,如若吴国固执己见,一定要就此对越国用兵的话,那将是"吴不信前日之盟,弃贡赐之国而灭其交亲",同样希望吴国慎之又慎。而且根据当时星象学的测定,天上的岁星恰好与地下的吴越两国相呼应,这种岁星与国家呼应的现象表明,两国都可受到天命的保佑,但是两国中如有谁先动兵,就会反受其害。鉴于此,吴王阖闾在得到越王允常的答复后对是否伐越举棋不定。

这时,孙武以朴素的唯物论思想批驳了天命观。孙武指出:"明君贤将,所以动而胜,先知也。先知者,不可取于鬼神,不可象于事,不可验于度。必取于人,知敌之情者也。"孙武的观点,最终得到了吴王的认可。于是阖闾以伍子胥、孙武为将,移师南下,征讨越国。

江南盛夏,一片葱郁,蛙声蝉鸣,掩不住金戈铁马之声。当时越国的疆域已经越过了钱塘江,到达了今日嘉兴、平湖一线。允常毫不示弱,率师北上。两军在檇李(今浙江嘉兴市西南)对阵,展开了吴越史上从未有过的大规模厮杀。虽然《春秋》上以精练得不能再精练的文字做了记载:"辛卯,鲁昭公三十有二;夏,吴伐越。"但《左传》做了进一步阐述:"吴伐越,始用师于越也。"著名史学家杜预为此加注:"自此以前,虽疆事小争,未尝用大兵。"据史料分析,吴军并没有越钱塘江南下,战争的范围仅局限于今日嘉兴地区,也即两国相交的边陲地带。

吴军在孙武的指挥下势不可当,越军当然不是对手。吴军本为削弱越国国势而来,所以除了在战场上大败越军以外,又在越国"大掠而回"。檇李一战,揭开了吴越之间长达37年的生死之搏的大幕。

4. 大获全胜的"吴楚豫章之战"

吴王阖闾七年(公元前508年)夏,桐国(今安徽省桐城市北)背叛了楚国。桐国的北面,原来有个小国舒鸠(今安徽舒城县),很早以前就被楚吞并了,因此舒鸠人十分怀恨楚国。孙武、伍子胥利用桐国背叛楚国之机,派出间谍前往舒鸠,唆使他们说:"如果你们想办法诳骗楚军来攻打我国,我军便佯装惧怕楚军,假意代楚伐桐,使楚国对我不存戒心,这样就可以寻机消灭它。"舒鸠人为了报复楚国,便听从了吴国的误楚之计。他们编造了一套假情报,去欺蒙楚国。楚国君臣利令智昏,果然听信了舒鸠人的谎言,在这年秋天派令尹子常率大军伐吴。孙武、伍子胥领兵迎敌。二人谋划一番后,采用明攻和暗袭相结合的战术:一方面,大张旗鼓地调集水兵战船前往豫章,以迎击楚师;另一方面又暗集军队于巢地(今安徽巢县东北)。楚将子常得报吴军战船摆满桐国以南的江面,便误以为吴军胆怯,想用伐桐来讨好自己,于是把大军驻扎在豫章地区,静观事态的变化。这样,楚军从秋天一直驻扎到冬天,时间一长,士气便日益低落,防备自然也开始松懈。孙武抓准时机,率吴军突然包围了楚军,打得楚军猝不及防,落荒而逃。随后,又出其不意地攻克了巢邑,还俘虏了在巢邑驻守的楚公子繁。

这次对楚作战的胜利,又燃起了吴王阖闾进攻郢都的欲望。阖闾故意激怒孙武和伍子胥说:"我想乘胜攻入郢都,灭掉楚国。如若不能,你们二位还有什么功劳可言?"但孙武、伍子胥二人仍然认为攻郢灭楚的时机还不成熟,举行如此重大的军事行动,决不可轻忽,以免劳而无功,反为人所制。二人劝吴王隐忍待机,吴王只好作罢,班师回国。这一仗,孙武以其诱敌、骄敌的谋略大获全胜,帮助吴王打通了入楚的通道,为吴国日后破楚战略计划的顺利实施创造了条件。

5. 春秋时期最著名的以少胜多的"柏举之战"

《史记·孙子吴起列传》中载:"(吴国)西破强楚,入郢;北威齐晋,显名诸侯,孙子与有力焉。"这里所说的"西破强楚,入郢"一事,就是春秋末期周敬王十四年(公元前506年)爆发的著名的吴楚柏举之战(见图 2-5)。

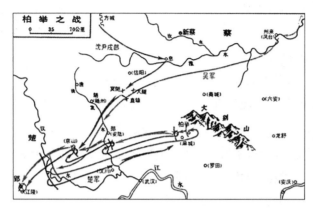

图 2-5　吴楚柏举之战地理位置示意图

吴国是春秋晚期勃兴于江南地区的一个国家,它在发展过程中,与南方的强敌楚国产生了尖锐矛盾,以至于长期付诸武力,兵戎相见。从公元前584年第一次"州来之战"起,两国之间在短短的60余年时间里,曾先后发生过10次大规模战争,其中吴军全胜6次,楚军全胜1次,互有胜负3次。总的趋势是,吴国逐渐由弱变强,开始占据战略上的主动地位,这样终于导致吴楚两国决战——柏举之战。

周敬王十四年(公元前506年)冬,吴王阖闾亲率其弟夫概并伍子胥、伯嚭、孙武等,出动全国之兵,乘船溯淮水西进。至战略要地州来(今安徽凤台),舍舟于淮汭(淮水弯曲处),登陆前进。以蔡、唐军为先导,以3 500名精锐步卒为前锋,穿过楚北部的大隧、直辕、冥阨三关险隘(均在今河南信阳南,河南、湖北两省交界处),直趋汉水,深入楚腹地,达成对楚的战略奇袭。楚不料吴军做此迂回奔袭,急派令尹子常、左司马沈尹戌、武城大夫黑及大夫史皇等仓促率军赶至汉水西岸布防,阻止吴军渡汉水攻楚都城。

当吴、楚两军夹汉水对峙时,沈尹戌鉴于分散楚地的兵力尚未集结,易被吴军各个击破,终难阻遏吴军突破汉水防御,又针对吴军孤军深入、不占地利的弱点,主张充分发挥楚国兵员众多的优势,变被动为主动:令尹子常凭借汉水之障与吴军周旋,正面牵制吴军,自己去方城(起自今河南叶县西南,沿东南走向至泌阳东北的一条长城)调集楚用以对付中原的兵力,迂回至吴军侧后,毁坏吴军舟船,阻塞三关,断其归路,尔后与子常军实施前后夹击,歼灭吴军。值沈尹戌赶赴方城调兵之际,武城大夫黑认为楚军不宜持久,主张速战。大夫史皇亦迎合子常贪功之心,怂恿其速战。子常听信二大夫之言,又错误估计战场形势,以为凭实力可击败吴军,乃改变与沈尹戌商定的夹击吴军计划,不待沈尹戌军到达,擅自率军渡过汉水攻吴军。这一轻率行动,使楚军不仅失去暂可依恃的水障,又陷入背水作战的不利境地。

吴君臣得知楚军夹击之谋,及见子常军渡河来攻,为避免腹背受敌,且图扬长避短,抑制楚军战车多、利于平原作战的特点,发挥吴军步兵强、灵活机动、长于丘陵、山地作战的优势,乃因势利导,改变原定在江、汉腹地与楚军决战的计划,由汉水东岸后退,调动楚军于不利地形,寻机决战制胜。子常错误认为吴军畏楚而退,紧追不舍,企图速胜。在小别(山名,今湖北黄冈地区大崎山)至大别(今湖北境大别山脉)间,连续三战,楚军受挫,锐气大减。子常方知非但不能速胜吴军,且有被吴军击败的危险,意欲弃军逃命,受到史皇指责,只得勉强继续作战。

吴军见调动楚军,使其疲惫、挫其锐气之目的已达,乃停止后退,于11月18日在柏举与楚军对阵。阖闾弟夫概深知令尹子常不得人心,部众士气低落,认为先发制人,击溃子常军,尔后以大军继之,必败楚军。阖闾虑及胜败在此一举,务求万全无虞之策,不同意夫概意见。夫概见机而行,率自己所属5 000人猛攻子常部。子常军一触即溃,楚军大乱。阖闾见夫概突击成功,当机立断,发起全面攻击。子常惊惶失措,弃军逃奔郑国,史皇及其部属战死,楚军大败。

丧失主帅的楚军残部纷纷向西溃逃,吴军乘胜追击,不给楚军以重整旗鼓之机。至清发水(今湖北安陆境涢水)追上楚军,阖闾欲立即展开攻击,迫楚军于背水作战的死地。夫概认为:困兽犹斗,楚军自知不能幸免而拼死一战,就可能击败吴军;若让楚军有幸免之望而渡河,就会失去斗志,乘其半渡而击,必获大胜。果然,楚军见吴军追至而未进攻,急于求生,争相渡河。待其半渡之时,阖闾挥军攻击,又歼楚军一部。吴军加快追击,竟使楚军在溃逃中虽炊熟而不得食。追至雍澨(今湖北京山西南),与由息(今河南息县西南)回援的沈尹戌军相遇。沈尹戌率军奋力拼杀,使吴军一度受挫,但沈尹戌伤重身亡,楚军失去指挥,惨败溃逃。此后,吴军又连续五战击败楚军,于11月28日攻入楚都郢城。楚昭王出动象队——"王使执燧象以奔吴师"(《左传·定公四年》),即在大象尾巴上系着熊熊燃烧的火龙突然冲出来,惊退了吴军,楚昭王乘隙脱逃,奔往随国(今湖北随州)。

吴军既占楚都,未能安抚楚国民众,反因军纪松懈,引起楚人仇恨,难于在楚坚持。当楚王出逃之时,楚大夫申包胥赶赴秦国求救。次年,秦大夫子蒲、子虎率兵车500乘配合楚军作战,屡败吴军。此时,越国趁吴国国内空虚发兵进袭吴都,夫概又企图夺取王位,吴王阖闾被迫于当年9月撤离楚地,引兵东归。楚虽复国,但元气大伤,一蹶不振。吴国霸业则因破楚入郢而趋向鼎盛。

新兴的吴国得以击破兵众地广的楚国,是因为在战略谋划上,吴以疲楚、误楚之策,求得攻楚无备的战略主动;楚则始终未能摆脱受制于吴的困境。在作战指导上,吴军高度灵活机动,出其不意、远程奔袭,先发制人和穷追猛打,这是其战胜楚军的主要原因。楚军虽有一时良策,终因主帅盲目进攻而惨败。

此战是春秋末期一次规模宏大、影响深远的大战,史学家称它为"东周时期第一个大战争"(范文澜《中国通史简编》)。伍子胥与孙武以3万兵力,击败20万楚军,创造了中国战争史上以少胜多的著名战例。战国时期的军事家尉缭子曾赞道:"有提三万之众,而天下莫当者谁?曰武子也。"此战使吴国声威大振,为进一步争霸中原奠定了坚实的基础。

(三)凿水上高速"公路",开创世界史上首次大海战

周敬王二十六年(前494年),夫差攻越大胜,俘虏了越王勾践。勾践成了吴王夫差的奴隶,夫差许越为吴的属国。夫差胜越后,认为已无后顾之忧,一心要北上伐齐,进军中原,和晋国争霸。当时长江、淮河之间没有相通的水道,要北进伐齐,"舟师"只有由长江绕海进入淮河,这样不仅航程长,而且海上风大浪涌,给进军带来困难。为了缩短进军路线,减少运输、屯兵进军困难,开凿一条沟通江淮的河道迫在眉睫。

1. 一"沟"贯通"五湖",开凿水上高速"公路"

在华夏大地上,有一项同万里长城相媲美的古代伟大工程,这就是京杭大运河。它贯穿了包括黄河、长江、淮河在内的五大水系,其价值无可替代,至今仍发挥着巨大作用。然而历史上是谁在哪里挖下大运河的第一锹土呢?

《左传·哀公九年》载:"秋,吴城邗沟,通江淮。"《左传》中的"哀公九年"也就是公元前486年,这一年,吴王夫差命人打通从长江到淮河的人工水路,全长150多千米。位于今扬州的一块"古邗沟"碑还在不时地提醒后人这条人工水路的悠久历史。当年吴国的舟师战船沿着这条人工开凿的河道,从长江到淮河,从淮河再到黄河,向北、向西、向东皆可,造就了中国历史上南北水系的第一次大贯通,其水如白银,大运河成了"大运"河。

夫差根据以往吴国开凿沟通太湖和长江的堰渎和太湖通向东海的胥浦的经验,决定利用江淮之间的湖泊,因地制宜,局部开挖,把几个湖泊连接起来,形成一条贯通江淮的水道。

据《汉书·艺文志》以及郦道元的《水经注》记载,当时的邗沟路线大致是:南引长江水,再从如今观音山旁的邗城西南角,绕至铁佛寺稍南的城东南角,经螺丝湾、黄金坝北上,穿过今高邮南30里的武广湖与陆阳湖之间,进入距今高邮西北50里的樊良湖;再向东北入今宝应东南60里的博芝湖、宝应东北60里的射阳湖;出湖西北至山阳(今淮安楚州)以北的末口,汇入淮水。

夫差以一"沟"贯通"五湖",既省工省力又省时,这是吴国利用自然资源的高超智慧。在北宋诗人秦少游的《秋日》诗中有生动的描述:"霜落邗沟积水清,寒星无数傍船明。菰蒲深处疑无地,忽有人家笑语声。"很难想象这样一条不深不浅的"邗沟",竟是中国南北大运河的源头!它低吟浅唱着,转身为1 794千米,定格出千秋万代的雄姿。

江淮全线贯通,犹如架设了一条水上高速公路,吴军舟师运粮运兵即可快速通过。夫差很快起兵伐齐,操吴戈兮被犀甲,问鼎中原,逐鹿天下。

目下,大运河由京杭大运河、隋唐大运河、浙东运河三部分构成,全长近3 200千米,核心区包括150个县(市、区),是世界上距离最长、规模最大的运河,展现出我国劳动人

民的伟大智慧和勇气,传承着中华民族的悠久历史和文明,是一部书写在华夏大地上的宏伟诗篇。

2. 跨江越海吴齐海战,开创世界史上首次大海战

夫差在西破楚国,南降越国后,经过数年精心准备,于公元前485年春,联合鲁、邾、郯等国,正式出兵北伐齐国。他将吴军兵分两路,海陆协同作战,自己亲率主力搭乘内河战船由邗沟入淮河进泗水北上,直逼齐国南部边境。同时,为确保侧翼安全并夹击齐国,分散齐国兵力,夫差派大夫"徐承率舟师,将自海入齐"[1],从海上包抄齐国后方,实行远航奔袭,进攻山东半岛——齐国。

吴国水师数百艘战船旌旗招展,迎风破浪,浩浩荡荡地沿海边向陌生的北方齐国大纵深黄海海域驶去。

吴军舟师出海以及陆军主力北上的消息传开后,齐国朝野震惊。原本内斗不休的各方暂时放下争端,共同对敌。齐国本来就是临海大国,已有一定的航海经验,拥有一支当时诸侯国中较强大的海上舟师,于是将舟师倾巢集结于黄海琅琊台附近,迎战吴军水师。由此中国历史上第一次真正大海战——吴齐黄海海战打响。

当时双方使用的武器装备,首先是战船。到春秋晚期,随着冶炼技术的进步,军用船舶的质量和性能有了很大提升。吴国广泛地使用了大翼船、突冒船、楼船和桥船等。齐国乃武王灭商后,封给尚父(即"姜太公"吕望)的,又由于是滨海国家,积累了一定的造船经验,且以较大海船为主。但不论船大船小,双方皆为桨船。使用的武器大体为戈、矛、戟、钩、剑及弓、弩、箭镞等,但吴军要略胜一筹。

齐国根据吴国水师远道而来、长途奔袭的弱点,充分发挥自己对当地海况和岛屿熟悉的优势,决定以逸待劳,集中兵力在家门口琅琊台附近海域伏击吴军水师。而吴军水师对黄海海域海况、气候和岛礁分布知之甚少。且在此之前的历次水战中,吴军水师所向披靡,几乎没有遭到过重创,造成吴国水师轻敌。主将徐承自信满满地端坐在他那高大的楼船"余皇"号上,看着周围他那强大的水师,仿佛胜利已经到手。

此时,琅琊台海域风高浪涌,早已在琅琊台守候多时的齐国舟师抓住时机,从上风方向向吴军水师发起猛烈冲击!众多战船以纵队阵列劈波斩浪,全速冲向吴军水师。一时间,黄海海面鼓声如雷,震天动地,极其壮观(见图2-6)。

当齐军舟师冲击到距吴军约200米内时,齐军水兵开始用强弩辅以弓箭以齐射的方式向吴军战船发射火箭,密集的火箭似雨,遮天蔽日地飞向吴军战船,整个水师被笼罩在一片炼狱般恐怖的"火雨"之中。众多吴军战船燃起熊熊烈焰,成为一座座漂浮在海上的"火山",浓烟滚滚,仿佛一片火海!许多吴军水兵惨叫着跳入海中。面对齐军的密集火箭,一向训练有素、骁勇善战的吴军在经历了初期的短暂混乱后,也开始猛烈还击。

吴军长途奔袭,将士身心疲惫,这与养精蓄锐、以逸待劳的齐军形成巨大的反差。同

---

[1]《左传·哀公十年》。(春秋)左丘明传,(晋)杜预集解,《春秋左传集解》,上海人民出版社,1977年8月。

图 2-6　中国历史上首次大海战——春秋晚期吴齐海战示意图

时,齐军多为海船,事先布防,包围了吴军水师中最醒目高大的"余皇"号,担任护卫的舟船虽拼死抵抗,但终因寡不敌众被击溃。"齐人败之,吴师乃还。"[1]

吴水师在黄海败退的消息传到吴军陆上战场前线后,吴王夫差震惊。本来,在吴国与其他诸侯国联军的猛攻下,齐国陆地南部边境已经岌岌可危。为退吴军,当时掌握齐国实权的贵族首领大夫田乞甚至以杀掉国君齐悼公向夫差谢罪的方式乞和。骄横的夫差拒绝了,因为他本以为可以陆海两路夹击拿下齐国。但水师的失利打破了他的梦想。齐国在海战胜利后态度趋向强硬,坚决抵抗。而吴军侧翼和后方随时可能遭到对方来自海上的援军打击。在这种窘境下,已成强弩之末的吴军被迫全线撤退,吴国对齐国的第一次远征无果而终。

但这次黄海海战是中国历史上有确切文献记载可以考证的第一次大规模海战,也是世界上第一次大规模的桨船海战,在中国乃至世界海战史上都具有重要历史意义。这次海战比富勒的《西洋世界军事史》所正式记载的"沙拉米斯海战"(公元前 480 年,欧洲的古波斯帝国与古希腊提洛同盟诸城邦之海战)还早 5 年[2];且黄海海战是在波澜壮阔的黄海上,而后者则是在狭窄的海湾里。那时,欧洲称"舰队",中国称"舟师"。中国的船舶用于作战的最早记录见于《左传》,公元前 549 年"楚子为舟师以伐吴",但那次水战发生在长江上。吴、齐黄海海战标志着中国水上作战已从早期的内江(河)水军发展为古代初具规模的"海军"。

历史的声音在这里回响,时代的脚步在这里延伸。2 430 多年后的 1949 年 4 月 23 日,中国人民解放军华东军区海军在江苏泰州白马庙宣告诞生,党中央、中央军委任命张爱萍为司令员兼政委。成立时的全班人马,加上张爱萍一共 13 个人(5 名干部、8 名战士)——由此启航,劈波斩浪,创建了人民海军。70 周年后的今天,春潮澎湃,人民海军与

---

[1]《左传·哀公十年》。(春秋)左丘明传,(晋)杜预集解,《春秋左传集解》,上海人民出版社,1977 年 8 月。
[2] 富勒著,钮先钟译,《西洋世界军事史》第一卷,中国军事科学院,1981 年 1 月,第 49 页。

梦想齐飞、联通了世界、促进了发展,正迈向世界一流。

3. 黄池会盟成盟主,"强吴时代"登顶峰

吴国征服越后,成为东南无与匹敌的强国。《史记》载,公元前482年夏,鲁国国主鲁哀公、晋国国主晋定公在黄池(今河南封丘县西南)约会夫差,举行会盟大典。夫差异常兴奋,因鲁国与晋国都是老牌的诸侯国,在诸侯国中颇有影响,如今对方邀请自己会盟,可见吴国在诸侯心目中的地位是不言而喻的。于是他调集全国可用之精兵,甲胄鲜明地率军沿水路北上,留太子友、王子地守国,浩浩荡荡到达了黄池。

吴王夫差在那里主持了由吴国、晋国、鲁国和周王室的成员以及周边诸侯国参加的"黄池会盟"。《史记·吴泰伯世家》载:"吴王北会诸侯于黄池,欲霸中国以全周室。"此时,夫差与鲁哀公、晋定公并排站在封禅台上,检阅"三军"(前、中、后三个兵种)。吴军精锐尽出,声势壮大,夫差所到之处,三军将士必齐声鼓噪。鲁、晋二公深畏服之。《史记》中的赵世家、晋世家、秦本纪中皆记有:尊吴为盟主。

夫差志得意满,又与二公围猎,颇多斩获。二公赞曰:"真上马可治军,下马可治国之君也。"夫差听到他一生中对于自己最高的评价,顿时热血沸腾,回望从登上王位(公元前496年)至今日黄池会盟,历时14年,挖邗沟,进军中原超过7次,不由自主地长叹一声:终于梦想成真! 吴国由无名之辈变为"盟主",开创了"强吴时代"的辉煌。

地处江南的吴国,用自己的血性豪迈、刚烈勇武、孜孜以求,完成了一个国家从弱小卑微到强盛称霸,再到倾覆亡国的兴衰过程,浓墨重彩。

在研究这一段历史时,我们仿佛在跟这些历史人物进行心灵的对话、碰撞与交流,在历史变迁面前,他们那种对民族的感情、激情,那种豪气万丈、热血担当的精神,令人敬佩。

夫差犹如一棵大树,挺立了十几年,轰然倒下,落地有声,掀起三尺土,带起一股风。这棵树,也许会被用来做矛柄,也许会被用来做舟船上的桅杆,也许会被用来做兵营里的旗杆……不论是哪一种用途,它都会重新站起来。就算被做成火把,焰火也会向上蹿。今天,苏州常熟虞山顶上,一幢庄严高大的阁楼坐落在悬崖边。蓝天白云下,这幢楼阁显得格外醒目。此乃剑阁,传说是夫差持剑分崖之处。有诗为证:"夫差极英勇,试剑虞山巅;挥刃苍崖兮,石髓流如水。"给人以"硬"的品质、"刚"的品相、"烈"的品格、人的尊严,激荡着江南人的阳刚之气。

"国可亡,而史不可灭。"(陈寅恪)它给我们启示多多:春秋时代的战争是道义之战、霸权之争,与其说阖闾是当时的"五霸"之一,还不如说夫差是真正的霸主。夫差将自然野性的个人英雄主义思想赋予了新的积极的含义,他单枪匹马地在一片充满动荡危险的环境中,经历曲折的血与火的洗礼,用一己之力去独立对抗列强、解决问题,神奇地把吴国推到了巅峰。这是一场生动的政治实践的表演,有"得陇望蜀"之志。他有一种魅力——与奇迹做伴,就是死也要干净利索——自刎魂飞。他超越了传统,超越了身处的那个时代。

爱默生在《论自助》一文中强调个人意愿的神圣。他宣称"人一定要卓然独立,使一切周遭之物显得无关紧要。每一个真正的人就是一个起因,一个国家,一个时代……"这位美国的"孔夫子"强调独立自助,主张积极进取、自我实现、承担责任的人生态度恰如一个正在成长中的年轻人,因其缺少重重压制而无所顾忌。当时吴国在其国力上升时期正是如此。这也使我想起几乎同时期欧洲版图上古希腊的两个最大的"城市国家"——崛起的雅典与霸主斯巴达。双方爆发了长达30年的"伯罗奔尼撒战争",战争结束后两国均遭崩溃。但古希腊在城邦制度下得到迅速的发展,希腊文明的影响一直延续到今。

同理,"春秋时期中国不同的政治联盟之间打了1 200多场战争,而在战国时期打了400多场战争"。正因为战争,诚如美国学者福山在清华大学产业发展与环境治理研究中心十周年系列学术讲座上的发言中所指出:"第一个发展出不是世袭制的是中国。""实际上,中华文明早于欧洲2 000年形成了类似的'现代国家'。如果从历史角度来探讨中国政府的起源,中国是第一个发展出马克斯·韦伯所说的'现代国家'的地方。"吴越两国在金戈铁马、刀光剑影的群雄争霸赛中先后也倾覆亡国了,但吴越两国在战争的推动下,建立起的文明进步及艰苦奋斗、奋勇向上、可歌可泣的拼搏精神,也一直延续到今天,可谓天马高蹈,长歌不绝。

英雄是民族最闪亮的坐标。对于江南文化的精彩演绎而言,勾吴王国虽然只是江南文化的一个重要组成部分,但在中国后世的文化史上,"吴"字已经成为一个色彩鲜明、个性突出的浓缩代码,一个三千多年未改的文化符号,在5 000多年前良渚国家文明的感召下,世世代代地传承,举足轻重。

历史的本质在于反思。遥远的勾吴王国,与我们血脉相连,形影相随,"任由百花争艳,依然宠辱不惊"。夫差虽勇,但缺乏防范重大风险的危机意识。"和羹之美,在于合异。"应当指出,越国虽是后起之秀,但它所扎根的宁绍平原的越文化源远流长,早在7 000年前的河姆渡文化,百越先民就创造了灿烂的母系氏族公社的农耕文化,至勾践时重用、活用文种、范蠡、计然等,大家辈出。越文化是江南文化的重要组成部分。吴、越应在"合异"中求同,在差别中求统一,在多样中求一致,在谋求本国发展中促进两国共同发展。按照这个思路,从一个更宽的纬度去看当今,能战方能止战,敢战才能言和,一个没有英雄的民族是个悲哀的民族。唯有自身强大,团结一切可以团结的力量,"以戈止武",才能取得永久的和平,这就是新时代的战争与和平观。

第三章
独一无二的神秘古城

两千多年前的古希腊哲人亚里士多德说:"人们为了活着而聚集到城市,为了生活得更美好而居留于城市。"尽管在历史的长河中,人类给城市植入了各式各样的形体,附加了无穷无尽的意义,但城因人而成,人因城而聚。城市是人的家园,人是城市的灵魂。游览苏州古城(又称阖闾大城、吴大城、姑苏城),会令你油然而生"滚滚长江东逝水,浪花淘尽英雄"之感慨。

"三生花草梦苏州",苏州本来就是个谜。这谜何时能解?不得而知。谜,勾人心魂;谜,令人忘乎所以(见图3-1)。

图3-1 1932年的苏州古城相门城墙
图片来源:《苏州日报》

世界上的古城成百上千,比如巴勒斯坦的杰利科、叙利亚的阿勒波、埃及的法尤姆等古老城市,还有最为著名的位于美索不达米亚南部幼发拉底河下游右岸(今伊拉克境内)波斯湾边上的乌尔城与乌鲁克城,可现在都已时过境迁。中国的古城也有很多。比如湖南澧阳平原上洞庭湖旁的城头山古城、渭河边上的"丰镐"城(今西安)等。有学者就《左传》所记做过统计,仅春秋时期新筑的城池就有63个,而当下全国有134座历史文化名城。请问:现在还有几座城还在原地?

凡历史文化名城的"名"一定离不开"史"。瞿秋白曾说:"人爱自己的历史就好比鸟爱自己的翅膀,请勿撕破我的翅膀。"苏州古城是吴王阖闾于公元前 514 年全权委任伍子胥建造的,至今已有 2 500 多年历史,与上述著名古城相比不算最古老,但它却是举世无双的世界级历史文化名城——既是"世界文化遗产"和"世界非物质文化遗产"的"双遗产"城市,也是全球首个"世界遗产典范城市"。如果说时间可以把一切冲淡,那么时间恰恰把苏州古城的风韵全都冲显了出来。

它的神秘之处在于:历史上虽遭受多次大扫荡,几建几毁,但城址始终没有改变。"唯有苏州古城,至今在原来的版图上巍然依旧。"国内外的众多著名古城不是被战火摧毁而荡然无存,就是早已被历史所湮没,唯有苏州古城始终保持基本格局,穿越时光之美。它既是世界建城史上的一个坐标,也是城市文化河流中少有的没有干涸、没有断流的古城。

谜一样的苏州古城,其形状既像"禹贡九州山川之图",又像一棵盛开的桂花树,每年都会吸引数千万的游客来这里探秘。在天气晴朗的日子里,站在苏州古城北寺塔上眺望古城的景色,仰视时是湛蓝的天空,你会看到非常壮丽的天际线;俯视时是茫茫无际的绿荫大道与粉墙黛瓦,像一块五彩纷呈的宝石;环城河里的水碧波荡漾,随着游船前进涌起的波涛闪耀着金色的光芒。回首仰望虎丘塔,得到的是一种高峻秀美的感觉,那洁白的和平鸽在自由地飞翔,或俯冲,或翱翔。夕阳西下,城里弥漫着神秘的霞光。

理解有意史料,只有不离开史论之背景,才能拨云见日看清历史之灵魂。大隐隐于市,要想一天读懂苏州城,你可到苏州市的东中市,尤其是那里的"都亭桥",它会一一告诉你。究竟是先有农村还是先有城市? 这个问题犹如先有鸡还是先有蛋一样迷人。

富有洞察力的著名城市学家刘易斯·芒福德指出,要详细考察城市的起源,我们就必须首先弥补考古学者的不足之处。出于精神交流之需求,城市起源于 3 万多年前人类的洞穴与石冢聚会中。他们不是为了吃,也不是为了穿,而是对自由和审美之追求。[1] 苏州古城揽流水之秀,得人文之胜,她与乌鲁克古城一样,皆在北纬 30°左右这条温度带的平原"河间地"上。她既是古老的,又具有生态特征的现代感;既是历史的,又是文明进程的标志;既是一个地理地标,也是一座见证追求美满幸福的传奇之城。

一、象天法地　因水而生

众所周知,苏州碑刻独树一帜,不仅以其数量之多、内容之广、种类之繁、书画之美、镌刻之精著称于世,而且有许多还是全国之最。走遍神州大地,在城市中建有专题碑刻博物馆的,也唯独苏州一家。

---

[1] [美]刘易斯·芒福德著,宋俊岭、倪文彦译,《城市发展史:起源、演变和前景》,中国建筑工业出版社,2005 年 2 月,第 3 页。

在众多碑刻中,苏州人引以自傲的要数《天文图》《地理图》《帝王绍运图》和《平江图》四大宋碑。其中《天文图》碑是现存的世界最古老的东方星象实测图。令人惊叹的是,星图以北极为中心,绘有1 434颗恒星,其天文数值与今值相差无几。释文共41行,每行约51字,计2 140字,简述了天体、地球、南北极及赤道等天文知识,内容丰富,方位准确,在世界古代天文学史上占有重要地位(见图3-2)。你可站在该碑前遥望星空,一种"归去来兮"的诗意栖居生活感油然而生。

《地理图》碑是反映宋代的全国性地图,也是我国现存最早的全国性地理图碑。碑分为上图下文两部分,详细刻画出山脉、河流、湖海、森林、长城及各级行政机构路、府、军、州的地理位置,并将地名用"题榜"

图3-2 苏州宋碑《天文图》

标明,极其醒目。《帝王绍运图》碑是现存的我国古代唯一的帝王世系石刻图。图表所列3 500多年的国名帝号,简明而系统地记述了历代王朝的兴衰继替。《平江图》碑,镌刻的是宋平江府(现苏州)的城市平面图。它将城墙、建筑物、古迹等的外形轮廓,简练而生动地绘于准确的方位上,这在世界所有地图中别具风格、独放异彩。

这些碑图证明,700多年前,苏州人在天文学、地理学、史学和城市建设规划等诸方面都取得了很高的成就。人道源于天道,其渊源很可能受到伍子胥"相土尝水,象天法地"筑造苏州古城秘籍的启示,其目的是为了人类自身的永续发展。

从古至今,光辉的日月、灿烂的星空,一直吸引着地球人的目光。中国的星官和希腊的星座,曾经是世界天文学中研究星空的两个最完整的体系。不同于西方星座以神话中的神或动物来给星座命名,中国古人以北极星为中心,在天成像,在地成形,地上王国、山川百物、人间百业都与之对应,建立了与西方星座完全不同的星官体系,体现出"天人合一"的中国传统科学的星象观。古诗有云:"今人不见古时月,今月曾经照古人。"

(一) 水陆相邻,元亨利贞

资料显示,世界上凡有传奇的著名城市大都在江河旁,因水是人的生命之源。据考证,形成于约公元前2500年的玛雅文明,主要分布在今天的墨西哥、巴西、危地马拉和洪都拉斯一带,曾赢得了"美洲之雅典"盛誉。然而,大约在公元800年前后,城里的居民因干旱缺水而突然失踪了。

有水才有动植物;有水的流动性,行色匆匆和世故人情才会一水排开,充满久远年代的人文底蕴。苏州地处太湖平原中心,是水乡泽国,既有大江奔来,又有禹凿"三江"带有人间烟火的静静缓流,可谓光怪陆离、变化多端、神秘多多。正因为如此,伍子胥"相土尝水,象天法地",认为苏州"元亨利贞"(春夏秋冬、东南西北,震元离亨,兑利坎贞,往来循环,不忒不穷),看到苏州"元以始物,亨以通物,利以宜物,贞以干物,始者其气也,通者其形也",具有万物创始的"地利"。此乃苏州古城的城市基因。

1. 生态环境,宜居宜业

有人说,"地理"是智慧的开端,如果用长远的眼光来审视问题,就能够从地图中看出发展的玄机。地缘政治分析师罗伯特·D.卡普兰认为,地理将决定"自然"边界,而自然边界的作用要比人为边界的作用更为持久。他认为,德国处于欧洲的心脏地带,夹在北海、波罗的海与阿尔卑斯山之间,这样的地理位置容易滋生动荡不安的突围和扩张意识,因而在这块土地上,发生频繁的战争和争斗、分裂和重组就是完全可以理解的事情。而柏林墙的倒塌,两德的统一,不过是早晚都要发生的历史必然而已。循着类似的逻辑,卡普兰断言,凡是人为形成的国家分裂,不管分裂多久,坚持统一的力量都终将会取得胜利,没有例外。鸿沟总会被填平,从大历史的角度看,一切人为的割裂都是不符合自然轨迹的,注定是暂时的脆弱的。只有文化和地理的力量,才可能在某个时刻战胜一切。而许多看似固若金汤的政权,实际上稍纵即逝,"唯一持久的,是人民在地图上的位置"。同理,祖国统一也是命里注定的。

苏州古城地处长江下游,长江和太湖在这里呈现出天然的"9"字形,此乃天意——久。上古时,吴国北边是宽阔的长江,南岸江阴到北岸的海安,江面宽约70千米;南边的钱塘江也比现在宽广得多;西边山丘众多,东边是大海,中部是太湖,太湖平原呈西高东凸中间低之态势。一江一湖见证了百万年来的潮起潮落,从洪荒初辟到渔耕采樵,从蒸汽升腾到鱼米之乡,造就了苏州一带"元亨利贞"人间天堂的底蕴。这里水、绿交融,既幽静又十分利于植物生长;这里的山舒缓有致,不高耸,不险峻;从春至秋,各种野花在山谷间次第开放,由山脚到坡顶,丰富而不烦琐,自然而无雕琢。"春山澹冶而如笑,夏山苍翠而如滴,秋山明净而如妆,冬山惨淡而如睡",晴雨风雪有情致,四季风光各不同——宜居宜业。

联想到埃塞俄比亚阿法尔地区,也是一个"元亨利贞"之处。那儿是红海和亚丁湾沿岸的一个三角形断裂陷落低洼地,处于红海、亚丁湾、东非三大地堑带的交汇处,阿萨尔湖湖面在海平面以下,沉积厚度巨大,它与苏州有很多相似之处。可就在那儿出现了318万年前的"人类祖母"(露西)。可见,气候、地势和地理位置对于塑造历史是有重要作用的。

梁思成先生曾说:"城市是一门科学,它像人体一样有经络、脉搏、肌理。"伍子胥"相土尝水,象天法地",准确地说,就是考察苏州一带的天文地理,洞悉这里的发展趋势与走向,从而推测出下一步可能会出现什么。

吴中地区的地理气象演变过程已在第一章中做了较详细的叙述。但须指出,全新前的海侵,仅拓宽太湖西部的沟谷地带形成局部的潟湖,太湖大部以及东太湖地区在这一时段,则仍为晚更新世末期陆相硬土层所构成的陆地。据苏州吴江区西南新淤地的菀平钻孔,其上层沉积物含有淡水螺壳、芦根茎,属于近代湖相沉积,此层之下即为褐黄色硬土层,其高程和太湖底的硬土层相当,属晚更新世末期陆相地层。苏州东山、渡村,钻孔揭示的湖底上部硬土层与此相同，说明距今 10 000～7 000 年的早全新世，太湖大部地区已经成为滨海平原地貌形态，吴地先人业已创业。至 2 500 多年前，苏州从波光粼粼的太湖到烟波浩渺的东海，已是万物复苏，五牲兴旺，生机勃勃，这是确定无疑的。

2. 水陆相邻，星火遍布

距今 7 000～6 000 年，气候更加湿热，海面继续上升至接近现代海面高程，海侵达到最大范围，并沿沟谷大举入侵太湖地区，导致太湖及其周边地区浸淹；同时由于环太湖平原的江阴、常熟、太仓、嘉定、金山一线滨岸滩脊（砂冈）的塑造，从东部包围太湖平原的碟缘高地从而形成，奠定了太湖地区碟形洼地中的潟湖地貌形态。[1]

当时，太湖西北部马圩—夏港间的长江支谷，通道口已被长江滩脊所封堵，入侵太湖的海水，主要来自东、南两个通道：南部通道是在"太湖海湾"的基础上，因海面上升而展宽，水深潮急，大量海水经此开阔的海湾北侵，由小雷山进入太湖，淹没西太湖大部地区，由此形成位于海湾北部两侧的洋溪、马圩 4 米厚的同期潟湖相沉积；东部通道大致沿今练塘、金泽、芦墟、黎里、平望一带的太浦河流域，经震泽侵入太湖东部地区，导致太湖东部和东太湖地区演变成为浅水潟湖，湖内牡蛎丛生，发育良好，形成的牡蛎层厚达 0.8 米，渔民在东太湖底也多次拉到牡蛎壳。东、南两个通道海水的浸入造就了今日苏州吴江区的"百湖之地"。此时，太湖东南岸的双林、戴山等滨湖地区也同时沦为潟湖的南延部分，南岸的九里桥地区则发育成为浅水海湾。[2]

在太湖东、西两侧大部沦为潟湖的全新世早期，太湖周边除湖沼洼地之外，在较为高爽的台状地区，吴地先民活动频繁，如史前的马家浜文化（距今约 7 000 年）。太湖平原南部的嘉兴、桐乡、石门、崇福一带已有先民定居。因此，在罗家角、马家浜、谭家湾、彭城等地，均有形成于这时段的马家浜文化遗址发现。此外，在一些墩台、小丘上，如无锡的仙蠡墩、庵基墩、庙墩、施墩，苏州的草鞋山、张陵山、龙灯山，昆山的绰墩、黄泥山以及上海冈身内侧的崧泽、福泉山、查山等地，也都有马家浜文化遗址分布。据统计，太湖地区发现的马家浜文化遗址有 30 多处，说明在太湖地区潟湖扩展期内，并非整个太湖平原都沦为潟湖。而常州圩墩马家浜文化遗址的发现，则说明太湖西北通道封堵之后，其附近的潟湖经泥沙淤填已转变为陆地，星星之火已成燎原之势。

此后，气候再度变得温暖湿润，太湖地区年平均气温比目前高 1～2 ℃，年降水比目前多 200～300 毫米。[3] 据苏北、河北、天津等地同期牡蛎层测年推断，其时海面上升略高于现在海面[4]。当时太湖流域所形成的丰富地表径流，大量汇集于沉降中的碟形洼地中部，由于遭受东部冈身的阻遏和上升海面的顶托，又由于南部原本可以大量倾泻碟形洼地洪水

---

[1] 刘苍字、吴立成、曹敏，《长江三角洲南部古沙堤（冈身）的沉积特征、成因及年代》，《海洋科学》，1985 年第 1 期。
[2] 参见洪雪晴，《太湖的形成和演变过程》，《海洋地质与第四纪地质》，1991 年第 4 期。
[3] 王开发、张玉兰、蒋辉，《江苏唯亭草鞋山遗址孢粉组合及其古地理》//《第四纪孢粉分析与古环境》，(北京)科学出版社，1984 年。
[4] 洪雪晴，《太湖的形成和演变过程》，《海洋地质与第四纪地质》，1991 年第 4 期。

入海的太湖海湾也已被钱塘江沙嘴彻底封堵,在这诸多内、外因素长期共同作用下碟形洼地中部低浅的湖盆积水壅溢造成严重的洪涝灾害,淹没了大量的新石器文化遗址,可能也包含良渚古城遗址。公元前2000年左右,吴地先民在大禹带领下,利用原始地势疏导了"三江"。

距今3000年时,碟缘高地竹冈东部新形成的横泾冈,进一步封堵太湖水体的外排,尤其是进入春秋时期的吴王阖闾时代,气候温暖湿润、雨水较多,除使太湖面积继续扩大之外,其周边地势较为低洼的地区也相应积水成湖,如常熟东南的昆承湖,常州、江阴、无锡间的芙蓉湖,以及太湖西部的长荡湖、滆湖等,在这时段都宣告形成,并将所在地的新石器遗址淹没。[1]但这时扩展中的太湖,正常情况下仍可通过"三江",顺畅泄入大海。

可见,在有史记载的初期,太湖湖面仅局限在碟形洼地的中心部位,面积远较今日为小。据东汉时代的《越绝书》记载:"太湖周三万六千顷",约合1680平方千米,即历史早期太湖的面积,仅为今太湖的五分之三多一点。东太湖和太湖东北岬湾诸湖荡,在当时大多仍属陆地。据考古发现推测,当时今宜兴丁蜀、常州雪堰、无锡南泉、苏州胥口等地的太湖沿岸以外二三十里的湖区,均为可供先人居住的底质坚硬的陆地。[2]至今太湖湖底晚更新世末期硬土层之上,大多仅覆有2～20厘米厚的浮泥。1966年7月下旬,笔者带领部队在西山与东山之间的太湖湖面上游泳时,湖水深仅1.5米左右,脚踩到湖底是光溜溜的硬质黄泥,既干净又舒服。说明全新世开始以后,太湖在大多时间内基本为陆地,即使是潟湖形成期或是太湖成湖期内,太湖的水面和水深也都不会太大。[3]从而造就了水陆相邻、"元亨利贞"之地。

当伍子胥看到这片神奇的土地、一方文化的热土时,非常激动。在回答吴王阖闾提出的"筑城郭,立仓库,因地制宜,岂有天气之数以威邻国者乎"时,伍子胥大声答曰:"有。"于是阖闾曰:"寡人委计于子。"[4]

(二) 贞下起元,恃水作险

吴王阖闾全权委托伍子胥筑城后,"子胥乃相土尝水,象天法地"[5],发现城址定位于苏州现古城位置的"阖闾大城"阴阳调和,占据八卦方位,会像金丹一样不朽,固若金汤,元亨利贞、贞下起元。该城址至少有三大优势:

1. 进可攻退可守,地理位置是战略要点

新石器时代晚期的环太湖地区北、东、南三面环海(江),实际上是一个被包夹在古杭州湾与古长江口海湾之间的半岛。至春秋晚期,吴国南面是越国,吴越虽同俗同舟,但为

---

[1] 尹焕章、张正祥,《对江苏太湖地区新石器文化的一些新认识》,《考古》,1962年第3期;魏嵩山,《太湖水系的历史变迁》,《复旦学报(社会科学版)》,1979年第2期。
[2] 魏嵩山,《太湖流域开发探源》,江西教育出版社,1993年。
[3] 张修桂,《太湖演变的历史过程》,《中国历史地理论丛》,2009年第1期。
[4] (汉)赵晔著,张觉译注,《吴越春秋全译》,贵州人民出版社,1993年9月,第96页。
[5] (汉)赵晔著,张觉译注,《吴越春秋全译》,贵州人民出版社,1993年9月,第96页。

了争夺"三江、五湖"之利，经常发生战争。虽有宽广的东太湖与"三江"之堑，但仍难以阻挡越之水军，尤其是天目山水原是注入钱塘江的，后改道由东西苕溪河注入太湖，越水军可顺水来犯，其争夺要地在杭嘉湖平原。吴国对于这个后起之秀不得不防，因相对于西北方来说，那是一个极为重要的战略大后方（后院），此乃吴国之心病。

西面是老牌的敢于与周王朝抗衡的劲敌——楚国，也学吴组建水军。可恨的是，中国历史上第一次水战——吴楚水战，就是楚国发起的，且有强大的陆军，并已吞并数个诸侯小国。楚国对于伍子胥的奔吴耿耿于怀，虎视眈眈。北方的东周王朝此时虽已江河日下，但瘦死的骆驼比马大，表面安抚，实质通吃。尤其是齐、鲁两国兵强马壮，随时可南下争夺地盘。

建都苏州，向南既有东太湖与"三江"之堑可守，又可时时打压越国；向西既有太湖之堑可守，又可从西太湖疏通河道连接芜湖东南大片水荡进入长江出击楚国，报一箭之仇；向北既有芙蓉湖与长江、江北淮扬湖荡之险，又可利用长江及南北众多湖荡进军中原。

建都苏州，从城内外方位来看，地形也极为有利。一是城内地势较高，如按当年以每年0.5毫米的沉降速率下降，以千年计的话，当时城内的地势要比现在高出5米以上。二是城外四周都有地形地物可利用，如东边百米外（即原苏州丝绸工学院北围墙外）有两个小山头，千米外（现苏州工业园区）是浅滩湖荡；西北方除虎丘（海涌山）外，在虎丘路一号桥的西南与东南还各有两三个小山头；西南方还有索山；城西也是湖荡（夏驾湖），尤其是石湖经寒山寺外到黄埭一线是太湖的古出水口，也形成了防御性的屏障。这些地形都有军事利用价值。笔者在20世纪60年代中下叶都曾在这些小山丘上带部队挖过工事、搞过单兵进攻战术训练。《逸周书·武顺解》有言："天道尚左，日月西移；地道尚右，水道东流；人道尚中，耳目役心。"与天沟通，以便知天之意，得天之命，循天之道，可邀天之福。

建都苏州，从政治、军事发展形势来看，吴国从最早的镇江（"宜"）开始，是一直向南扩张迁移的，而建都苏州向南最"前线"（紧靠后起之秀越国）、向北有纵深。

2．水能载舟，能最大限度发挥吴人乘船弄潮专长

老子（约前571—前471）与伍子胥同为楚国人，是我国古代伟大的哲学家和思想家、道家学派创始人，诚如英国科学家李约瑟所说，中国文化就像一棵参天大树，而这棵参天大树的根在道家。老子认为，"上善若水""天下莫柔弱于水，而攻坚强者莫之能胜，以其无以易之。弱之胜强，柔之胜刚，天下莫不知，莫能行"。这是老子以水为题论述辩证法的著名水哲学。身为楚人的伍子胥耳熟能详，深知"水能载舟，亦能覆舟"。

纵观古吴之地：西抱太湖，北依长江，东靠大海，南临钱塘；太湖三万六千顷七十二峰；上古有南蛮部落首领防风氏，在太湖中设立十二个山门以保卫百姓安全，其中最大最险的山门在砂湖东岸长沙山与渔洋山之间，为进出太湖必经之口，无风亦有浪，是军事防御的天然屏障。而都城至太湖之间的西部丘陵地带，山丘延绵，群峰相望，为险要地形。《乾隆震泽县志卷一·形胜》载："大清徐养浩曰：'吴江乃江、浙之要冲也，东南有事，水陆之师所必由焉。北通常、润，南接嘉、湖，西环具区。东贯三江，湖港万派，菱芦丛密，中维一塘以贯南北，其外则举足皆河，苟无舟楫乡道，则荒丘侧岸，细港深泥，一入其中，东西莫辨。'"

可见，据太湖、长江为险阻，仗群山、沼泽为郭卫，建都于苏州其地形地貌构成了多重防御圈——南可制越，西可御楚，可攻可守，进退自如。著名历史学家顾颉刚先生在《苏州史志笔记》中分析阖闾奠都于苏州的理由是："阖闾徙都苏州，当为对越，越人北侵，道由太湖，徙都苏州，则洞庭东、西两山为门户，便于防守，所谓置国都于国防前线也。"

应当指出的是，太湖平原碟形地貌形成之后，海平面哪怕是幅度不大的波动变化，都会通过地表水和地下水，控制太湖及其周边地区水位升降和湖泊盛衰变化。因水不拘束、不呆板、不僵化、不偏执，故有时细腻，有时粗犷，有时妩媚，有时奔放。它因时而变，夜结露珠，晨飘雾霭，晴蒸祥瑞，阴披霓裳；夏为雨，冬为雪，化以生汽，凝而成冰。它因势而变，舒缓为溪，低吟浅唱；陡峭为瀑，虎啸龙吟；深而为潭，韬光养晦；浩瀚为海，高歌猛进。它还因器而变，遇圆则圆，逢方则方，直如刻线，曲可盘龙；因动而活，因活而进。故伍子胥十分看中苏州"虎踞龙盘"之势与蕴藏的无限生机，拍板叫绝：建都苏州最能发挥渔耕部落、"断发文身"、尤习水性、乘船弄潮的专长；亦可进军中原，系兴国、防御、争霸之理想位置，可谓"濒海建国，恃水作险"（宋蔡京《重修双庙记》）。由此燃起了水做的火焰，造就了世界"轴心时期"的"强吴时代"。

3. 既有诸樊的"吴子城"又有农贸"集市"，既能造福一方又能生生不息

伍子胥提出："凡欲安君治民、兴霸成王、从近制远者，必先立城郭，设守备，实仓廪，治兵库。斯则其术也。"[1]从这一记载中，可以窥见古人对于城市作用的看法。从广义上来看，这一原则至今仍具有战略指导意义。

"寿梦卒，诸樊南徙吴。"（唐张守节在《史记正义》中注），兴筑了一座名叫"吴子城"的宫城（无外郭城），其地址就在现今苏州古城中心的大公园（皇废基）——东至公园路，西抵锦帆路，南临十梓街，北接金桂弄，位于苏州古城的中轴线上，体现了诸樊时代"大都无城"以软实力见长的文化自信（见图3-3）。

图3-3 摄于20世纪20年代的皇废基
图片来源：《苏州日报》

---

[1] （汉）赵晔著，张觉译注，《吴越春秋全译》，贵州人民出版社，1993年9月，第95-96页。

奴隶社会晚期已经出现了剩余农产品进行交换的固定场所——"市"。就苏州城来说，其"市"的兴起较"城"为早。《吴越春秋》载："子胥之吴，乃被发佯狂，跣足涂面，行乞于市。市人观，罔有识者。翌日，吴市吏善相者识之"[1]。由此可见，苏州在未筑城以前就已有了"市"，而且有管理人员"市吏"，它就在"吴子城"北边千余米处。今人民路北段西侧东中市有座"都亭桥"（今已拆除），据《吴地记》载："都亭桥，寿梦于此置都驿，招四方贤客，基址见存。"又在注释中载"都亭桥，在承天寺西，清嘉庆六年重修。今存。见《吴县志》"[2]。这亭是否为寿梦所建，待考，但它却告诉我们，先有东中市（都亭桥），后有苏州城。这个亭的历史至少要比苏州古城早几十年则是可信的。从此亭以"都"字命名来看，也可能建于诸樊从梅里迁到苏州之后，为出入便利，在南北向的河上架一桥，于人来人往必经的"桥"上再筑亭。"都"者，乃"聚""美好"也，以招徕贤士是颇为合宜的。它乃是东中市的心、古城的眼，上帝赐予苏州的"粒子"。搞笑的是，因笔者住家就在东中市，常向出版社发稿写明地址为"苏州市东中市×××号"，他们总以为笔者写错了，常打电话来询问：怎么会出现两个"市"？笔者答：这是历史也是事实，没错的。

该"亭桥"现位于王天井巷北顶头东侧约 8 米处的"河沿下圩"。笔者多年前在现地采访一位老大爷，他说："这都亭桥就建在现在的东中市 74 与 76 号之间。"如今河也填没了，桥也不见了。（见图 3-4）

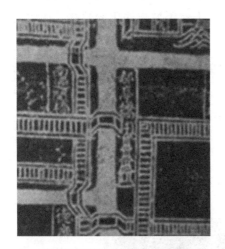 

（宋）《平江图》碑上的都亭桥（中间）　　　　2018 年都亭桥所在地理位置示意图（右侧位置）

图 3-4　都亭桥

"市"是经济活动的重要场所，是城的一个重要组成部分，筑城时把原来的"市"圈在城里，利国利民。且它的位置也与《周礼·考工记》所说的"面朝后市"的原则相符合。像苏州这样一座平原都城，其粮食、柴草等生活必需品都取诸周围的农村，最便利的交通运输首推水运；且地势低平，降水丰沛，也必须讲究排水，才能使城市不致遭受水患。因此，

---

[1]（汉）赵晔著，张觉译注，《吴越春秋全译》，贵州人民出版社，1993 年 9 月，第 79 页。
[2]（唐）陆广微撰，曹林娣校注，《吴地记》，江苏古籍出版社，1999 年 8 月，第 89 页。

开挖城内城外相沟通的河道是城建工程中的第一件大事,除了以子城为中心,使河道对称,纵横相交,构成"井"字形以外,恐难以找到更优的方案了。正如稍后战国时期《尉缭子》所说,"量土地肥硗而立邑建城,以城称地,以地称人,以城称粟",即可生生不息。

其实,伍子胥在选址中,踏勘周边地利时,最早到达的是今苏州古城北边的阳澄湖滨的鱼子沙,就因伍子胥筑城时在那里勘察过,故现取名为相(湘)城,那里地势卑湿,是可发展农业的天然资源之地。北有阳澄湖、昆承湖群,东南为淀泖湖群,西背太湖,用巨大的自然水体作屏障;其城与太湖之间,又复丘陵错落,环拱若堡垒,不啻在防御上又增添了一重天然保障。可见,古人是善于利用自然资源的,这也是当下值得我们学习的一条基本原则。

《国语·伍举论台美而楚殆》中曰:"故先王之为台榭也,榭不过讲军实,台不过望氛祥。故榭度于大卒之居,台度于临观之高。其所不夺穑地,其为不匮财用,其事不烦官业,其日不废时务。瘠硗之地,于是乎为之;城守之木,于是乎用之;官僚之暇,于是乎临之;四时之隙,于是乎成之。故《周诗》曰:'经始灵台,经之营之。庶民攻之,不日成之。……"[1]意思是说:先王建造"台榭","榭"不过是用来讲习军事,"台"不过是用来观望气象吉凶。因此,"榭"只要能在上面可以检阅士卒,"台"只要能登临观望气象吉凶的高度就行了。它所在的地方不侵占农田,它的建造不使国家的财用匮乏,它的工作不烦扰正常的政务,它占用的时间不妨碍农时。要在贫瘠的土地上建造它;以建造城防剩余的木料建造它;要让官吏在闲暇的时候前去指挥;在四季农闲的时候建成它。所以《周诗》上说:经营建造灵台,经营它,建造它。百姓来营造,用不了多长时间就完成了。说明"大位不以智取",半由天意半由人。愚以为,这些"天道"与"人道"的文化基因,是当代有些人恣意大开发、想变也变不了的!这些都蕴含在伍子胥选址苏州造筑"阖闾大城"的战略思考与实践之中。

综上考辨,伍子胥当年选址今苏州筑造"阖闾大城"的根据已不言自明。2018年12月1日下午,我坐在天平山巨石顶,背着夕照。借着太阳余晖,眼前的苏州古城,犹如美玉发光,一片晕红,我仿佛看见了伍子胥指挥着千军万马在筑城。

二、古城雄姿　世界之最

古老之地,多有争战,那些古老遗迹便为历史文化。苏州古城是幸运的,至今仍存留在古人与现代人的记忆之中。尽管它在历史上曾用过10个名字,既有大家耳熟能详的"平江府""苏州市"等,也有相对陌生的"会稽郡""隆平府"等,但万变不离苏州古城。

"江南忆,其次忆吴宫。吴酒一杯春竹叶,吴娃双舞醉芙蓉。早晚复相逢。"(白居易)这里的"吴宫"指的就是苏州古城。白发古城虽然历经岁月的剥蚀和战争的劫难,几毁几建,但

---

[1] 黄永堂译注,《国语全译》,贵州人民出版社,1995年2月,第615-616页。

粉墙黛瓦、"小桥流水人家"的风貌依然随处可见,曾经缺失的声音得以被我们听见。

旧日的苏州河水清澈透明,水中有鱼有虾,时常还可以钓到黄鳝。那时河畔两岸的人家,不但用水很方便,而且,还可以在河埠石级上捣衣洗菜,闲坐在石栏旁喝茶聊天,或看着小木船悠悠划过,泛起的水纹犹如引力波的涟漪,使人产生对远方无尽的遐想。就是现在,笔者也几乎天天清晨到离家约 50 米开外的东中市崇真宫桥小河边喝茶聊天,时常呆呆地站在小桥上那足有七八米长、半米宽的七块巨大条石上,想着那么长、那么大的条石是哪一朝哪一代人在哪儿开采来的。特别是大伏天,看着桥下那一刻不停流动的小河水,一阵凉风吹来,呵呵!笔者为之精神一振,恍惚回到了 20 世纪 60 年代末乘船在东海巡查的清醒。

历史的真相是唯一的,真实是历史的灵魂。马克思在给恩格斯的信件中指出:"历史事实从矛盾的陈述中清理出来。"[1]对于相同事件有不同乃至矛盾的叙述,是完全可以理解的,不能因此就否定其真实性。由表及里,从探寻记忆之真到逼近历史之真,在语焉不详中寻找历史,在茅道芦巷中叩访遗踪,此乃田野考古之道。运用传世文献与考古发现等多重证据相互印证,就会发现苏州古域(阖闾大城)呈现出一个环环相扣的极为丰富和充分的证据链条。

根据历史文献记载,公元前 515 年,公子光夺得吴国王位,史称"吴王阖闾",在位 19 年。鉴此,苏州古城筑造的年代当在公元前 515 年至公元前 496 年之间,即春秋晚期。

(一)传世文献,光芒闪烁

1.《左传》与《国语》

司马迁认为,《左传》与《国语》皆为春秋末期的鲁国史官左丘明所著。《左传》是我国现存第一部古代中国编年体史书,有比较坚实的理致和证据,成书在战国中期(约为公元前 4 世纪中叶);《国语》是中国最早的一部国别体著作,其中有三篇为出土竹简证实,是价值极高的原始史料,成书年代大致与《左传》相同。

(1)《左传·定公十四年》:"吴伐越,越子句践御之,陈于槜李,……越子因而伐之,大败之。灵姑浮以戈击阖庐,阖庐伤将指,取其一屦,还卒于陉,去槜李七里"。[2]意思是,公元前 496 年,越王允常死,其子勾践即位。吴国趁机伐越,越出兵抵抗,两军战于槜李。"槜李",乃古地名,今浙江嘉兴西南桐乡市濮院镇,也称醉李,因盛产槜李而得名。勾践派敢死队自杀于吴军阵前,趁吴军惊惶之际率军突击,吴军大败,吴王阖闾被越大夫灵姑浮以戈击伤脚大足趾,被迫还师,军队从槜李退却七里,阖闾因伤重死于"陉",即今浙江桐乡市屠甸镇。

(2)《国语·吴语》载:"越王勾践乃命范蠡、舌庸,率师沿海溯淮以绝吴路。败王子友

---

[1]《马克思恩格斯全集》第 28 卷,人民出版社,1973 年 3 月,第 286 页。
[2] 李宗侗注译,时庆炳校订,《春秋左传今注今译》,新世界出版社,2012 年 6 月,第 1256-1257 页。

于姑熊夷。越王勾践乃率中军溯江以袭吴,入其郛,焚其姑苏,徙其大舟。"《国语·越语下》又载:"居军三年,吴师自溃。吴王帅其贤良,与其重禄,以上姑苏。"[1]意思是,当时勾践王兵分两路:一路命令范蠡、舌庸率师走海路溯淮河断夫差王军归吴之路;一路由他自己亲率主力部队溯江(松江)以袭吴。双方交战,先败吴太子友于"姑熊夷"(今吴江同里镇),次日就掳杀了太子友,随即逆渡松江奔吴(国),破其外城,接着焚烧"姑苏"城,随后勾践俘获掠走了吴王乘舟。

从《左传》与《国语》记载中的"地望"来看,理校"姑苏",当为今之苏州古城;"姑苏台"当为今之苏州"姑胥山",在苏州吴县市(2000年撤销)西南。

2.《越绝书》

《越绝书》为东汉的袁康、吴平所著,约于东汉初年"建武之末"成书,是我国古代最早的方域史,因该书可能有当事人伍子胥的文字[2],信史比较可靠,故司马迁著《史记》,与《越绝书》为近。

(1)《越绝书》对阖闾造筑"阖闾大城"的位置与出入游卧做了详细记载:"阖庐之时,大霸,筑吴越城。城中有小城二。徙治胥山。"[3]胥山:即"姑胥山""姑苏山"。张守节的《史记正义》所指的姑苏山是横山北麓的姑苏山,即今天的和合山。民国《吴县志》记载最详:"姑苏山在尧峰紫石山之北,为横山北出最西之峰。一名姑胥,又名姑馀……今人亦称为胥台山,其下有吴王夫差庙。今俗呼为和合山,或谓系吴王二字音讹。其旁有小赤壁,下临池涧。姑苏之东为花园山,又东为岷山,亦作民山,今名万禄山;又东北为福寿山。皆各出而附连于横山。"与现今位置基本一致。

(2)《越绝书》载:"阖庐宫,在高平里。射台二,一在华池昌里,一在安阳里。南城宫,在长乐里,东到春申君府。秋冬治城中,春夏治姑胥之台。旦食于纽山,昼游于胥母,射于躯陂,驰于游台,兴乐越,走犬长洲。"[4]"胥母:今即莫厘山"。"高平里"是个古地名,顾颉刚先生在《中国古代的城市》一文中指出:"苏州是历史遗迹最多的地方。苏州城是吴王阖闾时伍子胥所造,到今已有两千四百多年的历史,是全中国最古的一所城池。苏州公园是吴王宫的遗址,灵岩山是吴王离宫的遗址,虽然遗迹已很少,但是地位没有变动,……现在的苏州公园,从前是吴王的宫,古代叫作'高平里',我小时从言桥到王废基(即皇废基),还要上高坡,后来才爬平了。……就拿苏州城来说罢,吴王的宫所谓'子城',在全城里也不过占九分之一光景,其余九分之八都是人民住的。"[5]

《史记正义》:"吴,国号也。太伯居梅里,在常州无锡县东南六十里。至十九世孙寿梦居之,号句吴。寿梦卒,诸樊南徙吴。至二十一代孙光,使子胥筑阖闾城都之,今苏

---

[1] 黄永堂译注,《国语全译》,贵州人民出版社,1995年2月,第684页、第731页。
[2] (东汉)袁康、吴平辑录,俞纪东译注,《越绝书全译》,贵州人民出版社,1996年10月,前言第9页。
[3] (东汉)袁康、吴平辑录,俞纪东译注,《越绝书全译》,贵州人民出版社,1996年10月,第24页。
[4] (东汉)袁康、吴平辑录,俞纪东译注,《越绝书全译》,贵州人民出版社,1996年10月,第26-27页。
[5] 顾颉刚,《中国古代的城市》,《历史教学问题》,1983年第3期。

州也。"

《吴郡志》:"阖闾城,吴王阖闾自梅里徙都,即今郡城。"

《锡金考乘》:"敬王六年,阖闾徙姑苏。"《太伯梅里志》:"阖闾城在无锡县西南五十里富安乡,此盖阖闾小城也;阖闾大城在今苏州府。"

(3)《越绝书》同时记载:"吴古故水道,出平门,上郭池,入渎,出巢湖,上历地,过梅亭,入杨湖,出渔浦,入大江,奏广陵。"[1]"巢湖"就是现在相城区北桥镇的漕湖,"杨湖"在现在的无锡城西,"大江"指长江,"广陵"是现在的扬州,根据水路的这一走向,姑苏城显然在漕湖的东南面。

(4)《越绝书》又载:"阖闾冢,在阊门外,名虎丘。"[2]"阖闾子女冢,在阊门外道北。下方池广四十八步,水深二丈五尺。池广六十步,水深丈五寸。隧出庙路以南,通姑胥门。"[3]众所周知,阖闾墓就在阊门外虎丘山。这与虎丘和现在阊门的位置关系是一致的。今阊门吊桥北确有"下方池"——大深渊,方志记为"女坟湖"。女坟湖即今阊门吊桥北侧上塘河、山塘河、阊门内下塘间的一片水域,今女坟湖边西北侧已建起一座白居易纪念馆。

(5)《越绝书》还记载:"吴古故陆道,出胥门,奏出土山,度灌邑,奏高颈,过犹山,奏太湖。"[4]"土山"在今天的狮山大桥西首,"灌邑"即今天的西津桥镇,"高颈"就是高景山,在白马涧东面;"犹山"就是夫差所葬处。这条线路,与现在的从苏州古城出发向太湖的方向是吻合的。"阖闾大城"的地望,在《越绝书》中已一清二楚,诚如顾颉刚先生所言:"苏州城之古为全国第一"。

3.《吴越春秋》

该书为东汉时期浙江绍兴的赵晔撰写,其书今存十卷,前五卷以吴为主,后五卷以越为主,记载了春秋末期吴越两国争霸的历史,许多内容与《越绝书》雷同,又都是出自吴越文士之手,约成书于《越绝书》后,东汉明帝、章帝时,应当说其史料是比较真实的,二者可以互为印证。

(1)《吴越春秋·阖闾内传》载:"阖闾元年,……阖闾曰:'寡人委计于子。'子胥乃使相土尝水,象天法地,造筑大城"[5]。春秋时期(公元前770—前476年)齐国政治家、思想家管仲在《管子·乘马》中云:"凡立国都,非于大山之下,必于广川之上,高毋近旱,而水用足;下毋近水,而沟防省,因天材,就地利。故城郭不必中规矩,道路不必中准绳。"[6]这里的关键词是"因天材,就地利""水用足"。意思是无论在哪里建立国都,要根据当地的天设地造实际情况,进行设计与规划。苏州在长三角与太湖的中部地区,距今七八千年前的太湖地区,很大范围还是一个宽阔的浅海湾,江水、海水经常浸入太湖流

---

[1] (东汉)袁康、吴平辑录,俞纪东译注,《越绝书全译》,贵州人民出版社,1996年10月,第32页。
[2] (东汉)袁康、吴平辑录,俞纪东译注,《越绝书全译》,贵州人民出版社,1996年10月,第35页。
[3] (东汉)袁康、吴平辑录,俞纪东译注,《越绝书全译》,贵州人民出版社,1996年10月,第36页。
[4] (东汉)袁康、吴平辑录,俞纪东译注,《越绝书全译》,贵州人民出版社,1996年10月,第31页。
[5] (汉)赵晔著,张觉译注,《吴越春秋全译》,贵州人民出版社,1993年9月,第95-96页。
[6] 黎翔凤、梁运华,《管子校注》,中华书局,2004年6月,第83页。

域,直到春秋晚期吴王阖闾仍然说:"吾国僻远,顾在东南之地,险阻润湿,又有江海之害"。

《周礼·职方氏》载:"其泽薮曰具区,其川三江,其浸五湖。"[1]早期的吴国正是以"三江、五湖之利"[2]西进北上,霸楚强齐,与晋有黄池之会。这"三江"乃是娄江、松江、东江,五湖即为太湖。直到南宋时期,范成大依然认为:"松江、太湖水国之胜,当天下第一。"[3]苏州地区虽号称"水乡泽国",但"地势倾于东南"[4],"三江既入,震泽底定"。[5]公元前514年,伍子胥就是"顾在东南之地,险阻润湿,又有江海之害",依照"群经之首,大道之源"——《周易》"始作八卦"[6],与天地同源同构,"相土尝水,象天法地","以天为父,以地为母,以开乎万物,以总一统"[7]筑造大城的。中国第一部以"地理"命名的地理著作,由东汉学者班固撰写的《汉书·地理志》载:"会稽郡吴,故国。具区泽(太湖)在西,南江(吴江、松江)在南,东入海。"[8]

(2)《吴越春秋·阖闾内传第四》载:"留止自治宫室。立射台于安平里,华池在平昌,南城宫在长乐里。阖闾出入游卧,秋冬治于城中,春夏治于城外姑苏之台。旦食(鱼旦)山,昼游苏台,射于鸥陂,驰于游台,兴乐石城,走犬长洲。斯止阖闾之霸时。"[9]"安平里"在长洲县境,唐置,故城在今苏州姑苏区内;"华池"在长洲县大去乡安昌里,"南城宫"在长洲县干将乡长乐里。至于"姑苏台":一是公元前210年,秦始皇"奏诸暨、钱塘,因奏吴。上姑苏台"[10]。就是说,当年,秦始皇离开会稽时,走诸暨、钱塘,就往吴地而来,登上了姑苏台;二是司马迁在弱冠之年"上姑苏,望五湖"[11]。他在《史记·货殖列传》中记载:"夫吴自阖闾、春申、王濞三人招致天下之喜游子弟,东有海盐之饶,章山之铜,三江、五湖之利,亦江东一都会也。"[12]又在《春申君列传》载"吾适楚,观春申君故城,宫室盛矣哉!"[13]这个"故城"即今天之苏州古城。公元6世纪北魏时郦道元所著《水经注》载有"太湖之东,吴国西十八里有岞岭山(即狮子山)"。

(3)"吴王有女滕玉。……乃自杀。阖闾痛之甚,葬于国西阊门外。凿地为池,积土为山"[14]。其位置与《越绝书》记载一致。吴王女儿滕玉自杀后葬于国西阊门外,这里的

---

[1] (汉)郑玄注,黄侃经文句读,《周礼注疏》,上海古籍出版社,1990年12月,第497页。
[2] (汉)司马迁,《史记》,甘肃民族出版社,1997年5月,第850页。
[3] 曾枣庄、刘琳,《全宋文》,上海辞书出版社、安徽教育出版社,2006年。
[4] (宋)朱长文撰,金菊林点校,《吴郡图经续记》,江苏古籍出版社,1999年8月,第51页。
[5] (汉)司马迁,《史记》,甘肃民族出版社,1997年5月,第5页。
[6] 周振甫,《周易译注》,中华书局,1991年,第257页。
[7] 赵守正,《管子通解》,北京经济学院出版社,1993年1月,第65页。
[8] (东汉)班固,《汉书》,兰州大学出版社,2004年。
[9] (汉)赵晔著,张觉译注,《吴越春秋全译》,贵州人民出版社,1993年9月,第158页。
[10] (东汉)袁康、吴平辑录,俞纪东译注,《越绝书全译》,贵州人民出版社,1996年10月,第195页。
[11] (汉)司马迁,《史记》,甘肃民族出版社,1997年5月,第421页。
[12] (汉)司马迁,《史记》,甘肃民族出版社,1997年5月,第850页。
[13] (汉)司马迁,《史记》,甘肃民族出版社,1997年5月,第640页。
[14] (汉)赵晔著,张觉译注,《吴越春秋全译》,贵州人民出版社,1993年9月,第125-126页。

"国"也就是"城"。"凿地为池",同上述一致,即今阊门吊桥北大深渊,又名"女坟湖"。

《吴越春秋》中已明白无误地指明了造筑"阖闾大城"的人名、时间、地点与设计理念,洗刷了神话的外壳,呈现出可信历史的核心。

(二) 出土文物,校改"补证"

"阖闾大城"的地望,除了传世文献外,更有考古文物进一步证明,这就是王国维先生于1925年首提的"二重论证法"(纸上之材料与地下之新材料),它们不是简单的互相"补证",而是更重要的"推理"。要理解新发现的出土文物资料,就必须熟悉已有的文献资料,当遇到难解之处,可找到版本根据或其他旁证加以校改或"理校",二者相辅相成,"以补经传之阙亡"。

1. 1957年,南京博物院考古组平门考古报告

1957年5~6月,南京博物院对苏州市和吴县新石器时代遗址进行了考古调查,在后来的报告中指出:"平门遗址在苏州市北平门不远,北靠运河,南接城河。这里为古平门所在。遗址正好压在平门城墙下面,今已辟为大道。1956年夏在城墙下灰土层中出有残石斧、石刀、陶纺轮、泥质灰陶片和印纹陶片等。调查时,从城的断面上可看出古代城基及历代堆积的情况。我们初步认为城墙之下所压的为新石器时代文化层。城墙下层为早年堆积,其中含几何形印纹硬陶最多,这一层完全是土城……苏州城四周外缘均环运河,内缘又环城河,城墙筑于两河之间,从吴国建城以来,其变迁不大,历代修城,只在原城基上再增筑。我们采集的遗物多半是城墙下层的,如果这一层是吴越建城时的城墙,那么这些遗物就是吴越时代的东西,而其中又以印纹硬陶最多,这就给印纹硬陶的时代问题提出比较可靠的证据。同时,这些堆积又压在新石器时代遗址的上面,因而印纹硬陶与新石器时代文化遗存的关系也更明显了。"[1]

2. 新中国成立后拆除城墙时出土的众多文物

苏州古城的城墙,拆于20世纪50年代。钱公麟、徐亦鹏在《苏州考古》一书中,对苏州城墙遗址在拆除城墙过程中有如下印证:

(1) 相门:出土唐白瓷碟、六朝青瓷钵等,城墙东南隅周围采集到几何印纹陶片。1980年12月,在疏通河道时发现古水门遗址,有大量六朝残砖,在门内3米处的基础中发现了一小片填线方格纹的几何形印纹陶片。

(2) 盘门:在城墙剖面上发现包含汉、六朝、唐、宋、元、明各时代的陶片。

(3) 胥门:1970年在城墙中出土了铜箭镞和六朝青瓷盂。1984年4月,在胥门桥东发现了离地表1.13~1.4米有20米长的夯土层城墙,土纯,呈黄色。

(4) 阊门:1970年在城墙内出土六朝青瓷钵、陶网坠等遗物;1980年又发现六朝墓、铜剑,汉代双耳弦纹硬陶罐和西晋墓。

---

[1] 南京博物院,罗宗真执笔,《苏州市和吴县新石器时代遗址调查》,《考古》,1961年第3期,第151-159页。

（5）平门：在城墙内发现六朝墓、青瓷钵等；1975年8月至1976年7月，在城墙内发现六朝墓32座及汉代碎筒瓦等。

（6）齐门：出土汉代陶罐、瓮、残铜弩机和六朝青瓷罐等。1982年9月，在城墙中发现夯土层，内含汉代陶片等。[1]

3. 2005年古城平四路城墙考古

2005年6月27日至11月5日对平四路垃圾中转站工地（位于平门桥西约600米的平四路北侧）进行调查和抢救性发掘，发现战国遗址一处，汉代夯土城墙一段，六朝墓葬两座，出土陶器、瓷器、铁器等文物21件。《2005年平四路考古报告》载："在下挖三号探沟40厘米左右，发现坚硬黄土层分布，土中出有几何印纹陶片，发现汉代城墙叠压战国时期的黄土层，后经进一步的发掘，发现黄土层下有夯窝现象。在黄土层下发现战国时期的器物，陆续出土了一些几何印纹陶片、红褐色夹砂陶片、黑皮泥质软陶及原始瓷片。几何印纹陶中的麻布纹，规整的小窗格纹、小席纹以及黑皮软陶的出现，显现出春秋战国时代的特征。"[2]平四路垃圾中转站工地考古发现及成果与1957年"平门遗址"考古成果已互为印证。

4. 2011年阊门北码头城墙考古发现

据苏州市考古研究所工作人员介绍，在苏州现存的古城墙遗址中，阊门一带的地表上有三处遗存。不久前，考古人员针对此三处遗存进行了勘探调查与发掘。在总共8个工作点上，考古人员对B段北端的5号点、南端的2号点以及A段的3号点进行了挖掘。5号点城墙段南北走向，最高处约8米，宽约12~14米，东部是居民区的围墙，西部是明朝城墙外包的石条。地表以下的明代土层并不太厚，其下就是高约5米的战国堆积层。"因为从这个堆积层中发现了战国时期的印纹陶片，所以初步判断这个堆积层的时代为战国。"[3]

上述四宗考古发现的"地下之新材料"，都呈现出"几何形印纹硬陶"，尤其是"平门遗址"中，"城墙下层为早年堆积，其中含几何形印纹硬陶最多，这一层完全是土城……"这就显露出春秋晚期苏州古城的原始本真之美——土城。李伯谦先生于1981年在《我国南方几何形印纹陶遗存的分区、分期及其有关问题》一文中指出："几何形印纹陶器（包括原始瓷器）是我国华南与东南地区古代文化遗存的重要内涵之一。"可将"太湖区（包括杭州湾地区）"分为四期："二期以青浦寺前村遗址中层和同期土墩墓为代表"，"大体属西周时代"；"三期以马桥三层"等为代表，"陶器中几何形印纹硬陶和原始瓷十分发达"，"本期的年代约相当于春秋，下限或可到战国早期"[4]。据此界定，现已出土的"地下之新材

---

[1] 钱公麟、徐亦鹏著，《苏州考古》，苏州大学出版社，2000年8月，第241-243页。
[2] 苏州博物馆编，《苏州文物考古新发现——苏州考古发掘报告专辑（2001—2006）》，古吴轩出版社，2007年12月。
[3] 李婷，《阊门北码头城墙遗址发现战国堆积层》，《姑苏晚报》，2011年6月17日。
[4] 李伯谦，《我国南方几何形印纹陶遗存的分区、分期及其相关问题》，《北京大学学报（哲学社会科学版）》，1981年01期。

料"也已进入可信历史的核心,并与文献记载相吻合,证明伍子胥在春秋晚期时造筑"阖闾大城"的事迹是真实的,正如中国科学院地理研究所学者高泳源先生20世纪在《古代苏州城市布局的历史发展》一文中所说:"苏州建城始于春秋时期,历已二千四百余年,虽备经战乱,饱受沧桑,城垣屡遭破坏,然迭经重修,其位置和范围基本没有改变。"[1]由此基本校正了诸说之谬误。

《国语·越语》《吴越春秋》等文献载,苏州古城在历史上至少遭受过六次大扫荡:越灭吴是第一次,"残汝社稷,灭汝宗庙"[2]。楚灭越后是第二次更彻底的毁灭,秦灭楚后是第三次踏平诸侯旧地(吴都)。经这三次扫荡,吴史已灭殆尽,即便被掠走,也已被项羽的一把火与咸阳宫同毁。1506年,明正德《姑苏志》卷十六《城池》曰:"府城即阖闾故城。自太伯城梅里平墟诸樊徙都于此。……自后历代皆仍其旧,至隋杨素徙城横山东,今所谓新郭也。唐武德末复还旧城。"[3]第四次,唐末,阶级矛盾尖锐,农民起义军如火燎原,台濛三陷苏州军,"于此十余年间,民困于兵火,焚掠赤地,唐世遗迹殆尽"[4]。第五次,在宋代,金人大举南侵,于南宋建炎四年(1130),金兵侵占了苏州城,并付诸一炬,全城几乎夷为废墟。在苟安于江南的南宋政权卵翼之下,经过不长时间,苏州古城又获新生。第六次,德祐元年(1275)元朝入侵,"城池悉命夷堙,故民杂居遗堞之上",苏州古城再遭毁灭性破坏。乾隆《吴县志》载:明洪武五年(1372),苏州知府魏观嫌府治低狭,决定把府治迁还子城旧基,疏浚了元末淤塞的锦帆泾,动工兴建新府署,择吉日构架上梁,请著名诗人高启撰写上梁文。有人暗中告发魏观"兴既灭之王基",有异图。朱元璋派御史张度察访后,将魏观、高启腰斩于南京。此后,无人敢提迁移府署,而子城建筑也就没有恢复旧观,从此湮废。[5]此后,又几建几毁,但城址始终没有改变。西晋文学家左思《三都赋》吟咏:此乃"霸王之所根柢,开国之所基趾"。

(三) 在天成象,在地成形

苏州古城的空间布局安排是对天象的模仿,取法天然,在地营造,其规模与布局形制已在《越绝书》和《吴越春秋》中说得一清二楚。

1.《越绝书》记载由三座城垣组成

"吴大城,周四十七里二百一十步二尺。陆门八,其二有楼。水门八。南面十里四十二步五尺,西面七里百一十二步三尺,北面八里二百二十六步三尺,东面十一里七十九步一尺。阖庐所造也。吴郭周六十八里六十步。吴小城,周十二里,其下广二丈七尺,高四丈七尺。门三,皆有楼,其二增水门二,其一有楼,一增柴路。"[6]

---

[1] 高泳源,《古代苏州城市布局的历史发展》,《中华文史论丛》,1985年第3期。
[2] 黄永堂译注,《国语全译》,贵州人民出版社,1995年2月,第713页。
[3] 《正德姑苏志(二)·姑苏卷第十六·城池》,上海书店,第2页。
[4] (宋)朱长文撰,金菊林校点,《吴郡图经续记》,江苏古籍出版社,1999年8月,第6页。
[5] 乾隆《吴县志》。
[6] (东汉)袁康、吴平辑录,俞纪东译注,《越绝书全译》,贵州人民出版社,1996年10月,第28-29页。

这里告示天下:

① 阖闾大城由外郭、大城和小城(即子城,亦称宫城)三座城垣组成,这与良渚古国的都城营建规制基本一致(见图3-5)。

② 大城周长:"周四十七里二百一十步二尺",即19 834.122米[2],如将四边的长度相加——"南面十里四十二步五尺,西面七里百一十二步三尺,北面八里二百二十六步三尺,东面十一里七十九步一尺",其周长为:15 607.746米。两者比较,其误差为十里四十九步二尺,即4 226.376米。原因:其一,可能是采集"综合"数据测距时采用的是曲线,而采集"四边"数据测距时采用的是直线,由此产生了两组不同的数据。但即使二者都是采用直线的方法,笔者倾

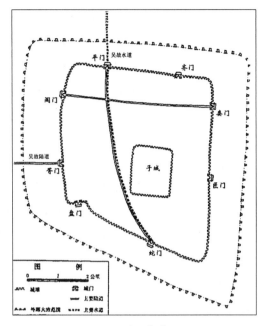

图3-5 阖闾城址平面示意图[1]

向于后者,其主要理由是信息原始数据(每边的原始凭证)比综合数据更可靠、更宝贵。如以四边相加的数据为准,这就基本遵循了《周礼·考工记》的设计思想:"匠人营国,方九里",即周长14 968.8米,以此两者相比仅相差638.946米;如对照"2010年4月结题的'2009苏州城墙调查课题'结果显示,苏州城墙的周长共15 204.31米"[3],基本与阖闾大城相等,仅相差403.436米。其二,"所记'四十七里'当为三十七里之误。这一点已为研究者所指出。"[4]

③ 大城面积:"南面十里四十二步五尺,西面七里百一十二步三尺,北面八里二百二十六步三尺,东面十一里七十九步一尺",即15.23平方千米,城之形状为曲线组成的不规则四边形,与当下的苏州古城面积14.2平方千米,只多了1.03平方千米,大体相等。

④ 郭(外)城周长:"吴郭周六十八里六十步",即28 330.56米。"大于城将近一倍,其比例约为1∶1.85。《孟子·公孙丑》言'三里之城,七里之郭',《战国策·齐策》言'三里之城,五里之郭',说明郭大于城一倍左右为春秋战国时期的通例。郭,是依据地势在城外堆土筑成的土围子,完全是军事设施,为当时城池普遍的附属工程,后世亦多有所见"[5]。

---

[1] 王卫平、王建华著,《苏州史纪(古代)》,苏州大学出版社,1999年8月,第32页。
[2] "尺""步""里"是中国古代丈量土地时的长度单位。参见吴承洛《中国度量衡史》第四章第四节:"后汉以前六尺为步,三百步为里";参见张传玺主编的《中国古代史教学参考手册》附录2:1尺相当于现在的0.693市尺,即0.231米。
[3] 晓亮,《"苏州城墙调查课题"结果显示完整古城墙残剩不足1/10》,《苏州日报》,2011年4月12日。
[4] 刘和惠著,《楚文化的东渐》,湖北教育出版社,1995年7月,第82页。
[5] 刘和惠著,《楚文化的东渐》,湖北教育出版社,1995年7月,第82页。

⑤"吴小城,周十二里",即周长 4 989.6 米。比临淄齐国故城小城(周长 7 275 米)小,比魏安邑故城(禹王城)内城(周长 3 000 米)大。

2.《吴越春秋》再现规模雄风

阖闾元年(前 514),吴王举伍子胥为"行人"(春秋战国时管朝觐聘问的官名),接受伍子胥"立城郭,设守备,实仓廪,治兵库"的建议,委派伍子胥建城:"子胥乃使相土尝水,象天法地,造筑大城,周回四十七里。陆门八,以象天八风;水门八,以法地八窗。筑小城,周十里。"[1]

其大城与小城的周长与《越绝书》所载基本一致。"小城"周长 4 158 米,即"今公园路的北段,体育场之北,苏州专员公署对面一带"[2]。其位置就在今之苏州古城,2 500 多年来位置始终未变。"阖闾城,即今郡城也。"[3]

唐末陆广微所著的《吴地记》是目前所见最早的一部苏州地方志,书中也明确记载了阖闾城造筑的规模:"阖闾城,周敬王六年伍子胥筑。大城周回四十五里三十步。小城八里六百六十步。陆门八,以象天之八风,水门八,以象地之八卦。"[4]与前记载亦无明显差距。

3.布局形制,栖盘逸境

①《越绝书·吴地传》载:

第一,设立八座水陆城门,为阊、胥、巫(平)、齐、娄、匠(相)、盘、蛇(居南)门。其东西之间,"从阊门到娄门,九里七十二步"(3 841.992 米);南北之间,"平门到蛇门,十里七十五步"(4 261.95 米)。据此推算,大城总周长约三十八里左右。前述四十七里,应为三十七里之误。

第二,大城内有"吴小城,周十二里,其下广二丈七尺,高四丈七尺。门三,皆有楼,其二增水门二,其一有楼,一增柴路"。即吴小城(子城,亦称宫城)周长 4 989.6 米,城墙下宽二丈七尺(6.237 米),高四丈七尺(10.857 米)。有城门三座,都建有门楼;其中的两座城门,还增设水门两座,其中一座也有门楼,而另一座则用木材铺成通道。

第三,根据水乡泽国特点,设立水门。有陆门八,水门八。城中道路:从阊门到娄门,陆路宽二十三步(31.878 米);平门到蛇门,陆路宽三十三步(45.738 米)。水道宽二十八步(38.808 米)。街道、河道宽达 31~46 米,超过了北方所有都城,且条条街河都由陆水八门连通城外。据《史记·春申君列传》、张守节《史记正义》注:"阖闾于城内小城西北别筑城居之,今圮毁也。又大内北渎,四纵五横,至今犹存。"今日苏州古城内确仍存四纵五横水系。

②《吴地记》载:"罗城(注:俗称吴王城),作亚字形,周敬王六年丁亥造,……其城南

---

[1] (汉)赵晔著,张觉译注,《吴越春秋全译》,贵州人民出版社,1993 年 9 月,第 96 页。
[2] 高泳源,《古代苏州城市布局的历史发展》,《中华文史论丛》,1985 年第 3 期。
[3] (宋)朱长文撰,金菊林校点,《吴郡图经续记》,江苏古籍出版社,1999 年 8 月,第 56 页。
[4] (唐)陆广微撰,《吴地记》,江苏古籍出版社,1999 年 8 月,第 15 页。

北长十二里,东西九里,城中有大河,三横四直。苏州名标十望,地号六雄,七县八门,皆通水陆"[1],与以上史籍所记相符,特别是"三横四直",与现今苏州古城骨干河道分为东西向3支、南北向4支相吻合。顾颉刚在他的《苏州史志笔记》中指出:"苏州城之古为全国第一,尚是春秋时物,其次是成都,则战国时物,其所以历久而不变者,即以为河道所环故也。"此即为阖闾大城的最大特色。

其一,建成了水陆两套相互结合的交通系统。街道与河流相平行,且其间的配置有严格规定:在南北行的直街,河道位于西,街道位于东;在东西行的横巷,住宅选择的方位是坐北朝南,河道在街道的南岸。这种水陆两套相互结合的交通系统,晋代左思《三都赋》之一的《吴都赋》做了这样的描述:"郛郭周匝,重城结隅,通门二八,水道陆衢",鲜明地刻画出苏州古城城市布局的轮廓。

其二,一经一纬,东西南北贯通。白居易的《九日宴集,醉题郡楼,兼呈周殷二判官》诗云:"半酣凭槛起四顾,七堰八门六十坊。远近高低寺间出,东西南北桥相望。水道脉分棹鳞次,里闾棋布城册方。人烟树色无隙罅,十里一片青茫茫。自问有何才与政,高厅大馆居中央。"可见,唐时已定型。其基础始自春秋晚期所建阖闾大城,其后经三国、晋代的增丽,至六朝时已灿然大备,降及唐代经锦上添花,城市景观面貌已与后世无异,下及宋代,虽遭建炎兵燹,城市荡然无存,然经宋人重建,于城市布局上有所斟酌损益,终于出现了南宋绍定二年(1229年)所刻《平江图》上所表示的那种城市形态。此后,历元、明、清三代,虽个别河道有所淤塞,特别是子城及其以南部分,变化更大,然全城的城市布局已无多大的更改了。

——"四直为经,三横为纬",对称性的河街相邻结构,肃穆、方正且井井有条。

——直街与横巷,"水陆相邻,河街平行"的双棋盘格局。纵贯的直街有七条,西城占四条,东城有三条。在宽度仅3 100多米的空间中,布置七条纵贯长街,疏密适度,恰到好处。

——在城市的中心有一条中轴线,它北起元(玄)妙观的三清殿,通过正山门,南对宫巷,过真庆坊的坊表,就到了子城;子城内部,北起巍峨壮丽的齐云楼,南至大门,凡郡守办公和居住的宅堂、小室,宴犒将吏的设厅、平江军、平江府等主要建筑物都位于这条中轴线上;南过吴会坊,出平桥,则大街(即今平桥直街)两旁,衙署林立,东侧是惠民局和盐酒厅,西侧是司法厅、提倅厅酒务及提刑司,止于乌鹊桥;乌鹊桥之南尚有一段南北行的直街(即今乌鹊桥弄),几乎直达内城壕而后止。

"唯有苏州古城,至今在原来的版图上巍然屹立";苏州古城之盛在于"若夫山川之秀丽,人物之色泽,歌喉之宛转,海错之珍异,百巧之川凑,高士之云集,虽京都亦难之。今吴已饶之矣,洋洋乎固大国之风哉!"[2]

---

[1] (唐)陆广微撰,《吴地记》,江苏古籍出版社,1999年8月,第15页、第110-111页。
[2] (明)袁宏道《袁中郎尺牍》。

荀子说:"天地者,生之本也;先祖者,类之本也;君师者,治之本也。……尊先祖而隆君师。是礼之三本也。"(《荀子·礼论》)行为规范的"礼"被称为"天之经也,地之义也,人之行也"(《左传·昭公二十五年》),"合于天时,设于地财,顺于鬼神,合于人心,理万物者也"(《礼记·礼器》)。正如生态哲学家余谋昌先生所指出,自然界也参与人类历史的创造。毋庸置疑,是江南吴国境域的纬度、经度及人类文化与自然的相互作用造就了阖闾大城的栖盘之逸境。

(四) 规模形制,源远流长

世界上的文明古国大都是从城邦开始的,如公元前4000年的乌鲁克古城、公元前3 000多年的罗马古城、公元前2600年印度河流域的哈拉帕古城等。考查中国的"国"词义,可知"国"最早作都城、城邑讲。甲骨文的"或"即"国"。"或"从"戈"从"口",戈是武器,亦是军队;口为四方疆土,亦像城。"国"字本身近于城墙之形,孙海波释"或"谓"国像城形,以戈守之,国之义也,古国皆训城";徐中舒等认为"按孙说可从"[1]。在金文中"或"可作邦国或作疆界解,如《毛公鼎》铭文:"康能四或""乃唯是丧我或"。

"我国王国时代的都城,是从'邦国'时代的'城'发展而来的,而'邦国'时代的'城'又是从史前时代的聚落发展而来的。'邦国'时代的'城'一般为'单城制'的'城',这种'城'实质上是具有后代'宫城'的性质;王国时代的都城一般为'双城制',它们包括郭城(即'大城')与宫城(即'小城'),宫城是王室的政治活动平台,郭城是安排服务于王室的各种相关设施与人员的空间……从'单城制'到'双城制',再到'三城制',它们一般反映了社会形态的历史发展变化"[2],这既是历史的产物,也是历史发展的特定社会形态。

进入春秋战国时代,政治上列国分立,各自立都,军事上兼并战争频繁,具有防御功能的城郭布局应运而生。愈来愈残酷的战争更使当时掀起了筑城运动的高潮,高城深池成为当时都城的显著特点。很多都城不仅修有城,而且修有郭,规模愈来愈大,都城内部结构也愈来愈复杂。根据这一历史背景,苏州古城的规模形制是在"因地制宜"(阖闾言)的基础上,受多重因素影响综合创建的,其规模与布局形制的渊源如下。

1. 源自良渚古城

良渚古城虽然没有文字记载,但这个文明圣地已被考古"地下材料"所证实,无声胜有声。它就在太湖平原上,可能因被洪水淹没,良渚人流散到大江南北。人就是最好的文明传播载体,他们把良渚文化传播到各地。鉴于地方原始文字各异,很难交流,但他们的智慧不会泯灭,仅江南地区就有约500处良渚文化遗址。

良渚古城遗址内城约3平方千米,外郭城6.3平方千米,包含外围水利系统达100平

---

[1] 参见陈源,《从文字角度看早期国家观念演进》,《高等函授学报(哲学社会科学版)》,1998年第1期;孙海波,《卜辞文字小记》,《考古》,1935年第2期;徐中舒,《甲骨文字典》,四川辞书出版社,2006年,第1362页。

[2] 刘庆柱,《中国古代都城遗址布局形制的考古发现所反映的社会形态变化研究》,《考古学报》,2006年第3期。

方千米，无论规模还是内涵，在世界同类遗址中都极为罕见，堪称"中华第一城"（见图3-6）。

从图3-6可见，良渚古城揭示了我国早期城市规划的两个重要特征：一是在空间布局形制上，出现了具有空间层级序列的三重向心式规划结构，即具有宫殿区、内城和外城。宫殿区的"方"与内、外城的"圆"组成的向心式三重城的空间形式，体现了明显的礼仪特性。二是城市的核心

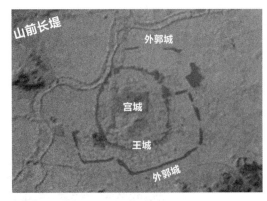

图3-6　良渚古城及外围水利系统结构图局部
图片来源：浙江省文物考古研究所

功能区——宫殿区承担着与神、王有关活动的功能，这与西方城市起源阶段的核心功能区包括神庙和市场的形态是大体一致的。此外，良渚古城是一座依水道进行规划的"水城"，苏州古城（阖闾大城）也是里外三层的一座"水城"，两者何等相似？！是照搬，是模仿，是"因地制宜"？反正如出一辙，其渊源不言自明。

2. 吸收了中国原始社会末期的井田制

井田制在中国原始社会末期已经出现，如中国夏王朝的都城（夏墟）二里头便是井田制的实例，发展到西周时期已成定制。《孟子·滕文公上》说："方里而井，井九百亩，其中为公田。八家皆私百亩，同养公田；公事毕，然后敢治私事。"大意是，一里见方的土地是一井。井是正方形的，有九百亩，划为九等份，每一份是一百亩。中间的一份是公田，由领主使用；其余八份是私田，归农户使用。每一户庶民拥有一百亩土地，八户庶民便拥有八百亩土地。无论公田还是私田，所有权都是领主的。虽然称为私田，但对庶民而言其实只有使用权，而没有所有权。

按照当时的经济制度，八户庶民首先要耕种公田，之后才能耕种"自己"的土地。《诗经·小雅·大田》云："有渰萋萋，兴雨祁祁，雨我公田，遂及我私。"意思是浓云兴起，小雨淅沥，期盼雨先落在公田里，之后通过小沟渠流到私田里。对庶民而言，这当然是被迫而痛苦的，在干旱的日子里，哪一个庶民不希望雨先落在自己的土地上？《诗经》中的这首诗，便是那个时代的经济制度在诗歌中的曲折反映。

公元前1800年至公元前1500年间，二里头这座"紫禁城"，上演过夏的繁华和夏商王朝更替的壮阔史剧。在星星点点的遗迹分布图上，显现出井字形大道，庶民所居的八份为"里"，或"市"，环绕在宫城四周。这样的划分必然呈现井字形状："匠人营国，方九里，旁三门，国中九经九纬，经涂九轨。左祖右社，面朝后市，市朝一夫"（《周礼·考工记》），其王城理念，或者说井田制的思想，为后世所传承，苏州古城亦是如此。

3. 源自吴都南迁的军事战略需要

吴自商代晚期泰伯、仲雍奔荆蛮创立"勾吴"国，至战国初的公元前473年被越所灭，前后达700多年的历史，而苏州古城只不过为吴国晚期都城。由于诸侯兼并、战争频繁，

都邑不固定,可能至少有过"四迁",最后阖闾才定都于苏州。其早期的吴国都邑当为"宜"——在镇江朱方城,有烟墩山一座西周墓葬中出土的一件"宜侯夨簋"作证,这是吴文化的戏眼。

后为着向南扩张及对越斗争的需要,吴都可能南迁至太湖与隔湖之间的淹城。《越绝书》载:"毗陵县(今常州武进区湖塘镇)南城,故古淹君城也。"[1](见图3-7)

图3-7 常州淹城遗址(吴兴人 摄)

淹城的起城年代约为春秋早中期,是与这一时期吴国势力和疆域向南——太湖流域发展相关联的。1935年,考古学者首次对淹城进行了实地考察,在遗址内河先后出土了1 000余件珍贵文物和4条独木舟(其中一条长达11米)。1986年,江苏省淹城遗址考古发掘队首次对淹城遗址进行了为期6年的考古发掘:有三道城河、三道城墙的军事防御设施,其形制布局当为王都建制。子城为王城,呈方形;内城亦方形,外城为圆形,这与苏州古城何等相似。其三重城以子城地势为最高,符合自商周以来在都城建筑上"宫城皆设于制高点,便于控制全城"的一般规律。但城门只开一面门;子城城门正南,内城门向西,外城门朝西北。三城之间隔以宽广的护城河,过往全靠船只摆渡,各城门置水门守护。因掘河筑城,故名之"淹城"。

无锡称谓的"阖闾城",应该是"诸樊徙吴"时所建的吴国都城遗址。至于"苏州木渎春秋城址",自2009年秋季以来对该城址开展的大规模考古调查和发掘工作,到目前为止,已初步认定为一座春秋晚期具有都邑性质的城址,经测算,总面积约24.79平方千米,为吴文化课题的深入研究提供了新材料。但因既无文献记载,出土文物证据又不足,尚未引起学界关注。笔者认为,苏州胥口、越溪、东山一带是吴越争夺地盘的交通要道。鉴于公元前546年弭兵大会后,"楚可以专力对吴,晋可以专心内争"[2],吴王余祭等深感不安,高度警惕。公元前544年,余祭去世后,余眜继承王位(在位17年),不得不紧急备战,该

---

[1] (东汉)袁康、吴平辑录,俞纪东译注,《越绝书全译》,贵州人民出版社,1996年10月,第53页。
[2] 范文澜,《中国通史简编·修订本第一编》,人民出版社,1964年8月第4版,第176页。

城址很可能是余眜在太湖东岸边利用自然山水之势,全力筑城、打造兵器(遗址出现多处石制品、铜镞等半成品与成品),构筑攻防、水陆兼备的庞大军事基地,重兵驻守,操练水上舟师与陆上战车,向南可击越、向西可抗楚、向北可进军,以保都城(吴子城)安全。

4. 受老子道家思想与楚都郢的影响

老子与伍子胥同为楚人,是中国哲学的开创者与道家学派的创始人,世界百位历史名人之一,著有《老子》一书,又名《道德经》。老子认为:"人法地,地法天,天法道,道法自然。"[1]"上善若水。水善利万物而不争,处众人之所恶,故几于道。居善地,心善渊,与善仁,言善信,正善治,事善能,动善时。夫唯不争,故无尤。"[2]"天下莫柔弱于水,而攻坚强者莫之能胜,以其无以易之。弱之胜强,柔之胜刚,天下莫不知,莫能行。"[3]这是老子以水为题论述辩证法的著名水哲学。身为楚人的伍子胥在理念上不能不受到楚国都城郢造筑过程的影响。

《史记·楚世家》载:"子文王熊赀立,始都郢。"[4]"纪南城"又名郢,是春秋中期楚国的都城。"纪南城规模宏大,据考古实测,东西轴线宽约 4 450 米,南北轴线长约 3 588 米(均为各墙端头中心点之直线长度)。东垣长 3 706 米,西垣长 3 751 米,南垣长 4 502 米,北垣长 3 547 米,总周长为 15 506 米,合周制约 37 里,约为方九里","经考古发掘,已知有 7 座城门:北垣、西垣、南垣各 2 座,东垣 1 座。其中,北垣东门和南垣西门为水门,下有古河道贯穿,至今仍通水。东垣中部偏北是城内龙桥河流过的缺口,经勘探也有古河道横穿,考古学者据此推测其为水门。加上这个推测的水门则共有 8 座城门,每边两座,东、北、南各有一座水门",河道横贯全城,"水周兮堂下","筑室兮水中"[5]。

今日之苏州古城亦大体如此(见图 3-8)。可见,"楚风"流行,正如刘和惠在《楚文化的东渐》中所言:"伍子胥是楚人,所熟悉的是楚国都城建筑的模式,不言而喻,楚都建筑的设计就成了他心目中的蓝图。因此,吴大城的规模、布局、设置都和纪南城十分接近。"二城的周长与面积简直如出一辙,"宫城背北面南,市肆设在城北。这与《周礼·考工记》'面朝后市'的规定若合符契,纪南城的宫殿区也在城中偏东南部位。这种布局大概是春秋战国间都城建筑普遍采用的图式"[6]。可见,苏州古城是中国有史以来古都的集大成者。它既是中国的,也是世界的。

时代自有丰碑在,历史不容臆推断。研究历史,其方法与发现同样重要。正如张光直先生所言,"历史文献并不是考古学家的额外负担,而是他们的福分,如此一来,他们用来复原历史原貌的那些材料就有了强力胶黏剂……"笔者认为,我们应当对古代文献有足够的敬畏,没有十足把握,不要轻易言伪。

---

[1] 陈鼓应著,《老子注译及评介》,中华书局出版,1984 年 5 月,第 163 页。
[2] 陈鼓应著,《老子注译及评介》,中华书局出版,1984 年 5 月,第 89 页。
[3] 陈鼓应著,《老子注译及评介》,中华书局出版,1984 年 5 月,第 350 页。
[4] (汉)司马迁撰,《史记》,中华书局,2013 年 9 月,第 2034 页。
[5] 苏莹莹,《楚国纪南城南垣水门的复原研究》,硕士学位论文,华中科技大学,2010 年。
[6] 刘和惠著,《楚文化的东渐》,湖北教育出版社,1995 年 7 月,第 81-82 页。

鉴于春秋时代是个"清楚"的时代,关于阖闾大城的位置与布局形制,今后就需要我们进一步在基础研究上下功夫,把"零星散漫的史料小心地收集和整理起来,洗刷掉它那神话的外壳,找出来可信的历史核心"[1]。有鉴于此,笔者顺便提两个建议:一是"欲动土,先考古";二是考古人员应学习良渚古城考古人员"打破砂锅问到底"的求知精神。前几年,笔者有幸与苏州前任考古主要负责人聚会,问他:苏州古城那些考古点挖到什么程度?他说:"挖到生土为止。""有否再挖下去?"他说:"再挖下去就是黄土啦!"良渚考古人员不正是在黄土上"再挖下去"出现了惊世大发现——铺垫古城墙的一层大石块吗?苏州古城与良渚古城地基很相似——松软,可否"再挖下去"试试?"细考虫鱼笺尔雅,广收草木续离骚。"

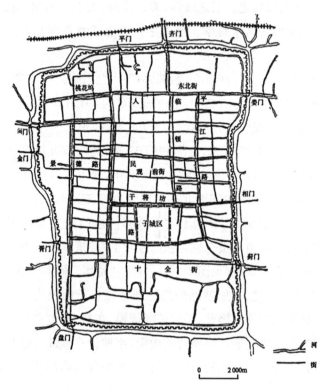

图 3-8　苏州古城图

(参见董鉴泓,《中国城市建设史》,中国建筑工业出版社,2004 年)

三、处处珠玑　本真之美

芒德福曾说,城市从起源开始就是一种"专门用来贮存并流传人类文明"的"特殊的构造"。城市既是人类文明的最好表达,也是人类文明早慧的象征。回眸历史人物与文化遗迹,苏州古都风韵令人心醉。坐一叶轻舟,遍览苏州古城长河,顿感古城文化底蕴世界罕见。如果物象之美是静态的话,那么充满生命力和文化深度的非物质文化遗产就是

---

[1]　徐旭生著,《中国古史的传说时代》,文物出版社,1985 年 10 月,第 31-32 页。

动态之美。这种"超越物理力量"的精神之美、之力,是中华之为、文明之国的精髓所在。

笔者在苏州已50多年了,越发喜爱白发的苏州古城,虽然她老了,但她的血没有变凉,脉搏强劲,梦依旧滚烫。她的文脉融入了现代生活,以自然的体态把自己装点得分外妖娆,还以平淡质朴、温文尔雅的身姿,显示着神奇的壮美。她是中国延续2 500多年之久的规制造筑的,像鸿篇巨制的画卷彰显着"天人合一"的理念。她不仅是中华民族杰出的规划造筑作品,而且已经超越时代、民族、地域和阶级的局限成为世界文化遗产。法国作家雨果说过:"人类没有任何一种重要的思想不被建筑艺术写在石头上……人类的全部思想,在这本大书和它的纪念碑上都有其光辉的一页。"她以婀娜多姿的身姿告诉我们:文化只要有价值观,其本身就是一种无可估量的力量。

西安建筑科技大学祁嘉华教授指出,建筑是城市的细胞,一座城市的文化品格正是通过建筑来加以实现的。美国建筑理论家伊利尔·沙里宁说:"让我看看你的城市,我就能说出城市居民在文化上追求的是什么。"由于历史环境不同,中西建筑也形成了不同的文化倾向:西方比较注重功能和外观,把"实用、坚固、美观"作为建造活动的基本,也留下了以帕特农神庙为代表、历经千年而不倒的众多建筑典范;中国历史上比较注重规范,把"阴阳之枢纽,人伦之轨模"视为建造的遵循,城市的规划建设无不中规中矩。

苏州古城无论是从历史、地理、军事、贸易、宗教、民族和风俗,还是从"强吴时代"的缘起与精神气象上讲,她都有一种奠基或启示的意义。她不是因为秦始皇与司马迁亲临后的赞叹才广为人知,而是她始终占据着江南文化深处文明的制高点。从这个意义上来讲,她是吴国的地标,亦是"文开吴会"的领头羊。她用曾遭遇先后六次战争残酷无情破坏的诉说,闪现出昔日的燔火、杀伐与呼啸,给后人以无法忘记的美丽。也许废墟上开出的花总是令人难忘,如同黑夜中的亮光。更为可贵的,她用脉脉深情,结交四邻。她沉浸,她不语,她内敛,为每年有数千万游客来看她而心满意足,并以自身的存在保存下来而心安理得。她的遗址充满大街小巷,几乎遍地皆有,吉光片羽俯拾皆是,只因她的身躯本身就是一个活着的超级的"露天博物馆"。有不畏死的勇士,留下的传奇故事;有天纵英才的智者,留下的众多历史文化遗存;有呼风唤雨的一方豪杰,开创的经济发达、文化繁荣的盛况……精神之美、生命之思,楚楚动人。它是迷人的人间乐园、求知的殿堂,"直待自家都了得,等闲拈出便超然",激发出庶人更加璀璨的文化自醒、自信的光芒。

质言之,江花何以红胜火?因为花开是有声的,只一刹那,便羞煞了天际那半轮夏月,那美的光焰,撒向城市的街道,使夜里的青石板也为之闪闪发亮。

作为隋唐大运河的重要枢纽,在隋唐五代很长一段历史时期内,苏州一度成为全国政治、经济和文化的中心之一。京杭大运河的开通,使四海归一,同时把南北文化、东亚与东南亚文化和中国传统文化连接起来,这赋予了苏州多元聚合、文明开放的城市品格,尤其是元朝末年,苏州聚集了众多包括学者、艺术家、诗人在内的文士,创造了一个在不安定时代中所不能想象到的最蓬勃的文化景观。到了明代中期,苏州的士人通过科举实现了社会阶层的上升,也极大地改变了苏州在明朝文化版图上的位置,提升了苏州的知名度。由于种种原因,江南文人不愿意到北京去为皇室服务,而是留在南京(当时的陪都),到了嘉靖中期,文徵明成为画坛领袖后,艺术中心也从南京一变而为苏州,苏州由此成为世界著名古都和千年历史文化名城。苏州商贾云集、千船齐发、百舸争流的繁荣景象,让人产生梦回千年的历史与现实融汇交织的双重体验。

社会学家、建筑学家刘易斯·芒福德曾说:"城市是文化容器。城市的功能就是贮存文化、流转文化、创造文化。"文化既是城市的核心资源,也是一座城市的灵魂。历史古城、历史文化街区和历史文物建筑都饱含着历史信息的资源,是历史的"活化石"。千万年来,在苏州悠久灿烂的文明中,非物质文化遗产在日常生活中世代相传,处处藏有珠玑,深沉而浓郁。这里拥有1 100余处文化景点,其中6项被列入联合国教科文组织"人类非物质文化遗产代表作",32项被列入国家级非物质文化遗产项目,79项被列入省级非物质文化遗产名录,还有159项被列入市级名录;拥有国家级非物质文化遗产传承人39人,省级95人,市级334人。人们非常欣喜地看到这里把有2 500多年历史的地方特色保存并发展着,就是去看上十天半个月,也未必解渴。因为古城有着一窝"金鸡蛋",拿出哪个都闪光。

1. 独特的城市文化景观——水城苏州

到苏州,就是回到了山水田园之中,望得见山,看得见水,记得住乡愁。

地理是一个真实、具体的信息"场",既可以提供以往的历史,也可以提供鲜活的现实。"东涧水流西涧水,南边云起北边云",这是水城苏州的地理基础,使人"流连万象之际"而"联类不穷"。

古城犹如"超级露天博物馆",拥有以古城为核心的16处世界文化遗产点,数量位居全国各城市之首(见图3-9)。它是古典江南的样本,古城内没有6层以上的高大建筑,会"说话"的老房老屋充满街头巷尾,其文化底蕴不仅在中国,在世界亦罕见。

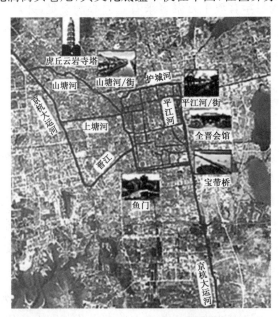

图3-9 大运河苏州段世界文化遗产点(局部)示意图

究其因：这是水的功劳，以及百姓的乡愁的表达。北宋著名水利学家郏亶、郏乔父子(江苏太仓人)在他们的《水利书》中所说颇为深刻。郏乔曾说："震泽之大，才三万六千顷，而平江五县积水几四万顷。"[1]东太湖地区的常熟、昆山、吴江、吴县、长洲5县，共有湖泊30余个，分为湖、㳛、陂、淹4种类型："湖则有淀山湖、练湖、阳城湖、昆湖、承湖、尚湖、石湖、沙湖；㳛则有大泗㳛、斜塘㳛、江家㳛、柏家㳛、鳗鲡㳛；荡则有龙墩荡、任周荡、傀儡荡、白坊荡、黄天荡、雁长荡；淹则有光福淹、尹山淹、施墟淹、赭墩淹、金泾淹、明杜淹……"东太湖地区的湖泊，以松江为界，又可分为原东江流域和娄江流域南北两个湖区。东太湖松江以北的常熟、昆山、长洲地区，基本上属于娄江流域。郏乔之父郏亶在《水利书》中对这一地区大片土地淹没成湖的记载最为详细："今苏州除太湖外，有常熟昆、承二湖，昆山阳城湖，长洲沙湖，是四湖自有定名，而其阔各不过十余里。其余若昆山之邪塘、大泗、黄渎、夷亭、高墟、巴城、雉城、武城、夔家、江家、柏家、鳗鲡诸㳛，及常熟之市宅、碧宅、五衢、练塘诸村，长洲之长荡、黄天荡之类，皆积水不耕之田也，水深不过五尺，浅者可二三尺。"[2]好了，不必再做论证了，反正苏州里三层、外三层都是水。

"水者何也？万物之本原，诸生之宗室也。"(管子)这"水"，就是苏州人、苏州古城及一切动植物的"宗室"。故上古时期的童谣曰："沧浪之水清兮，可以濯我缨；沧浪之水浊兮，可以濯我足。"早已言明了水之德、人之性。感谢阖闾，感谢伍子胥临水造筑的苏州古城，他们用行动佐证了"亲水是人的自然本性"。

流淌了2 500多年的苏州古城环城河，水从太湖与大运河中蜿蜒而来，曲折宽阔，水清透底，经年不息。河的拐弯处，是河湾，也是湖荡。湖荡深且静，几乎看不出它的流动，无声地静默，宛若一个人的静思；待出了湖荡，精神来了——流淌，涌起朵朵浪花，流向汊泾、田园。这环城河就是苏州古城的血液，亦是苏州人的精神之河。1966年7月，笔者带着一个方队的部队全副武装地在相门河游泳，那股激情犹如水做的火焰。部队休息时，笔者曾坐在苏州大学东边的相门河边的木筏上，两条腿放在水里，河水清且净，一会儿成群的小鱼围上来，贴着皮肤拱来拱去，有种麻酥酥、痒痒的感觉，笔者兴奋得哈哈大笑。

这环城运河就像人的大动脉，它的血管遍布古城的大街小巷。小桥流水、桨声舟影，这是苏州特有的印记。如今人们来到这里，入住"中国最后的枕水人家"，除了体验枕河而眠的感觉，还可以踏着石板路漫步，乘着摇橹船游览，坐在水阁喝咖啡，进入园林享受水疗SPA，或上古戏台观看一场昆曲与评弹……这里呈现给游客的江南文化可观可感可休闲，既古典又时尚。游客可感受那古老与儒雅，智慧与澎湃，疯狂与宁静。

苏州古城因水而生，因水而兴，因水而美，因水而名。水是苏州的灵魂。2 500多年来，从唐人诗境到意大利游子笔记，苏州的灵性，化作无数美丽吟咏，远播四海；独特的东方水城魅力，名扬八方。"君到姑苏见，人家尽枕河""绿浪东西南北水，红栏三百九十

---

[1] (明)归有光《三吴水利录》中的《郏亶书二篇》《郏乔书一篇》。
[2] 张修桂，《太湖演变的历史过程》，《中国历史地理论丛》，2009年01期。

桥"，成了这座历史文化名城不可替代的特征。这种独特的文化个性符号，用"人水和谐"4个字来表达是恰到好处的。

当华灯初上，水逐船行。听着温软的苏州评弹，品着上好的碧螺春，欣赏着岸边优美的景色，这样的意境，这样的惬意，不在梦里，不在戏里，就在水城苏州内。水，是苏州城市的载体，也是苏州最引人瞩目的城市"名片"。

苏州与威尼斯有很多地方是近似的，这可能是两地结成姊妹城市的主要原因。威尼斯城的起源可以追溯到公元452年，可苏州古城有2 500多年的历史呀；威尼斯常发生大洪灾，常住人口达到历史最低水平，可苏州旱涝保收，特别是近40年已集聚了700多万新苏州人，变成了国际化大都市；威尼斯面积只有7.8平方千米，而苏州古城面积达15.38平方千米；威尼斯城内多为钢筋水泥石头，花草树木很少，而苏州古城四季有花，绿树成荫，有泥的清香、花的芳香。碧蓝的天空下，粉墙黛瓦的"苏州色"，成为世界的奇观，有"无与伦比的建筑力量感"。在威尼斯城内小个便要付1.5欧元（约合12元人民币），我们便到咖啡店喝杯咖啡，"合法"免费小个便；而苏州古城内免费公共厕所遍布街坊里弄，有着东方特有的和善。都说苏州河边的柳丝是最纤细的，湖水是最灵动的，清风是最温柔的，到了苏州，你才能体验出真味。

笔者想不通的是，苏州多年来被称为"东方威尼斯"，而小苏州近千岁的威尼斯为何却不称自己是"西方的苏州"呢？"自信人生二百年，会当水击三千里"，看来是个文化风骨与文化自信问题。

2. 全国现存唯一的水陆并联式城门——盘门

历史就好比种子撒在大地上。盘门位于苏州古城西南隅，是连接大运河与苏州古城的一个重要节点。它始建于公元前514年，为伍子胥所筑苏州古城的8个城门之一，2014年6月被列入世界文化遗产名录。它由水陆城门、瓮城及两侧城墙构成，战时守城防御，汛期防洪，平时水陆通行，是我国古代水陆并联式城门的杰出范例。

"北看长城之雄，南看盘门之秀。"公元前514年，伍子胥受命调集数以万计的军民，建造"阖闾大城"，并将刻有蟠龙的南向城门命名为"蟠门"，后又因该门水陆萦曲折，改称其为盘门。盘门虽经历代改建，但位置始终未有变化。城门均水陆并列，既能从陆门走车，又能从水门行船。虽说苏州古城千年以来原址未加变动，但水陆城门却陆续湮灭，只剩下盘门，包括两翼城墙，为苏州古城池现存最为完整的部分，历来有"古城苏州看盘门"之说。

伍子胥当年所筑的城墙其实是土墙，五代时才改用砖砌。现在的盘门城墙，是为纪念苏州建城2 500周年，于1986年重建开放的。陆门有内外两重，其间为平面略成方形的瓮城，可藏卒数百，以备突然出击之用。陆门内周长约177米，城墙高8.1米，下以条石为基，上砌城砖。内外两门错置，外门在瓮城东北方向，由三道纵联分节并列式石拱构成，左右城墙为花岗石砌筑。内门偏于瓮城西南，以三道砖拱构成，其中第二道拱转换90度砌筑，第一、三两道各厚三层，采用二丁一顺砌法。门洞纵深13米，宽3.9米，第三道拱高5.45米。为增强稳固性，门外左右加筑梯形护身墙。第一道拱上开有"品"字形小

"井",是对付敌方火攻的灌水口。

水城门与陆城门紧相毗连,系砖石结构,分内外两重。水城门中的水瓮城东南隅内侧修建有洞穴式通道,高1.80米,宽0.9米,仄而陡直,古时为守军上下秘密观察和起动闸门之用。水、陆城门均设有巨大闸门,古代用盘车提升与关闭,可控制往来行人与船只,便于设防守城。陆门原有城楼规模宏大,抗日战争时被焚毁。重建的城楼为双层楼阁式,飞檐朱栏。当代书法家王蘧常"中吴锁钥"四个字概括了盘门独特的战略位置。城墙上的雉堞、垛口、射孔、炮洞、闸口、绞关石、天井(防火用的设施)均历历在目。出水城,迎面便是古老的水关桥,从水关桥洞中穿出,便进入了宽阔的大运河(见图3-10)。此处是大运河绕过苏州城西南角的一个急弯。北面城墙高耸,下临深渊,为古代舟师出没之所。

图3-10 世界文化遗产盘门
图片来源:苏州市文广新局

盘门有"三景":水陆城门、吴门桥和瑞光塔,三者通过大运河连接在一起。瑞光塔巍峨耸立,始建于公元247年,是苏州最古老的佛塔,后遭兵火,现存的则建于北宋初年。塔高44米,八面七层,砖木结构。三景中的吴门桥,它始建于北宋,因横亘大运河,居水陆要冲,有吴中门户之意而得名,今桥为清同治年间重建。它是江苏省最高的单拱石桥,桥洞过去可容木船扬帆而过。

登城远眺,当年春水画船、锦帆蔽日的美景令人神往。城楼上有副对联曰:"古吴城阙川原壮,旧国干戈战伐多"。当欣赏着这副对联时,面对着历史的遗迹,怎不激起思古之幽情。

3. "小桥流水人家"的经典——平江历史文化街区

苏州古城到处是小桥流水。水,让人觉得亲近。旧时的文人,到过苏州的都会留下一些文字,文字中爱使用一个"玩"字。郁达夫在《苏州烟雨记》里写道:"一见雨止,我就促施君沈君,一同出了茶馆,打算上各处去玩。"谢国桢写《阊门记游》说:"玩了一会儿,就到苏州女中去找以中兄。"鸳鸯蝴蝶派作家周瘦鹃在苏州住了较长的一段日子,回忆苏州时,他用"玩水终日,乐而忘倦"来总结概括。

平江历史街区位于苏州古城东北隅,东起外城河、西临临顿路、南起干将路、北至白塔东路,面积约116.5公顷。平江河是苏州城内"三横四直"水系中的第四直河。平江路东侧是苏州古代仓储中心、漕运集散地,故、路并行,河街相邻,是水城苏州的一个缩影。因12世纪曾改苏州为平江府,13世纪为平江路治所,主街平江路以此得名。自宋代以来,平江1 600米的老街上就出了17位状元,是名副其实的"状元之乡"。街区保持着"一河一街""河街并行"的传统格局,与南宋绍定二年(1229)《平江图》所绘刻的"双棋盘"格局基本一致,拿一张800年前的《平江图》按图索骥也不会有误。它集中了城内最密集的河道、桥梁和水巷,其中又暗藏着大量的明清旧宅、寺庙道观。

2 500多年来,它积淀了极为丰富的历史遗存和人文景观。其中,有世界文化遗产耦园、人类口述和非物质文化遗产代表作昆曲展示区——中国昆曲博物馆及省市级文物古迹100多处,城墙、河道、桥梁、街巷、民居、园林、会馆、寺观、古井、古树、牌坊等景观风貌基本保持原样(见图3-11)。古老的意识似乎复活了,给人馨香的"桃花源"生活意境。

图3-11 苏州平江历史街区——绿水绕人家

平江河由北向南缓缓地流淌。河的两边是路,青石铺就;路边是民居,粉墙黑瓦朱窗。民居的后院,推门又有河。妇女一边洗衣,一边在聊天。茂密的树冠为河道搭起了凉棚,凉棚下有小船在水中行驶。作家陆文夫曾说见过枕河人家的窗下有载着蔬菜瓜果的小船往来穿梭,"交易谈成,楼上便垂下一只篮筐,钱放在篮筐中吊下来,货放在篮筐中吊上去"。不过,现在此景已不再,但亦有可能复活,因使人感觉很有劲。这平江河似天河,让你回味无穷。

"小桥流水人家",使人感受到绵长悠远、悠然自得、幸福恬静的生活。它如诗如画,表达了人们无限的向往和眷恋之情——清新而明快,惬意而高远。

风吹着清淡的云彩游荡在它的上空,走在青石路上,"人家"还未到就已远远地听到流水潺潺声,这声音像苏州姑娘那样细声细语,胜似天籁,一路飘然而来。据说溪水从"人家"的门前流经而过,树能生丁,人能生财,它竟有如此深奥的哲理,令人耳目一新。是呀!万物本原是水,唯有流动,方能融会贯通,生机勃勃,通向世界。

4. 古代高层建筑的杰出代表——虎丘云岩寺塔

宋代大诗人苏轼曾经说过:"到苏州不游虎丘者,乃憾事也。"虎丘的地方不算大,却是五步一景,十步一重天,秀美的景色、悠久的历史文化景观着实让人着迷。

虎丘原名海涌山,位于苏州城西北郊,是苏州西山之余脉。相传在远古时期,这里曾是海边的一个小岛,后来海陆变迁成为一座小山,故初名海涌山。关于虎丘之名的由来,据《史记》记载:春秋时期,吴王阖闾在与越国的槜李之战中,不慎受伤而亡,其子夫差把他的遗体葬在这里。传说夫差征调了十万军民施工,并使用大象运输,穿土凿池,积壤为丘。灵柩外套铜椁三重,池中灌注水银,以金凫玉雁随葬,并将阖闾生前喜爱的"扁诸""鱼肠"等三千柄宝剑一同秘藏于幽宫深处。"葬经三日,金精化为白虎蹲其上,因号虎丘",由此,海涌山被改名为虎丘山。不过,也有学者认为,虎丘是因"形似蹲虎"而得名:"然观其岩壑之势,出于天成,疑先有是丘,而阖闾因之以葬也。"

虎丘山顶建有云岩寺塔,该塔又称"虎丘塔",是古城苏州的象征。该塔始建于五代后周显德六年(959),建成于北宋建隆二年(961),根据文献的记载,云岩寺塔曾多次被焚,焚后也是屡加修葺,始有今日的规模。其套筒式结构使塔历经千年斜而不倒,为古代高层建筑的杰出代表。1961年被列入第一批全国重点文物保护单位,2014年6月被列入世界文化遗产(见图3-12)。

该塔为仿木结构的楼阁式砖塔,塔的平面呈八角形,共七级,通高47.5米,由下而上逐层收缩,轮廓微呈弧形。塔身有平座、腰檐、柱额、斗拱及门窗等结构,八面的正中都开辟有壶门。塔的内部由外壁、回廊和塔心(塔室)组成,回廊内设有木梯,使塔心与外壁分开,这种设计在宋塔中是很少见的。进入各层的回廊和塔心,构筑精美的各式斗拱和

图 3-12　虎丘塔

藻井处处可见，还有各种用石灰堆塑的图案，这些图案中的数十幅写生牡丹尤其突出，各种牡丹雍容华贵，带有典型的宋画特征，对研究古代的装饰艺术有较高的价值。

该塔在1957年加固时，曾在二、三隔层之间发现了许多五代至北宋时期的文物，其中有晶莹如玉的越窑青瓷莲花碗、精致的檀龛宝相和檀木经箱，以及涂金塔、铜佛像、铜镜、锦绣经帙等。这些文物有的有纪年的题款，不但具有很高的历史和艺术价值，而且证实了塔的建造年代。它比世界著名的意大利比萨斜塔要早一百多年。

饱经沧桑的虎丘塔，依旧巍峨、端严，遍布周身的砖裂口仿佛都在说话。千百年来，人们一直在寻找墓中的宝剑。秦始皇曾不远万里来到虎丘，四处派人挖寻，也没找到。三国时，孙权亲自来虎丘监督开挖，结果也是一无所获。明朝正德年间，苏州大旱，池水干枯，当时的名流唐伯虎和文徵明曾下池探索，在池北一石洞中找到一头盖骨，当时的苏州知府以先王遗骨不得暴露为由，下令叠石封洞，故至今虎丘塔下吴王阖闾墓中究竟藏有多少宝贝仍是个谜。

5. 老苏州古色古香的缩影——山塘街

山塘街位于苏州古城西北部，全长3.5千米。唐代著名大诗人白居易任苏州刺史时于唐宝历元年（825）主持开凿山塘河，并沿河筑堤，人称白公堤，即山塘街，至今已有1 190多年的历史。如今的山塘街依旧保持着"水城古街""一街一河"的历史格局和"粉墙黛瓦""小桥流水"的传统风貌，留住了城市的神韵。

明清时山塘河两岸店铺林立，商贾云集，成为苏州经济文化中心之一。近年来，修复后的山塘街是苏州古城自然与人文景观精粹之一，堪称"老苏州的缩影，吴文化的窗口"。现存名人宅第、会馆、寺庙、祠堂、戏台、牌坊、古桥、名墓、园林等几十处，其中属于国家、省、市级文保单位11处，市级控保建筑16处，古牌坊9处，其他古迹40余处。在春暖花开之日，穿梭在古城古色古香的大街小巷与亭台楼阁间，何尝不是穿越回大梦"京华"的盛世天堂？究其因，主要是山塘街上河道多、桥多，充分体现了苏州这个水城的街巷特点。其河道迤逦平行，绵延至虎丘长达七里，故有"七里山塘"之说。山塘河的东南段水面幽深，民居大多都是临水构筑，水榭和水阁都是由木桩支撑着的，底部的木桩倍受水流的侵蚀，这就是真正意义上的枕河人家；街上商铺林立，热闹非凡。河的西北段水面则疏朗宽阔，和东南段的水面相比则有豁然开朗的感觉。两岸花木扶疏，绿树成荫，水面上横跨的古桥高低不平，错落有致，或平或拱，或单孔或三孔，形态各异。现有居民80%以上为山塘原住民。在当今如此繁华的城市中，在山塘街有着这样一座座历史悠久、古色古香的古建筑，不但给整个城市增添了一份神秘感，也体现出这个城市的人文文化和历史底蕴。2014年6月，这里被列入世界文化遗产。节假日还是少去为好，因为游客实在太多。

6. 集水利交通景观于一体的古代桥梁杰作——宝带桥

当下，大运河苏州段每天通过的船只有6 000艘以上，约占运河全年通航总量的五分之一，既是目前中国大运河货流强度最大的航段，也是最具活力、对经济社会发展持续产生积极贡献的重要河段。

2014年6月被列入世界文化遗产的千年宝带桥,它位于苏州古城南大运河西侧,横跨澹台湖东出口,为大运河沿线现存最长、桥孔最多、结构最轻巧的连拱古石桥。

它始建于816~819年,由苏州刺史王仲舒主持修筑,因形似宝带而得名,亦有王刺史为建桥拿出自己的一根宝带,带动民众捐款,百姓很感动,桥建好后在百姓的请求下便命名为"宝带桥"之说。桥全长317米,面宽4.1米,53孔薄墩连拱,是我国古代桥梁营造技艺的杰出典范。

它横卧于大运河和澹台湖之间的玳玳河上,"瑶台失落凤头钗,玉带卧水映碧苔,待到中秋明月夜,五十三孔照影来",这首美妙的古诗说的就是中秋到苏州宝带桥赏月看"宝带串月"的情景,据说能同时看到53个月亮。一眼望去,她好像罩着历史之光,泛着传奇之色。

它之所以历经千年而不倒,据说是因为它使用了特殊"水泥"——由糯米、石灰、棉花等物质组成,黏性好且坚固。桥两端各有一对威武的青石狮,北端还有四处碑亭和五级八面石塔。整座宝带桥狭长如带,多孔联翩,倒映水中,虚实交映,有如苍龙浮水,又似鳌背连云;不仅为行人纤夫提供方便,还为江南水乡增添旖旎景色。(见图3-13)

在工程技术上,它使用的是柔性墩,可防多桥孔连锁倒塌。它的砌拱法采用"多绞拱",这在古代建桥史上极其罕见。远在元代,它不仅是一座颇具规模的石拱桥,而且还肩负繁忙的运输任务。

历史烟云桥上过,桥身至今不弯腰;一行白鹭上青天,厚德载物不言语。

图3-13 苏州古运河上的宝带桥
图片来源:苏州市志

水脉滋养文脉,文脉展示历史。水养育人,人亲近水,水聚成景,人融于水景中。它是苏州的纬度、经度及人类文化与自然的相互作用造就的栖盘之逸境——"形""神"兼备,多彩多姿。这块神奇的大地,荟萃了无数中华英杰,留下了不尽的名人遗址,其遗迹密度之大，传统文化气氛之浓，在国内首屈一指。2002年12月，史树青、罗哲文、吕济民、刘建业等4位著名文博大家对苏州太湖的文化资源进行了全面考察，一个个文化遗存让专家们看不够、赏不尽，惊叹不已！考察结论是：苏州"太湖自然风光之秀丽、文化遗产之丰富，全国第一、世界罕见"！

　　这结论似乎有点惊人！但并非空穴来风。没有历史的过程就没有"文化"的分量。太湖四分之三在苏州。它既接纳来自"天上"的长江之"圣水"，又接纳苏南茅山山脉荆溪诸水和浙北天目山脉苕溪之清流，其地脉、人脉、文脉源远流长，一如春暖花开、自然天成。它是一种文化，也是一种力量——具有既向周围蔓延又吸吮四方乳汁的天性美德，故它的根深叶茂，花儿更艳。

　　彩云、彩虹，大自然的造化，为人类社会添姿添彩；舟船、桥梁，智者的杰作，不尽人流、物流、信息流犹如天际而来，使吴中地区温风如酒、堆金积玉，诚如原文化部部长王蒙所说，"人间无上无双不二的苏州"是永远的。徜徉在这处独具风姿的古城里，留给我们的是记忆的底片、心灵的窗口。她会使你在商业中读出文化，在传统中读出现代，在精致中读出精彩，领略到古城的"文韵馨香"，使你不由自主地深深地爱上她，这就是古老东方的魅力与活力。

第四章

湖海锻造的吴越奇人

岁月,是一条流淌的长河。一个民族的文化与性格特点是由当地的"风土"(自身的存在方式)与时势环境的变化决定的。吴越之地是一个大江大湖、陆海复合型地区,至少在5万年前已锻造出奇特的吴越先人,他们一方面不怕死,剽悍勇猛;另一方面,"断发文身""草汁染齿",具有审美情趣及特别的观念艺术——文化("文",象形、指事,是文字的起源,"字"从"文"中生,如陶文、甲骨文等。详见第五章第一节):可谓文武兼备,在这世上还没有哪个民族可与之争锋。他们因水而生,系水做的火焰,任你东西南北风,打不烂,浇更艳。

翻开历史,可以看到中华民族文化从源头开始,开天辟地,尚武精神就渗透在民族的根基之中。《易经》曰:"天行健,君子以自强不息。"这是"尚武"的最佳注释。"天",是自然的运动,刚健强劲;相应于此,君子处世,应像"天"一样,发愤图强,自立自尊,永不停息。

止戈为武,文武成斌;彬彬有礼,然后君子。"允文允武"(《诗经·鲁颂·泮水》),是民族生存发展之必需。保卫和平最有效的办法,就是让自己具有制止战争的能力。孔子提倡六艺,佩剑而行。汉朝发出"犯我强汉者,虽远必诛"的振聋发聩之言。名成八阵图的诸葛亮文能安邦,武可定国,成为"出将入相"的典范。李白是诗仙亦是剑客游侠,名震中外……可见,中国的众多名人皆文武兼备。"富贵不能淫,贫贱不能移,威武不能屈"的大丈夫精神,"士可杀不可辱"的弘道精神,"朝闻道,夕死可矣""志士仁人,无求生以害仁,有杀身以成仁"的殉道精神,无人不晓。

中国近代思想家梁启超曾说:"中国民族之武,其最初之天性也。"为此,他于1903年3~4月在《新民丛报》上发表了《论尚武》等一系列鼓舞国民精神的激扬文字。"然柔弱之文明,卒不能抵野蛮之武力。然则尚武者国民之元气,国家所恃以成立,而文明所赖以维持者也",指出一个国家和民族"尚武"精神必不可少。中华人民共和国就是打仗打出来的! 历史证明,尚武精神曾是中华传统文化中最闪光的部分,尤其是在春秋战国时代,诸子百家群星璀璨,成为国学之源。先贤相望,土风因袭,秦皇汉武,唐宗宋祖,一代天骄成吉思汗,至今令国人景仰。

老子曰:"善为士者,不武。"意思是高明的勇士不会武断而鲁莽行事。从公元前5世纪的春秋晚期开始到17世纪中叶,古人们持续2 000多年,先后修建了总长超过2.1万千米的长城,这代表着中国久远的守望家园、守护和平与和平相处的战略文化。

一阴一阳为之道。文和武,诗与剑,一张一弛。从古至今,人类社会的每一次跃进,人类文明的每一次升华,无不伴随着文化的历史性进步。江南每一个历史时期的风云际会皆波澜壮阔,无不蒸腾着江南文化精神的涅槃与重生。在这涅槃与重生过程中,江南人跨越万年的风雨兼程,用波涛洗礼信念,用热血磨砺意志,文以化人,日新其德,在江南大地上展现出极为生动而鲜活的"文武"画境。

一、断发文身　水中火焰

一方水土一方人。不同的地域,有着不同的山势和水文,养育了其赖以生存的民族精神,凝固成不同的本土文化形态,将之打上了不可复制的烙印。司马迁在《史记》中对江南的描述是:"地广人希,饭稻羹鱼,或火耕而水耨。"《汉书·地理志》亦说:"南方暑湿,近夏瘅热,暴露水居,蝮蛇蠚生,疫疾多作。"当时每平方千米只有2~3人[1],中原人往往以此为畏途。而到宋朝时,情况已经大变,《宋书》载:"江南之为国矣。……地广野丰,民勤本业,一岁或稔,则数郡忘饥。……丝绵布帛之饶,覆衣天下。"这个壮美从何而来?一句话:求生存的本能。尽力而为是气魄,量力而行是科学,幸福都是奋斗出来的。无论从事何种事业,唯不畏苦寒者,方可自得其芳。

(一)"断发文身"裸以为饰,自立自强"狼性"血性

吴越人"尚武""轻死"奇特的强悍,既是民风,也是(方)国风,生来有之。作为现代人可能有点不大相信:原来杏花春雨、绿野平畴、清水萦流的江南也出激情壮士、血性男儿?答案是肯定的。"风萧萧兮易水寒,壮士一去兮不复还",不独是北国男儿情怀。不光"雄貌,深目,侈口,熊背"的勇士专诸,就是"迎风则僵,负风则伏"的"细人"要离,也有着勇士之心,更兼有智人之谋。"断发文身",在水中自由出没的"裸人",何以变得骁勇善战?原因有二:

一是在恶劣的自然环境中求生存的本能。

殷商时期出现了"十二星次",类似于西方的黄道十二宫,反映了先秦时期的天文观念,人们会把地上的自然灾害、战争、农业收成等事件与天上星宿运行的位置、周期等进行对照,把吴越一带对应为斗、牛、女星,想象为龟蛇,这是有一定道理的。

距今9 000~8 000年时,以苏州一带为中心的江南地区东边是海,西部是"太湖海湾",海侵到达长江三角洲顶部的扬州、镇江一带,海潮通过太湖南、北两条支谷入侵至西

---

[1]　据《汉书》卷二六《地理志》统计。

太湖地区。特别是南部的钱塘江深切支谷,因之演变成从钱塘江口侵入太湖西部的大海湾,它与北部的支谷海潮在太湖西部形成交汇点,山洪漫流,海潮翻滚,吴地先民生存条件十分艰险。他们居住在湖海之中的高台地区,疫疾多作,浮大泽,劈草莱,战猛兽,斗蝮蛇,血战前行,独具一种强悍、刚健、习水的风骨。

为了生存,"断发文身"是吴越民族区别于其他民族的一个非常重要的外貌特征。最早记载吴人"断发文身"的是《左传》:"太伯端委,以治周礼,仲雍嗣之,断发文身,裸以为饰,岂礼也哉。"还有《春秋谷梁传·哀公十三年》载:"吴,夷狄之国也,祝发文身。"范宁注:"祝,断也。文身,刻画其身以为文也。"《说苑·奉使篇》也说:"是以剪发文身,烂然成章,以象龙子",这些习俗的众多文献记载也为考古发现所证实。1984年考古工作者在镇江丹徒北山顶吴王余眛墓出土的鸠仗和悬鼓上发现有文身人物形象[1]。江苏六合程桥东周墓出土的春秋晚期的线刻画像铜匜残片上也显示,吴越人全身上下皆文身(见图4-1)。

图4-1 江苏六合程桥出土铜器残片上的吴越民族文身图案[2]

《礼记·王制》曰:"东方曰夷,被发文身,有不火食者矣。"《淮南子·原道训》道:"九疑之南,陆事寡而水事众,于是民人被发文身,以像鳞虫",活吞鱼虾蛇蟹。《史记·赵世家·正义》记载,越人文身之法:"刻其肌,以青丹涅之"。他们不梳冠,头发是剪掉的;文身是用矿物、植物的颜料在身上画些图案,这是由于古吴越人"习水"而避蛟龙的一种自我保护的方式。此外,女性还用河中的草汁染齿,满口是光亮的黑齿,旨在"食稻唊蛇"。男性不但染黑牙齿,还将口中门牙敲去,以像猛兽。

这些带有神秘色彩的古老遗俗,已在出土文物中多次得到实证,南方几何印纹陶纹饰中普遍发现类似蛇形的纹饰[3]。闻一多先生说,古龙蛇相通,龙子也就是蛇子。苏州"阖闾大城"设有蛇门;《吴越春秋》载:"越在己位,其位蛇也,故南大门上有木蛇……"又说:勾践降吴后,曾使刻工雕木"状类龙蛇",并把它献给吴王夫差[4]。《说文解字·虫部》也说:"南蛮,蛇种。"在高庄出土的器物上,还出现了大量珥蛇、操蛇的神怪形象。为什么同样题材在中原同时期的艺术品中没有普遍的表现,而在吴越文化中表现得却如此强烈?这一方面是因为江南人常在水中懂得水怪的习性,另一方面是江南人如不勇猛强悍,定会被水怪吃掉或咬伤的。直到近代,这种习俗仍可以在海南黎族、台湾高山族等民族中看到。

水中险恶,岸上的豺狼虎豹、野猪等更凶残。吴越人"向死而生",在与猛兽的搏斗

---

[1] 《江苏丹徒北山顶春秋墓发掘报告》,《东南文化》,1988年第3、4期合刊。
[2] 徐国保,《吴文化的根基与文脉》(第2版),东南大学出版社,2018年,第284页。
[3] 陈华文,《几何印纹陶与古越族的蛇图腾崇拜》,《考古与文物》,1981年第2期。
[4] (汉)赵晔著,张觉译注,《吴越春秋全译》,贵州人民出版社,1993年,第349页。

中,以牙还牙,充满了粗犷剽悍、英武阳刚之气。吴国这个蛮夷小国,自吴王寿梦时开始崛起一方,至阖闾与夫差时期更是问鼎中原,逐鹿天下。世人谈及吴国军队,尤其是南方人的老祖宗蚩尤时,更是闻风丧胆。视死如归的吴人,无论战场格杀、恩怨角斗,还是朝廷刑罚,轻死之风盛行,涌现出了一批像专诸、要离那样悲歌慷慨的伏节死难之士。

他们犹如"攻水鲫鱼",逆水前拱,飞跃出水,朝疾流窜去,跌落后,又抖擞身子拼尽全力攻水而游,顶着水势而进,尽管进进退退,但冲劲不减。这种鱼不知道为什么会被水冲激得亢奋无比,不知道为什么一定要顶着水流上攻,它们好像只是不由自主地爆发了活力,好像是出于本能喜欢浪花。尽管攻水可能会被抓走,但是,它们依然义无反顾,畅意向前,攻势凌厉,直至力竭。科学证明,鲫鱼逆水游其因:一可以吃到更多上游水带下来的活食,二可以得到更多的氧气,三可以产生兴奋。而吴人在挑战面前,不躲避、不沉沦,拼搏进取,那是为了生存。这是吴人在恶劣的生存环境中与自然搏斗留下的苦痛记忆,他们希望有朝一日能够征服自然,掌握自己的命运,这是一种精彩的特有生存法则。

二是时势所迫,自立自强。

《诗经》云:"江汉浮浮,武夫滔滔。匪安匪游,淮夷来求。既出我车,既设我旟。匪安匪舒,淮夷来铺。"[1]意思是,江汉水滔滔,武士威风凛凛;不敢求安乐,奉命伐淮夷。推出我兵车,旗帜插营前。不敢求安乐,只为讨淮夷。"生于斯,长于斯",过着平静生活的吴人怎能束手待毙呢?3 000年前,早期的吴地——"宜"(镇江)出土的冶炼地与打造的各式铜刀、铜箭镞(见图2-3)足以证明,这里肯定发生过惨烈的战争。特别是寿梦、阖闾、夫差造就的当年强吴的庞大属地,三万六千顷的偌大太湖、当年竟是吴国的练兵场。越国大夫文种说:"夫申胥、华登简服吴国之士于甲兵,而未尝有所挫也。夫一人善射,百夫决拾,胜未可成也。"[2]意思是,那申胥、华登二人选拔吴国的人教习作战,还从来没打过败仗。吴国人人习武,只要一人擅长射箭,就会有一百个人仿效学习他,越国要想战胜未必会成功。

"吴人不能一日而废舟楫之用",《吴越春秋》中更是形容吴越之人"以船为家,以楫为马"。无论生产、生活还是军事、娱乐,吴人无一不与船为伴,他们把船作为死者的安葬之地,视船为灵魂的栖息之所。很难想象现在这片被称为"人间天堂"的富庶之地,当年曾经荆棘密布,水泽湖泊交错,时常洪水泛滥。因为水患频仍,在中原人眼中,吴地是一片萧索蛮荒之地,很少涉足。而远古时便聚居于此的先吴人则在这里开始了一段与水为伍、与船相伴的传奇。

吴人与船的故事,就开始于水中漂浮的那一块块木头。他们曾骑在圆木上顺水漂流,从而躲过了一场又一场洪水的浩劫。后来有人抓住一块木片向前划行,渐渐演变成了桨。随着时间的推移,人们把圆木掏空,人坐其中,还可随身携带物品,这就是吴人最早的水上交通工具——独木舟。位于江苏常州的淹城遗址,出土了四条春秋时期的独木

---

[1] 《诗经》,山西古籍出版社,1999年9月,第172页。
[2] 黄永堂译注,《国语全译》,贵州人民出版社,1995年2月,第668-669页。

舟,其中最大的一条为整段楠木火烤石凿而成,长 11 米、宽 0.9 米、深 0.45 米,被学者誉为"天下第一舟",由此风雨无阻,行遍天下。

史书载,孔子认为当时挖到的一根可以装满一辆车的骨头是防风氏的骨头,可见世人非常害怕吴人。当然,事实有可能防风氏是"巨人族",也有可能是恐龙化石。《国语》中关于吴晋黄池争霸有一段简单记载。吴军重兵弹压之下,惊惧的晋军派出使臣董褐以探虚实,"董褐将还,王称左畸,曰:'摄少司马兹与王士五人,坐于王前。'乃皆进,自刭于客前以酬客"[1]。"酬客"(谢客)竟然用人头,当然这不是一般的酬客,大有威慑之意,引人感慨的是那顷刻间滚落于客人身前的热血喷涌的人头。"轻死"的六颗吴人人头,少司马至少还有名字——"兹",其余五个"王士"(侍卫)就泯然于历史了。更有吴军的战阵,"万人以为方阵,皆白裳、白旂、素甲、白羽之矰,望之如荼。王亲秉钺,载白旗以中陈而立。左军亦如之,皆赤裳、赤旂、丹甲、朱羽之矰,望之如火。右军亦如之,皆玄裳、玄旗、黑甲、乌羽之矰,望之如墨……三军皆哗釦以振旅,其声动天地。"[2]素来吝字如金的古文出人意料地有这么大段描写,可见吴军的威猛雄壮已经使见多识广的史家都不能不为之动容。

诸樊伐楚时在攻巢战役中,中箭亡。余祭伐越,得越俘守舟,登舟时不备中被越俘刺杀。寿梦四子中,除季札秉承先祖泰伯、仲雍遗风,让位耕居以外,正常死亡的只有夷昧(即余昧),但夷昧一生也身经百战,饱经风霜。在接下来的一代中,僚被公子光杀死,而公子光(阖闾)自己在征战十九年后攻越中"伤趾而亡"。不能不说到"伏剑自杀"的夫差,夫差本可以不死,在勾践应允"王其无死!……寡人其达王于甬句东,夫妇三百,唯王所安,以没王年"后[3],夫差还是死了。他没有像勾践当年那样忍辱求和,以待来日。除了自知衰老、来日渺茫外,最根本的还在夫差到底是刚烈之人,是他那些在战争中、在血与火中死去的列祖列宗的子孙。夫差说:"当孤之身,实失宗庙社稷,……孤何以视于天下!"意思是:是我丢了吴国的宗庙和社稷,我拿什么脸面去对天下人!并派人告祭伍子胥:"吾何面目以见员也!"遂自杀[4]。夫差之死,有着英雄末路般的悲壮。那时的吴人,可算是世界历史上少有的优秀武士。

春秋时期吴地的腥风血雨,在 390 多年后的汉代史学家司马迁眼里,是值得大书特书的。《史记》中"专诸刺王僚"的故事也伴随着那柄鱼肠剑流传了 2 000 多年,由此专诸成为中国古代"四大著名刺客"之首。风萧萧兮易水寒的吴地,与温山软水长相厮守的吴人用血肉之躯铸造了熊熊燃烧的"水做的火焰"。

毫无疑问,我们人类的祖先曾经拥有过"狼性",吴越人面对自然挑战时的群策群力,面对生存时的集体狩猎,发扬了"狼性"精神。我们在《狼图腾》这部小说中看到,狼在狩

---

[1] 黄永堂译注,《国语全译》,贵州人民出版社,1995 年 2 月,第 689 页。
[2] 黄永堂译注,《国语全译》,贵州人民出版社,1995 年 2 月,第 689 页。
[3] 黄永堂译注,《国语全译》,贵州人民出版社,1995 年 2 月,第 701 页。
[4] 黄永堂译注,《国语全译》,贵州人民出版社,1995 年 2 月,第 701 页。

猎黄羊的时候,群策群力,分工明确,勇敢智慧,步调统一;狼在暴风雪中围猎马群的时候,没有呐喊和呼叫,只有绿色的眼睛和凶狠的牙齿,在沉寂中突然发起进攻,不惜牺牲自己,取得整个战役的胜利。狼,宁可跑到气断身绝,轰然倒下,也决不跪地求饶、任人宰割。它们喜欢群居,凶猛不及狮虎,速度不及猎豹,凭借着数量的优势捕捉一些小动物,它们只是存活在这个世界上的一种普通至极的野兽而已,它们的存在也只是为了衬托虎的勇猛,就像一部电影配角永远只能做配角。当年的吴越人不正是这样吗?

然而,狼是智慧的。它们的每一次进攻都堪称经典。为了不使狼群暴露,独处而被人发现的狼,往往逃向与狼群相反的方向,牺牲自己,保全群体,这绝非聪明,而是智慧。于是就有了成吉思汗,有了横扫欧洲的蒙古骑兵。朝鲜战争结束后,艾森豪威尔告诫美国军人永远不要做两件事:一是永远不要进攻莫斯科,二是永远不要和中国军队在陆地上作战。

勇猛的吴人,又因孙武的到来使得强悍的吴军如虎添翼,剽悍的民风融入了充满智慧的军事谋略和赏罚分明的严明纪律,他们与先进的军事思想所激发出的战斗力是难以想象的。公元前506年,吴楚之战,孙武以3万吴军击败楚国20万大军获得完胜,就是一个生动的智慧写照。

《汉书·地理志》云:"吴、越之君皆好勇,故其民至今好用剑"。"晋将吾彦,史称能手格猛兽。其后亦间有勇士武师。明代倭寇入侵,民间多习枪棒拳术,虎丘僧天际来自少林,横刀杀敌以卫乡里,后以身殉。明末清初,翁慧生的枪法、叶羽便的棍法、梁兴甫的摔跤均闻名于世。自宋建炎二年(1128)至清同治十三年(1874),苏州地区有武状元4名,武进士91名,武举人359名。"[1]南宋刘必成(昆山人),不仅是武状元,还是文科进士,可谓"盖以文武全才自负也"。

"男儿何不带吴钩,收取关山五十州;请君暂上凌烟阁,若个书生万户侯?"唐代大诗人李贺的名作,使世人皆知吴地出宝刀,尤其是"百兵之君"的"干将""莫邪"剑令人敬畏,黄土高原就有"吴刀剖鲧尸生禹"之传说。单刃稍弯的"吴钩",还越江过海传至东瀛。

名将陆逊主吴国兵权,连战魏蜀,吴水师远抵台湾。可见,春秋战国和三国时期的吴国都很硬朗,吴戈、吴钩,都是当时最先进的兵器。军事的发达,让江东一带英雄辈出。"晚清国弱,习武者稍多,朱梁任一门三代俱能舞剑。"新中国建立后,苏州体委武术组"查得全市有拳种12个,157套,包括船拳、东江南拳、小红拳等稀有拳种7套;器械58套"[2]。

从孙武练兵,到"吴王金戈越王剑",皆体现了吴越人"外柔内刚"、敢于反抗压迫、富于牺牲精神、骁勇善战、视死如归、骨子里和灵魂中的刚强意志。

孙武虽是齐人,但自从其因避齐国内乱而出奔定居吴地起,他的后半生活动基本上都是在吴地展开的。换言之,史籍所载可供采信的孙武生平大事,如吴宫教战、辅佐阖闾

---

[1] 陈晖主编,苏州市地方总编纂委员会编,《苏州市志》,江苏人民出版社,1995年1月,第三册,第1109页。
[2] 陈晖主编,苏州市地方总编纂委员会编,《苏州市志》,江苏人民出版社,1995年1月,第三册,第1110页。

富国强兵、对楚实施战略欺骗、五战入郢等等，均以吴国大地为广阔舞台。从这个意义上说，孙子所著的《孙子兵法》，逻辑上自然是吴文化的有机组成部分。其他先秦两汉时期的重要典籍、重要历史人物，同样视《孙子兵法》完善于吴国大地，为吴国波澜壮阔、绚丽多彩军事实践的卓越理论总结。首先，《孙子兵法》所提到的"军、旅、卒、伍"四级基本编制在春秋时期为吴国所特有，而与晋国军队的"六级"编制与齐国军队的"五级"编制有较大的区别。其次，《孙子兵法》所记述的"地形""相敌之法"等内容，恰好与《尚书·禹贡》《史记·货殖列传》《汉书·地理志》等典籍所描述的南方地区地形地理环境的基本特征相吻合。再次，《孙子兵法》所倡导的诡诈作战指导原则，与中原地区所流行的"以礼为固，以仁为胜"之"军礼"传统相对立，与所谓"结日定地，各居一面，鸣鼓而战，不相诈"的"偏战"战法相区别，体现了深厚的南方兵学文化的历史渊源。其四，《孙子兵法》中，多次提及吴、越之争，"越人之兵"云云，将越国视为吴国主要的假想敌之一，这也表明他是立足于南方战争形势与战备格局基础之上的，是在传承北方众多战争案例经验的基础上，融合了南方地区军事实践活动的理论总结与思想升华。其五，苏州既是孙武的第二故乡和功成名就之地，也是孙武的归隐终老之地。据《越绝书》《皇览》《舆地纪胜》《天下名胜志》《吴门表隐》以及《吴县志》等文献资料记载和专家考证，孙武墓位于现今苏州相城区元和街道"孙武纪念园"之处。从这个意义上来看，孙武就是吴人尚武的化身。

青山依旧，当年人们崇尚武士侠客、天下名剑的踪迹还依稀可寻——苏州古城内至今犹存专诸巷，干将路、莫邪路现在仍是苏州的主干道，而在苏州西部最高的穹窿山幽深神秘的茅蓬坞中还建有孙武著兵书的纪念地。这些沿用至今的地名与纪念地，也许正是吴地人心中挥之不去的英雄情结和对那段峥嵘岁月依依眷恋的真实佐证。

在新时代，中国高举和平发展的旗帜，大力促进合作发展，维护和平稳定，进而构建人类命运共同体，世界"向东看"成为西方最大的担心。世界小战不断，大战亦有可能。即使暂停，"山姆大叔"也时常对其他国家指手画脚，罔顾事实、充斥偏见。一会儿打压，一会儿吹捧，无所不用。特别是那肉麻的"吹捧"，我们决不可飘飘然，掉以轻心。东汉应劭在《风俗通》一书中说："长吏马肥，观者快之，乘者喜其言，驰驱不已，至于死。"意思是，杀马的人就是曾经在旁边给马鼓掌的人。可见，吹捧是把温柔刀，它能让你如沐春风般得意，更能杀你于无形。只要我们头脑清醒，自己的阵脚不乱，练好内功，任何力量都撼动不了我们。目下，中国的贸易反击战，就是"以战止战"的战略行动。

（二）战神蚩尤未死，谱写中华民族第一轮人类瑰丽文明

1992年，历史学家任昌华先生通过对涿鹿矶山一带的黄帝城、阪泉、蚩尤泉等一批古文化遗址、出土的文物及历史文献和民俗风情的考证，首次提出了"三祖文化"，并著《三祖文化始说》，第一次将蚩尤作为中华民族的人文始祖和黄帝、炎帝并排坐在一起，确立了中华民族同祖同源的观点，明确了始祖文化是爱国主义的精髓和民族大团结的基石。当我们把司马迁的记载与考古的实证对应接轨之后，基本上印证了传说历史的真实性。

神话传说既是历史的投影,也是研究历史的素地,不失为一种文化的瑰宝。无数事实证明,在人类历史发展的长河中,中华民族不时产生着文明进步的火花,不时创造出瑰丽的文明,其中"涿鹿"是中华五千年文明史上一系列火花中最为耀眼的一颗。

司马迁曾北过涿鹿,他在《史记·五帝本纪》中说,黄帝先后"与炎帝战于阪泉之野""与蚩尤战于涿鹿之野"。黄帝作为胜利者一方,"合符釜山,而邑于涿鹿之阿",创造了中华民族公认的"龙"图腾,第一次实现了中华民族的大融合、大统一,开创了中华文明的新纪元。历史学家顾颉刚用"千古文明开涿鹿"来评价涿鹿在中国历史上的地位。毛泽东在《四言诗·祭黄帝陵》中称颂黄帝"建此伟业,雄立东方""涿鹿奋战,区宇以宁"。

在笔者看来,不应只将黄帝、炎帝与蚩尤看作是历史人物,更重要的是他们代表那个时代不同谱系的历史文化。走进连孔子、司马迁也没有见过的河北涿鹿县"中华文明源三祖文化博物馆"和辽宁省建平县"牛河梁遗址博物馆"看看实物,再看看《国语》后便知:黄帝和炎帝应该是兄弟俩,黄帝代表的是以中原为中心的农耕文化,而炎帝代表的则是北方不定居迁徙的游牧文化。《国语》曰:我们"皆黄、炎之后也"[1]。"阪泉之战"是黄帝战胜了炎帝,所以最初的叫法,是黄帝在前、炎帝在后,不是"炎黄子孙",而应称"黄炎子孙"。

以牛和鸟为图腾(以头上两个角为标志)的蚩尤部落居住在南方。战国时魏国史官所作的《竹书纪年》中,开篇便是"应龙攻蚩尤,战虎豹熊罴四兽之力,以女魃止淫雨"[2]。《史记·五帝本纪》中载,"于是黄帝乃征师诸侯,与蚩尤战于涿鹿之野,遂禽杀蚩尤"。这些实物与记载告诉我们,蚩尤这个与五帝谱系相异并与之利益冲突的强大势力的真实存在(见图4-2)。

图 4-2 涿鹿蚩尤塑像

关于中国人怀念黄帝、炎帝情况的研究,已有许多论著,而对中国人怀念蚩尤情况的研究则少之又少。正如《蚩尤传说》的歌词:"说起开天辟地,也许把你忘记,不是炎黄合力又有谁能与你匹敌。七尺冢高,四段碑遗,一代天皇踪迹。十月相祭,九天赤气,六合八荒泪如雨……千里奔袭,百战涿鹿折戟。几番迁徙,多少血雨,千古英雄魂盖天地……"非常悲壮,感动天地。

歌词唱出了人民的心声,多少年来"也许把你忘记",可你是"千古英雄魂盖天地"。著名历史学家范文澜在《中国通史简编》中指出:传说中的中国远古居民,"居住在南方的人被统称为'蛮族',其中九黎族最早进入中部地区。九黎当是九个部落的联盟,每个部落又包含九个兄弟氏族,共八十一个兄弟氏族。蚩尤是九黎族的首领,兄弟八十一人,即

---

[1] 黄永堂译注,《国语全译》,贵州人民出版社,1995年2月,第110页。

[2] (清)朱石曾辑,王国维撰,黄永年校点,《古本竹书纪年辑校·今本竹书纪年疏证》,辽宁教育出版社,1997年,第39页。

八十一个氏族酋长。神话里说他们全是兽身人言,吃沙石,铜头铁额,耳上生毛硬如剑戟,头有角能触人。这大概是以猛兽为图腾勇悍善斗的强大部落"[1]。范老先生说得很经典,九九谓之最多,这是一个由众多酋长组成的占据南方半个中国的"以猛兽为图腾勇悍善斗的强大部落"。他们善于"以金作兵器",头上戴弓,一手持戈,一手持剑,右脚登弩,左脚蹋矛,特别能战斗。笔者在前面描述的吴人不正是如此吗?

其实,蚩尤也不是蚩尤的真名,南宋罗泌《路史·蚩尤传》称:"蚩尤姜姓"。"蚩尤"是黄帝一派的战胜者硬加给他的。《辞海》里说:蚩,毛毛虫;尤,痴也;同时又有丑陋、讪笑、欺骗的意思。给对手一个恶名,这也许是一些胜利者的一个"传统"。

1996年是良渚文化发现60周年,苏州昆山作家陈益接触了良渚文化考古成就后,决心用文学的形式,描绘这道灿烂的史前文化风景线,于是写了一本书,书名就叫《我的先祖是蚩尤》,至今仍珍藏在笔者的书房里。他将一个传说中的"恶神",列为自己的先祖,既有勇气又有一定道理。故在笔者的眼里,"蚩尤"这个名字本身就已放射出异彩。在泰伯奔吴前,先吴人实际上就是越人,越人就是先吴人,或称吴越人。吴越人的先祖是良渚人,良渚王国文明的最后一名部族领袖很可能就是蚩尤,这在时间上来说是对得上号的。

考古学证明,良渚人无论从存在时间,还是分布在大江南北的广阔空间上,都同古代传说中的蚩尤部落非常接近,可以说是蚩尤传说的原型。

4 200多年前,良渚国家突然消失,像流星一样划过历史的天空,让后人猜不透它为何突然没有了。这期间蚩尤战败,结局成谜。两者为何那么巧?难道蚩尤就是良渚人的首领?蚩尤就是良渚文化的开创者?几十年前已有专家提出这个观点。

蚩尤与炎帝、黄帝生活在同一个年代,都是在新石器时代晚期。江苏省考古研究所所长林留根结合最近在江苏兴化、东台交界处蒋庄遗址上良渚文化的重大发现时表示,如果认定良渚文化是蚩尤族所创,那么蚩尤也就自然地成为"良渚王国"的"国王"了。

炎黄联合作战,黄帝带领士兵勇猛斯杀。传说蚩尤请来了"风伯"和"雨师"助战,一时间天昏地暗,浓雾迷漫,狂风大作,雷电交加,暴雨如注,使黄帝的兵士迷失了方向。对此,黄帝请来了天女魃帮忙,驱散风雨,并利用天上北斗星创制了"指南车",指引兵士冲出了迷雾。经过激烈的战斗,由于对地形不熟,蚩尤寡不敌众,黄帝大获全胜,就地处死了蚩尤。黄帝因为害怕蚩尤死后作乱,将他的头和身子分别葬在相距遥远的两个地方。蚩尤被处死的荒山上,化成了一片枫林,每一片枫叶皆有蚩尤的斑斑血迹。这个"斑斑血迹"正是战神蚩尤在开创中华文明历史中丰功伟绩的印记,是任何人都抹杀不了的。就连黄帝及其后代帝王都把蚩尤奉为"兵主",视为"战神"来崇敬和缅怀。《太平御览》卷七九引《龙鱼河图》说:"灵尤没后,天下复扰乱不宁。黄帝遂画蚩尤形象以威天下。天下咸谓蚩尤不死,八方万邦皆为珍状。"由此可见,蚩尤在被擒杀以后,黄帝及其族人们就将蚩尤的形象用来威吓天下八方,从而将蚩尤变成了自己的保护神。

---

[1] 范文澜,《中国通史简编·修订本第一编》,人民出版社,1949年9月,第89页。

蚩尤是可怜的，也是令人肃然起敬的。广大百姓普遍地将蚩尤视为自己的先祖，长期地怀念和祭祀。湖南的苗族人有祭"枫神"为病人驱除"鬼疫"的习俗，装扮"枫神"的人打扮得十分威武。这位令人敬畏的"枫神"就是蚩尤的化身，这与《山海经·大荒南经》所记载的"蚩尤所弃其桎梏进为枫木"的传说有关。汉武帝时，太原人还为蚩尤立祠。如今，河北省涿鹿县仍有蚩尤墓、蚩尤碑、蚩尤祠、蚩尤庙等。

历史是现实的基础，现实是未来发展的起点。中国近现代文明是从中国古代文明发展而来的，是继承和发展中国古代文明的结果。在黄帝时期的古代中国，黄帝、炎帝为中国古代文明做出了重大贡献；同样，蚩尤也为中国古代文明做出了重大贡献，他们都是中国古代文明的伟大缔造者。

第一，蚩尤为社会经济发展做出了重大贡献。当时，蚩尤统率的九黎部落联盟，生活在长江中下游一带，是一个因水而生、在江河湖海中成长起来的部落，是当时三大部落联盟中由采集—渔猎到人工培育稻谷种植的杰出代表。

第二，蚩尤最早筑城"保民"。九黎部落联盟是一支比较稳定的农耕部落，为防御游牧部落入侵而用夯土筑城。看来"筑城而居"当是蚩尤部落特有的生活方式，也许良渚古城就是蚩尤部落所筑。《黄帝问玄女兵法》载："黄帝攻蚩尤，三年城不下。"《说文解字》释，"城"者，"以盛民也，从土从成"；《春秋谷梁传》载："城为保民为之也"；《墨子》曰："城者，可以自守也"。我们从中可以看出，蚩尤用夯土筑城构筑防御工事，以"保民自守"，并凭借粮多、兵强、城坚等有利条件，使炎部落和黄部落屡战屡败，在中华文明史上首现"积极防御"原生文明智慧的耀眼光芒！联想到伍子胥在苏州用夯土筑城不也就有源头了吗？

第三，蚩尤首创金属冶炼和兵器。蚩尤"以金作兵器"，威震天下。仅凭"以金作兵器"这一项发明，就涉及矿石的辨认和开采、熔炉中的化学和物理变化、材料和设备的置备、金属加工方法，即使令人来做，在没有科学理论指导的情况下，仍然是个困难的事。当代青铜器专家、古文字学家李学勤先生指出："蚩尤对于我们中国的传统文化有很多很重要的贡献，有一项非常重要的贡献，我想就是'蚩尤造兵'，就是他发明了很多的兵器、武器，那么在这一点上说起来的话，各家的传说基本都是一致的，都认为是蚩尤造的武器，所以他武力很强盛。"看来众口一词："冶炼金属"是蚩尤的首创，以致后来苏州一带的炼铁技术一跃而为天下先，其剑与"吴戈"更被后来誉为举世无双的锐利武器，这是蚩尤部落对中华原生文明的又一重大贡献。

第四，蚩尤首创和施行法制法规，以肃纲纪。《尚书·周书·吕刑》说：蚩尤对苗民"制以刑"，就是一个有力的佐证。《路史·后纪四·蚩尤传》在记述蚩尤被擒杀后说："后代圣人著其尊彝，以为贪戒。"罗萍注曰："蚩尤天符之神，状类不常，三代彝器，多著蚩尤之像。为贪虐者之戒"，首创了中华法制原生文明。

现代考古发现了涿鹿古战场周围的许多文化遗址，出土了大量的红山文化石铲、石斧、石镞等兵器，这是当时战争的佐证。中国革命军事博物馆至今还收藏着兽皮"涿鹿之战示意图"。

回过头来看，炎、黄、蚩为何有冲突、打起来？他们是为了争夺政权想当"皇上"吗？不！这些都还谈不上，因为那时压根儿还没有这个概念。只要研究一下"战争"的起源就知道。《西洋军事史》的作者J.F.C富勒认为，在原始的战争中，"战争的基本原因都是生物性和经济性的"，"都是为了肚皮打的，不管是人的还是兽的"，基本如此。而马克思、恩格斯都认为，战争作为一种社会现象，是在原始社会发展到一定阶段才出现的。"一切历史冲突都根源于生产力和交往形式之间的矛盾。"[1]这是解开战争起源之谜的"钥匙"。

李学勤先生说："不管是炎帝、黄帝还是蚩尤，他们作为一种古史的传说人物，他们都代表了一定的历史时期，也代表了一定的部族集团。那么炎帝可能开始时间要早一些，按照中国古书上的传说，炎帝一共传了八代，最后一代叫帝榆罔，帝榆罔他也称为炎帝，就是跟黄帝同时的炎帝，蚩尤是和帝榆罔这位炎帝和黄帝同时的人物，他们都是处于中国的文明正在起源和融合、形成的时期。"说明炎、黄、蚩尤你中有我，我中有你；你便是我，我便是你；火便是凤，凤便是火。一切的一切，标志着中华文明起源的历史雄浑而悠久。

中华文明的强大与不朽，不在变形的末端，而在雄厚的原生文明。一个民族在她从涓涓细流发展为澎湃江河的过程中，必然有一段积淀凝聚进而升华的时期，这个时期所形成的生活方式、文化方式、生存谋略等一系列稳定的存在方式，如同一个人的生命基因那样，将长久地甚至永远地影响着一个民族的生命轨迹与发展潜力。80多年的考古和实物证明，良渚国家是在农耕文化基础上发展起来的本源性文明，根深叶茂，而不是希腊式的次生文明。良渚国家乃中华文明5 000多年的主要发源地，她不仅改写了中国历史，而且也改写了世界历史。她的文明"圣水"已渗透到包括语言文字、生活习俗、价值取向等诸多层面。

蚩尤未死！尚武从未中断，有"字"为证。自古以来，"兵"者，强也。"兵"字的甲骨文从"斤"从"廾"，"廾"是双手举持物的形状。"斤"是一把横刃锛斧形，上面是横刃，下为曲柄，主要用以砍木，与斧相似，斧是直刃，斤是横刃。兵卒双手举起"兵之斤"这款战斧参战，奋勇挥动，何等威猛的架势（见图4-3）。

甲骨文"兵"字　　金文"彊"字　　小篆"彊"字

图4-3　"兵、彊、彊"的古文字

金文表示强者义的最早文本如图4-3所示。《易经》曰："天行健，君子以自彊（强）不息。"彊，从弓从土从畺。《说文》："彊，弓有力也。从弓，畺声。"金文两田间添三横"界线"。一是古时以弓丈量地亩定界，一弓为古制五尺，长宽各240弓为一亩；二是代表武器，造字的本义象征以战争解决领土问题，用武力夺取与护卫领地。小篆"彊"弓下加土，重申"彊"字领土主旨，武力夺取与护卫彊土、家园者。这个"护卫彊土、家园者"是原版的，她就

---

[1]《马克思恩格斯全集》第3卷，人民出版社，1960年12月，第83页。

是我们中华民族"尚武"的DNA。从我们民族的祖先崇尚"贵奋死",到人民军队官兵把战斗牺牲看成是"我光荣了",这都是DNA中所包含的全民族全时空的伟大尚武精神。

尚武与好战,本就是左手天使、右手恶魔。但"尚武"不是好战,而"好战"必然尚武。

今日之中华,我们的目标是祖国富强、民族兴旺、人民幸福。我们的尚武,就是原版的"护卫疆土、家园者"。且不说三百希腊勇士怎样彰显了千军万马的气势,单说我们的抗战军民,即便是出没在青纱帐里,也是顶天立地的英雄汉!

尚武蚩尤族人到底长啥样?良渚文化遗址——苏北蒋庄墓葬群出土的众多古人遗骨中已显现。这些遗骨还相当完好,尤其是牙齿保存得相当完整。这主要是由于良渚文化中心在环太湖地区,那里土壤呈酸性,很少有人类遗骨能在墓葬中完整保留下来(铁器亦如此)。而蒋庄遗址的土壤呈弱碱性且湿度较大,墓葬内保持了一定的恒温恒湿,所以许多遗骨保存相对完好。从现有遗骨来看,4 300多年的良渚人个头已经不小,男人有的已高达1.7米。对此,南京博物院考古研究所所长林留根表示:"根据这些大量完整的人类遗骨,我们不仅可复原出良渚人的身体及面部,甚至可通过DNA技术,确定整个墓葬群所有墓葬者的亲属关系,进而可复原蚩尤族人的长相,'复活'出一个完整的良渚部落。"

在时光吞噬了的历史印迹中,事实总会逐步揭开文明的光芒,使我们在历史中望向未来的深处。历史本身是没有意义的,过去与现在、东方与西方,但在时间与空间的对比中,历史的意义就出现了。中国人对"文明"的概括比西方早得多,作为古典语汇的"文明",其内涵也与当代相差无几。

"武"的本意是止戈,"文"的本意是化人。二者相辅相成、互为一体。正如恩格斯一百多年前在《路德维希·费尔巴哈和德国古典哲学的终结》一文中所指出,"世界不是一成不变的事物的集合体,而是过程的集合体"。不能说吴越人崇文,其尚武的基因就消失了。在时间的长河中,吴越人尽管受到嬴政大帝"六王毕、四海一"、把天下利器尽行收缴、几家合用一把菜刀的影响,特别是赵匡胤取得天下后,基于五代时期"枪杆子里出政权"的乱象,一方面"杯酒释兵权",另一方面"以文臣知州事",不仅夺了"丘八"们的权,干脆连枪杆子都藏起来的影响,但吴越人尚武的基因经修复后并未马放南山,自废武功。

吴地人是有血性的;而"禹越"人"从穷越之地"崛起,尤其是勾践卧薪尝胆、坚毅果敢,乃是越国1 700多年历史上最享盛誉的一位传奇君王。刑天般的猛志,不会毁灭。一百年前,美国人李佳白博士(Gilbert Reid,1857—1927)就提醒中国,中国最危险的敌人是日本,外患必发于日本,日本"以囊括东亚为最后之策略",中国对日本应有严密的防范措施。80年前中国处在抗战前夜最危险的时刻,以上海"七君子"(沈钧儒、章乃器、邹韬奋、李公朴、王造时、史良、沙千里)等为代表的知识分子发起了救国会,他们以己所能担起救亡图存的民族使命,这种血性担当精神影响了一代又一代新人。在抗日战争中,"大刀向鬼子们的头上砍去!"耳边的《大刀进行曲》旋律激越铿锵,"杀"声如炸雷一般。其作曲家就是原籍苏州常熟的上海人——麦新同志,年仅33岁。苏南敌后抗日根据地的女英雄孙晓梅(浙江富阳龙门镇人),穿越封锁线,出入敌占区,搜集敌情,惩罚敌伪,不幸在句容县营仿镇被日军特工逮捕,受尽酷刑,残酷杀害,年仅29岁。今天,整个世界局势变得越来越微妙,天下并不太平。资本的属性是逐利,帝国的本性是掠夺。我们丝毫不可麻痹,必须切实做好防控各种重大风险的预警预案。一句话,兵来将挡水来土掩,这是我们的战略定力。

二、带经锄野　文化昆仑

许多学者认为,吴人从宋朝开始发生了由尚武到崇文的嬗变。笔者认为,这不大符合史实。江南是报国之剑气与幽情赋诗之箫心的奇妙结合,是"剑"与"箫"的二重演奏。其一,笔者上述已指出,吴人"崇文"古来有之。吴越先人"断发文身"以及女性用"草汁染齿",这是一种"观念"与"艺术",而"艺术"标志了"文化"的出现,其历史也可能在5万年前吧,这是因水而生、水做的火焰,值得吴越人无比骄傲。其二,"文变染乎世情,兴废系乎时序"。众所周知,宋朝重文是前所未有的,江南也不会例外。但史实证明,早在新石器时代先吴人已播下了文明的种子,如大江南北众多遗址出土的刻文陶片,那些原始文字已经显示出先吴人的文明因子,特别是良渚国家文明既有超大古城又设有大型祭坛,并用最好的食物作祭礼,说明那时的先吴人已经由分散到联合,进入了"王国文明","人们把特殊的场所奉献给神明,……认为接近神明最喜欢的场所并主持特殊祭典的人必须是人身纯洁的"[1]。到了春秋战国时期,吴地的文明已经出现了鲜艳夺目的花朵。在吴中大地时空的舞台上,大大小小、形形色色的文人雅士不胜枚举。

江南之地,水势浩荡,流水潺潺,水的流动性,汇聚了各地的文化因子,引发了吴越文化在多样性基础上的交流互鉴,这里的人思维活跃,心灵插上了翅膀,获得了灵感飞舞的自由;加之安定富庶,显现出"半山才子气,满城读书声",触发了哲思与创新。人们慨叹他们的才华横溢,折服于他们的奇思妙想,学术流派异彩纷呈,甚至被他们身上所散发的耀眼光芒迷惑了双眼,有时候会忘记他们首先是一个人,其次才是一个天才。这些先哲以科学的态度对待科学,以真理的精神追求真理,鲜活而动人,给历史打上了难以复制的烙印。

(一) 道启东南,文开吴会

自然环境是人类社会存在和发展的舞台。马克思指出,文化初期,第一类自然富源具有决定性意义,"没有自然界,没有感性的外部世界,工人就什么也不能创造"[2]。到了春秋时期,吴地已经逐步由石器时代进入了铜铁时代,自然田变成了方田,野生稻普遍变为人工育秧,生产力明显提高,特别是汉字的逐步普及,民众的思想观念大大改变。由于"人类受多种事物的支配,就是:气候、宗教、法律、施政的准则、先例、风俗、习惯。结果

---

[1] [法]孟德斯鸠著,张雁深译,《论法的精神》,商务印书馆,2007年4月,第236页。
[2] 《马克思恩格斯全集》,第42卷,人民出版社,1979年9月,第92页。

就在这里形成了一种一般的精神"[1]。学习文化,奋发读书。乾隆年间的宫廷画师徐扬在《姑苏繁华图》中画了一条结婚的喜船,迎亲的灯笼共画了17只,真正能看清灯笼上字的只有三只,其中有二只灯笼上写的是"翰林院",一只灯笼上写的是"翰林"。徐扬毕竟是苏州人,他懂得苏州人的心思——读书认识世界是苏州士人的梦想。而且读书要读到做翰林(翰林是当时社会中地位最高的士人群体,知识分子中的精英),体现出当时江南"商贾辐辏,百货骈阗"的市井风情。以文化人,自发地追求社会文明进步,由此产生了一批先哲,现列举几例:

1. "南方夫子"言子

在2 500多年前的吴国琴川(今苏州常熟市)虞山东麓,诞生了一位被后世称颂为"道启东南""文开吴会"的先贤言偃,擅长哲学、文学。言偃(前506—前443,字子游,后人尊称其为"言子")出生之际,正值中国社会发生大变革的春秋战国交替时期。此时,由于生产力发展,各国诸侯间不断发生相互争霸和兼并的战争,给人们带来了深重的灾难。但同时也产生了一批如老子、孔子、墨子、庄子等杰出的思想家、哲学家和教育家。

言子自幼聪明好学,立志长大后报效祖国。但后来当他看到国君夫差与越王勾践连年攻伐,沉湎仇杀之中而置百姓于不顾时,内心极为痛苦。为寻求济世安民的治国之道,他在22岁时毅然离开家乡,走上了寻师求学的历程。在卫国幸遇周游列国年已67岁的孔子,便拜孔子为师,得入文学之科。由于他谦虚勤奋,努力学习,碰到疑难问题常向老师请教,又是孔子唯一的南方弟子,因而为师所赏识。孔子高兴地说:"吾门有偃,吾道其南。"后孔子返归鲁国,言子随师友到了鲁国都城,更加刻苦学道,研习三代典章制度,儒业益精。孔子有弟子三千,贤人七十二,言子是七十二贤之一(见图4-4)。

图4-4 "南方夫子"言子石刻像

孔子世称素王,在他所设德行、政事、言语、文学等科业中,共有优秀学生10人,后人称为"十哲",言子名列第九。26岁时,经师推荐,他担任了鲁国的武城宰,知人善任,在中原培育儒学人才,用礼乐教化人民,施以小康之治,成为儒家礼学派的宗师。60岁时,言子返归故乡,从其者众,被尊称为"南方夫子"、东南文化教育之祖。

言子不顾年迈从家乡琴川出发,横渡松江,来到海盐古邑的青溪(今之上海奉贤)传授孔子学说。当时上海尚处于迷信鬼神,以"操吴戈兮披犀甲"为荣的社会状态。言子到了后,招收弟子,开设塾馆,常用一些比较通俗的口语讲解、普及文化。对此,郭沫若很早就注意到了春秋时期的"新文言"的成熟与语言变革,称其为"春秋时代的五四运动"。当地庶民在他

---

[1] [法]孟德斯鸠著,张雁深译,《论法的精神》,商务印书馆,2007年4月,第177页。

的教导下，礼仪文明之风大振。言子讲学之地被后人命名为"奉贤"，沿用至今。

言子在教育的起点上，有坚定的社会理想；在教育的目的上，有明确的经世致用宗旨；在教育内容上，除能用"六艺"等对弟子进行基础教育外，还采用礼乐之教，逐步深入孔门之道，使学者从小陶冶关心国家、爱护人民的道德操守，把握和运用治国安民的道理。在早期儒家之中，其人民性、主体性、抗议精神强，是早期儒家的嫡系和中坚。

言子死后得到后人的崇敬，累世不绝。清代乾隆皇帝御书"道启东南"石坊，半山亭有清康熙皇帝御书"文开吴会"石匾。其言行散见于《论语》《孟子》《礼记》《史记》等古籍中。在《礼记》的《礼运》一篇中，孔子与言子有关建立"大同小康"社会的一段文字最为经典。对于这篇文章，郭沫若认为这毫无疑问是"子游氏之儒"，是言子或他的弟子假托与孔子的对话，来阐发"大同小康"之说。这是言子在世界"轴心时期"思想理论的重大"突破"。如今，"小康"社会已传承至今，并处于实践与发展之中。

2. 中国古代最伟大的博物学家与通才大师葛洪

法国浪漫主义作家代表人物维克多·雨果在遗嘱中写道："神、灵魂、责任这三个概念，对一个人足够了，对我来说也足够了，我抱着这个信念生活，我也要抱着这个信念去死。真理、光明、正义、良心，这就是神。"拜佛也好，求神也罢，不管是佛教、基督教、道教、伊斯兰教……都属于宇宙哲学和精神追问的范畴。日月星辰的升沉运行，春夏秋冬的周而复始，智慧与智慧为伍，理理相通，诚如骑着青牛西去的老子曰："原天地之美而达万物之理。"

葛洪（284—364，自号抱朴子，晋丹阳郡人，即今江苏句容市人）就是一个亦神亦人的、与大地在一起的东晋道教学者、神仙家与著名医药学家（见图4-5），三国方士葛玄之侄孙，世称小仙翁。在句容城西门原工程机械厂内至今还保存着一口葛洪原住址的炼丹井。

在英国人的眼中，葛洪是中国古代的"通才"与"大师"。剑桥大学学者、以《中国科学技术史》闻名世界的李约瑟称葛洪是中国古代"最伟大的博物学家和炼金术士"。他隐居深山炼丹，著有《肘后备急方》《金匮药方》《抱朴子内外篇》《浑天论》《潮说》《碑颂诗赋》《神仙传》《隐逸传》

图4-5 葛洪

《西京杂记》等作品计六十多种，其学问之广，著述之宏，堪为后人惊羡。他既是中国古代著名的神仙家、化学家、医药学家，也是文学高手。

科学家与神仙家合为一体，往往有许多奇异难解之处，而葛洪则放射出奇光异彩。85岁的中国女科学家屠呦呦因开创性地从中草药中分离出青蒿素应用于疟疾治疗获得了2015年诺贝尔生理学或医学奖，这是中国科学家首次因在中国本土进行的科学研究而获诺贝尔科学奖，是中国医学界也是中医药成果迄今为止获得的最高奖项。不正是葛洪的道教医学——《肘后备急方》帮她攻下了诺贝尔奖吗？《礼记·月令》中称"民多疟疾"。"疟"字从"疒"从"虐"；"虐"字是老虎头，在甲骨卜辞中的字形上看，似老虎张着大口扑向人——疟疾就是像老虎一样凶猛的传染病。

从神奇的小草中提取的青蒿素及其衍生物,对恶性疟疾、脑疟有着强大的治疗效果,其治愈率达到97%。它挽救了全球尤其是发展中国家数百万人的生命,被饱受疟疾之苦的非洲民众称为"东方神药"。所以把葛洪当"神"——追求"真理、光明、正义与良心"是有道理的。

葛洪出身于仕宦之家,13岁时父亲病亡,家境也随之衰败,"贫无童仆,篱落顿决,家道中落,被榛出门,排草入室"。他16岁读儒家的《孝经》《论语》等经、史与杂文等,后来还学习了"望气""卜卦"之类的知识,可谓博览群书。24岁时他在中国的精英圈子和知识界中已经很有名气了。

早年他也想在仕途上求得功名,但怀才不遇。魏晋是中古历史上动荡的时代,三国鼎立、八王纷乱,不独内战频繁,且有五胡侵入,多处发生农民起义,他曾入伍打过仗。20多岁的葛洪无可奈何,得知叔祖父葛玄曾把炼丹事授给弟子郑隐,就去拜郑隐、鲍靓为师学道。从此,他把老庄之学演化为内神仙外儒术,游历江南各地名山,在收集、研究各种药方为民治病的同时,进行了很多的炼丹实验,特别在常年葱绿、生机盎然的南方罗浮山十年中,身穿道袍,手拿"仙草",行踪飘忽,来去丛林间,采矿石、尝百草,专心炼丹、著述,不仅总结了前人的经验,并且获得了很多前所未有的新成果。

《抱朴子》是他的代表作,其书名用的是他给自己取的号。"抱朴"二字最早出于《老子》,指内心淳朴,不为外物所诱惑。他在其《仙药篇》中,记载了众多中草药的别名、生长环境、特征、性能和用法等,使之成为一本中国早期的药物学论著。他还整理民间验方、秘方,写成一本便携式的袖珍本——《肘后备急方》,大受民众欢迎,堪称公众医疗服务的典范。杜甫《赠李白》诗云:"秋来相顾尚飘蓬,未就丹砂愧葛洪。痛饮狂歌空度日,飞扬跋扈为谁雄。"陆龟蒙《奉和袭美怀华阳润卿博士三首》之二又道:"火景应难到洞宫,萧闲堂冷任天风。谈玄麈尾抛云底,服散龙胎在酒中。有路还将赤城接,无泉不共紫河通。奇编早晚教传授,免以神仙问葛洪。"他不管瀚海百丈冰,愁云万里凝;也不管前路有多少风霜,万千雷暴,午夜神驰,弹剑为文,爱与忉似涨满的潮水,一支孤笔万仞山,无惧自己生命的消融和枯草片片掩荒冢,凭的是真理、光明、正义与良心。

人们常说,没有比人更高的山,也没有比脚更长的路。功夫不负有心人,葛洪修性成正果。如在其《肘后备急方》中有一"疗狾犬咬人方"("狾犬"即疯狗),便是免疫学在临床上的具体应用。他取咬人的犬脑敷贴在被咬的伤口上"以毒攻毒",以提高抗病能力,这是人类狂犬病预防接种的发端,是真正的免疫学先驱。欧洲的免疫学是从法国的巴斯德开始的,他用人工的方法使兔子得疯狗病,再把病兔的脑髓取出制成针剂,其原理与葛洪基本相似,虽更加科学,但比葛洪晚了一千多年。葛洪的这种免疫学思想,启发了后人预防天花的"种人痘法""牛痘接种法"等,数不清的人免于天花之灾。李约瑟肯定地说:"世界医学化学源于中国。"此外,他还在沙虱病、天花、结核病等研究领域都具有世界领先地位。屠呦呦(浙江宁波人)获得了诺贝尔奖,最近又入围英国BBC"20世纪最伟大科学家",葛洪的在天之灵又重返了人间。

3."东林先生"顾宪成

顾宪成(1550—1612),无锡张泾桥人。家乡有东林书院,原为北宋杨时讲道之处。被革职后,顾宪成在地方士绅和官吏的资助下将东林书院重新整修,集志同道合的朋友高攀龙、钱一本、薛敷教、史孟麟、于孔兼等在这里讲学。顾宪成曾言:"字莘毂,志不在君文;官封疆,志不在民生;居水边林下,志不在世道;君子无取焉。"其后,孙丕扬、邹元标、赵南星等正直君子,被朝廷所黜,亦赴东林相继讲学。他主持书院达8年之久,每年一大会,每月一小会,会期各三天,"朝士慕其风者,多遥向应和",一时盛况空前,名声大震。各地学者、名士都闻风附归,纷纷慕名赴会,一部分在职的正直官吏也"遥相呼应"。东林书院不仅成了一个著名的讲学中心,而且也成了一个很有影响的政治舆论中心。

凡加入东林书院政治活动的人,被称为东林党人,顾宪成也被尊称为"东林先生"。由于东林党人主张开放言路、实行改良时政等意见,得到社会广泛支持,为世人所瞩目,在明代后期的文化史和政治史上写下了有声有色的篇章。特别是他在东林书院撰写的一副对联:"风声雨声读书声,声声入耳;家事国事天下事,事事关心",足见他主张把努力读书和关心政治结合起来。他要求改革政治,整顿税收,限制大官绅的势力。这些做法和主张,在社会上引起了强烈反响,有力地推动了江南的政治生态建设与崇文之风。在宋代全国714所书院中,南方就占了687所,占总数的96.22%[1],大都分布在上海、江苏、浙江、安徽、福建、江西等14个南方省区,如句容的茅山书院、绍兴的稽山书院等。位于常熟古里镇的瞿氏铁琴铜剑楼,被誉为清代四大藏书楼之首。

1571年,在澳门还出现了中国历史上的第一所西式小学——圣保禄公学,1594年升格为大学(圣保禄学院)。这不仅是中国土地上出现的第一所西式大学,还是整个远东地区创办最早的西式大学之一。该校师生中不乏明代著名科学家、政治家,官至崇祯朝礼部尚书兼文渊阁大学士的徐光启(松江府上海县人)与清代天主教中国籍神父、书画家吴渔山(江苏常熟人)等大家。国门洞开后,又先后开办了上海的圣约翰大学及福建的船政学堂等高等专科学校,这些学校的种种办学举措,在中国教育史上均具有开创性的意义。

(二) 江南多才子,操守超时代

光与影,剑与犁,富豪与文豪,都是江南人书写的真实历史。孟德斯鸠在18世纪上半叶曾指出:"中国的江南和浙江这两个美丽的省份……他们平治了洪水,帝国版图上便出现了这两个最美丽的省份。这两个省份的建立是完全出于人力的劳动的。这两个省份土地肥沃异常,因此给欧洲人一个印象,仿佛这个大国到处都是幸福的。"[2]江南多沃土,战争稀少,加之人勤奋,故自中古以来一直富足,其本土文化一旦扎根,就会生发出伟力。

---

[1] 吴霓,《从古代私学的发展看中国文化重心南移现象》,《北京大学教育评论》,2005年第3期。
[2] [法]孟德斯鸠著,张雁深译,《论法的精神》,商务印书馆,2007年4月,第168页。

在创始于隋朝止于清光绪三十一年(1905)存续约1 300年的中国科举考试制度中,全国产生了总计可考的文武状元777人,其中南方地区不乏史上最有气节的"状元中的状元"文天祥(江西吉安人),"连中三元"的钱棨(苏州人),年龄最小的年仅9岁的被称"神童"的武状元朱虎臣(江西浮梁县人)……历史上仅苏州就出过51位状元,1 500多名进士。张慧剑编著的《明清江苏文人年表》收录各地文人5 420名,其中苏州达1 290名,占23.8%。无锡鸿山镇的一条小河边就诞生了一位国学大师和5个院士(蜚声中外的国学大师钱穆、物理学家钱伟长、经济学家钱俊瑞、教育家钱临照、力学家钱令希、分子生物学家邹承鲁等)。1919年爆发的"五四"新文化运动是新文化思潮发轫的标志,陈独秀是倡导者。之后,李大钊、胡适、鲁迅、钱玄同、刘半农、瞿秋白、周作人、茅盾、沈尹默等以《新青年》为阵地,发表一篇又一篇反传统、反孔教、反文言的檄文,形成一股富有新文化、新知识、新思想的文化思潮。这些新文化思潮的引领者,除李大钊外,其他均为长三角的安徽、江苏、浙江人。李大钊是河北人,但他的新思想引领人是江苏南通人白雅雨。

由此可见,江南是一块神奇的"文化富矿",出现了许多引领时代潮流的思想大师和文化巨匠。如沈括、徐光启、徐霞客、周本濂、沈致远、张青莲、时钧、王贞仪、屠呦呦等科学家,陆机、陆云、范仲淹、刘勰、李煜、秦观、范成大、施耐庵、鲁迅、曹雪芹、吴敬梓、冯梦龙、胡适、茅盾等文学家,顾恺之、张旭、米芾、沈周、唐寅、文徵明、祝枝山和以郑板桥为代表的"扬州八怪"等艺术家、书画家,王国维、杨荫榆、吴贻芳、陈望道等历史学家、教育家,丰子恺、张乐平等漫画家,还有政治思想家顾炎武、章太炎、翁同龢等。近代和当代著名的科学家有华罗庚、周同庆、周培源、茅以升、钱学森、钱伟长等,文化名人有陈去病、柳亚子、朱自清、顾颉刚、叶圣陶、郭绍虞、匡亚明、胡绳、费孝通、钱钟书、周有光等,著名书画艺术家有李叔同、黄宾虹、徐悲鸿、刘海粟、傅抱石、钱松岩、林散之等,著名表演艺术家有梅兰芳、周信芳、袁雪芬及武侠小说大师金庸等。老一辈无产阶级革命家有周恩来、陈云、张太雷、恽代英、瞿秋白、秋瑾等,江南有为之士可谓璨若繁星。他们仿佛是古城中酒家的招牌,重见天日时,厚厚的泥土下是美酒的芬芳,那香气叫人不饮自醉。

1."天下兴亡,匹夫有责"——著名思想家顾炎武

昆山人引以为自豪的,一是世界非物质文化遗产——昆曲发源地,二是写下"天下兴亡,匹夫有责"的顾炎武。昆山最宽的路是亭林路,最美的公园是亭林公园。这"亭林"就是大名鼎鼎的顾炎武。

顾炎武(1613—1682,本名绛,别名继坤、圭年)昆山市千灯镇人,明朝秀才。明亡后,仰慕文天祥学生王炎午为人,遂改名炎武,学者尊为亭林先生,是明末清初著名的思想家、经学家、史地学家、音韵学家,开创一代朴学,与黄宗羲、王夫之并称为明末清初"三大儒"或曰明末清初"三大思想家"。

顾炎武原为顾同应之子,曾祖顾章志,顾氏为江东望族,徐干学、徐秉义、徐元文三人是顾炎武的外甥。顾炎武过继给去世的堂伯顾同吉为嗣,寡母是王述之女,十六岁未婚守节,"昼则纺织,夜观书至二更乃息",独力抚养顾炎武成人,教以岳飞、文天祥、方孝孺忠义之节。顾炎武十四岁取秀才,与归庄友好,即入复社,"砥行立节,落落不苟于世,人以为狂",二人个性特立耿介,时人号为"归奇顾怪"。顾炎武一生多闻博学,其著述广涉经义、史学、文字、音韵、金石、考古、天文、历算、舆地、军旅等诸多领域,其著作中的多数内容,今天已被称为"绝学",如《音学五书》等。

在读书学习中,他注重经世致用,凡社会风俗、民生利弊,必亲历体察;于地理考证,不完全依赖文字记载,而重视实地调查,"用脚步丈量历史文化",合"学"与"行"、治学与经世为一,反对空谈"心、理、性、命"。明末清初,在世风衰败、政权易主的环境下,提出了"天下兴亡,匹夫有责"的思想,突出显示了士人在衰世之中的一种文化担当精神。人民的利益高于一切,这或许就是"天下兴亡,匹夫有责"一语的由来和本义。

2. 把经学还原为一棵生命不息大树的著名学者章太炎

著名学者章太炎(1869—1936),后又改名炳麟,浙江余杭人。他出身于家道中落的世代书香门第,一生经历了戊戌维新改良运动和资产阶级民主革命两个历史时期,走过曲折的道路,是我国近代杰出的民主革命家和著名学者。鲁迅先生曾十分推崇他那"英雄一入狱,天地亦悲秋"的视死如归的英雄气概和"七被追捕,三入牢狱,而革命之志,终不屈挠"的豪杰精神,并誉之为"后生的楷范"。

辛亥革命后,他退居书斋,钻研学问,粹然成为一代儒宗。在学术上,他涉猎甚广,经学、哲学、文学、语言学、文字学、音韵学、逻辑学等方面都有所建树。一生著述颇丰,其《章太炎全集》有"中国文化百科全书"之称。

中国土生土长的"古典学"——经学,是门很古老的学问,而章太炎可谓是第一个"吃螃蟹者"。他在文字音韵学上的造诣无人可以匹敌。一旦他从史家的眼光来看经学,一个直接的后果就是,经学的价值核心被化解。他的绝招,就是化经为史。被引入西方学术体系,作为解构西方古典学的基本理论依据。无疑,他把经学还原为一棵生命不息的大树了。

他不仅是中国近代著名哲学家,一代国学宗师,而且还是中国近代重要的民主革命家、思想家。他一生积极地奔波于民主思想的传播和反对帝制的斗争,早年提倡维新变法,后又接受孙中山的民主革命纲领,驳斥康有为以保皇对抗革命和托古改制的主张,大力宣传甚至亲身参与民主革命,是现代中国学术的先驱和探路人。他的许多学术思想,对五四新文化运动产生了深刻的影响。特别自"九一八事变"以来,章太炎以老迈之躯,口诛笔伐,南北驱驰达5年之久。

1931年"九一八事变"后不久,65岁的章太炎,痛斥抗战投降派。1932年1月13日,章太炎与熊希龄、马相伯、张一麐、李根源、沈钧儒、章士钊、黄炎培等知名人士,联名通电,痛斥当局"不抵抗",强烈要求发动全民抗战。1936年5月,终于在章太炎逝世前一个月,蒋介石致信章太炎,保证相互信赖,庶几团结一致共渡难关。6月4日,章太炎于逝世前10日,复信蒋介石,最后一次痛陈利害,促其抗日。遗憾的是,章太炎没能看到全民族统一抗战的大幕开启。1936年6月14日,章太炎病逝于苏州锦帆路寓所。

3. 火凤凰——文学巨匠曹雪芹

大概没有多少人不知道"满纸荒唐言,一把辛酸泪"的《红楼梦》,也没人不能不怅然于"都云作者痴,谁解其中味"的曹雪芹。不仅在中国,《红楼梦》在国外传播亦已有220多年,全译本也有20多种。英国著名的东方文化研究者阿瑟·韦利曾评价说:"《红楼梦》是世界文学的财富,它的出现给世界文学增加了荣誉,它使世界文学创作者受益匪浅。"

早在2001年,红学研究者蔡义江先生就曾说过:"曹雪芹是我国最伟大的文学家之一。他在世界文学史上的地位与成就,比之于莎士比亚、歌德、巴尔扎克、普希金、托尔斯泰都毫不逊色。"这位伟大的文学巨匠、思想家,究竟是个什么样的人?许多人就不一定都知道。正如中国红楼梦学会会长张庆善用"熟悉的陌生人"来形容曹雪芹。这位"生于繁华,终于沦落"的清代文学巨匠,用他一生的心血创作出了《红楼梦》而名垂青史。

曹雪芹(1715—1763),名沾,号雪芹,出身于江宁(南京)的织造世家,祖上是清朝贵族的"包衣",也就是家奴。但他家又与清王朝的最高统治者康熙皇帝有着十分亲密的关系,他的曾祖母孙氏夫人就是康熙皇帝的保姆,所以曹雪芹的曾祖父曹玺,特别是祖父曹寅深得康熙皇帝的信任,曹家三四代人也得以在江南担任江宁织造达58年之久,成为一时的江南望族。这在《红楼梦》的贾府中,可以看到当年江南曹家的影子。

曹雪芹的一生经历是坎坷的,他从一个贵族子弟而沦落为"举家食粥酒常赊"的落魄文人,在晚年经历了失去独子的悲伤后,48岁的曹雪芹,没过几个月就撒手人寰了,正是"平生遭际实堪伤"。他的人生是不幸的,正因他经历了人生的不幸,从而对社会、对人生有了深刻的认识。他的不幸人生经历加上他的文学天赋,造就了旷世奇书《红楼梦》,正如德国哲学家尼采所说:"就算人生是场梦,也要有滋有味地做完这场梦;就算人生是场悲剧,也要有声有色演完这场悲剧。"这就是曹雪芹为什么要写《红楼梦》的理由。

家破之恨、故园之思,亲历沧桑易代巨变后的心灵之痛,写出来,竟是亦真亦幻、虚实相生。梦是美好的,就如夜空中的星星,熠熠生辉;亦如清晨的露珠,晶莹剔透。梦又是易逝的,如薄雾淡云,被风一吹就不见了。梦在前方,向我们招手,吸引我们去追寻。梦与现实总是有一定的距离,所以人们总爱在现实中追梦,当梦想成为现实,人们会无比兴奋。但是如果有一天现实成为梦,人只能在回忆中享受梦的美好,那内心又会是一种怎样的感受呢?

一入红门深似海,它是一部百科全书,既是一部生活世界、艺术世界,也是一部哲学世界。笔者在这大海中选取几朵浪花:

曹雪芹的家族是辽东辽阳的汉族人,后来参加了八旗,是汉军正白旗,所以得到康熙皇帝的信任,因具有汉族人与汉军正白旗的双重身份,就派他家到江南维护民族关系,从曹玺、曹寅、曹颙(雪芹之父)到曹頫(雪芹之叔)在江宁织造府世袭连任,既能被汉族知识分子接受,又能受到皇帝的信赖。因此,康熙皇帝六次到南京,后四次就住在曹雪芹祖父曹寅任职的江宁织造府里,也就是现在的南京大行宫,因为保姆(奶妈)在那里,祖父曹寅从小又是康熙的"奶兄弟"(小侍卫和伴读),这种感情非同一般,当然要去看看。古时皇帝住的地方叫作行宫,康熙住了多次,后来乾隆又在那里住了,就称为"大行宫"了。《红楼梦》第十六回赵嬷嬷大吹特吹:"江南的甄家,……独他家接驾四次……"曹雪芹这样写不是没有现实依据的,康熙皇帝确实到过他家四次。接待皇帝的规格就不用说了,所以《红楼梦》也只有曹雪芹能写得出。创作需要生活经验作前提,要发挥想象虚构也需要现实为基础,而只有曹家有这样的基础。故笔者大半生数读《红楼梦》后的结论是:不仅前八十回是他写的,就是后四十回也是他写的草本,可以说其他人是不可能写出来的,因为这是他的心灵自传,表现了人的心灵和人性,而这正是《红楼梦》的经典所在;再说他在前八十回中,已经点到后四十回要写出来的字眼,或许在民间发现的后四十回的佚文就是曹雪芹的正本。

苏州第十中学曾是清代苏州织造署西花园。曹雪芹的祖父曹寅、舅祖李煦,曾先后担任过苏州织造一职。《红楼梦》里写到的内容和故事,很多都与苏州密切相关。当年康熙皇帝六下江南,也曾住在西花园。当时曹雪芹的祖父、父亲已先后去世,奶奶李氏(李煦之妹)对独根苗孙子曹雪芹的疼爱无以复加,还经常带着曹雪芹到苏州省亲。这一切在曹雪芹幼小的心灵烙下了永恒的记忆。因此可以说,苏州奠定了《红楼梦》的重要创作基础。他通过显性和隐性的描写方式,赋予了黛玉与苏州十分紧密的联系。比如说黛玉的籍贯是苏州,黛玉《葬花吟》中的"侬",是当时典型的苏州方言。更让人想不到的是,黛玉的生日也暗合苏州的"花朝节"——二月十二。曹雪芹之所以这样设计,除寓意"黛玉的身份应该是一位百花仙子"外,还希望在黛玉身上留下更多的苏州元素。除了黛玉,还有香菱、晴雯等也是姑苏人氏。这就或隐或现透露出曹雪芹胸中缠绵不去的姑苏情结。甄士隐、贾雨村就是从苏州出发,各自走向了自己的人生旅途,而且是两种完全不同的人生,最后却殊途同归。

红楼别样红,大浪有风险。曹家接待皇上的吃喝排场,亏空了三十六万两银子,遭到了撤职查办,获罪被抄家。雍正六年(1728),14岁的曹雪芹随家人迁回北京老宅(现在的广渠门大街207号院),靠卖字画和朋友救济为生,从此生活陷入困顿凄苦之中。

在北京西山的生活阶段,曹雪芹回忆当年在南方的生活时,感叹江南女孩子聪明灵秀,自惭"风尘碌碌,一事无成,忽念及当日所有之女子,不是世代为奴,就是投井、悬梁自尽,结束了花一样娇嫩的生命。他一心要把江南的这些女孩子写出来,穷到举家食粥而十年笔耕不辍,直到1763年2月去世,真是"字字看来皆是血,十年辛苦不寻常"。他借贾府奴仆之口,说出"你知道'奴才'那两个字是怎么写的?"惊魂一语,内含多少感慨悲凉?"文章憎命达"在曹雪芹和莎士比亚的身上得到同样的应验。因此,他写的《红楼梦》原名《石头记》,讲述一块无缘补天的顽石到人间游历的故事,后又名《金陵十二钗》。可见,曹雪芹念念不忘民众,特别是对处于弱势的女性的尊重。在中国文学的画廊中,贾宝玉的典型意义在于此,《红楼梦》的人文价值也在于此。在我看来,最好的清史莫过于《红楼梦》,它宣告了封建制度的必然崩溃,而《红楼梦》也由此进入了永恒。100多年前,我国近代著名诗人黄遵宪曾说:"《红楼梦》乃开天辟地,从古到今第一部好小说,当与日月争光,万古不磨者……"堪称东方版的莎翁全集。

4. 在中国近现代享有国际声誉的著名学术大师王国维

王国维(1877—1927,字静安,浙江嘉兴海宁人)是我国近代在文学、美学、史学、哲学、古文字、考古学等各方面成就卓著的一位学术巨子、国学大师(见图4-6)。早年追求新学,把西方哲学、美学思想与中国古典哲学、美学相融合,形成独特的美学思想体系,继而攻词曲戏剧,后又研究上古史学、古文字学、考古学、敦煌学等,在诸多学术领域皆有开创性贡献,为中华民族文化宝库留下了广博精深的学术遗产。

图4-6 王国维

他的言行皆"老实",就像鲁迅后来评价他的那句话:老实得像一根火腿。其实,王国维的"老实",正是传统乡绅家庭熏陶下的谨言慎行。这种"老实",不仅体现在生活中,也贯穿在他的整个学术生涯,思维严谨,追求论据的确凿。在生活中,体现为不善言辞以及对于古礼的谨守,就连他写给别人的书信,也基本是以楷书和行楷为主,写得非常工整,一丝不苟。正是这种性格,王国维得以在国学、金石以及甲骨文研究上取得非凡的成绩。治学不为媚时语,独寻真知启后人。

他任清华国学研究院导师仅仅两年,但他的学术研究给清华国学院带来了20世纪最具现代性的学术方法和学术思想,还培养了一批德才兼备的栋梁之材。他在《古史新证·总论》中写道:"然昔于古史材料,未尝为充分之处理也。吾辈生于今日,幸于纸上之材料外,更得地下之新材料。由此种材料,我辈固得据以补正纸上之材料,亦得证明古书之某部分全为实录,即百家不雅训之言,亦不无表示一面之事实,此二重证据法,惟在今日始得为之。"这就是"二重证据法",即考古文物与史籍记载相互印证。他为中国现代考古学的建立奠定了基础,成为20世纪中国考古学和考据学的重大革新。

甲骨文晚清始发现,最早是王懿荣,后来刘鹗刊印《铁云藏龟》,继之,孙诒让和罗振玉对甲骨文字进行研究。而将甲骨学由文字学演进到史学的第一人,则推王国维。他撰写了《殷卜辞中所见先公先王考》《殷卜辞中所见先公先王续考》《殷周制度论》《殷墟卜辞中所见地名考》《殷礼征文》以及《古史新证》等,他将地下的材料甲骨文同纸上的材料中国历史古籍对比来研究,用卜辞补正了书本记载的错误,而且进一步对殷周的政治制度作了探讨,得出崭新的结论,其考证方法极为缜密,论断堪称精审。

胡适与王国维的治学背景不同,但在学术研究方面,他们彼此欣赏。尤其是胡适,他最看重王国维的考据。1923年,胡适在《五十年来中国之文学》日译本作序时,写道:"近人对于元人的曲子和戏曲,明、清人的杂剧、传奇,也都有相当的鉴赏与提倡。最大的成绩自然是王国维的《宋元戏曲史》和《曲录》等书。"同时他在这年的2月10日又写了《读王国维先生的〈曲录〉》的书评文章,以表示对王国维曲学研究的肯定。直到胡适的晚年,他还保留着对王国维的特殊印象,他对助手胡颂平说:王国维是一个绝顶聪明的人,他少年时用德国叔本华的哲学来解释《红楼梦》,他后来的成就,完全是罗振玉给他训练成功的。当然要靠他自己的天分和功力。

王国维的考证方法既继承了乾嘉学派的考据传统,又运用了西方实证主义的科学考证方法,使两者有机地结合起来,在古史研究上开辟了新的领域,创造了新的方法,取得了巨大的成就。郭沫若曾赞颂说:"王国维……遗留给我们的是他的知识的产品,那好像一座崔巍的楼阁,在几千年来的旧学的城垒上,灿然放出了一段异样的光辉。"

这位集史学家、文学家、美学家、考古学家、词学家、金石学家和翻译理论家于一身的学者,生平著述 62 种,批校的古籍逾 200 种,被誉为"中国近三百年来学术的结束人,最近八十年来学术的开创者"。梁启超赞其"不独为中国所有而为全世界之所有之学人"。

究其因,他广博精深的学术遗产主要来源于他的"治学三境界":一是"昨夜西风凋碧树。独上高楼,望尽天涯路",这词句出自晏殊的《蝶恋花》,原意是说,"我"上高楼眺望所见的更为萧飒的秋景,西风黄叶,山阔水长,案书何达?在王国维此句可解释成,做学问成大事业者,首先要有执着的追求,登高望远,瞰察路径,明确目标与方向,了解事物的概貌。二是"衣带渐宽终不悔,为伊消得人憔悴",这引用的是北宋柳永《凤栖梧》(《蝶恋花》别称)最后两句词,原词是表现作者爱得艰辛与爱得无悔。若把"伊"字理解为词人所追求的理想和毕生从事的事业,亦无不可。王国维则别具匠心,以此两句来比喻成大事业、大学问者,不是轻而易举,随便可得的,必须坚定不移,经过一番辛勤劳动,废寝忘食,孜孜以求,直至人瘦带宽也不后悔。三是"众里寻他千百度,蓦然回首,那人却在灯火阑珊处",是引用南宋辛弃疾《青玉案》词中的最后四句。梁启超称此词"自怜幽独,伤心人别有怀抱",这是借词喻事。做学问、成大事业者,要达到第三境界,必须有专注精神,反复追寻、研究,下足功夫,自然会豁然贯通,有所发现,有所发明,就能够从必然王国进入自由王国。

5. "文化昆仑"钱钟书

钱钟书(1910—1998,江苏无锡人,字默存,曾用笔名中书君)是中国现代作家、文学研究家,与饶宗颐并称为"南饶北钱"(见图 4-7)。

钱钟书之名,缘于他周岁时抓周抓到了一本书,因而取名"钟书"。也许是天意吧,他真就一辈子与书结缘。

钱家是无锡的世家望族,自古文人辈出,尤其是从明清到近代。其父钱基博是近代著名国学家,经史子集靡不贯通,尤以子部为最,著作颇多,南通张謇曾称他为"江南才子";其母姓王,乃近代通俗小说作家王西神之妹。"青出于蓝而胜于蓝",钱钟书生就一副"照相机"似的记忆,有过目不忘的本领。而且他的记忆不随时间而减退,许多年前看的书,多年后仍能复述,甚至一字不差。

图 4-7 钱钟书

1929年,钱钟书考入清华大学外文系。一入清华,便立下"横扫清华图书馆"的志向,把所有时间都用到读书上。据他的同学饶余威回忆,钱钟书看书极富特点:"他自己喜欢读书,也鼓励别人读书。"1937年,以《十七、十八世纪英国文学中的中国》一文获牛津大学学士学位。不仅国学功底深厚,还精通英、法、意、德、拉丁、西班牙等多种语言,是我国英语界公认的权威,历任中国社会科学院副院长、清华大学教授,其代表作:《围城》《管锥编》《谈艺录》《写在人生边上》《人·兽·鬼》等。

他在文学研究和文学创作方面的卓越成就,特别是在科学地扬弃中国传统文化和有选择地借鉴外来文化方面,具有重要的启示意义。他以一种文化批判精神观照中国与世界,在精熟中国文化和通览世界文化的基础上,在观察中西文化事物时,总是表现出一种清醒的头脑和一种深刻的洞察力。他不拒绝任何一种理论学说,也不盲从任何一个权威。他毕生致力于确定中国文学艺术在世界文学艺术宫殿中的适当位置,从而促使中国文学艺术走向世界,加入世界文学艺术的总的格局中。为此,他既深刻地阐发了中国文化精神的深厚意蕴和独特价值,也恰切地指出了其历史局限性和地域局限性;既批评中国人由于某些幻觉而对本土文化的妄自尊大,又毫不留情地横扫了西方人由于无知而以欧美文化为中心的偏见,对于推进中外文化的交流、使中国人了解西方的学术以及使西方人了解中国的文化起到重要作用。

提起钱钟书,许多人会立即想到《围城》,其实,《围城》只是钱钟书先生的一部优秀的小说,钱钟书一生最重要的成就不是小说,而是文化方面,他是中国数千年文化传统历史转型时期结晶出来的天才;他贯通中西、古今互见的治学方法,在当代学术界自成一家,因其多方面的成就,被誉为"文化昆仑"。黄谨曾这样评论他:"当代学人,最不可思议者,当数钱钟书。他不仅有惊人的渊博和睿智,更有无与伦比的文化包容力;他能够像魔术师一般,把种种本不亲和甚至相互排斥的东西,不落痕迹、天衣无缝地融合在一起。"有一位外国记者说:"来到中国,有两个愿望:一是看看万里长城,二是见见钱钟书。"钱钟书无疑已经成了中国文化的奇迹和象征。

他的一生,淡泊名利,甘愿寂寞,辛勤研究,为国家和民族做出了卓越贡献,培养了几代学人,是中国的宝贵财富。他似一缕清风、一江春水,拂尘涤污,带给人间一些明媚、一些清朗。他生之屹立,去亦伟岸;生之从容,去亦潇洒。这就是"当代第一博学鸿儒"和"文化昆仑"的巍峨。他极富传奇色彩的人生,至今风靡海内外。独来独往在人生的舞台,他的神秘一如他的风采。

(三)花开有声,学术流派纷呈

中国近代思想家梁启超曾指出:"思想者事实之母也。欲建造何等之事实,必先养成何等之思想""凡一国之进步,必以学术思想为之母","思想自由之门开,而新天地始出现矣"。在江南文化大家庭中,吴文化、越文化和徽文化等多个分支交相辉映,其吴韵苏风、皖韵徽风和越韵浙风,共同构成了江南历史文化的底蕴。特别是在文学艺术及科学技术方面,江南不同区域间的文化彼此竞争与融合,形成了流派纷呈的局面。例如,明清时期,新安理学、吴中实学、浙东史学、桐城文学、皖吴经学以及泰州学派、太谷学派,尤其是以顾颉刚为代表的近代史学史上著名的"疑古学派"等争奇斗艳,生龙活虎,各展其才。

1. 中国封建制社会后期第一个启蒙学派——泰州学派

生活在 15 世纪末和 16 世纪上半叶的成化至嘉靖年间的明代哲学家、泰州学派创始人王艮(1483—1541),泰州安丰场即今江苏东台市安丰镇人(见图 4-8)。他提出的以"百姓日用即道"说为其目的论、"安身说"为其本体论、"格物说"为其方法论,构建了民本思想体系,冲破了宋明理学的禁锢,实现了对传统儒学的超越。他用史实证明了"乡野村夫"才是历史上中国知识分子的主体。

当时,中国封建社会已进入衰落的晚期,资本主义经济开始萌芽,商品经济亦已发展,手工业者和市场的联系日益紧密,衰败没落的封建统治阶级更加腐败,对劳动人民的剥削和压迫更加残酷,阶级矛盾日益白热化。置身于这个黑暗社会生活底层的王艮,为谋生存、求发展,发愤刻

图 4-8 王艮画像

苦自学,在哲学、伦理、社会政治以及教育、文化等方面都有丰富翔实的论述,终于使一个海滨的穷灶丁,锻就为名垂史册、受人仰慕的学者。

他在故乡安丰场讲学,开门授徒,创立了泰州学派。其学派成员上至官员,下至百姓中的樵夫、工匠、田夫等,学派的主要代表人物有王栋、王襞、林春、徐樾、颜钧、何心隐和罗汝芳等,其哲学思想属于王阳明的"心学"体系,但又有自己的独特见解,特别是由王艮倡导的"百姓日用之道"和"安身立本"的"淮南格物"说,成为泰州学派的主要学术思想,引领了明朝中晚期的思想解放潮流,被称为"中国封建制社会后期第一个启蒙学派"。

① "百姓日用即道说"——民心所向,始为正道。王艮的"百姓日用即道"的民本主义命题,要求统治者把满足群众穿衣、吃饭等物质和精神生活作为第一需要。他把"百姓"和"圣人"放在等同的地位,认为圣人之事就是百姓日用之事,圣人之"道"就是百姓日用本身。在他看来,"圣人之道"(正道)还是"异端"的判断标准,就是能否满足广大平民百姓吃饱穿暖、摆脱贫困的日常生活需要。这种观点打破了宋明理学承天理、灭人欲的思想樊篱,推动和形成了早期启蒙思想大潮。

② "格物正己说"——王艮从"身是本,天下国家是末"的基本思想出发,认为"格物即是止至善"。这里面隐含着统治者自己要以自身之"矩正",做天下人的榜样,才能治理好天下国家。为此,王艮甚至大胆说出了"君有大过则谏,反覆之不听则易位"的思想观点。在王艮看来,天理良知是自然而然的,因此满足人的物质生活需求即"人欲"也是合乎天理的。在王艮眼中,普通百姓在日常生活中自然表现出来的一切意识状态和行为方式如穿衣、吃饭等日常行为,都是自然良知的现实彰显。而人们也只有在百姓的日常生活中

才能够发现圣人的学问。王艮指出,教师工作就是"以先知觉后知",目的就是去发掘人性中本来就有的良知。

③ "明哲保身说"——王艮认为,人的"身"是天下国家的根本,天地万物则是"末",提出只有明"保身"这个"哲",才能去"爱人",才能去"齐家""治国""平天下"。他甚至以对"身"的态度作为衡量社会优劣的标志,提出"天下有道,以道殉身。天下无道,以身殉道"。在垂暮之年,王艮亲自起草《均分草荡议》,并带头践议,将多余的草荡无偿划分给贫困农民,受到了广大劳苦大众的衷心拥护和爱戴。

2. 乾嘉学派与常州学派如双峰峙立

学术思想的许多流派,丰富多彩。以清中晚期而论,"乾嘉学派与常州学派如双峰峙立、泾渭分流,至清末不衰"[1]。乾嘉之学中的吴派惠栋(1697—1758,江苏吴县人),导源于明清之际顾炎武,主张根据经书和历史立论,以达"明道救世"之目的,以汉儒经注为宗旨,推崇东汉许慎、郑玄之学。而常州学派的庄存与(1719—1788,江苏常州人)等,提倡今文经学,发挥《公羊传》,宣扬《春秋》中的"微言大义",故又称"公羊学派"。他们互为补充,相得益彰。

3. 实业派——从状元到实业大王的张謇

中国的近代史(1840~1949年)是"沉沦"与"上升"同时并存的时代。在这一时代中,有许多正能量,其中之一就是张謇(1853—1926,字季直,江苏海门市长乐镇人)。他41岁高中清末状元,拒绝李鸿章发出的邀请,执意实业兴国。他是中国著名的近代实业家、政治家、教育家,上海海洋大学的创始人。对此,毛泽东在20世纪50年代中期谈到中国民族工业时,曾说过有4个人不能忘记:讲重工业,不能忘记张之洞;讲轻工业,不能忘记张謇;讲化学工业,不能忘记范旭东;讲交通运输,不能忘记卢作孚。

在中国早期现代化的探索中,张謇为他心目中的全国试验田式的南通区域现代化选择了"一揽子"的推进方式,建立起地方自治制度,形成"乡里士夫",人人奋起,做成了许多开创性的业绩,留下了许多个"全国第一"。他从1895年开始创办大生纱厂、走上办实业的道路后,以大生纱厂为核心,先后创办了大小企业34个,涉及冶炼、机器、轮船、日用品、食品、面粉、酿造、造纸、印书、电灯、电话、交通、服务行业等等,原始资本约为600万两白银。在苏北沿海各地,还办了20个盐垦公司,估计资本为1600余万元。据日本驹井德三在1922年调查估计,大生集团的资本总额约为3300多万元,所以张謇是中国近代史上第一实业家。

他在发展实业取得一定资本的基础上,又大力创办教育事业。1905年,他自掏腰包,在家乡陆续购民房29家,迁荒冢3000余座,平地筑垣,又多方搜求中外动植物标本、金石文物、先贤遗文,首创中国第一座博物馆——南通博物苑,因此被后人尊称为中国的"博物馆之父"。在30年内还先后创办了一批中小学、师范学校、农业学校、纺织学校、传

---

[1] 杨向奎,《清儒学案新编(第一卷)》,齐鲁书社,1985年。

习所、医院等等,形成了他的"实业救国、教育救国"梦想。用他自己的话说:"南通实行自治二十余年,雏形虽具",日本用了50年,美国将近100年,而南通只20年,可见速度之快。他试图"以一人救一国""以一人敌一国"。胡适先生说:张季直先生在近代中国史上是一个很伟大的失败的英雄,他独立开辟了无数新路,做了三十年的开路先锋,……造福于一方,而影响及于全国。

"百花齐放,百家争鸣",是中国的一种学术传统。追求真理既需要不懈努力,更需要勇气。坚持真理,就必须接受并欣赏思想的多元。江南之地杂草丛生,因为杂,所以丰富;因为是草,所以生命力更为旺盛。当下,我们应创造更好的学术生态环境,发扬"奇士"精神,多层面、多学科、立体地研究中国的现代化,既要坚持马克思主义,又要创新马克思主义,实现追赶超越式发展。

三、外柔内刚 理性之光

"人创造环境,同样环境也创造人。"[1]就地理环境和文化形态而言,江南具有很高的辨识度。在这里生活的人们,既有开阔的胸怀,又有细腻的情感,这是江海湖河水的营养。

人如同土地上的庄稼,文化是由人的心田而生的丛林。大河的澎湃,小河的柔韧,溪流的闲适,终究会内化为人性的元素。水作为人生存的必需,以及由此而哺育的江南文化,是水做的火焰。那份至真至纯情感,在自然之美的肌理里,充满着爱国主义精神和强烈的社会责任感。

文化自信是一切自信的源泉。人们常说,文化是软实力也是硬实力,这并不为过。在中国历史上就发生过以一篇文章"闹垮"一个王朝的稀奇事。这篇文章就是梁启超的《异哉所谓国体问题者》,那个被闹垮的王朝就是袁世凯的洪宪王朝。梁启超的这篇宏文于1915年在北京的《京报》汉文版刊出后,一下子就烧遍全国。国人对帝制的嬉笑怒骂,随之而来。不但杨度一下被摔入谷底,袁世凯本人也灰溜溜的,无面目见人,其洪宪帝制也只存在了83天。从这个意义上来看,江南人又像一颗坚硬的小石子,犹如关汉卿的自画像:那颗"蒸不烂、煮不熟、捶不扁、炒不爆"的"铜豌豆"。只是,前人的画像铮铮如铁,江南人的眉眼却慈悲如水。水滋润万物,荡今涤古,潜力无限,威力无比。

(一) 不忘初心,爱国爱家

《周易·系辞下》载:"子曰:'危者,安其位者也;亡者,保其存者也;乱者,有其治者也。是故君子安而不忘危,存而不忘亡,治而不忘乱,是以身安而国家可保也。《易》曰:其亡其亡,系于苞桑。'"这里引用了《否》卦九五爻辞,说明心存戒惧、小心谨慎,时刻警惕灭亡,国祚乃可如系于丛生的桑枝,坚固久长。目下鲜有战争与饥荒,我们生活安逸,甚

---

[1]《马克思恩格斯选集》,第1卷,人民出版社,1972年5月,第43页。

至有时候太奢侈,人们的欲望太多,有人沉溺于声色犬马,争名夺利。没有危机感,这就是最大的危机。古人云:"劳则善心生,佚则淫心生""生于忧患,死于安乐",无论是国家,还是家庭与个人,都应居安思危,这既是一种理性精神,也是一种为理想的实现而动心忍性的智慧。

1. 苏州承天寺古井中现奇书,一心中国梦

"中国梦"昭示的是中华民族的一种血气、一种骨气、一种志气。新中国"站起来",改革开放"富起来",新时代"强起来",标志着中华民族的崛起与强盛。

未来学家、《中国大趋势》作者约翰·奈斯比特指出,强大的中国领导层,以及受过良好教育的众多党员,正利用千载难逢的机会按照自己的想法打造中国梦。俄罗斯科学院远东研究所中国政治研究中心高级研究员亚历山大·拉林说,中国梦准确地阐释了当今人类的理想与追求,具有普适性。德国汉学家、民族学家南因果博士认为:无论是中国领导人还是民众,都对中国梦充满期待。"中国梦"是属于世界的,也是由亿万个普通中国人的个人梦想汇集而成的,它的核心是文化自信、人民的美满幸福。

"中国梦"不是做世界霸主的梦,而是与世界各国与地区共建共享与共赢的和平发展的梦。它既凝聚和寄托了几代中国人的夙愿,也是每一个中华儿女的共同期盼。

乱世多高士也多怪杰,爱国诗人郑思肖就是其中的一个。700多年前,在南宋德祐二年(1276)正月的杭州,在元兵压境、危亡在即的时候,居住在苏州的爱国诗人郑思肖写下了《德祐二年岁旦二首》,其一曰:

力不胜于胆,逢人空泪垂。一心中国梦,万古下泉诗。
日近望犹见,天高问岂知。朝朝向南拜,愿睹汉旌旗。

这是中华民族最早出现"中国梦"的记录。诗写得很悲怆,大意是说,在这无力挽救亡国命运的时候,只有垂泪向人;心里萦回着强国之梦,脑子里叨念着《诗经》中的下泉之诗;离人较近的太阳还看得见,遥不可及的高天就无法去打听了;我天天朝着南方抗元的义军跪拜,希望他们能凯旋。这与商周变局之际伯夷、叔齐"不食周粟"的事迹有雷同之处,坚持本心,反对"以暴易暴"。

"下泉",典出《诗经·曹风·下泉》。用"下泉"对偶"中国",结构与词性上十分匹配,意义上更是递进一层,非常巧妙。"一心中国梦,万古下泉诗",表达了郑思肖忠于国家、民族的坚贞气节,不仅意气高扬,正气凛然,爱国忧民的心情更是溢于言表。这个梦想的背后,蕴藏着绵延已久的"家国天下"情怀,折射着内心深处的"命运共同体"意识,也凝聚着"振兴中华"的探索与奋斗。

郑思肖(1241—1318),宋末元初著名的爱国主义诗人与画家,祖籍连江(今属福建)人。原名少因(据清道光《上郑族谱》载),出生于杭州,徙居苏州,一生充满了传奇,有深入骨髓的坚定与执拗,郭沫若称他是"民族意识浓烈的人"。

郑思肖的父亲郑起是南宋平江(苏州)书院山长。他自幼随侍父侧攻读,秉承父学,明忠孝廉义。宋理宗宝祐二年(1254),14 岁的郑思肖随父举家徙居苏州,寓居苏州古城苑桥,此年,郑思肖考中秀才,遵父命开始了游学四方的人生旅程。20 岁左右,为太学优等生,应博学鸿词试,授和靖书院山长。

他在寓居苏州的岁月里,偏安一隅、日见衰弱的南宋王朝时期,正是中国历史上的多事之秋。因战乱频仍,时局艰危,家境贫寒,郑思肖在苏州居无定所,屡屡搬迁。据郑思肖《三膜堂记》载,他在十多年的时间里,曾七次迁居。迁徙期间,每居一处,长则十年,短的仅住一年,可见当时时局之动荡。

咸淳七年(1271)十一月,蒙古忽必烈改国号为"元"。1274 年,苏州沦陷,郑思肖作《陷虏歌》(又名《断头歌》),既鞭挞了元统治者的野蛮残暴,更骂尽了古今天下许多无耻变节之人。在望信桥(今苏州十梓街望星桥)寓所,他开始了《心史·大义集》的诗文创作,于 1277 年完成《心史》。

他至 78 岁终老,一生未娶。22 岁失父,36 岁丧母,有一个妹妹,出家为尼,下落不明。为此,他把仅有的一点家产捐给寺院,并接济穷困的四邻乡亲。此后,时寓姑苏万寿、觉报二寺,行无定迹。病重弥留之际,嘱其友唐东屿曰:"思肖死矣,烦书一位牌,当云'大宋不忠不孝郑思肖'。"语讫孤寂地病逝于苏州,其遗迹因岁月风雨的剥蚀早已荡然无存,只有一幅画像挂在老家郑氏祠堂里供人凭吊。这位历史上杰出的爱国文化名人,留给人们的爱国精神和不朽诗篇,"万古此心心此理",将彪炳千秋,光耀史册。

《心史》是郑思肖将一生奇光伟节之作合为一书的汇编,是他特立独行的证据。郑思肖自 35 岁宋亡后便离家出走,从此浪迹于吴中名山、道观、禅院,40 年间写下了大量抒发爱国情操的诗文,有《咸淳集》一卷、《大义集》一卷、《中兴集》一卷,共收诗 250 首,杂文 4 篇,前后自序 5 篇,一并命名为《心史》。由于当时形势,无法刊行。所以,他在晚年将《心史》重缄封好,藏于苏州承天寺干枯的井中(承天寺原址在苏州古城接驾桥西北,原苏州花线厂,即今笔者家斜对面约 400 米的苏州市东中市承天寺前 35、36 号,该寺是中国佛教史上的重要寺院)。

《心史》中的所有文字都饱含血泪,讴歌了南宋的爱国志士,痛斥了奸臣佞徒,控诉了元军的暴行,充分表述了自己的爱国与忠诚。如在《过徐子方书塾》诗中说:"不知今日月,但梦宋山川";在《八励》诗中说:"泪如江水流成海,恨似山峰插入天",慷慨激越,足证忠肝义胆。难怪近代学者梁启超穷日夜之力读《心史》,每尽一篇热血"腾跃一度",梁氏深有感慨地说:"此书一日在天壤,则先生之精神与中国永无尽也。"

《心史》在枯井中沉埋后,直至明崇祯十一年(1638)始被发现。那年苏州久旱,争汲者相捽于道。仲冬时,承天寺僧人浚疏寺内古井,忽挖得一物,初以为砖,清洗后方知是铁函。不敢启,供之佛龛,闻者争玩识。久之,众欲开视,僧不得已,遂破函。只见铁函内有石灰,石灰内有锡匣,锡匣内有蜡漆封裹的纸包。包纸有两层:外包纸中间写着"大宋铁函经""德祐九年佛生日封",旁边有两行对联"大宋世界无穷无极""此书出日一切皆吉";内包纸上写有"大宋孤臣郑思肖百拜封"10 个字。再打开,则是折叠成卷的稿本,名曰《心史》，共有诗250首，文30篇，前后自序5篇等。楮墨如新，古香扑鼻，自沉井至发现已356个春秋。士大夫惊异传诵，以为古今所罕见。

郑思肖的初心不改，理想不朽，是难能可贵的。梦想是用来指路的，有梦想的人不迷茫。而迷茫，是最浪费时间、耗损心力的。当下的"中国梦"，调动了亿万普罗大众为中华民族伟大复兴的澎湃热情，带给世界的将是机遇、和平与进步。

2. 国宝民魂，沈复孤本力证钓鱼岛属中国

沈复（1763—1832，字三白，号梅逸，长洲即今苏州人），清代作家、文学家。少年时随父游宦读书，奉父命习幕，没有参加过科举考试，曾在安徽绩溪、上海青浦、江苏扬州、湖北荆州、山东莱阳等地做过幕僚。乾隆四十九年（1784），乾隆皇帝巡江南，沈复随父亲恭迎圣驾。中年经商，曾以卖画维持生计。平时好游山水，工诗善画，长于散文。后来到苏州从事酒业。他与妻子陈芸感情甚好，因遭家庭变故，夫妻曾旅居外地，历经坎坷。妻子死后，他去四川充当幕僚。一生大多寄人篱下做师爷。一生著有《浮生六记》共六卷，每卷皆有小题，被文学界誉为"小红楼梦"。《册封琉球国记略》(《海国记》)一文出现于钱泳手录沈复《浮生六记》卷五《海国记》抄稿中，为海内外现存记载钓鱼岛极为重要的古代名人墨宝，具有很高的文学、历史、政治价值。

从《浮生六记》中可知，沈复原居于苏州沧浪亭畔一座宅院中，后因弟弟娶妻，与妻芸娘迁居至饮马桥之仓米巷，虽然他在书中也对仓米巷宅院作了一些描述，但时光久远，很多痕迹已无从查考。后来，因为父亲沈稼夫产生分歧，沈复和芸娘竟被赶出家门，他们从仓米巷家中搬出，"幸友人鲁半舫闻而怜之，招余夫妇往居其家萧爽楼"。这座今日已杳无身影的"萧爽楼"是沈复的第三个居所。此后，沈复与芸娘离开苏州，几经迁居，在芸娘客死扬州后，他最终回到苏州，终老于故乡。据传，其最后的居所在仓米巷东面的"皇废基"（现苏州大公园）附近。因为《浮生六记》巨大的艺术性和感召力，连学贯中西的林语堂都亲赴苏州寻访过沈复故居，他在沧浪亭畔寻找过，还来到了仓米巷，可惜均未果，只能在仓米巷口拍了两张照片，刊登于他汉英对照的《浮生六记》扉页上。

他的作品或是随笔，或是心得笔记，还是作者的自言自语？然而，却感动了大家。读它的人都进到书里去了，男人喜欢上了芸娘，与她呼吸与共；女人喜欢上了沈复，他怜香惜玉。哲学家、思想家、文学家、民俗学家、美学家以及园林和建筑学家都可以在《浮生六记》中找到它的对应点，咀嚼沈复的思想光焰。

而钓鱼岛、黄尾岛、赤尾岛、南小岛、北小岛、大南小岛、大北小岛和飞濑岛等，中国东南海面上的这一组岛屿，中国人称为钓鱼岛。千百年来，沉默的钓鱼岛看过隋唐的使节、大宋的商旅、元明的船队，看过戚继光和郑成功抵抗外侮的狼烟烽火。它依然在默默地等待，等待着一个名叫沈复的人，等待着一本谜一样的书，等待一个神奇的发现来为一段难解的争执作证。

公元1808年（嘉庆十三年），沈复来了！朝廷下旨册封琉球国王，派遣太史齐鲲为正使、侍御费锡章为副使，沈复作为太史的"司笔砚"也一同前往。后来，沈复在他的《浮生六记》中记述了大清使团此行中途经钓鱼岛的见闻,本是闲笔,却无意间反映了200多年前国家疆界的真相。

《册封琉球国记略》《海国记》载有"嘉庆十三年,有旨册封琉球国王……十三日辰刻,见钓鱼台,形如笔架。遥祭黑水沟,遂叩祷于天后,忽见白燕大如鸥,绕樯而飞,是日即转风。十四日早,隐隐见姑米山,入琉球界矣。……"[1]这段文字中,明确记述有"隐隐见姑米山,入琉球界矣",这表明,琉球国西部领域从姑米山(即现在冲绳的久米岛)开始的,以黑水沟为中国(清朝)与琉球国的分界线符合历史事实,钓鱼岛明显在中国的领域内,不属于琉球。

沈复的记载,石破天惊,比日本人古贺辰四郎对钓鱼岛的最早"发现",足足早了76年。港台媒体为此率先发表评论:《浮生六记》佚文重见天日,钓鱼岛主权属中国又添铁证!

沈复这篇《海国记》看似是自娱自乐的率性之作,骨子里却充满了江南人传统的爱国主义精神。联想到谭嗣同、黄兴、宋教仁、蔡锷、左宗棠、曾国藩、郭嵩焘……在中国近现代史上,为什么来自湖南的改革者和革命者尤其多?湖南人似乎命中注定要成为革命和改革的领导者。笔者认为,湖南有个大思想家王夫之(1619—1692)。王夫之指出,"道"随"器"的变化而变化,不同的时代和社会制度下有不同的治理方法。在他的影响下,这些重要人物构建了"湖南身份"与"湖南传统"。同理,江南在范仲淹、顾炎武等大思想家的影响下亦构建了"江南身份"与"江南传统"——"先天下之忧而忧,后天下之乐而乐""天下兴亡,匹夫有责"。鲁迅先生说得好,唯有民魂是值得宝贵的,唯有它发扬起来,中国人才有真进步。这样的民魂,就是一个国家和民族的精气神,它关乎国家成败、民族兴衰。没有振奋的精神、没有高尚的品格、没有坚定的志向,一个民族不可能自立于世界民族之林。

(二) 奋发图强,理性之光

上下五千年、纵横一万里。中华民族之所以能够成为世界上唯一从未中断过历史进程,并且创造出辉煌灿烂文明的民族,绝非偶然。江南到处是河湖港汊,江河是船的路,船在动,水在流,人在移,"与物为春",奋发图强。

1. 科学通才沈括

北宋科学家、政治家沈括(1031—1095,杭州钱塘县即今浙江杭州人)所作的《梦溪笔谈》被英国学者李约瑟在《中国科学技术史》开卷中誉为"中国科学史上的里程碑",评价极高,这部经典不仅成为桑梓文化的象征,而且也是世界科技史上的丰碑,其内容极为丰富,包括天文、历法、数学、物理、化学、生物、地理、地质、医学、文学、史学、考古、音乐、艺术等共600余条。其中200多条属于科学技术方面,记载了他的许多发明、发现和真知灼见,是一个货真价实的科学通才,价值非凡,在世界文化史上有着重要的地位。书中的

---

[1] 沈复,《浮生六记》(增补版),武汉出版社,2011年5月,第1页。

自然科学部分，总结了中国古代特别是北宋时期的科学成就。社会历史方面，对北宋统治集团的腐朽有所暴露，对西北和北方的军事利害、典制礼仪的演变、旧赋役制度的弊害等都有较为翔实的记载。《梦溪笔谈》既是沈括一生社会和科学活动的总结，也是中国古代的学术宝库。

《梦溪笔谈》成书于11世纪末，一般认为成书于1086年至1093年间。作者自言其创作是"不系人之利害者"，出发点则是"山间木荫，率意谈噱"。书名《梦溪笔谈》，则是沈括晚年归退后，在润州（今江苏镇江）卜居处"梦溪园"的园名。

他的科学成就是多方面的。有一次，沈括在书中读到"高奴县有洧水，可燃"这句话，觉得很奇怪，"水"怎么可能燃烧呢？他决定进行实地考察。考察中，沈括发现了一种褐色液体，当地人叫它"石漆""石脂"，用它烧火做饭、点灯和取暖。沈括弄清楚这种液体的性质和用途，给它取了一个新名字，叫"石油"，并动员老百姓推广使用，从而减少砍伐树木。沈括在其著作《梦溪笔记》中写道："鄜、延境内有石油……颇似淳漆，燃之如麻，但烟甚浓，所沾幄幕甚黑……此物后必大行于世，自余始为之。盖石油至多，生于地中无穷，不若松木有时而竭。"沈括发现了石油，并且预言"此物后必大行于世"，是非常难得的。在世界上第一次提出了"石油"这一科学的命名，这个中文名词便一直沿用到今天。在数学方面，他从实际计算需要出发，创立了"隙积术"和"会圆术"。沈括通过对酒店里堆起来的酒坛和垒起来的棋子等有空隙的堆体积的研究，提出了求它们的总数的正确方法，这就是"隙积术"，也就是二阶等差级数的求和方法。从计算田亩出发，考察了圆弓形中弧、弦和矢之间的关系，提出了我国数学史上第一个由弦和矢的长度求弧长的比较简单实用的近似公式，这就是"会圆术"。这一方法的创立，不仅促进了平面几何学的发展，而且在天文计算中也起了重要的作用，并为我国球面三角学的发展做出了重要贡献。

在声学方面，通过对声学现象的观察，注意到音调的高低由振动频率决定，并记录下了声音的共鸣现象。他还用纸人来放大琴弦上的共振，形象地说明了应弦共振现象，这比诺布尔和皮戈特的琴弦上纸游码试验早了500年。……

《宋史》评价他说："博学善文，于天文、方志、律历、音乐、医药、卜算无所不通，皆有所论著。"

2. 第一个在世界著名科学杂志上发表论文的中国人徐寿

徐寿（1818—1884，字生元，号雪村，江苏无锡人），清末科学家（见图4-9）。150多年前，出身"草根"的徐寿，凭借自己的聪明才智和精湛技艺，在中国科技领域创造了多个第一：第一台蒸汽机的制造者，第一艘机动轮船的制造者，化学元素的中文命名者，第一位在《自然》杂志上发表文章的中国人，第一艘军舰的制造者，第一所教授科技知识的学校——格致学院的创办者，第一场科学讲座的举办

图4-9 "天下第一巧匠"徐寿

者……他以"工匠"之身一举成为近代科学先驱,被清朝同治皇帝赐予"天下第一巧匠"的称号。

"惟声出于实体者正半相应,故将其全体半之,而其声仍与全体相应也。至于空积所出之声,则正半不应,故将同径之管半之,其声不与全体相应,而成九与四之比例。"这是1878年《格致汇编》第7卷上发表的《考证律吕说》一文中的论断,3年后,该文被译成英文,以《声学在中国》为题,被英国著名科学杂志《自然(Nature)》刊载。该文通过实验推翻了著名物理学家约翰·丁铎尔在《声学》中的定论,纠正了伯努利定律,被《自然》编辑赞为"非常出奇"。

据学者姚远考证,这是当时中国科学家在《自然》上发表的第一篇科学论文,也是唯一一篇。作者徐寿是中国近代化学启蒙者、近代造船业的奠基人、化学元素的中文定名人,他一生翻译大量科技著作,还是最早提出"中西医汇通"的人。

徐寿为中国科学事业做出了突出贡献,却因未考上秀才,长期被边缘化,甚至以匠人身份见用。据其好友华蘅芳之父华翼纶记述:"(徐寿)曾祖讳士才,祖讳审法,父讳文标,世为望族。"徐审法"长耕读,外兼理商务,勤俭持家,家以日裕"。徐文标"明理学,行坐不苟",可惜27岁便去世,其时徐寿仅5岁,母宋氏将其抚养成人。22岁时,徐寿在座右写下两铭:一为"不二色,不诳语,接人以诚";一为"毋谈无稽之言,毋谈不经之语,毋谈星命风水,毋谈巫觋谶纬"。不久,徐寿与华蘅芳来到上海,拜访近代著名科学家李善兰。李善兰当时在西洋传教士开办的墨海书院当译员,该书院翻译出版了一批科技教材,徐寿立即购入,回乡自学。

太平天国运动爆发后,兵锋很快波及江浙。1860年阴历四月,两名乱兵闯入徐寿家,索要"银饼"(即银圆),未能如意,便举刀砍向徐寿后颈,"顿时辫子成两截,皮开三寸,流血虽多,幸未丧命"。儿子徐建丑上前夺刀,反被斩断右臂,落下终身残疾。经此波折,徐寿决心离开家乡,恰好驻扎在安庆的曾国藩延揽,便前往投奔。

初次见面,徐寿与曾国藩相谈甚欢,在曾支持下,徐寿与二儿子徐建寅等人用了四年时间,花费白银8千两,研制出我国第一艘机动轮船,即"黄鹄号"。据1868年8月31日上海《字林西报》报道:"黄鹄号"载重25吨,所用材料"均由徐氏父子亲自监制,并无外洋模型及外人之助"。

"黄鹄号"的成功令清廷振奋,赐予徐寿一块"天下第一巧匠"匾。"黄鹄号"引起轰动后不久,徐寿上书曾国藩,建议四事:一是开煤炼铁,二是自造大炮,三是操练水师,四是翻译西书,但遭曾国藩蔑视。此后徐寿与徐建寅和西洋传教士合作,译出《汽机发轫》《金石识别》《运规约指》等,赢得专业人员的一致好评。见有成绩,曾国藩也改口说:"该局员等殚精竭虑,创此宏观,实属卓有成效。"请皇帝予以奖励,并正式成立翻译馆。在翻译馆,徐寿与比自己小21岁的英国人傅兰雅紧密合作,译著700多万字。傅兰雅说:"余居华夏已二十年,心所悦者,惟冀中国能广兴格致,至中西一辙尔。故生平专习此业而不他及。"

据学者徐泓统计,徐寿一生共翻译26部西书,徐建寅译著24部,三子徐华封译著4部,徐建寅的两个儿子译著亦达60万字。三代人加起来,译著多达740万字。在徐家译书中,72%是科技著作,11%是兵工著作,徐家父子被尊为中国近代科学之父。

这些译书流畅、易懂,时人称,日本特意派人来华求购,致中日在科学名词上彼此相通。1874年,傅兰雅与徐寿联手创办格致书院。这是一所完全新型的近代学堂,傅兰雅曾说:"徐先生几乎是集中他的全部精力在募集资金……当他在清光绪四年接任司库职务时,书院负债1 600两银子,此后,他曾募集7 000两银子,用以偿还了全部债务。"

徐寿还擅长中医,并主张"中西医汇通",偏重实证。

1884年,67岁的徐寿逝于格致书院,清朝当局追赠他为二品官员,李鸿章称赞他:"讲究西学,实开吾华风气之先。"徐寿的儿子徐建寅是"中国无烟火药之父",性格耿直。他在湖北枪炮厂(汉阳兵工厂前身)任职时,因产品质量超过洋货,得到张之洞赞赏,原厂总办刘某嫉妒,买通机匠,在齿轮中暗置炸药,谎称机器出故障。徐建寅前往排除,结果轰然一声,现场16人全部殉命。徐家后代英才辈出,多以科学为志业。

凡是过去,皆为序章。恰如莎士比亚所说,只有坦然了解过往,才能为未来开创新的篇章。思想是文化的灵魂,文化是思想意义和价值的所在。吴地人从"断发文身""民不畏死"到"文开吴会",可谓智勇双全,其人其伟绩犹如海底数万座海山,每座山里都藏着宝,你只要深入考察,并保持一份纯净、洁白的心态,于细微处就能发现它、听到它的声音。

同理,以宁绍平原(宁波、绍兴)为中心的越国(又称"禹越""於越""于越"),"自禹之后,承允常之德,蒙天灵之祐、神祇之福,从穷越之地"崛起,在1 700多年的历史中,其越文化与以太湖流域为中心的吴文化同语同俗,亦群星灿烂,如勾践、王充、王献之、王冕、王守仁、黄宗羲及近现代的秋瑾、鲁迅、马寅初、范文澜、郁达夫、竺可桢、屠呦呦等等文才武略,无不令人仰望。

第五章 国朝第一的书画艺术

10岁就在家乡举办画展的美学家刘旦宅(1931—2011,浙江温州人)称,东海日出、古希腊雕塑与中国书法并称为世界"三大奇观"。初听似乎觉得有些夸张,细想之后,自有道理。

汉语是中国人思维的软件,书法是汉字的书写艺术。它不仅是中华民族的文化瑰宝,而且在世界文化艺术宝库中独放异彩。汉字在漫长的演变发展的历史长河中,一方面起着思想交流、文化继承等重要的社会作用,另一方面它本身又形成了一种独特的造型艺术。被称为20世纪四大草书家之一的卫俊秀先生去世时,用手指不停地在空中比画,称中国书法为"美神"。唐太宗李世民算是一代明君了,南征北战,出生入死,什么事情都见过了,但在临死前,美妻、侍妾不想了,金银钱财不要了,唯王羲之的《兰亭序》不能割舍,想一起下葬。他把儿子李治叫到床前,说:"吾欲从汝求一物。汝诚孝也,岂能违吾心耶?汝意如何?"就这样,太宗死后,把《兰亭序》的真迹用玉匣装好殉葬在昭陵之中了。当代草书大家林散之70岁时,洗澡掉进开水池,被人捞出后浑身烫伤,尤其是右手五指粘连在一起。林散之看到后很伤心,对大夫说,我是个写字的,这五个手指连在一起怎么写?给我分开吧!大夫便给他做了手术,但最后两个手指头因粘连严重而无法分开,他便用剩下的三个手指头继续写。为此,他还专门作了一首诗:"伏案惊心六十秋,未能名世竟残休。情犹不死手中笔,三指悬钩尚苦求。"又如"吴中四才子"之一的祝允明为"明代草书第一人",写字时"情肠百结,顺管奔流",遂致奇崛纵横,神鬼莫测。当他入世汲汲求功名的希望破灭后,在游戏人生的同时也在游戏书法,两者似乎颇有契合处。晚年的祝允明自云"万事遗来剩得狂"。他"狂"什么?书法也。

书法能让平民百姓和皇帝老儿痴迷发狂,能让一个人"领袖如皂,唇齿常黑""见鳃出血,犹不休辍"……其中的奇奥:书是面相,墨是血性;字是人品,艺是心灵。更重要的是,书法不仅是技艺,它还是我们先民卓异于其他民族的天才创造,是我们延续数千年的文脉之血管与经络。值得指出的是:当下竟有学者说,书法艺术"渐渐成为博物馆文化,渐渐失去其实用的一面,失去其群众性,渐渐成为小众了,成为一部分人修习的对象""书法艺术,可能无意中在我们这一代人中终结"。看来正如他自己所说,持这种观点的人是个到底的"门外汉"！中国的书法和中国画一样,其独特性在于强调造型的同时,非常讲究气韵、神采、意境,而这取决于艺术家的学养、性情、旨趣等综合性因素,是电脑所无法取代的。智能程度再高的"书法机器人"也绝不可能代替书法家的创造性精神劳动。书法艺术的最高境界是回归人民,绝不是高端、小众的书斋艺术。西汉文学家扬雄在《扬子法言》中指出"书,心画也"。以书法解释"心画",可以表达人的"心灵活动的轨迹"。一点一画,都包含创作者的心灵活动,成为规范化后的"心"的一种美化。

同一种植物因所生长的地理环境和气候的不同就会有不同的品质,橘生淮南则为橘,生于淮北则为枳。人类的精神产品也是如此,不同的自然环境也会孕育出不同的文化和思想。其中,吴越地区鸟虫书与绘画的产生就与江南独特的自然水环境衍生出来的民俗文化密切相关。美学家宗白华认为,"中国古代书家在写字的时候,要让笔下'字'表现出生命的态势"。如果说史前的书法是刻画符号,那么春秋时期汉字逐步普及后,吴越地区首创的鸟虫书似新生婴儿脐带滴着母血般的原始古朴,犹如水般"流动"而鲜活,成为书法艺术的瑰宝而独放异彩。

一、鸟虫书体　首创字艺

鸟虫书是古汉字一种书体的名称,又名虫书、鸟书、鸟篆、鱼书。古人称鸟为羽虫,鱼为鳞虫,所以虫书又名鸟书、鱼书。它是春秋中后期至战国时代盛行于吴、越、楚等南方诸国的一种特殊文字艺术,变化莫测,高贵而华丽,使用范围包括了南半个中国。郭沫若、容庚、钱存训等大家经过大量研究认为,中国文字艺术品的习尚,是从这个时期开始的。

(一) 芦苇丛中栖息"鸟中熊猫",江南鸟语鸟俗鸟书

书贵自然,以造作为书家大忌。吴越地区之所以出现鸟书,这是江南人崇鸟爱鸟的原因。一是鸟多,因吴越地区山温水暖,花果满坡,满眼芬芳,适宜众多鸟类生殖繁衍;二是古人羡慕鸟儿无所不能,到东到西能自由飞翔,经常唱着歌快乐地生活着,这可能是古人对幸福生活的向往。吴越人的老祖宗蚩尤就是鸟图腾与牛图腾的首领。

最美的鸟仿佛是精灵。据考古研究证实,恐龙并未灭绝,鸟类就是从翼龙进化而来的。近年来,江南被鸟类爱好者热捧的被称为"鸟中熊猫"的震旦鸦雀就是其中的一种。它曾与恐龙做过"邻居",在地球上已经有4亿5000万年历史,是鸟类中的活化石,已列入国际鸟类红皮书。它的名字非常中国化,因古印度称华夏大地为"震旦",这种鸟的第一个标本采集发现在南京,所以定名为震旦鸦雀。它体态娇小,身长加上尾羽总共不足20厘米,黄色的小嘴很像鹦鹉,是个快乐的小精灵;它生长在芦苇丛中,生来好动,跳来跳去,飞时敏捷,喜欢吃苇秆里和芦苇表面的虫子,被专家们称为"芦苇中的啄木鸟"。

诺贝尔奖得主莫言曾说:"鸟兽虫鱼是人类的朋友,亦是科学艺术灵感的源泉。"据说震旦鸦雀还是鸟类中的"模范夫妻",在长江口地区,它们每年4月开始,雌雄共同筑巢,会用坚硬的嘴巴撕裂芦苇叶,以叶片中纤维为建材,将纤维丝缠绕在2~5根芦苇上,然后一圈一圈地绕成巢样。当产卵孵出雏鸟后,由雌雄共同喂养。小雏鸟不会主动觅食,离巢后必须由爸妈带着喂养十多天。可爱的是,此时期递食和搜寻食物主要由雄鸟完成,雌鸟尾随游荡。世间动物也有这等公平,令人叫绝,怎不叫那些大男子主义的人汗颜呢?因此此鸟深受人们喜爱。

1. 祭鸟神,崇鸟神

吴越人是鸟的子民,从古至今崇鸟爱鸟的习俗绚丽多彩。先秦史籍《山海经·海外南经》中就有"羽民国",《淮南子·地形篇》中亦有关于"羽民"的记载。《吴越春秋》中说:"禹崩之后,众瑞并去。天美禹德而劳其功,使百鸟还为民田,大小有差,进退有行,一盛一衰,往来有常。……启使使以岁时春秋而祭禹于越,立宗庙于南山之上。……众民悦喜,皆助奉禹祭,四时致贡,因共封立以承越君之后。"[1]意思是:禹死了以后,各种吉祥的征兆都消失了。天帝赞美禹的德行而慰劳他的功绩,就让群鸟回来给民众耕耘。……人民对大禹治水的功劳念念不忘,禹的儿子启颁布诏书,建立了禹王庙。……百越民族一年四季都要祭祀大禹,一直没有中断,代代相传。此记载中尽管有点传说成分,但"鸟田"确是真实的。

舜禹时期,江南草木茂盛,那时人们的耕作水平很低,抵御自然灾害特别是保留种子的意识也低,来年要找到野生稻或栽培稻的种子很难,经验告诉古人,只要到"百鸟"(群鸟)"还为民田"(啄食之处)便可找到种子或种苗。通过鸟吃野生稻发现了稻米可吃、可种、可用,这是鸟的功劳。我们都应怀揣一颗感恩之心,感谢大自然的馈赠。从此,人们才有了从野生稻到栽培稻、从籼稻演变到粳稻的发展。故吴越先人尊鸟、崇鸟,并把它们当作神灵崇拜供奉。

在中原人看来,吴越人是鸟种,称作"鸟夷"(《禹贡·扬州》),语言为"鸟语"(《周礼》)。据说,越王勾践还专门造过"望鸟台"(《拾遗记》)。越地人王充在《论衡·书虚篇》中说:"会稽,众鸟所居","奉化一带,把麻雀当作谷神"敬拜;钱塘江东南地区的百姓正月初一晚上要在天黑以前就寝,俗称"同鸟宿";义乌镇一带则视乌鸦为义乌,并直接作为本地之地名。

2. 以鸟为图腾族徽,代代相传

吴越地区出土的大量玉器都刻画着相同或相似的"神徽"与兽面纹,且已成为良渚文化圈里共同崇拜的偶像,这说明原始宗教和政权雏形已经形成,原始的多神崇拜已被一神崇拜所取代(见图5-1)。

良渚古国以宗教为源泉,社会组织高度一体化,各层贵族以宗教的力量掌握不同的

---

[1] (汉)赵晔著,张觉译注,《吴越春秋全译》,贵州人民出版社,1993年9月,第256-262页。

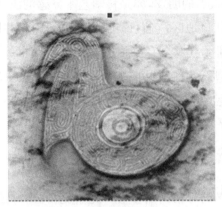 

良渚反山十二号墓玉"钺王"　　　无锡鸿山战国越墓出土的玉凤饰
上平面琢刻的鸟纹

图 5-1　鸟图腾

政治运作权与财富支配权。为了使国家机器顺利运转,良渚人一直将大量的人力和物质资源投入到各层贵族的精神活动领域,其物质反映就是遍布于各地的祭坛,大量精美玉器的生产、使用和随葬。此类活动弘扬其意识观念,并从中获取和加强管理社会的力量,在显示宗教的凝聚力和约束力并借以促进群体内的向心程度方面扮演了极其重要的角色。

晚周时"语言异声,文字异形",诸侯列国书简上的文字也不相同。学者史延廷说:"崇鸟文化是吴越地区古代先民最具特色的习俗之一,它是该地区稻作农业文明历史长期发展和累积的结果。作为吴越地区古代物质文化和精神文化的一种特征,崇鸟习俗也影响着该地区的社会文化面貌,主导着吴越先民们的日常生活。"

鸟书始自吴王阖闾,利用汉字的逐步普及,后辈王子们争先恐后,在青铜兵器上竞相仿刻凤鸟篆。最精美的鸟书要数吴王子夫差戈。此戈一面六字:王子孜之用戈。另一面刻地名。字迹秀美,鎏金制作,富丽堂皇(见图 5-2)。

　1　　　2　　　3　　　4　　　5　　　6
越王戈　州句剑　勾践剑　夫差戈　阖闾戈　阖闾剑

图 5-2　不同剑上的六个鸟篆"王"字

从这六个"王"字鸟书来看,他们都用鸟来装饰,其中 2、3、5、6 是背向的双鸟在上,"王"字在下。1"王"字藏在双鸟、双墩之中。4 夫差戈的"王"字看来最美,凤首似龙头,衔草、长尾、足居王字上。这既是鸟虫篆神奇而绚丽的青铜文明的代表作,也是世上最早最美的书法艺术。它们独特的造型艺术十分可爱,已经成为书法艺术中的"化石"。

文字象征着一个国家,一个国家存在的标志就是语言文字和历史文字记述的国家历史。每一种文字的书法艺术都有其独特之美,俄国哲学家别林斯基说:"文字艺术美的最大本质是和谐"。从上述六个"王"字中,我们一眼就可看出的正是这种对称的和谐之美。

有人说,虫书难认难懂。其实,它也是有规律的。中国古文字学家容庚(1894—1983)早在20世纪30年代撰写的代表作《鸟书考》与当代古文字学家曹锦炎撰写的《鸟虫书通考》皆做了详细介绍。

鸟虫书、鸟虫篆,笔画作鸟形,即文字与鸟形融为一体,或在字旁与字的上下附加鸟形作装饰,多见于兵器,少数见于容器、玺印,至汉代礼器、汉印,乃至唐代碑额上仍可见。它是先秦篆书的变体,属于金文里的一种兼负"装饰"与"释读"作用的特殊美术字体。它的笔画故作蜿蜒盘曲之状,中部鼓起,首尾出尖,长脚下垂,犹如虫类身体之弯曲,故名。从鸟虫书构形规律看,主要有如下几种:一是在文字上增加一个鸟形,二是在文字上增加双鸟形,三是寓鸟形于文字笔画中,四是增繁或简化之鸟形、虫形。可见,古吴越人从尊鸟、崇鸟习俗到对文字造形的精美设计,不禁使人赞叹,体现了文字的南方文化特色。

(二) 秦始皇扫平六国,偏偏保留鸟虫书

原始文字的起源,是人的一种模仿本能,用于"象形"某个具体事物。

在上古时代,"字"不是字,它的本义是"在屋里生孩子"。《说文解字》曰:"字,乳也。"《广雅》:"字,生也。""文"字也不当文章讲,当文字讲。《通书·六书略》明示:"象形、指事,文也;会意、谐声、转注,字也。"可见,"字"的"文字"之意,是从"文"字里生出来的。正像有些人说的,古时单体叫文,合体叫字;古代的"文"就是今天的"字",甲骨文、金文、篆文、说文解字、分文析字等都是此意,直到秦朝"字"才开始出现如今的"文字"之意。汉字是集体智慧的结晶,非个人之力,有约定俗成的力量;它是一种表意文字体系,又是生根在中华大地上的自源文字。

尽管原始文字简单而又混沌,但它的"象形"已经具备了一定的审美情趣,这种简单的文字可以称之为史前的书法。

从良渚王国到夏商周,经过春秋战国、秦汉王朝,五千多年的历史发展也带动了书法艺术的发展。这个时期内各种书法体相继出现,有陶文、甲骨文、金文、石刻文、简帛朱墨手迹等,其中篆书、隶书、草书、楷书等字体在数百种杂体的筛选淘汰中定型,书法艺术开始了有序发展,呈现出百家争鸣的局面。如北方晋国的"蝌蚪文",吴、越、楚、蔡等国的"鸟书"等。

秦始皇统一国家后,臣相李斯主持统一了全国文字,这在中国文化史上是一伟大功绩。秦统一后的文字称为秦篆,又叫小篆,是在金文和石鼓文的基础上删繁就简而来。李斯是著名书法家,他整理了小篆,《绎山石刻》《泰山石刻》《琅琊石刻》《会稽石刻》即为李斯所书,历代都有很高的评价。《说文解字·序》中说:"秦书有八体,一曰大篆,二曰小

篆,三曰刻符,四曰虫书,五曰摹印,六曰署书,七曰书,八曰隶书",基本概括了当时字体的面貌。起源于图腾和商周时期甲骨文、金文的鸟虫篆书法,利用笔势的顿挫,于屈曲蜿蜒中,表达了吴人刻意追求艺术的理念,其整体造型按照黄金分割率,匀称多姿,丰纤有致,形虽华美而不失规矩严整,独显光芒,创造了青铜时代的辉煌。秦代废除六国文字,独把鸟虫篆保留下来,成为秦代八种官方通用文字之一。

秦的虫书列在"刻符"和"摹印"之间,大概也是书幡信用的,所以能列为国家的通用字体之一。汉代印章有许多鸟虫书,当是为了谨防假冒。铜器(如河北省满城县中山王墓出土鸟虫书壶)、瓦当(如"永受嘉福")也出现了虫书。东汉灵帝爱好书法,光和元年(178)二月,始置鸿都门学,敕州、郡、三公举召能为尺牍辞赋及工书鸟篆者相课试,多至千人(《后汉书》及注)。唐代武则天爱好书法,所作《升仙太子碑》,以楷书为本,笔画上她也加了一些鸟形。

魏晋以后,随着篆书时代的结束,鸟虫篆便少见。当今,文化部艺术发展中心鸟虫篆艺术研究院院长、鸟虫篆艺术传承人王祥云先生,儿时随父习字,追随容庚先生研究鸟虫篆,数十年如一日,孜孜耕耘,于2011年出版发行《鸟虫篆发凡》专著,在全国首次对鸟虫篆书法起源、延续、释读、笔法、结体、章法进行阐述。2012年1月,由上海收藏家协会、荣宝斋上海艺术委员会举办的王祥云先生大型鸟虫篆书法作品在上海浦东图书馆现身,上海文史界、书画界、收藏界及长三角地区众多书法爱好者欣赏了上千年的商周文化瑰宝、中国文字的先祖(见图5-3)。

图5-3 王祥云的鸟虫篆书法作品(局部)

迈入展厅,展现在眼前的一幅幅书法精品龙腾蛇奔,鹏望鹰视,将世间万物在脑海中积淀融合寄情表达,千姿百态,各尽其妙,仿佛回到了辉煌的青铜时代。其作品先后被美、日、韩、丹麦等国元首、博物馆、名人雅士收藏。《人民日报》海外版连载《鸟虫篆之美》,向海内外介绍中国传统文化,为普及和传播中国传统文化知识、重新认识鸟虫篆的艺术价值做出了突出贡献。2013年参加中国第十届艺术节展出,获得金奖。2014年12

月,集书法艺术创作、教育、普及和交流于一体的文化部鸟虫篆艺术研究院在北京成立。

鸟虫篆这种艺术形式,体现了江南人人格完善的心理准则,取象于天地自然的观念,表达了人类对自然的一往情深。王祥云先生不惜用各种方式,使文字增姿色、壮正气,让人于无形无声中,品味通往神界的韵律,追求书法意境美。看着这些美丽的文字,带给人们的是精神上的愉悦,沐浴的是这种美丽文字带来的吉祥。

鸟虫篆是神奇而绚丽的青铜文明的象征。不论是绿水青山、稻作之源,还是独有习俗,这些都是吴越人原生态的独有的文化基因,充满着原始美和地方民俗特色。这种文化中既隐藏着一个民族的思维习惯和审美情趣,又是常青的智慧之树。现在爱好鸟虫篆艺术的人越来越多,如赵力志先生,部分作品被收入《海峡两岸书画交流邀请展作品集》《纪念建国60周年书画展作品集》等,都是借用汉字向本民族传统文化回归,留下的都是在感性与理性、激情与冷静之间的永恒原始美。

二、大家辈出　冠绝古今

吴越人崇文重教,民间历来有"书道即人道"的说法,讲究书品与人品的统一,而且更注重以人品论书品,这是人所共知的标准。极端的例子是南宋的岳飞和秦桧。据说岳飞有真迹流传于世,像《吊古战场文》之类,这可能是人们的向往,因为书法的背后是人格。秦桧的字也不一般,传说我们使用的宋体,就是出自他的书体,但叫作宋体而不是秦体,因秦桧的人品差。而历史上其他一些人的书体却以人命名,比如颜真卿和"颜体"、柳公权和"柳体",原因就在于我们有一个书道与人格并重的评价标准,这是我们中华文明的一个古老特质。

人道即人文,书法精神即人文精神。人的精神发育靠读书,中国书上的字主要是汉字,而汉字最早的原始文字是一些刻画符号——象形文字或图画文字。"声不能传于异地,留于异时,于是乎文字生。文字者,所以为意与声之迹。"距今7 000~5 000年,江苏高邮出现了"龙虬文化"。在龙虬庄遗址中有一碎陶,上面刻有似鸟非鸟的四个象形文字,其中一个"宙",经考证是鸟形转化而来。由此也说明了吴地人"独与天地精神相往来"。

这些符号是先民们的交际功能、记事功能与图案装饰功能的混沌结合,虽不是真正的汉字,但确是汉字的雏形,经数千年的历史发展带动了书法艺术的有序发展,通过书法艺术激发了汉字文化新的生命。

(一)文字有疆文明无边,美不胜收的汉字书法世界

在中国广阔的土地上,滔滔江河贯古今,彰显出开放性、包容性、共享性的宽广胸襟。它体现出中华民族海纳百川、兼容并包、"多元通和"、天下大同的优秀传统,它们相互依赖、相互制约、互为前提,正如马克思所言:"人们自己创造自己的历史,但是他们并不是随心所欲地创造,并不是在他们自己选定的条件下创造,而是在直接碰到的、既定的、从

过去承继下来的条件下创造。"[1]这种"直接碰到的、既定的、从过去承继下来的条件",既包括历史的条件,也包括时代的条件。当然,时代的条件、时代的特征具有复杂多样性,把握时代特征并不是轻而易举的事。中国书法艺术是中华民族的宝贵文化遗产,既是中国的国粹,又是地球上独一无二的文字艺术。五千多年来,多少士人含辛茹苦,功在书外,孜孜以求,字形的演变交替,字体的分类各列,流派纷呈,各领风骚,诚如苏东坡诗曰:"退笔如山不足珍,读书万卷始通神",成为世界艺术之林的一朵奇葩。

3 600年前的甲骨文,瘦劲挺拔,质朴明朗。周朝出现了金文和石鼓文。金文是铜鼎铭文的统称,即刻凿铸造在金属器具上的文字,这些文字雄浑、朴拙。唐朝初年,在天兴(今陕西宝鸡市)名为三畤原的地方出土了十块鼓形石,上面用籀文(即大篆)分别刻着十首记述游猎盛况的四言诗。因为石呈鼓形,所以称此刻石文字为石鼓文;又因石上所刻的文字内容是关于游猎的事,也名石鼓为"猎碣"。

公元前221年,秦始皇统一天下后,使用小篆。秦朝小篆圆浑劲健,柔中有刚。后来的汉朝在秦篆八分考基础上,出现了以蚕头燕尾为主要特征的隶书。汉隶以横取势,笔锋藏露结合,方圆兼用,从简牍、帛书、漆器、铜镜、印章到砖瓦、摩崖上面,形态纷呈,各展风貌。汉文帝时黄门令史游作《急就章》又产生了章草,章草带有隶书笔意,捺画有燕尾,点画有牵丝,意态飞动。

三国时期,隶书开始向楷书过渡,出现了书写便捷仍带隶意的楷书雏形。晋朝,篆隶行草五体齐备。从西晋末年开始经济重心逐渐向江南转移。东晋时,文人书法发展到了极致,出现了王羲之、谢安、郗愔、庾翼四大家。王羲之兼撮众法,自成一家,其楷书、行书、草书都全面出新,产生了惊世骇俗的《兰亭序》,为后世称为"书圣",影响极为深远。

南北朝时期,佛教盛行,碑刻造像蔚为大观,形成了南北朝粗犷豪放的书风。其中,尤以北魏为胜,故也称魏碑,是一种有特色的楷书。隋朝智永和尚,以擅长草书有《真草千字文》传世,隋朝产生了法帖,即把优秀书籍刻在石板或木板上,拓下来作为字帖,后世仿用至今。

到唐朝时,随着政治、经济、文字和各类艺术空前发展,书体兼备,书家辈出。楷书承袭了魏晋南北朝的遗风,更加趋于公正秀丽,精尽谨严,笔画渐绝隶意,初唐四家为欧阳询、虞世南、褚遂良和薛稷。中唐徐浩,晚唐有颜真卿、柳公权。行书中以颜真卿、李邕最为著名。孙过庭、张旭、怀素则以草书知名唐朝。五代有杨凝式等。

宋代书法,注重帖学,宋太宗命侍书学士王著编《淳化秘阁法帖》十卷摹勒在枣木板上,时以为珍,其代表有苏轼、黄庭坚、米芾、蔡襄。元代有赵孟頫,明代有董其昌等等。清朝由于几个皇帝喜爱书法由此得以弘扬。新中国成立后,中国书法得到了进一步传承发展。

中国书法自产生起,隐含着对语言的不满足——"言不尽意"。因此人们总是在语义

---

[1]《马克思恩格斯选集》,第1卷,人民出版社,1972年5月,第603页。

之外去寻找帮助表达那些"言外之意"的手段,也就是说,文字、语言的视觉图形能够帮助表达语言本身不能传达的很多东西。于是,在运用语义来表达的同时,对书写的结果——字的外形加以更多的注意。长此以往,人们的视觉、书写、心理渐渐汇合成一种有关联的整体,书法便在这种关注、融合中诞生。这就清楚地表明了中国书法的一个特征:它与汉语的使用密切相关。这种关联,使得与书法文化有关者包括了所有使用汉字的人。因此,一个使用汉字的人,不管你是不是关心书法、擅长书法,你都与书法这一文化现象密切相关。

中国书法作为一门古老的艺术,一直散发着艺术的魅力。它以不同的风貌反映出时代的精神。浏览历代书法,"晋人尚韵,唐人尚法,宋人尚意,元、明尚态",其发展的轨迹,使我们清晰地看到它与中国社会的发展同步,强烈地反映出每个时代的精神风貌。

纵观中国的书法史,可将唐代的颜真卿作为一个分界点,以前称作"书体沿革时期",以后称作"风格流变时期"。书体沿革时期,书法的发展主要倾向为书体的沿革,书法家艺术风格的展现往往与书体相关联。风格流变时期的书体基本齐备,很难再创一种新的字体,于是书法家就提出"尚意"的主张,"书体"已经固定,而"意"是活的,这就进一步加强了书写人的主体作用。

中国书法篆刻院执行院长曾来德认为,书法凝聚中国文化精神。人类生而与艺术相伴,就是因为有不断塑造自身、提升自我的内在需求,人通过驾驭各种艺术形式而不断求索的是丰富的心灵、高洁的品德和广博的精神。近乎完美的艺术形式逾千年而活力不衰,它所具有的精神引领和指导作用,早已体现在它伟大的传统性当中,无论从其哲理的深刻、审美的丰饶,还是人文精神的厚重来看,它都表征着中国古老文化的博大精深,是一种不可磨灭的伟大符号和标记。

上古时代先贤们所有的重要智慧,中古时代的全部经典,近古以来艺术家的奇境创造,绝大部分是通过书法形式才得以保存到今天的。在中国人痴迷书法、热爱书法的无数个理由中,中国文化和中国精神栖息于书法这一独特形式中,可能是最重要的理由。

中国古代文人,自幼童起,既学书写,又学诗文。按照儒家的"修齐治平"、道家的"天人合一",指明人生路线,饱含家国之梦、天下情怀,实现了人精、气、神的自我调节和完善,造就了一大批栋梁之材,给后代留下了许多惊艳之作。

如清代梁同书(1723—1815,浙江杭州人),博学多闻,尤以书法驰誉。12岁即能作擘窠大字,中年则用米芾之法,晚年变化自然之境,负盛名流年不衰。喜用长锋软毫,蘸墨饱满。字体俊迈洒脱,不假修饰而自有一种娟秀之态。求书者接踵,日本、朝鲜等邻国,对其书法都很膜拜。他在《答张芑堂书》中说:"学书有三要,天分第一,多见次之,多写又次之。"杨守敬在《学书迩言》又增二要:一要品高,品高则下笔妍雅,不落空俗;一要学富,胸罗万有,书卷之气自然溢于行间,书之大家,莫不备此,断未有胸无点墨,而能超轶等伦者也。这两位大家告诉我们,一个人的内涵很重要。

文化是一个复合体,它包括作为社会成员的人所获得的知识、信仰、艺术、道德、法律、习俗等。反之,天地宇宙中亦蕴涵着中华书法的大美。有修养的士人深有所悟——这是自然的伟力所致,并在大自然山境水情的审美追求中,携刀工笔墨于书法的实践创作。笔者试以"风"字为主的一组"风雷雨电"的创作与书写为例,来一窥大自然伟力所致(见图5-4)。

图5-4 "风雷雨电"创写演变过程

可见这里的"风"字既形象又风雅。近代史研究学者解玺璋说:雅、俗并称,习惯称风雅。当年,孔子编订《诗经》,便以风、雅、颂为分类。所谓"风天下",就是"风以动之,教以化之"。《河图》上说:"风者,天地之使也。"今天,我们则把空气流动的现象称之为风,用形象的比喻,就是大自然的使臣,天地之间将要发生什么变化,通过风就可以察觉和感知。中医有六气之谓,风寒暑湿燥火,风则居于首位,说明风在诊断疾病时的重要性。于是古人看中了这"风"字,创造了如图5-4那些惟妙惟肖的汉字与书法。再看那"雷"与"电"字,好像自然界中真的雷雨一样,活灵活现,恍惚使人感到亲眼看到一般。用墨用色至简,意象丰富至极;它是灵魂与宇宙的无形对话,也是视觉与听觉的有形盛宴。动与静、身与心、禅与艺,毫无违和感地交融在一起。

(二) 书法大家辈出,国朝第一

中国书法从刻画符号、图案、甲骨文、大篆小篆、魏碑汉隶唐楷,到宋元明清行草书……无不流淌着迷人的魅力。古人说它是"众美中至美",今人则认为它是中国文化的最高建构。烟雨江南,太湖包孕吴越,江南大地书法大家层出不穷。

1. "法帖之祖"陆机

陆机(261—303),字士衡,吴郡吴县(今苏州)人,西晋著名文学家、书法家,为孙吴丞相陆逊之孙、大司马陆抗第四子,与其弟陆云合称"二陆",又与顾荣、陆云并称"洛阳三俊"。在孙吴时曾任牙门将，吴亡后出仕西晋，太康十年（289 年），陆机兄弟来到洛阳，文才倾动一时，受太常张华赏识，此后名气大振。时有"二陆入洛，三张减价"之说。陆机历任太傅祭酒、吴国郎中令、著作郎等职，与贾谧等结为"金谷二十四友"。赵王司马伦掌权时，引为相国参军，封关中侯。太安二年（303 年），任后将军、河北大都督。

陆机"少有奇才，文章冠世"，诗重藻绘排偶，骈文亦佳，被誉为"太康之英"。他亦善书法，其章草作品《平复帖》是中国古代存世最早的名人书法真迹，也是中国历史上第一件流传有序的法帖墨迹，素有"天下第一帖""法帖之祖"之盛誉，属于国家文物局公布的第二批禁止出境展览文物，是九大"镇国之宝"之一。其书法，见证了汉字的流变（见图 5-5）。他上承章草古法，下开今草新意，达到了奇谲古奥的境界，第一次在中国书法史上以笔法、结构、章法、墨象等，演绎了"穷变态于毫端，合情调于纸上"。著名文物专家王世襄在《西晋陆机〈平复帖〉考略》中指出："在故宫博物院历代书法展览中，曾陈列在最前面的西晋陆机写的《平复帖》，是一件在历史上和艺术上有极端重要价值的国宝，我国的书法墨迹，除了发掘出土的战国竹简、帛书和汉代的木简等以外、历代在世上流传的，而且是出于有名书家之手的，要以陆机的《平复帖》为最早……董其昌曾说过，'右军（王羲之）以前，元常（钟繇）以后，唯存此数行为希代宝'。"[1]

图 5-5 （西晋）陆机《平复帖》（局部，北京故宫博物院收藏）

《平复帖》的书写年代距今已有 1 700 多年，它用秃笔写于麻纸之上，纵 23.8 厘米，横 20.5 厘米，草隶书 9 行 84 字，藏于北京故宫博物院。笔意婉转，风格平淡质朴，如徐邦达所说，"草法、文句，都很古奥，难以辨识"。刘涛称："陆机的这笔草书，写得苟草，有的是当时的习惯写法，让后世书家难以释读，平添了一些神秘感。"

---

[1] 王世襄，《西晋陆机〈平复帖〉考略》，《紫禁城》，2005 年第 S1 期。

据启功《〈平复帖〉说并释文》:"彦先羸瘵,恐难平复,往属初病,虑不止此,此已为庆。承使唯男,幸为复失前忧耳。吴子杨往初来主,吾不能尽。临西复来,威仪详跱。举动成观,自躯体之美也。思识□量之迈前,势所恒有,宜□称之。夏伯荣寇乱之际,闻问不悉。"其内容涉及三个人物,贺循,字彦先,是陆机的朋友,身体多病,难以痊愈。陆机说他能够维持现状,已经可庆,又有子侍奉,可以无忧了。吴子杨,以前曾到过陆家,但未受到重视。如今将西行,复来相见,其威仪举动,自有一种较前不同的气宇轩昂之美。最后说到夏伯荣,他因寇乱阻隔,没有消息。

鉴于《平复帖》的书写年代古远,根据尾纸董其昌、溥伟、傅增湘、赵椿年题跋,可得知《平复帖》历代递藏情况。此帖宋代入宣和内府,明万历间归韩世能、韩逢禧父子,再归张丑;清初递经葛君常、王济、冯铨、梁清标、安岐等人之手归入乾隆内府,再赐给皇十一子成亲王永瑆;光绪年间为恭亲王奕䜣所有,并由其孙溥伟、溥儒继承。后溥儒为筹集亲丧费用,将此帖待价而沽,经傅增湘从中斡旋,最终由张伯驹以巨金购得。张氏夫妇于1956年将《平复帖》捐献给国家。

陆机博学多才,文武全能,被钟嵘称为"才高词赡,举体华美",并感叹"陆才如海"(《诗品》)。西晋时的著名文学家潘尼在赠陆机的诗中云:"昆山何有,有瑶有珉。"瑶、珉均是美玉,以比作陆氏兄弟。陆机的《拟古诗》十四首亦与《平复帖》一样,其本质实为创新。

2."书圣"王羲之

我们常说唐诗、晋字、汉文章。唐诗的代表是李白、杜甫,晋字的代表是王羲之父子,汉文章则是司马迁。王羲之(约303—361,字逸少,祖籍琅琊即今山东临沂,后迁会稽山阴即今浙江绍兴。东晋著名书法家,有"书圣"之称,官拜右将军,人称王右军),出生于"八王之乱",西晋王朝风雨飘摇。好在王父王旷是丹阳太守,叔父王廙、王彬都是朝廷重臣,伯父王导、王敦为东晋的建立立下汗马功劳。307年王羲之父亲镇守南京,308年王羲之的叔父王廙和王彬也渡江来到南京,其中王廙是他学习书法最初的一位老师,后来王廙还是东晋皇帝的书画老师。接着他又遇到了姨妈——卫铄夫人。她把向三国时期书圣钟繇学习写字的经验传给了他。应该说王羲之在书法上的起点很高,学习书法的条件在当时是得天独厚的。338年,王羲之的岳父郗鉴当了太尉,伯父王导当了太傅,都是位极人臣的大官,他们想提拔王羲之官位,却被拒绝了。他大概在36岁时,就知道仕途不适合自己的性格,加之他身体情况很差,早年又有癫痫病,常在书信中提到自己的病时好时坏。

在四十岁前后,他的书法进入了成熟期。344年,王羲之42岁时,夫人郗璇给他生了最后一个孩子王献之(七个儿子中的老七),王献之成为中国书法史上又一丰碑。

351年,49岁的王羲之任右军将军、会稽内史。让他在历史上不朽的是353年即永和九年,51岁的王羲之作为会稽父母官,于这年三月上巳节,请了孙绰、谢安等名士四十多人,在会稽山兰亭修禊,王羲之等26人写了诗四十多首,15人不会写诗被罚酒。王献之10岁,也参加了这场雅集。王羲之为这次雅集所写兰亭集序,成了他书法作品中最著名的不朽之作。

他一变汉魏质朴书风为笔法精致、丰厚雍容的书体,开创了妍美流畅的楷、行、草书法先河。特别是他的行书字帖《兰亭序》,端秀清新,凡 324 字,每一字都姿态殊异,圆转自如,如行云流水,潇洒飘逸,骨格清秀,点画遒美,疏密相间,布白巧妙,平和自然,无论横、竖、点、撇、钩、折、捺,出神入化,可谓极尽用笔使锋之妙,后人评曰:"飘若浮云,矫如惊龙",被书法界誉为"天下第一行书"。遗憾的是它与唐太宗已千古。

千百年来,王羲之的字倾倒了无数习书者。唐太宗李世民倡导王羲之的书风,亲自为《晋书》撰《王羲之传》,搜集、临摹、欣赏王羲之的真迹,摹制多本《兰亭序》,赐给群臣。这在中国书法史上,帝王以九五万乘之尊而力倡一人之书者,仅此而已。

可以说,中国书家很少有早成的,大多数都是在四十岁后才能略见风格。书法是天才的艺术,更是人为的艺术,缺乏长期的艰苦训练难有大成。王羲之"总百家之功,积众体之妙",其贡献:一是使楷书成为独立的书体;二是他的行楷成就最高;三是他的草书带有章草笔意,如草书代表作《十七帖》,字字多独立,笔画含而不露,成为后代学习草书的不二法门。可以说,他的书法是魏晋风度在书法艺术上的最高典范。

王羲之是"纸时代"的开拓者之一,建树的不只是一种风格、一种境界,而且是一个书法艺术的体系。在这个博大的体系内,有严肃,也有飘逸;有对立,也有和谐;有情感,也有理智;有法则,也有自由。于是,各种各样的书家——古典的、现代的,唯美的、伦理的,现实的、浪漫的,阳刚的、阴柔的……都把他当作伟大的典范,从中汲取他们各自需要的营养,并早已传播海外,像《丧乱帖》《孔侍中帖》就是唐玄宗时流入日本的,一直是日本书道尊奉的瑰宝。

可时过 1 600 多年,王羲之笑着笑着就哭了,因他直接手写的真迹世上已没有了。现藏台北故宫博物院的摹本《快雪时晴帖》,行书纸本,纵 23 厘米,横 14.8 厘米(图 5-6)。

此帖是王羲之写给"山阴张侯"的一封信。大雪过后,天气转晴,王羲之向友人表达问候。起首用一句"羲之顿首",结语又加上同样的敬语,这在古人的书信中很少见。用笔以圆笔藏锋为主,起笔与收笔,钩挑拨撒都不露锋芒,结体匀整安稳,显现出气定神闲、不疾不徐的书写状态,无一字不表现出悠闲遒逸。或行或楷,或流而止,或止而流,形成特有的节奏韵律,展现了王羲之内敛沉潜的一面。赵孟頫书法直接受到这件手札的影响。

王羲之的《积雪凝寒帖》,草书拓本,为

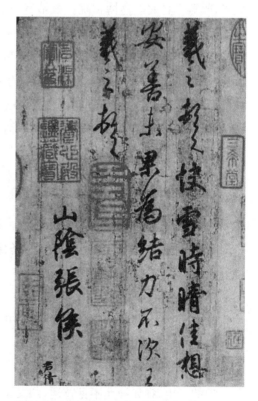

释文:羲之顿首。快雪时晴。佳想安善。未果。为结。力不次。王羲之顿首。山阴张侯。

图 5-6　王羲之《快雪时晴帖》(台北故宫博物院收藏)

《十七帖》第五通。其释文:"计与足下别廿六年,于今虽时书问,不解阔怀。省足下先后二书,但增叹慨。顷积雪凝寒,五十年中所无。想顷如常,冀来夏秋间,或复得足下问耳。比者悠悠,如何可言。"这是王羲之写给朋友周抚的又一封信。此札可见王羲之在用笔上尽得方圆之妙,方处锋棱可截铁,圆处婉转若飘带,方圆结合,恰到好处,既刚劲利落,又秀美飘逸,结体跌宕多姿,章法严谨中见变化。

现存唐摹王羲之帖有(1)《快雪时晴帖》,(2)《远宦帖》,(3)《奉橘帖》《平安帖》《何如帖》(三帖合装)——以上五帖皆在台北故宫博物院;(4)《丧乱帖》《二谢帖》《得示帖》(三帖合装),(5)《孔侍中帖》《频有哀祸帖》(二帖合装),(6)《游目帖》——以上六帖皆在日本;(7)《姨母帖》《初月帖》(合装于《万岁通天帖》中)——在辽宁省博物馆;(8)《寒切帖》——在天津博物馆;(9)《行穰帖》——在美国普林斯顿大学附属美术馆;共计九件十五帖。摹本是否出自唐宋人手,书法迷关注的是:(1)是否合乎王羲之的笔迹风格,摹写精良;(2)是否有宋以上的著录或古法帖作为依据;(3)纸、绢或装裱是否符合唐、宋时代;(4)是否有可靠的题跋和印鉴(往往只是一部分)以反映流传历史。

目前,世界各大博物馆所藏的王羲之作品均以唐宋的精摹本为主,即便是精摹本,存世的也不过十几件。王羲之的作品历来被视为珍品,价值连城。因《平安帖》《何如帖》《奉橘帖》合裱于一卷而称"平安三帖",今存墨迹本为唐代双钩摹拓,纵24.7厘米,横46.8厘米,收藏于台北故宫博物院。该帖有"政和""宣和""绍兴"及项元汴、笪重光等人收藏印,以及清朝皇帝鉴藏印多方,系流传有序的唐摹本。

王羲之59岁而终,唐代书学家孙怀瓘概括其为人,称其"骨鲠高爽,不顾常流"(《书断》),风度超脱,饮酒写文不拘一格。他生活的时代,是崇尚老庄、风流放达的时代,在他的前面,有孤傲任性、直言祸身的嵇康;在他的后面,有归隐田园、放逸诗酒的陶渊明。与嵇康相比,王羲之更为自然随和,他既具清真贵要的超然气质,又怀抱耿直俊利的士人意气。他是道教的信徒,但相对于老子,他的生命精神更同化于庄子,是一个集雅量、兴趣、耿直和仁爱为一身且极具人格魅力的艺术家,幽默而风趣。

中国书史上虽推崇王羲之为"书圣",但他并不是一尊凝固的圣像,而是中华文化中书法艺术创造的"尽善尽美"的象征。事物总是向前发展的、前进的,王羲之在他那一时代到达"尽善尽美"的顶峰,这一"圣像"正召唤后来者在各自的时代登攀新的书艺高峰。

3. "草圣"张旭

张旭(658—747),吴县(今苏州)人,开元、天宝时在世,曾任常熟县尉,金吾长史。以草书著名,与李白诗歌、裴旻剑舞称为"三绝"。诗亦别具一格,以七绝见长,与李白、贺知章等人共列"饮中八仙"。

他的一生,犹如神龙不见首尾,却又是极致的单纯简易,化约为"酒"与"书"二字。欧阳修主撰《新唐书》,其中《张旭传》开篇即是:"旭,苏州吴人。嗜酒,每大醉,呼叫狂走,乃下笔,或以头濡墨而书,既醒自视,以为神,不可复得也。世呼张颠。"这篇传文仅157字,真是惜墨如金,但开篇这 40 字除"苏州吴人"外,全着墨于张旭酒事。

张旭最为后世所记的,是他开创的卓绝惊世的狂草艺术,他生前即享有"草圣"的殊荣。如果说东汉张芝使草书达于"精熟神妙",东晋王羲之父子进而"韵媚婉转",那么,至唐代,张旭则将草书开拓到"逸轨神澄"的狂草境界。

后世名家评张旭,普遍集中于张旭草书的神奇变化,"变动犹鬼神,不可端倪"(唐·韩愈),"出鬼入神,倘恍不可测"(明·王世贞)。他的狂草将书法艺术的书写自由推向字与非字的临界点,在这个临界点,正如他身体的沉醉放达;他对书写极限的挑战,犹如一出风起云涌的歌舞战斗戏剧,演示了追求超规范的自由是被规范着的人最深刻的激情。所以,当我们看到张旭作为一个书法家的癫狂,看到他人无可企及甚至望而生畏的"逸轨",就无怪宋人米芾要骂"张颠俗子变乱古法、惊诸凡夫"了(米芾《草书九帖》)。

但是,如果只看到张旭草书的"逸轨"(癫狂),对张旭所知则不过为皮相。宋人黄庭坚说:"张长史行草帖多出于赝作。人闻张颠未尝见其笔墨,遂妄作狂蹶之书,托之长史。其实张公姿性颠逸,其书字字入法度中。"(《跋翟公巽所藏石刻》)"字字入法度",是指张旭草书在其超逸狂放中,乱而有法,狂而有度。张旭草书的狂逸,不是乱法,而是以精微深邃的楷法造诣为基础的自由超越——在其看似无法度可循的任性狂放中包含着极精妙的神理。

张旭传世的草书作品,著名的是《草书心经》《肚痛帖》《千字文》和《古诗四帖》。《古诗四帖》可视为张旭草书的冠顶之作。该帖无署名,曾长期被误判为东晋谢灵运书写,由明代书画家董其昌鉴定为张旭所书。董其昌题跋称此帖"有悬崖坠石、急雨旋风之势",与张旭其他草书帖同一笔法,并且以"旭肥素瘦"判定此帖为张旭而非怀素书写。怀素是张旭的私淑弟子,同样以狂草出名。"旭肥素瘦"是辨识张、怀师徒笔法的通行准则。黄庭坚说:"僧怀素草工瘦而长史草工肥。瘦硬易作,肥劲难工。"(《跋张长史千字文》)但《古诗四帖》不仅表现了张旭用笔宽厚遒劲以及迅猛回旋的特征,而且把率性放纵的书写纳入了刚柔相济、缓急冲和的张力运动中,是极度冲突的劲险与深刻协调的悠逸的平衡(见图 5-7)。

米芾说:"张旭书,如神虹腾霄,夏云出岫,逸势奇状莫可穷测。"(《米元章续书评》)用米氏此语评《古诗四帖》,是非常贴切的。就此而言,骂张旭乱法的米芾却又洞见到张旭草书的妙谛。

张旭开拓狂草艺术,既蒙滋养于书法艺术的传统精髓,更是深得自然造化的感动启悟。颜真卿记述,张旭即兴用利刃在沙地上画写,见"其劲险之状,明利媚好"而自悟"用笔如锥画沙,使其藏锋,画乃沉着"(《述张长史笔法十二意》)。另据《新唐书》《全唐文》记载,张旭曾自言,"始吾见公主担夫争道,又闻鼓吹而得笔法意,观倡公孙舞剑器得其神","孤蓬自振、惊沙坐飞,余师而为书,故得奇怪"。

狂草之所以由张旭肇始,实在因为张旭自我融身于自然,又以自然万物"一寓于书"。虞世南论书法说:"字虽有质,迹本无为,禀阴阳而动静,体万物以成形。"(《笔髓论》)这不正是我们在张旭草书,尤其是《古诗四帖》中观到的笔法神韵吗?

他从常熟县尉到六品的金吾长史,唯一载于史册的"业绩",就是做县尉时遇到一位

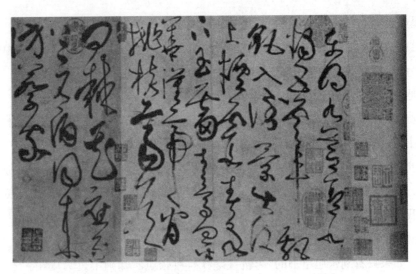

图 5-7　张旭《步虚词》(辽宁博物馆藏)

反复诉讼求判的老翁,而这老翁此举不过是贪求他手书的判书。张旭的一生,其实就是浓缩到《新唐书》中的 157 字的一生,这是纯粹到极致、超越到极致的"草圣"人生。韩愈说"张旭善草书,不治他技",这是与史传吻合的。

"楚人每道张旭奇,心藏风云世莫知",这是李白诗歌《猛虎行》中的诗句,写于公元 756 年(天宝十五年),时在安史之乱中,流离四地的李白与张旭相聚于太湖西岸溧阳酒楼,在"杨花茫茫愁煞人"的三月春景中,两人把盏对酌。李白直面的张旭,是一个"心藏风云"的巍巍大者,唯其如此,他的草书才能造就杜甫所说的"豪荡感激"的大气象。韩愈说张旭喜怒忧悲有动于心、必发之于草书(《送高闲上人序》),这只是生活于张旭身后的韩愈的文学想象。张旭草书,"心藏风云而豪荡感激",绝不是个人宣乐泄悲之技。

在唐诗中,有李颀的《赠张旭》和高适的《醉后赠张九旭》两首。"兴来洒素壁,挥笔如流星"(李颀),"兴来书自圣,醉后语尤颠"(高适)。"兴",在张旭不是寻常所谓"兴致"或"兴趣",它是豪荡超逸的生命意气。这"兴",是张旭草书的天机,它借酒而生,以书而张。"兴"是李白诗言的"心藏风云"的焕发,是张旭草圣的真态。

在杜甫的《饮中八仙歌》中,诗仙李白与草圣张旭是比肩而立的。"李白一斗诗百篇,长安市上酒家眠。天子呼来不上船,自称臣是酒中仙。张旭三杯草圣传,脱帽露顶王公前,挥毫落纸如云烟。"同一醉酒,同一放达,但细思起来,李白的放达是冲着人来的骄世,张旭的放达是面向天地的自然、水的无形。李白在唐玄宗的宫中醉酒,当玄宗面呼太监高力士为之脱靴,这是何等骄纵？清醒时的李白,其实是很懂得尊卑秩序的,是酒给了他过分的胆量。然而,这借酒撒娇的代价,是诗仙李白匆匆结束了他费四十余载心血挣得的翰林生涯,离开他服务不到两年的长安宫廷,从此浪迹江湖,竟因饮酒过度醉死于安徽马鞍山采石矶。张旭放达于天然,以纸为天地、以笔墨作风云,他焕然创造的世界中,激烈冲决的险峻之状透显出来的却又是超尘绝俗的"明利媚好"。呜呼！天地之中,伟者张长史。

江南地区的书法大家众多,上述仅举几例。比如范仲淹既是北宋政治家、军事家、文学家,又是书法家,可谓多才博艺,琴棋书画无所不能。其楷书《道服赞》书于北宋天禧年间(1017~1021年),是范仲淹在京师任秘书省校书郎时的手书,时年 32 岁。越年近千,卷后有宋、元、明、清 17 家跋。分别钤诸鉴藏印 113 方。1932 年之后,《道服赞》从伪满皇宫流出,后由收藏大家张伯驹以 110 两黄金购买,1956 年捐献给北京故宫博物院。

三、兰亭新序 推陈出新

"文字的起源是图画"(唐兰)。历来书画同源,二者原理相似,密不可分,相辅相成。如果说文字是历史的真实记录,那么绘画艺术就是历史的重现。铺开中华文明这幅大画卷,流传于世的名家名品可谓数不胜数,他们在艺术上的造诣也是出神入化。如东晋的杰出画家、绘画理论家顾恺之(348—409,字长康,晋陵无锡即今江苏无锡市人),他画的画被谢安称为"苍生以来未之有也"。其《女史箴图》是他根据张华的《女史篇》画的一卷插图性画卷。他所采用的游丝描手法,使得画面形神兼备,典雅、宁静又不失明丽、活泼。画面中的线条循环婉转,均匀优美,人物衣带飘洒,形象生动。女史们下摆宽大的衣裙修长飘逸,每款都配以形态各异、颜色艳丽的飘带,显现出飘飘欲仙、雍容华贵的气派。此图原为清内府所藏,公元 1900 年庚子之役,八国联军入北京,为英军所掠。现藏于英国伦敦不列颠博物馆。全卷长 348.2 厘米,高 24.8 厘米,绢本设色,内容共分 9 段。由于英国方面知识欠缺,保管不善,将其拦腰截为两段,并出现了掉渣现象(见图 5-8)。顾恺之所画的《洛神赋图》被列为中国顶级名画。

图 5-8 顾恺之《女史箴图》(局部)
图片来源:《北京日报》

又如郑板桥的《墨竹荆棘图》、徐悲鸿豪迈奔放的《八骏图》、吴冠中(1919—2010,江苏宜兴人,当代著名画家)的水墨画《狮子林》等等,每一幅作品都透射着艺术的魅力,同时也融汇了作者对艺术的理解和对人生的感悟。

艺术的魅力不在于时间的长久，而在于历经岁月流沙，却依然魅力四射。如1.7万年前，法国的拉斯科和西班牙阿尔塔米拉洞窟出现的各种姿态的野牛壁画，中国很多地区出现的原始社会新石器时代的彩陶纹饰和岩画，皆显示了人类"婴儿"时期丰富的艺术想象力和伟大的创造精神。

江南，浩浩长江，悠悠大运河，水秀、岩奇、村古、滩林美，宛如一幅立体的山水画长卷，是"永远的山水诗，最美的桃花源"。东晋至清朝的"中国十大传世名画"（晋代顾恺之的《洛神赋图》，唐代阎立本的《步辇图》，唐代韩滉的《五牛图》，唐代张萱、周昉的《唐宫仕女图》，五代顾闳中的《韩熙载夜宴图》，宋代王希孟的《千里江山图》，宋代张择端的《清明上河图》，元代黄公望的《富春山居图》，明代仇英的《汉宫春晓图》，清代郎世宁的《百骏图》）中，有五件出自江南。美国汉学家梅丹理是一位多年从事汉语诗歌翻译还会作汉语诗的著名学者，他说：江南保留着完整而连续的文人文化，没有太多地受到战乱和改朝换代的影响，要了解中华文化必须要到中国的南方去。当代书画家薛永年认为，中国画何以能够屹立于世界民族之林呢？它有它独特的贡献：人物画的传神美、山水画的意境美、花鸟画的意趣美，妙在似与不似之间、舍形而悦影、奥理冥造、仿佛有声、比兴如诗、以书入画、诗书画印结合等等。清代画家郑板桥的《衙斋图》，就通过与书法题跋的结合体现了作者的仁心。他在衙门中听到风吹竹子声，以为是老百姓的啼饥号寒，就通过画老竹子和小竹子的关系，将画作跟题跋结合，表现了亲民之官关心百姓疾苦的思想感情。画家李方膺的《风雨钟馗图》，创作于他做官丁忧回家期间，家乡遇到天灾，他很有感触，便画了幅《风雨钟馗图》，在诗画结合中表达了愤世嫉俗的感情。题中文字是："节近端阳大雨风，登场二麦卧泥中。钟馗尚有闲钱用，到底人穷鬼不穷！"画的是钟馗撑着破雨伞，看似很穷，可腰里却别着一串铜钱。由此可见，作者并没有按传统将钟馗画作正义的正面形象，而是画成了一个装成清官的贪官，具有极大的讽刺意义。

中国书画的艺术精神含意深厚，载道又畅神。如元代四大家之首黄公望的《富春山居图》，整幅画简洁明快，虚实相生，具有"清水出芙蓉，天然去雕饰"之妙，集中显示出黄公望的艺术特色和心灵境界，被后世誉为"画中之兰亭"（见图5-9）。

图5-9　黄公望《富春山居图》（局部）（台北故宫博物院藏）

（一）吴门四家，"三吴一冯"

江南文化的"大本大源"使苏州充满着书香味，无论是南北朝时的陆探微、张僧繇、顾野王、郑法士，还是明中叶的沈周、文徵明、唐寅、仇英等"明四家"都源远流长，有着深厚的书画历史根基。下面我们就转过身来，不妨看看"吴门四家"与"三吴一冯"。

1. 吴门四家，画家群体

明朝画家多出自吴中地区，尤其是从明代中期开始，苏州画家在艺术上占据了主流。在"吴门四家"中，沈周、文徵明擅长画山水，唐寅山水、人物都很擅长，仇英亦以画人物、山水见称，四人各有所长，先后齐名。史料记载，当时苏州画家有150余人，占明代画家总数的五分之一。鉴于明代中叶以后，"院画"日渐式微，"浙派"也渐趋末流，代之而起的是吴门画派的领袖沈周同他的学生文徵明、唐寅，再加上仇英，直接推动了江南乃至中国文化艺术事业的兴旺发达。

① 吴门画派的创始人——沈周（1427—1509），长洲（今江苏苏州）人，字启南，号石田，明代杰出的集诗书画成就于一身的书画家。一生未应科举，专事诗文、书画，是明代中期文人画"吴派"的开创者。传世作品有《庐山高图》《秋林话旧图》《沧州趣图》；著有《石田集》《客座新闻》等。其艺术特色：一是融南入北，弘扬了文人画的传统；二是将诗书画进一步结合起来。

沈家世代隐居吴门，故里和墓在今苏州相城区阳澄湖畔。沈周的曾祖父是王蒙的好友，父亲沈恒吉，又是杜琼的学生，书画乃家学渊源。父亲、伯父都以诗文书画闻名乡里。沈周一生家居读书，吟诗作画，优游林泉，追求精神上的自由，蔑视恶浊的政治现实，始终从事书画创作。他学识渊博，富于收藏；交游甚广，极受众望，平时平和近人，要书求画者"屦满户外"，"贩夫牧竖"向他求画，从不拒绝。甚至有人作他的赝品，求为题款，他也欣然应允，世称其为飘然世外的"神仙中人"。

他的书法师从黄庭坚，以摹写黄公望画作为荣，绘画造诣尤深，兼工山水、花鸟，也能画人物，以山水和花鸟成就突出。在绘画方法上，早年承受家学，兼师杜琼。后来博采众长，出入于宋元各家，主要继承董源、巨然以及"元四家"黄公望、王蒙、吴镇的水墨浅绛体系，又参以南宋李、刘、马、夏劲健的笔墨，融会贯通，刚柔并用，形成粗笔水墨的新风格。中年时成为画坛领袖，技法严谨秀丽，用笔沉着稳练，内藏筋骨。晚年时性情开

图 5-10　沈周《庐山高图》（台北故宫博物院藏）

朗,笔墨粗简豪放,气势雄浑,其代表作《庐山高图》隽秀、润湿而又苍劲的用笔用墨,纷繁、宽博而又伟岸的造型布局,高致绝人,坚实酣豪,令人叹为观止(图5-10)。

沈周自小就有绘画的天性。清华大学美术学院教授李睦指出,人类是天性的身影,天性所在之处,人类如影随形;天性既要影响人类,人类又要约束天性,这种影响与约束通常是在一个特殊的状态中进行的,是在呈现与改变、幻想与现实的矛盾纠结状态中进行的。这种过程和结果,被我们称之为艺术,称之为雕塑和绘画。每当我们需要审视一下天性是否存在时,不妨转过身来,看看我们的身影,看看我们的艺术和绘画。沈周不仅是一位画家,也是一位诗、书、画皆精的全才。喜用狼毫挥书,线条锋利,结构跌宕开阖,中宫收紧而四维开张,所谓"长撇大捺",遒劲奇崛,始成明代的书法名家。

② "四绝"全才——文徵明(1470—1559),长洲(今苏州)人。明代中期著名的画家、书法家,号"衡山居士",世称"文衡山",官至翰林待诏。诗、文、书、画无一不精,人称"四绝"全才,是沈周之后的"吴门画派"领袖。在画史中与沈周、唐伯虎、仇英合称"明四家",诗文上与祝允明、唐寅、徐祯卿并称"吴中四才子"。

家世武弁,自祖父起始以文显,父文林曾任温州永嘉县令。文徵明自幼习经籍诗文,喜爱书画,文师吴宽,书法学李应祯,绘画宗沈周。少时即享才名。然在科举道路上却很坎坷,从弘治乙卯(1495年)26岁到嘉靖壬午(1522年)53岁,十次应举均落第,直至54岁才受工部尚书李充嗣的推荐以贡生进京,经过吏部考核,被授职低俸微的翰林院待诏。此时其书画已负盛名,求其书画的很多,由此受到翰林院同僚的嫉妒和排挤,心中悒悒不乐。居官三年中目睹官场腐败,一再乞归,57岁辞归出京,放舟南下,回苏州定居,潜心诗文书画,不再求仕进,以戏墨弄翰自遣。晚年声誉卓著,号称"文笔遍天下",购求他的书画者踏破门槛,说他"海宇钦慕,缣素山积"。年近九十还孜孜不倦,为人书墓志铭,未待写完,"便置笔端坐而逝"。他通晓各科绘画之艺,擅长各种细粗之法,其目力和控笔能力极佳,80多岁时还能十分流利地书写蝇头小楷竟日不倦,其书画造诣极为全面,虽学继沈周,但仍具有自己的风格。一专多能,能青绿,亦能水墨,能工笔,亦能写意。其风格:

一是绘画兼善山水、兰竹、人物、花卉诸科,尤精山水。画风呈粗、细两种面貌。笔墨苍劲淋漓,又带干笔皴擦和书法飞白,于粗简中见层次和韵味。设色多青绿重彩,间施浅绛,于鲜丽中见清雅。在意境上摆脱了元人一味以淡逸空寂为高的程式,而赋予平和明朗的气氛。

二是书法尤擅长行书和小楷,温润秀劲,法度谨严而意态生动。虽无雄浑的气势,却具晋唐书法的风致,也有自己一定的风貌。王世贞在《艺苑卮言》上评论说:"待诏(文徵明)以小楷名海内,其所沾沾者隶耳,独篆不轻为人下,然亦自入能品。所书《千文》四体,楷法绝精工,有《黄庭》《遗教》笔意,行体苍润,可称玉版《圣教》,隶亦妙得《受禅》三昧,篆书斤斤阳冰门风,而楷有小法,可宝也。"他是功力型大师,一生的书法作品量大质优,至暮年不倦。

三是书画兼善,《关山积雪图》及其题跋,充分展现了个人功力。嘉靖六年(1528年)

冬,他与王宠借宿于楞伽僧舍,适逢大雪。王宠拿出佳纸索画,他乘兴作关山积雪。因画卷太长,一时并未完成,历经五个寒暑,方有今日所见(现藏台北故宫博物院,系个人第三阶段晚期作品)。文在题跋中写道:"古之高人逸士,往往喜弄笔作山水以自娱。然多写雪景者,盖欲假此以寄其孤高拔俗之意耳,若王摩诘之雪溪图、李成之万山飞雪、李唐之雪山楼阁、阎次平之寒岩积雪、郭忠恕之雪霁江行、赵松雪之袁安卧雪、黄大痴之九峰雪霁、王叔明之剑阁图,皆著名,今昔脍炙人口……"他以对历代雪景图的赞赏,以雪相喻,表现了自己"孤高拔俗"的心性。

③ 江南第一才子——唐寅(1470—1524),字伯虎,号六如居士、桃花庵主,苏州府吴县人,明代著名画家、文学家。父亲唐广德,母亲丘氏。唐寅自幼天资聪敏,熟读四书五经,博学多能,吟诗作曲,能书善画,16岁秀才考试第一名,轰动了整个苏州城,29岁到南京参加乡试,又中第一名解元,乃明代"四大才子"之首,他的诗书画号称"吴地三绝"。但是,他的知名度似乎更多来自他的传说轶事,其中"三笑点秋香"的故事家喻户晓、流传最广。故事中的唐伯虎风流儒雅、聪慧过人而又浪漫多情。然而历史上真实的唐伯虎,却并非靠着拈花惹草的风流韵事而名扬天下。

这位古人称不上美男子,却是气质飘逸的化身;他风流倜傥,又历尽坎坷;他才华横溢,却命运多舛;他一生清高自傲,被称为"天下奇",从而名留青史。在明代的"四大才子"中,他就是江南最富传奇色彩的文人,亦是笔者佩服的有骨气的文人,故早晚散步有时路过他的原住址(吴趋坊与桃花坞)时总想到他。

唐伯虎作为一个读书人,也曾把考科举中功名视为人生价值的体现。他才学横溢,以乡试第一名解元的身份前往南京参加会试,当时街头巷尾盛传新科状元非他莫属,但那次南京之行却成了唐伯虎人生的重要转折点,他被诬陷参与科举舞弊而银铛入狱,而他的灾难还不止于此。父母亲死了,妻子死了,妹妹死了,弟弟唐申分炊而食了。孑然一身的唐伯虎,与李白"散发弄扁舟"的孤傲抗争一样,他的思想也发生了重大变化:"不炼金丹不坐禅,饥来吃饭倦来眠。生涯画笔兼诗笔,踪迹花边与柳边。"后半生的唐伯虎对礼教章法不屑一顾,笑傲江湖,醉意书画,卖字换酒,行为洒脱,放浪形骸,民间流传的多情风流的才子唐伯虎捕捉的只是他外在的一面。

在古代,吴地不乏唐伯虎这样游离于正统之外的知识分子,如号称张颠的书法家张旭,不肯为五斗米折腰的诗人高启,舍圣贤书、行万里路的徐霞客,蔑视权贵的《三言两拍》作者冯梦龙,绝意仕途的金圣叹……这些大胆挑战世俗、个性张扬自由的吴地文人一起构成了古代吴门才子的群像。正因为如此,才有了江南的百花齐放。

"别人笑我太疯癫,我笑他人看不穿",以唐伯虎为代表的古代吴门才子渐行渐远。但他们的形象似乎已经定格为一种文化的符号,如梅如竹,既馨香孤傲、柔情万端,却又宁折不弯、铁骨铮然。吴门才子,就是这样才情兼备、儒雅浪漫,清俊秀逸中带着狂傲,灵动聪慧中不乏稚拙,多才多艺更似乎浑然天成。

晚年生活困顿的唐伯虎,尽管才华出众,有理想抱负,是位天才的画家,但他那愤世嫉俗的狂傲性格不容于那个社会,最后潦倒而死,年仅 54 岁,惨到连棺材都买不起,最后,还是好友祝枝山和王宠出钱给买的。书中自有史如铁,他临终时写的绝笔诗就表露了他刻骨铭心的留恋人间而又愤恨厌世的复杂心情:"生在阳间有散场,死归地府又何妨。阳间地府俱相似,只当漂流在异乡。"可见,他具有哲学、史学和科学的精神储备,犹如刺破天空的傲岸花王;他写出了芸芸众生生活着的现实真相和豁达的人生观:生如夏花之绚烂,死如秋叶之静美。在纪念唐寅诞辰 540 周年时,楹联家陈志岁在《纪念唐寅》联上云:"画臻三昧境,梦觉六如身",就是生动写照。

唐伯虎擅长山水、人物、花鸟,其山水初师周臣,继而研学李唐、马远、夏圭,山水独具一格。人物画多为仕女及历史故事,师承唐代传统,线条清细,色彩艳丽清雅,体态优美,造型准确;亦工写意人物,笔简意赅,饶有意趣。其花鸟画,长于水墨写意,洒脱随意,格调秀逸。除绘画外,唐寅亦工书法,取法赵孟頫,书风奇峭俊秀。有《骑驴归思图》《山路松声图》《事茗图》《王蜀宫妓图》《李端端图》《秋风纨扇图》《百美图》《枯槎鸜鹆图》《两岸峰青图》等绘画作品传世。

《陶谷赠词图》为绢本设色画,168.8 厘米×102.1 厘米。此作绘历史故事一则。北宋初年,陶谷(903—970)出使南唐,时南唐国力弱小,而陶谷态度傲慢,在南唐后主面前出言不逊。南唐臣僚愤而设下圈套,派宫妓秦蒻兰扮作驿吏之女以诱之。原本盛气凌人的陶谷,见到温婉美丽的秦蒻兰之后,不禁为之邪念萌动,曲意奉迎并赠词讨好,变得庸俗不堪,遂败慎独之戒。不日,后主设宴招待陶谷,陶谷再次摆出正人君子派头,后主举起酒杯令蒻兰出来劝酒唱歌,歌词即是陶谷所赠,顿时弄得陶谷面红耳赤,狼狈至极。画中人物刻画,工谨微妙,陶谷拈须倚坐榻上,旁置笔墨纸砚,前面燃着红烛。秦蒻兰束发高髻,绣襦罗巾,坐弹琵琶,情态生动逼真,正是赠词前后的情景。背景之树石、竹蕉、盆花,乃至坐榻、画屏也都精心刻画,不独布局得体,设色秀妍,而且理趣兼优,形神俱佳。右上有唐寅题诗:"一宿姻缘逆旅中,短词聊以识泥鸿。当时我作陶承旨,何必尊前面发红。"诗情画意,寓意殊深。(见图 5-11)

图 5-11 唐寅《陶谷赠词图》(台北故宫博物院收藏)

中国自古诗书通印"不分家",唐寅在文学上也极富成就。工诗文,其诗多记游、题画、感怀之作,以表达狂放和孤傲的心境,以及对世态炎凉的感慨,以俚语、俗语入诗,通俗易懂,语浅意隽,著有《六如居士集》,清人辑有《六如居士全集》。后世有诗叹之:"可惜一手好文章,更兼书画长,桃花坞里说迷茫,失了官场;设若官场之外有市场,凭君人气旺,秋香妹纸代言好形象,风生水扬。"虽是戏语,但写出唐寅绘画在放纵中见深沉,书法在戏笔中寓情思。

在艺术史中,文徵明的影响可能更大,而在民间,唐伯虎的名气更大。他人狂字不狂,没有丈夫气,倒有女儿态——他的内心是温柔的,一生有相当的画是为应酬之作送人的。

在明清两代,以北京为中心的直隶是帝国的政治中心,而以苏州为中心的吴地是当之无愧的经济中心。在曹雪芹那部千古奇书《红楼梦》中也赞叹道:苏州"是天下一二等富贵风流之地"。明朝中叶经济的发展,促进了城市社会的繁荣,同时也改变了人们的生活方式与思想观念。绘画交易现象由此开始普遍,方式亦多样,艺术市场得以逐步繁荣,使得大多数画家不可避免地参与到市场交易中。作为苏州地区的画家唐寅,自然也加入了这一行列。他的卖画方式也多种多样,有友情赠送、订购、延请、直接现金交易等。

以卖画为生使唐寅取得了经济上的自给,由此决定了他人格上的独立。在民间流传最广的是唐寅的人物仕女画。他的人物画多感慨世情之作,表现出愤世嫉俗的心态。他兼取诸家之法,特别是吸收了院派和文人画的长处,独树一帜,开创了一条能表现自我精神的画路。这一类作品多取材于历史与民间故事,尤其以描写欢场女子为多。他的大多数仕女画是表现宫妓、妓女等下层女性生活的青楼题材,如《王蜀宫妓图》《陶谷赠词图》等,这与他科场舞弊案后颓废自弃,终日寄情于声色不无关系。因这时期在繁华的江南城市,随着商品经济的发展,娼妓越来越盛。在苏州这样经济发达的城市,此业就显得尤为兴盛。唐寅作为一个命运曲折而又多情重义的文人,面对那些"同是天涯沦落人"的女性,自有惺惺相惜之意,于是便以这种题材来表现自己的性情。而更深层的原因是,他的这种题材源于当时绘画商品化及自己卖画的需要。唐寅生活在商品经济较发达的江南地区,此时的商人和地主大都喜交名士,喜欢与众多的文人和画家交往,而这些富豪往往把自己装扮成好文知画的风雅人士。面对这一特殊的消费群体,唐寅在创作人物画作品时,就不能不考虑接受者的审美趣味和心理需要。

为了生计,唐寅还应人所求,描绘过大量的色情画之类的春宫图,造诣很高。但唐寅是院派风格正统的画法,而不是沈周、文徵明那种文人画风格,是有特定原因的。除了在古籍里能读到清人题唐寅春宫画的几首诗,唐寅留下来的画,既不"黄",也不"寅",尚能豹窥者,如现藏于故宫博物院的《王蜀宫妓图》,绢本设色。此图曾用名是《孟蜀宫妓图》,又称《四美图》,画面上四个歌舞宫女正在整妆待君王召唤侍奉,说的是五代前蜀后主王衍的后宫故事。《秋风纨扇图》系唐寅中年作品,仕女独立坡,手执纨扇,若有所思。除此之外,目前馆藏的唐寅作品,有人物和动物的,画的不是男性知识分子,就是鸟和驴了。

和仇英一样,唐寅画的美女也有三大特征:前额一点白,鼻尖一点白,下颌一点白。此所谓"唐三白"者,通常是用来鉴别真伪唐寅画的一个标准。

至于"唐伯虎点秋香":历史上虽有秋香其人,且和唐伯虎同是生活在明代中叶,不过她至少要比唐伯虎大二十岁。秋香虽在金陵高张艳帜,但她与唐伯虎之间实难发生风流韵事,倒是祝枝山不知在什么场合见到秋香扇面,写了一首七绝:"晃玉摇金小扇图,五云楼阁女仙居;行间看过秋香字,知是成都薛校书。"在《唐寅诗集》中有诗名曰"我爱秋香"则是一首藏头诗。之所以有此传说,这里有其社会原因、时代因素,也有唐伯虎本人的个人原因。文人墨客们故意让唐伯虎娶自己心爱的女人为妻,让他为争取自己的理想自由奋斗。这就是为什么要把点秋香的重任放在唐伯虎身上的原因。看来文化化了人,即使你不爱多看书,听了唐伯虎的故事也还是比莎士比亚觉得更可喜。

④ 民间画工——仇英(约1498—1552),字实父,号十洲,江苏太仓人,后移居吴县(今苏州),明代著名画家。擅画人物,尤长仕女,既工设色,又善水墨、白描,能运用多种笔法表现不同对象,或圆转流美,或劲丽艳爽。偶作花鸟,亦明丽有致,与沈周、文徵明、唐寅并称为"明四家"。存世画迹有《汉宫春晓图》(见图5-12)、《桃园仙境图》、《赤壁图》、《玉洞仙源图》、《桃村草堂图》、《桃花源图》等。他的画上,一般只题名款,尽量少写文字,为的是不破坏画面美感。因此画史评价他为"追求艺术境界的仙人"。他的创作态度十分认真,一丝不苟,每幅画都是严谨周密、刻画入微。

图5-12 仇英《汉宫春晓图》(局部,台北故宫博物院藏)

仇英是中国绘画史上的一个特例:他出身寒门,幼年失学,曾习漆工,通过自身不懈地努力,成为中国美术史上少有的平民百姓出身的画家——被历史评定为"明四大家"之一,这即使在五百年后的今天仍不失借鉴意义。他虽无文徵明的诗文造诣,也无唐伯虎的文采风流,但他依仗长期寄居官宦、富豪宅邸的生活方式,取得了丰富的创作资源,创建了属于自己的绘画风格。他以其一生创造出的辉煌成就告诉我们:有志者事竟成!当然,如果没有求知的欲望,没有他和收藏家们的真诚互动,就不会有今天我们所看到的丰富多彩的仇英,应该说仇英在绘画艺术上取得的成就在某种意义上高于唐寅,因为他是那个时代独有的集大成者。

"明四大家"的绘画成就是多方面的,他们技艺全面,题材广泛。所画山水,既能表现雄伟险峻的北方山川,也能描写清雅秀润的南方风景,开拓了元明清以来山水画的新境界,占据了元代以来文化的制高点。

"青山遮不住,毕竟东流去。"一部苏州美术史,就是半部中国美术史。

2. 风云际会,"三吴一冯"

近现代吴地又出现了吴湖帆(1894—1968,苏州人)、吴待秋(1878—1949,浙江桐乡石门人)、吴子深(1893—1972,苏州人)、冯超然(1882—1954,常州人)这四位画坛大家,也先后都与苏州有缘,曾被合称为"三吴一冯"。他们的才艺,丰富了中国美术山水画,而他们的人生,则反映了与社会的风云际会。他们在当时之所以受此推崇,享誉海上,盖得力于画艺、学养及不可忽视的社会地位。

① 海派绘画鉴藏大家吴湖帆。就画艺而言,"三吴一冯"都以山水造诣为高,吴湖帆、冯超然尤是个中翘楚。谢稚柳先生评吴湖帆说:"不被'四王'风貌所囿……上溯明唐(寅)、沈(周)等,涉猎宋元诸家;他居然还能把人为设置的南北二宗的壁障冲破,不带偏见,多方汲取养料,对中国上下千年的灿烂传统广采博取,积蓄生发,使他突破当时笼罩画坛的浓重阴霾,以清逸明丽,雅腴灵秀,似古实新的面貌独树一帜,成为那个时代最发光华的画家。"上海博物馆是收藏吴湖帆书画、吴湖帆鉴藏作品数量最丰富、质量最精、保存最完整的公立收藏机构。馆长杨志刚先生说:吴湖帆是里程碑式的中国书画大家,是目前很多收藏鉴定结论的源头,以前这方面的认识并不充分;他集创作、鉴藏与研究三位一体,在其同辈中属佼佼者,更有"江南画坛盟主"美誉;他的"吴门绝技"——将《玉兰图轴》等千疮百孔的明代名画,修复得光彩照人,还有很多鉴定书画的手段,在江湖上被传得神乎其神。与张大千并称"南吴北张",与溥心畬并称"南吴北溥"。

② "海上四大家"之一的吴待秋,名徵,号春晖外史,又号鹭鸶湾人。你只要走进苏州装驾桥巷吴待秋的故居,你就会想到,他是残粒园的第一代主人。吴待秋原籍浙江石门(今桐乡)人,为名画家吴滔之子,18岁那年就中了秀才。可惜就在这一年,他的父亲去世了。他在悲痛之余,毅然接过父亲留下来的画笔,子承父业,做了一个书画家。擅长书、画、印,作画善山水、花卉,能人物、仕女,晚年喜作佛像,颇有古风。花卉苍劲浑朴,尤其是画梅名噪一时。他的功力深厚,用笔凝重,自成一家。民国时期,由于吴氏声望很高,求其字画者接踵而至,仅次于吴湖帆,而与冯超然等不相上下。

③ 著名美术教育家、画家兼良医吴子深,原名华源,因生于苏州桃花坞,号桃坞居士。早年从舅父学医,1917年后从李醉石、周乔年学画。家为吴中望族,收藏宋元古画甚富,曾以巨资创建苏州美术专科学校(简称"苏州美专")于沧浪亭畔,1928年任苏州美专校董会主席及教授。1929年赴日本考察美术。1930年发起组织桃坞画社。1948年被聘为上海文化运动委员会主办的美术评奖委员。擅山水、兰竹。山水远师董源,近宗董其昌,笔

墨清秀。民间称其山水画"古趣盎然,厚而能雅,淡而见腴",重推之。

④ 冯超然,原籍江苏常州。父亲只开了一家烟杂店勉度生活,自童年始酷爱绘画,十三四岁卖画已有所收。不论山水、花鸟、人物,都画得楚楚动人,不久就成了苏州的著名画家。后来他定居上海嵩山路,与吴湖帆对门而居。这一段时间,也是"三吴一冯"同在上海的时间。在上海,号其画寓为"嵩山草堂"。他抱定过隐士生活的宗旨,闭门不出,在画坛上有"嵩隐冯超然"之称,曾加入"题襟馆金石书画会",任名誉副会长,常与吴昌硕切磋技艺。20世纪二三十年代冯超然享誉海上,画名极盛,从其学画者众多,郑慕康、程芥子、陈小翠、谢瑶华、毛琪华等均为其高足,其中陆俨少别开生面,卓然成家,青出于蓝而胜于蓝。

(二)"守正"追求真善美,艰苦奋斗谱新曲

中国的书画是一门"综合艺术"。国家画院研究员、美国休斯敦大学客座教授刘宝纯说:"画家不是画匠,不能只懂得一门、一派、一种方法,要有广博的人文修养。"在他看来,优秀的国画家应该具备多方面修养,如果不研习书法,作品就缺少筋骨;如果不学习诗词,作品就缺少灵魂。"画品之高,根于人品","画以人重,艺由道崇"。画作的气韵植根于画家的品性。人们常说,翰墨载道,书画既是艺术,更是文化,它是一种真正地对人、社会、国家、民族和整个人类有滋养作用的艺术,这种滋养的力量正来源于中国传统文化思想的共同涵养。传承至极是经典,经典至极才是创新。失去传统的参照,创新都是徒劳,只能是造作概念、闭门造车的产物。不管是王羲之的《兰亭序》,还是颜真卿的《祭侄文稿》,抑或苏东坡的《寒食帖》,里面无不灌注了浓烈的情感,当然也就形成了光耀书法史的个人风格。这一切的前提就是正确地认识书画的文化传统,科学地对待书画的发展,只有这样才能与时俱进。心正笔直字有骨,人善文美诗有格。当下,书画教育的当务之急是"守正"。教的是书画,体现出的是做人。

1. 现代杰出画家刘海粟

刘海粟(1896—1994),因出生时脐带盘在腹上,所以取名为盘,字季芳,号海翁,江苏毗陵(常州)武进青云坊村人。6岁读私塾,爱书画。在启蒙教育中,母亲洪淑宜的影响最大。她是清乾嘉学者诗人洪亮吉的孙女,幼承庭训,通晓诗文。在母亲的教育下,刘海粟学习诗文,接受传统文化教育。但他从小就展现了叛逆精神,不愿意盲从,10岁进绳正学堂,经常给老师提出难题,少年时就展现出艺术天分,11岁时创作的绘画作品《螃蟹》,参加第一届全国儿童绘画展览会,作品被印在了展览目录的封面上。另一位对刘海粟成长影响较大的人是他的姑父屠寄,近代知名学者,1891年中进士。他经常给刘海粟讲述历史和文学故事,当他发现其艺术天分时,便为他提供画谱并讲述常州画家恽南田的故事,教导他学习恽南田的品行气节。屠寄教导他:"休得目中无人。成就再高,比之前人,犹如东坡公所言'渺沧海一粟'。自大谓之'臭',字不是随便造出来的。"正是受姑父此话的影响,原名刘盘从此便更名为刘海粟,以"沧海一粟"自勉。

1909年,在绳正书院谭廉老师的引见下,到周湘所办的布景画传习所学习绘画,很快

便学到了西洋画的一些基本原理和技法。同时,他还阅读大量的西方哲学和文学名著,并翻阅进口美术画册。半年后,刘海粟深感传习所呆板的教学模式已不能满足他旺盛的求知欲,便返回常州。1910年,在家中青云坊办起了图画专修馆。1912年,与乌始光、张聿光等在上海乍浦路8号,创办了现代中国第一所美术专门学校。张聿光年长,被推为校长,刘海粟为副校长,招收了一批高才生,并冲破封建势力,首创男女同校,得到蔡元培等学者支持,采用人体模特儿和旅行写生。在艺术教育中,刘海粟不仅注重技术的训练,还重视美术理论。1918年11月,他创办了第一期《美术》杂志,为国内美术刊物之首。到北京大学讲学时,第一次举办个人画展,受到蔡元培、郭沫若的称赞。

1919年到日本,考察绘画及美术教育,回国后创办天马会。1920年10月代表中国新艺术界赴日本参加帝国美术院开幕大典和日本画家藤岛武二、满国古四郎、桥本关云等交游论艺,其油画作品备受日本画坛重视和推崇,被称为"东方艺坛的狮"。回国后,充实美术院的课程和设备,成为当时国内美术最高学府,并著有《米勒传》《塞尚传》,介绍西洋艺术,颇有影响。1927年受孙传芳迫害通缉,逃亡日本。朝日新闻社曾为他在东京举行画展。1938年春回上海,应上海中华书局之邀,写成八十万言的巨著《海粟丛书》六卷,分《西画苑》《国画苑》《海粟国画、海粟油画》三部分,画论精辟,广为流传。1949年后历任南京艺术学院院长、教授,上海美术家协会名誉主席,被英国剑桥国际传记中心授予"杰出成就奖",被意大利欧洲学院授予"欧洲棕榈金奖"。

刘海粟擅长油画、国画与美术教育。其代表作品有《黄山云海奇观》(见图5-13)、《披狐皮的女孩》、《九溪十八涧》等。其教育思想:"思想自由、兼容并包";教育理念体现在"闳约深美"这四个字上。他顺应时代,倡导个性,注重情感,摹写自然。一生追求真善美,致力于美术教育事业,艰苦创新,为艺术献身,在美术教育和艺术创作上树起了一座丰碑。

图5-13 刘海粟《黄山云海奇观》(1978年)

2. 绘就民族精神的艺术巨匠徐悲鸿

徐悲鸿(1895—1953),原名徐寿康,江苏宜兴市屺亭镇人,中国现代画家、美术教育家。曾留学法国学西画,归国后长期从事美术教育,先后任教于国立中央大学艺术系、北平大学艺术学院和北平艺专。1949年后任中央美术学院院长。擅长人物、走兽、花鸟,主张现实主义,于传统尤推崇任伯年,强调国画改革融入西画技法,作画主张光线、造型,讲求对象的解剖结构、骨骼的准确把握,并强调作品的思想内涵,立足中国现代写实主义美术,提出了近代国画之颓废背景下的《中国画改良论》,对当时中国画坛影响甚大,与张书旂、柳子谷三人被称为画坛的"金陵三杰"。他根植于时代母体,所作国画彩墨浑成,尤以奔马享名于世,被称为中国现代美术教育的奠基者,其代表作品有《愚公移山图》《八骏图》《负伤之狮》《田横五百士》等。

1953年9月26日,徐悲鸿因脑出血病逝,享年58岁。按照徐悲鸿的遗愿,夫人廖静文女士将他的作品1 200余件,他一生节衣缩食收藏的唐、宋、元、明、清及近代著名书画家的作品1 200余件,图书、画册、碑帖等1万余件,全部捐献给国家。

徐悲鸿出身贫寒,父亲徐达章是私塾先生,能诗文,善书法,自习绘画,常应乡人之邀作画,谋取薄利以补家用。母亲鲁氏是位淳朴的劳动妇女。徐悲鸿6岁时跟着父亲徐达章读四书五经,9岁起正式从父习画,每日午饭后临摹晚清名家吴友如的画作一幅,并且学习调色、设色等绘画技能。10岁时,已能帮父亲在画面的次要部分填彩敷色,还能为乡里人写"时和世泰,人寿年丰"等春联。13岁随父辗转于乡村镇里,卖画为生,接济家用。背井离乡的日子虽然艰苦,却丰富了徐悲鸿的阅历,开拓了其艺术视野。17岁时,徐悲鸿独自到当时商业最发达的上海卖画谋生,并想借机学习西方绘画,但数月后却因父亲病重而不得不返回老家。

1918年5月,23岁的徐悲鸿提出"古法之佳者守之,垂绝者继之,不佳者改之,未足者增之,西方绘画之可采者融之"的思想,这是他在担任北京大学画法研究会导师时关于中国画改良的理论整体构建,一直影响至今。在这一认识的基础上,从理论到实践,徐悲鸿毅然开启了以西融中的道路。他强调素描训练可以弥补当时的中国画造型薄弱的问题,在长期实践中,他获得了对于写实造型的精深把握,突破了复杂写实造型对于中国画家的限制,使中国画笔墨意趣得到了划时代的突破。

1940年7月,他完成的油画《愚公移山图》(见图5-14),鼓舞着民众在国难炎炎之时坚定信念、心怀国家、争取胜利,借古老的神话传达着一个美术家对时代命运、国家兴亡的关怀。画作的主要场面是表现开山劈石的六位壮汉,他们身强力壮、筋骨结实,准确的肌肉线条和运动体态所展现出的张力使人物造型在画家的笔下栩栩如生、呼之欲出。远景中,蓝天白云,山峦起伏,树丛人家,生机盎然,将观者的视线引向天际。此画突破了中国绘画的传统理念,首次以人体为主要描绘对象,充分展示了劳动中的裸体人物大角度的屈伸和肌肉运动之美,是中国近代人物画的一座里程碑。画家用毛笔写就顶天立地之人体,自信坚定,气势磅礴,整幅画面凝聚成一股排山倒海般的气势,同时预示着抗战胜利定会到来。

除《愚公移山图》外,在弘扬民族精神上同样具有重大意义的作品还有表达威武不屈

图5-14　徐悲鸿《愚公移山图》(1940年9月,油画)

精神、呼唤爱国主义情怀的《田横五百士》,传承中华民族吃苦耐劳精神的《巴人汲水图》,弘扬求真务实精神的《九方皋》等。其中,从1928年至1930年,徐悲鸿花费三年时间完成的宏伟之作《田横五百士》表现的是慷慨赴死的抗秦义士田横与五百壮士离别时的场景,悲壮气概撼人心魄,展现出"高贵的单纯,静穆的伟大"艺术格调,歌颂着"富贵不能淫,威武不能屈"的崇高精神。

徐悲鸿的艺术人生与中华民族精神密不可分。早在青年时代,徐悲鸿就已有"遥看群息动,伫立待奔雷"之壮志,以画笔为武器,投入民族救亡斗争。在其短暂的一生中,他不但以笔下奔腾的骏马、跃起的狮子、飞扬的雄鹰等典型艺术形象表达对中华民族觉醒的期待,而且以《愚公移山图》等大型主题性美术创作彰显民族精神,弘扬中华气概,铸就了中国现代美术的不朽之作。在民族危难之时,他还把自己在国画展上所得的巨款全部捐献给祖国和人民。1949年新中国成立后,他在担任行政工作的百忙之中,仍满腔热情地描绘新中国建设中的新人、新事、新面貌。他为战斗英雄画像,为劳模、民工画像,到水利工地体验生活,搜集一点一滴反映新中国建设的素材。画家的家国担当与他的心血之作紧密地结合在一起,实现了与人民的共鸣和与时代的交响。

徐悲鸿的一生与南洋有不解之缘,从1926年至1942年曾四次在新加坡做了较长时间停留。他"出山要比在山清",这四次中,前两次徐悲鸿是为了筹措留学经费,后两次则主要是为了国内抗战的伤员与难民举办筹赈画展,捐助了巨额钱款。

《奔马图》创作于1941年,画幅右侧有题跋:"辛巳八月十日第二次长沙会战,忧心如焚,或者仍有前次之结果也。企予望之。悲鸿时客槟城。"他当时客居马来西亚槟城。槟城,亦称槟榔屿、槟州,马来西亚十三个联邦州之一,当时徐悲鸿正在那里举办赈灾画展,他将画展的全部收入捐献,以救济祖国的难民。马来西亚的民间组织——霹雳华侨筹赈祖国难民委员会有感于此,颁发给徐悲鸿感谢状"仁风远播"。徐悲鸿用酣畅淋漓的笔墨精准地画出马的头、颈、胸、腹和四肢,再用奔放的笔触猛扫出颈部的鬃毛和尾巴,雄肆潇洒,动感强烈。整体的笔墨干湿相间,对比分明。他笔下的那匹马的角度几乎接近全正面,这是一种极难把握的视角。在整体上看,画面前大后小,透视感很强。奔马骨骼坚韧,健壮有力,神采奕奕,似乎要奔出画面,给人以空前的震撼。

3. 勇攀艺术求索精神制高点的"硬骨头书家"高二适

高二适(1903—1977),江苏泰州姜堰人,原名锡璜,中年曾署名瘖盦,晚年署名舒凫,20世纪著名学者、诗人、书法家。书法以帖学为宗,笔力矫健,草法精绝,力倡"章为草祖"论,以其深厚之学养和昂扬之书风卓然而立,正像他的为人,耿介、爽直,超然于世俗,著就《新定急就章及考证》。1965年,因与郭沫若展开《兰亭序》真伪论战而闻名于世。

20世纪最具影响力、最重要的艺术家之一的(俄)马克·罗斯科指出:"对于艺术家的良知来说,最重要的就是艺术的真实性。"高二适先生的书法,出古入今,于近代碑学风气之中,独以帖学为宗,诚难能可贵,亦可见耿介之个性。其书学以章草筑基,参王羲之、张旭、唐太宗、孙过庭、杨凝式、宋克诸家笔意,糅合大草、今草而自成一格,笔力矫健,草法精绝,直可超迈前贤。书风昂扬,文气堂堂,足见其对中国书史流变之高度把握,对时代及自身之清晰认知。

高二适对于《兰亭序》《十七帖》《大唐纪功颂》《李贞武碑》《书谱序》诸种法帖不仅勤为临习,还校勘补缺,溯源流,辨优劣,明得失,述心得。或以意得,或以形求,皆以笔录而记其真见。于书法结体、章法、笔法诸要素均有入木之述评,实为书法美学精辟之论。其用功之勤,所涉之广,所得之深,非泛泛之辈所为。

他力耕砚田,于书史、书论尤注心力。其于章草最为倾心,力倡"章为草祖"论,提出"章草为今草之祖,学之善,则笔法亦与之变化入古,斯不落于俗矣""若草法从章法来,则高古无失笔矣"。此记于今世草书任意缠绕、不谙笔法源流,有拨乱反正之功。

他耗时十年,广搜《急就章》注校考异本,排比审核,矫前人之误,著就《新定急就章及考证》一书,存亡继绝,匡正前贤讹误,填补了我国书史空白。其于书后写道:"吾国书史自汉而迄于今,已揭破抱残守缺,而豁然成就一日新之局势。"并预言:"吾华之书才书学,均能日起有功,则他日书家之应运而生,以迄于焕若神明,以顿还旧观,则所谓中国书流让皇象之语,八绝翁其不得专美于前矣。"

1965年6月,时任中国科学院院长的郭沫若在《文物》杂志上,发表了《从王谢墓志出土论〈兰亭序〉的真伪》一文,之后《光明日报》做了转载。该文认为,从当时南京出土的王谢墓志(晋代)来看,《兰亭序》失去了晋人惯用的带有隶书笔意的笔法,因此断定它不是晋代遗留下来的作品。其次,从文章的内容来看,其作者是在王羲之所作《临河序》的基础上加工而写成的。因为文章前半部描写欢快之情,写得很流畅,后半部突然悲痛起来,这与晋人达观以及王羲之本人性格大相径庭,故值得怀疑。再者《兰亭序》的开头,"岁在癸丑"的"癸丑"两字,也有问题,郭认为是后人加上去的。根据以上情由,郭推断《兰亭序》乃是一赝品,并非王羲之的作品。

郭文发表后,高二适看后,不以为然,于是写了一篇《〈兰亭序〉的真伪驳议》要与郭沫若争论。该文的观点认为,唐初各大书法家如欧阳询、虞世南等都在学王帖,而唐太宗也酷爱王之书法,我们没有理由否定唐初书法家的鉴别能力。其次,若以东晋书法当接近于隶书,而《兰亭序》却是行书,因此就怀疑《兰亭序》非晋人之作,这是方法论的错误。王字本身有发展过程,它脱胎于旧时代而又高于旧时代,向行书方面发展,故能称之为"书圣",其理由即在此也。再者,从美学的观点上看,《兰亭序》书法、文思之潇洒、飘逸,与东晋士族的风貌也相吻合。综上所述,高文坚持《兰亭序》仍为晋代王羲之手笔,并非后人之伪作,其论点与郭文针锋相对。

此论争因毛泽东主席关注而影响极大,毛主席复章士钊信中云:"……又高先生评郭文已读过,他的论点是地下不可能发掘出真、行、草墓石。草书不会书碑,可以断言。至于真、行是否曾经书碑,尚待地下发掘证实。但争论是应该有的,我当劝说郭老、康生、伯达诸同志赞成高二适一文公之于世……"与此同时,毛主席在致郭沫若先生信中指出"笔墨官司,有比无好",以促成高二适驳议文章发表。此文一月内分别见于《光明日报》和《文物》杂志,为世人所瞩目。

近年,据李敬东先生研究,王羲之所书《兰亭序》是一篇一次性手稿,没有所谓的誊抄和二度创作。今天,我们所观赏到的《兰亭序》摹本,据考证是以唐人冯承素摹本,为最接近原作。细审冯摹本《兰亭序》,悉心品赏,就会发觉序文中改动之处颇多。王右军在书写时,不经意间留下了多处增减勾抹的痕迹。但"墨痕断处是江流",也许很少有人去关注历代书法杰作中诸多美丽的错误。

高二适一生优游于传统国学,自称:"读龙门文、杜陵诗,临习王右军,胸中都有一种性灵所云神交造化此是也。"他与其师章士钊为忘年之交,其一生最膺服章并师事之,且多得章提携。

高二适捍卫传统经典文化的拳拳之心被学界誉为"高二适精神""硬骨头书家"。冯其庸在纪念高二适的一文中曾用"永远的高二适"作题,认为"质直文风于学术规范、学人品格确立之贵"是永远的。

4. 愿为人梯的中国现代绘画开拓者吴大羽

吴地多"怪"人,鲜明而奇特。清代中期活动于扬州地区一批(约有十六七人)风格相近的书画家——"扬州八怪"(作画时不守陈规、离经叛道、行为狂放,因而被人称为"怪"),以平民百姓的生活为背景,抵达生民的灵魂,听到平凡人的心灵声音,传递出极富魅力的人间大美。而当代我国的油画家、艺术教育家、中国现代画事业的开拓者和奠基人之一的吴大羽,藏在小阁楼中悄悄画画一辈子不露面,画上也从来不签名,你说怪不怪?不过,他们都是醒着的做梦人。

吴大羽(1903—1988),江苏宜兴人,画家、教育家,1922年留学法国,就读于法国国立高等美术专科学院,师从鲁热教授进修油画,后又入布德尔工作室学习雕塑。他于1927年回国,在上海新华艺术专科学校任教,翌年转任国立西湖国立艺术院西画系主任,后居沪上,在上海油画雕塑院、上海美术专科学校等地创作与教学,曾任上海画院副院长,很早就提出了"势象"美学概念,这个概念来自中国书法的运笔和笔势,也是他的创作方式。他认为:"中国书法的最高境界讲究势象美,绘画只能身随其后,书法是中国艺术的精华。"他一生的绘画艺术素养,高远博大,是现代抽象绘画的拓荒者,可称作中国早期抽象画的一代宗师,多位现在享誉海内外的现代主义大师吴冠中、赵无极、朱德群、赵春翔等人都出于吴大羽门墙,受他的启发和影响甚深。

1950年9月,吴大羽任教的杭州艺专以"教员吴大羽艺术表现趋向形式主义,作风特异,不合学校新教学方针之要求……"为由解聘了他,从此以后,吴大羽几乎与世隔绝,甚至长达10年失去了工作。他一直蛰居上海,从未回过杭州。"文革"中,他被戴上了"反动学术权威""形式主义的祖师爷"帽子,两次重病,几近死去。他在艰苦环境下创作出来的画作,长期以来更无人赏识。清华大学吴冠中艺术研究中心副主任、研究员李大钧说:"他是一个知识渊博的人,尽管他讲的都是大白话,但我那时年轻,不知道他在说什么东西,似乎和想象力、诗性有关。"吴大羽的学生吴冠中则在《横站生涯》一书中写道:"每次到他家总想看到他的作品,他总说没满意,只偶或见到一两幅半具象半抽象的小幅;到他工作的单位油画雕塑室去找,也只见到极少几幅小幅。事实上,只保留给他两间小房,他能作大幅吗?我感到寻寻觅觅、冷冷清清、凄凄惨惨戚戚的悲凉。"

在吴大羽的画作上,从来没有过签名,也从不留日期。1980年,吴大羽的学生朱膺曾问到老师这个问题,吴大羽回答:"为什么必须签名!我认为重要的是让画自身去表达,见画就是我,签名就成多余了。"这种精神十分可贵,"芝兰生于深林,不以无人而不芳"。在尘世的喧嚣中,仍能安守本心,可谓"大隐住朝市"的智慧与修为。

在北京大学艺术学院副院长彭锋的印象中,大约是1989年前后,他曾在一位收藏家的家里,见到了吴大羽的画作,"我觉得很新鲜,当时就感觉吴大羽的作品在抽象艺术方面已经走得很远了"。吴冠中的学生、画家王怀庆也提到这段往事,"大陆一度对吴大羽全无一点信息,都认为他是现代美术史上消失了的人"。因此,当吴冠中和吴大羽的画作再度谋面的那个场面甚至堪称经典——台湾大未来画廊从民间收藏了四五十件吴大羽的油画,因为没有签名、没有创作的具体时间,画作价值和真实性让人存疑,大未来画廊负责人于是找到吴冠中:"吴先生一看,热泪盈眶,非常激动,他说,确真无疑。"王怀庆还记得老师说,鉴定一部作品最本质的东西,要看艺术性和艺术语言的特点。关于这一段吴冠中也曾著文回忆,他认为被发现的这批遗作大都属20世纪70年代末至80年代的作品,"我看到这批作品的照片及幻灯片时,无须寻找签名,立即感到确乎是那颗火热的心脏在跳动。画面设色浓郁,对比鲜明,动感强烈",是一种"观念艺术"。

1935年,吴冠中、朱德群、赵无极进入国立杭州艺术专科学校学习,和老师吴大羽相遇。尽管,大家毕业后各奔东西,但还与老师保持着书信往来。李大钧说,吴大羽寄给吴冠中的书信,被吴冠中"像圣经似的永远随身带着,一直带到巴黎,又带回北京,最后毁于'文革'"。所幸,吴大羽家里保留了他当年所写书信的草稿,在"文革"抄家后又发回,历经磨难而幸存下来。

今天看来,吴大羽的信通篇流露出高贵、典雅、博大的气质,充满诗性的表达,甚至是令人震撼的。他在给吴冠中的信中说:"美在天上,有如云朵,落入心目,一经剪裁,著根成艺……"他1946年在写给赵无极的一封信中说:"你智慧足胜一切,此去欧洲,可取镜他山反观东方……"

在清华大学美术学院副院长刘巨德看来,这些往来的书信,让他感觉到,在艺术宇宙中,老师和学生在精神上的相会,"他们说自己想说的话,就像在宇宙里互相说着悄悄话一样。宇宙的光辉照耀着他们,让他们一同前行"。在他看来,吴大羽和学生们都是寻找美、追求美的殉道者,他们感情之纯之高远,非常稀有。"吴大羽给学生的信,到现在都是活教材——他站在宏大的人类立场上,俯视艺术,展望未来,为学生们立下了高远的世界级目标,他真正成了这几位大师的人梯。"

华东师范大学艺术学院院长、终身教授周长江认为,"即便在今天,吴大羽也是杰出的美术教育家"。早年的杭州艺专,学生画素描用木炭条,和后来学院教育用铅笔画不一样,基础训练追求大的造型、概括。有的老师常常用剩下的馒头,在画稿上蹭来蹭去,这样他画出来的素描就是大体块、大动态;"那个时候,他们一天要画好多张"。更要紧的是,老师希望每一个学生都要有独立思考、独立精神,鼓励学生的创造力。

20岁漂洋过海赴法研习现代艺术,25岁担任国立艺术院(后改为国立杭州艺专)的首任西画系主任教授,却在20世纪50年代遭遇解聘。他被视作中国抽象艺术的宗师,门下弟子更是名满天下,而他自己的画作生前没有举办过一次个展,没有卖过一幅作品,也没有出版过一本画册,用吴大羽自己的话说,是"长耘于空漠"。吴冠中沉痛地说:"他缘何在逆境中悄悄作画,在陋室中吐血作画,甚至在我们这些毕生追随他的老学生去看他时,也不出示他血淋淋的胎儿,他咀嚼着黄连离去了,虽然他在作品中表现的是飞光嚼彩韵",但"他没有被认真研究过"。

2015年3月,一部迄今为止收录吴大羽作品最完整的《吴大羽作品集》由人民美术出版社出版。收录了吴大羽全部油画作品,也收录了之前出版的画册没有收录的蜡彩、彩墨、水墨、铅笔画、钢笔画、水彩、漫画、书法、书信等作品750余幅,共有二千余幅。在"吴大羽文献展"上,人们看到画家生前用的小小的画板,小小的油画箱,一米乘以九十几的纸一裁四、一裁六画出来的小小的画,这,都是在他逼仄的阁楼中的出品。"草木有本心,何求美人折"。这是吴大羽的境界,更是中国人的风骨与文心。

纵观历史,先秦的文人,文武双全,汉以后的文人,渐重"温良恭俭让"了。世界级雕塑大师罗丹说:"在艺术中,只有具有性格的作品才是美的。"吴大羽在自己的作品中表现出充满个性的灵魂、感情和思想,问天问地问历史,生风生雨生雷电。从中我们可以看出,笔墨之中蕴藏着正能量,真正的书画家有时是要以生命作为祭奠的。

巍巍天目山脉,浩浩太湖腹地,处处焕发着无限生机。艺术是"吸引心灵",而不只是"吸引眼球"。书画是人类表现自己情感的一种线条艺术,不能只以美式(欧美)思维看中国。1956年,已经60多岁的毕加索邀请张大千去巴黎。毕加索知道张大千是中国著名的画家,于是请他当场演示一下,张大千就用毛笔写下了自己的名字。写完以后,毕加索很感慨,他说:"我真不明白,你们中国人为什么要到巴黎来学习艺术?"当时毕加索已经是一个享誉世界的大画家,他对中国的书法艺术评价非常高,他说道,"假如生活在中国,我一定是个书法家,而不是画家";并指出,在这个世界上,谈到艺术,第一是中国人的艺术,其次是日本,日本的艺术又是源自中国。现代主义绘画大师马蒂斯也曾明确表示:"我的灵感来自东方。"

没有思想,就不可能有优秀的艺术;因为哲学,艺术才变得伟大。马克思主义哲学是科学的世界观和方法论。早在1850年,马克思、恩格斯就预见到,"中国社会主义"将出现,且将不同于"欧洲社会主义",他俩甚至还给出了新中国的名字,即"中华共和国"[1],引燃了真理之火。

---

[1] 《马克思恩格斯全集》,第10卷,人民出版社,1998年3月,第277-278页。

第六章

因水而生的家国情怀

水是万物之源,水利万物是水的情怀和博爱。我们每个人都在水中孕育、水中成长,水让世界生生不息,水让大地多姿丰饶。

最近,意大利科学家研究发现,火星上有一个约 20 千米宽的液态水湖,这令世人兴奋不已,这增加了人们对火星上存在生命的期望。随水而动,踏浪而歌。古埃及、古印度、古巴比伦与古中国等这些古老文明无一例外都是在适合农业耕作的大河流域诞生的。但水和古代文明兴废间的关系又是辩证而复杂的,中国有"大禹治水"的信史,中东有"诺亚方舟"的神话,玛雅圣书上有"一场大洪灾"……据马克·埃萨克在《世界各地洪水故事》中记载,全世界已知的洪水传说有 500 多个,而中国"在 1911 年民国成立前之 2117 年内,共有水灾 1 621 次"[1]。

地球上的水是从哪儿来的?目前比较有代表性的有两种说法:"外源说"和"自源说"。所谓"外源说",顾名思义,认为地球上的水来自地球外部,据说 44 亿年前,起源于外太阳系的"忒伊亚"行星与地球相撞,它将大量水带到地球;而"自源说"认为地球上的水来自地球本身。

"自源说"认为,地球是由原始的太阳星云气体和尘埃经过分馏、坍缩、凝聚而形成的。故地球起源时,形成地球的物质里面就含有水。在地球形成时温度很高,水或在高压下存在于地壳、地幔中,或以气态存在于地球大气中。后来随着温度的降低,地球大气中的水冷凝落到了地面,岩浆中的水也随着火山爆发和地质活动不断释放到大气、降落到地表。此外,还有一种说法认为,在地球形成的最初阶段,其内部曾包含有非常丰富的氢元素,它们后来与地幔中的氧发生了反应并最终形成了水。

不过,绝大多数地球上的水并不是以我们所熟知的冰、水、汽 3 种形式存在的。水还有另外一种存在形式,这种形式异乎寻常——那就是封存在岩石中的水。可以说,这些岩石像一个巨大的水库,它的含水量至少与地球上所有河流、海洋和冰川中的水量加起

---

[1] 黄仁宇著,《中国大历史》,生活·读书·新知三联书店,2007 年。

来一样多,或许还是海洋水量的4倍、6倍甚至10倍,但它们一直被深埋在我们脚下400～650千米的深处,厚达240千米,比地球表面的水层还要厚。即使这种矿石的含水量只有1%,其水量也很大,相当于地球海洋水量的几倍。科学家把这种含有水的矿石称为"水合矿物质",即"水岩"。

随着人类的发展,英国剑桥大学考古学及人类学博士布莱恩·费根曾多次强调,"当今,我们理所当然地认为水是一种普通、丰富的日用商品,但是历史却告诉我们只有恭敬待水,视水为灵丹妙药的社会才能持久"。在他看来,人与水的关系是气候变化、人地变迁、礼仪宗教信仰和科技革新等融合的复杂产物。千百年来,人与水的关系已发生了深远的变化,水的危机也无处不在。根据联合国《2018年世界水发展报告》,目前全球有19亿人口生活在水安全无保障的地区,到2050年这个数字可能提高到30亿。

因为恣肆泛滥的人的欲望,破坏这个世界,已经走得很远了,"世界上最后一滴水将是人类的眼泪"绝非危言耸听,这是摆在人类面前的严峻事实。从2015年至2018年6月,一向风调雨顺的南非开普敦市因干旱已极度缺水,成为现代历史上第一个水资源枯竭的大城市。该市从2017年10月起已启动限水措施,每人每天的用水量从原来规定的87升降至50升,要求人们的洗澡时间由原来的两分钟降至90秒,冲厕所的次数由原来的每天3次减至1次,不准用龙头水洗车,所有公用游泳池全部停用,拆除公共男厕所内小便池的冲洗龙头等。无奈,该市政当局只好投入大量资金建设海水淡化厂,方才缓和了水危机。据美国国家航空航天局卫星数据显示,全球有数十个地区将有可能成为下一个开普敦,比如澳大利亚悉尼最近也颁布了首个"限水令"。我们必须引以为戒,可以说,不断缩减的地下水和不断激增的人口矛盾将长期存在。中国的一句古语"水可载舟,亦可覆舟",有着绝妙的内涵。

江南是个水的世界,对水有着特殊的情感,在长期治水的过程中也积累了一定的经验,她的心,也就成了被山光水色氤氲朗照的山水之心。由于水具有自然和社会的双重属性,面对急剧增长的水需求与水资源的可持续性发展问题,江南人已经打响了治污治水攻坚战。2018年,浙江省"千村示范、万村整治"工程荣获联合国"地球卫士奖"。

让所有生命共存于世界,在和谐的生态环境里,共享四季轮回。

一、江南之胜　独在于水

地球表面约有70%以上为水所覆盖,其余约占地球表面30%的陆地也有水的存在。地球总水量为138.6×10^8亿立方米,其中淡水储量为3.5×10^8亿平方米,占总储量的2.53%。由于开发困难或技术经济的限制,到目前为止,海水、深层地下水、冰雪固态淡水等还很少被直接利用。比较容易开发利用的、与人类生活生产关系最为密切的湖泊、河流和浅层地下淡水资源,只占淡水总储量的0.34%。通常所说的水资源主要指这部分可供使用的、逐年可以恢复更新的淡水资源。可见,地球上的淡水资源并不丰富。尽管水是一种可再生资源,但是它的数量和再生速度都是有限的。

我国的淡水资源总量为2.8万亿立方米,约占全球水资源的6%,仅次于巴西、俄罗斯和加拿大,名列世界第四位。但是,我国的人均水资源量只有2 300立方米,仅为世界平均水平的1/4。特殊的地理气候条件,决定了我国水资源时空分布极不均匀,在中国水资源分布图上,赫然有着这样一则"不等式":长江流域和长江以南耕地占全国的36%,而水资源却占全国的80%以上;黄、淮、海三大流域,耕地占全国的40%,水资源量仅占全国的8%。

远古时代,天倾西北,地陷东南。中华上古奇书《山海经·堂庭山》载:"又东三百里,曰堂庭之山,多棪木,多白猿,多水玉,多黄金。"文字洗练而充满了神秘的想象。"堂庭之山"即苏州西南太湖之中的东、西洞庭山,俗称东山、西山。这方沧海奇域,在当时是什么样子,已不得而知,但可以肯定的是,这是一个受到湖海律动不竭的水势很大的汪洋之地。

拨开历史迷雾,探访古老痕迹,早在7 000多年前,或许是在更远,江南之地的古人乘着独木舟于湖海之上,向着太阳升起的地方前行,借助季风,不断向湖海深处漂流……他们的足迹并不因大自然恶劣而却步,更不因自身简陋的条件而望洋兴叹。湖连着海,烟淡水云阔;雪浪云淘,无际且无垠。江南先人虽对自己的处境不满,但他们总觉得生命中有一种躁动的力量,"可上九天揽月,可下五洋捉鳖"(见图6-1)。

图6-1 《周庄》(吴冠中,1997年作)

(一)雨水丰沛,水网密布

江南的水大有来头。巍巍钟山,滔滔大江,"茫茫九派流中国";浩浩太湖,烟雾缥缈,朦朦胧胧胜天国。带着浪漫风情的江南烟雨,与大地如此稠密亲切——天地间,根本看不清、分不出,哪个是天、哪个是地?哪个是雨、哪个是雾?天地相连,水天一色,湖山相融,神秘古朴。

愚人是个江南小子,一直与水为伴,有过泥水的童年,10岁之前因玩水曾先后两次几乎被水淹死,多亏邻居有经验,将喝足了水、半死的我,面朝地、小肚子被放在倒扣的锅顶上,拿棉花球用手指顶住肛口不使出气,两个大人各抓住手脚左右摇晃身体,使我哇哇吐出喝进肚子里的水,直到哭出声来为止。是水炼就了江南人的魂,是水炼就了江南人的胆,是水造就了江南的韵。

走进四周皆为太湖水的千年古镇——苏州西山镇(今金庭镇),这里显得神奇而迷人。它将大自然的彩色,天、地、人、湖无缝衔接,人文与自然多种元素巧妙融合,浓缩成生命活力的精华,尽显精细、精巧、超美。那种与生俱来的优雅气度,那种温柔似水的格调姿色,那种小巧玲珑的精致情调,让人忘掉一切。其实,太湖是个充满生机活力、生命动力的湖,因"活"而延续,因"动"而精彩。

雨过天晴,夕阳西下,晚霞的余晖映满湖面,五彩缤纷的格调、变幻无穷的云海,似飞舞的彩蝶;活动在水面上的小精灵,又似流动的画。当微风徐徐拂来,被欺负的湖面受到惊扰,立刻皱起眉头;那湖湾里一只只小白鹅游来游去,无数次把湖面划开一道道浅浅的口子,犹如一叶小舟扬起风帆,因运动而驶向生命的远方……

水流过的地方,有世界上最早诞生的路。江南大地上的水域图,就像脉络丰富的叶片,有干流,有支流,从粗到细,从主到末,你走到哪里,向任何一个方向走去,终将与水相遇;更有两条"水上高速公路"(长江与大运河),东南西北,四通八达,这也许是苍天的安排。

1. 烟雾缭绕,河湖众多

江南有大(地理江南)、中(文化江南)、小(核心江南)之分。"小江南"多指以太湖流域为中心的区域,它位于长江三角洲南缘,北抵长江,南濒钱塘,东临大海,西以天目山、茅山为界,地跨江苏、浙江、上海三省市,面积3.69万平方千米。其地势总体西高东低,向东南倾斜(见图6-2)。

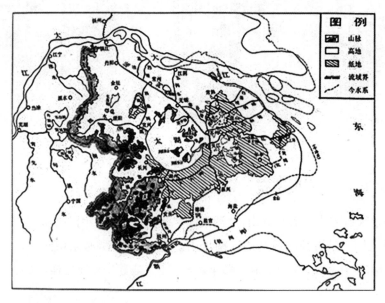

图6-2 古代太湖流域地势图

由于太湖流域位于中纬度地区,属湿润的亚热带季风气候区,四季分明,雨水丰沛。冬季有冷空气入侵,多偏北风,雪少湿冷;春夏之交,暖湿气流北上,冷暖气流遭遇形成持续阴雨,称为"梅雨";盛夏受副热带高压控制,热量充裕。流域年平均气温15 ℃～17 ℃,自北向南递增。多年平均降雨量为1 181毫米,年降水总量414亿立方米,陆面蒸发量为764毫米,水面蒸发量为842毫米;区域多年平均水资源量为162亿立方米,其中地表水资源量为137亿立方米。降雨年际、年内分布不均,其中60%的降雨集中在5～9月。降雨年内年际变化较大,最大与最小年降水量的比值为2.4倍;而年径流量年际变化更大,最大与最小年径流量的比值达15.7倍。尤其是发大水的年份,天目山的洪流似银河飞流直下,而长江的洪峰犹如排山倒海,太湖流域的水量可谓大也。

太湖是个浅碟形盆地,水面积2 338平方千米,是我国的第三大淡水湖,正常水位(吴淞基面3.00米)下容积44.3亿立方米,平均水深1.89米,是一个典型的平原浅水型湖泊,其换水周期约300天;具有蓄洪、供水、灌溉、航运、旅游等多方面功能,是流域工农业和生活环境用水的重要水源地。外部还有长江提供充足的过境水资源——其干流多年平均下泄入海水量9 360亿立方米。为此,多年来,太湖流域在沿长江一线兴建了许多引排工程,以使大水时向长江排泄洪涝水,水少时则从长江引水。

正常年景,太湖流域平均水资源总量约176亿立方米,其中地表水资源量为160.1亿立方米,地下水资源量为53.1亿立方米,地表水和地下水资源的重复计算量为37.2亿立方米。如遇发大水,其水量就会暴涨,以2016年太湖流域水资源总量为例(见表6-1):

表6-1　2016年太湖流域水资源总量与附近省市的比较

分区	年降水总量 (亿立方米)	地面水资源量 (亿立方米)	地下水资源量 (亿立方米)	重复计算量 (亿立方米)	水资源总量 (亿立方米)	产水系数
江苏省	372.5	209.7	30.2	9.1	230.8	0.62
浙江省	229.1	149.5	28.3	21.2	156.6	0.68
上海市	80.0	42.2	9.1	2.5	48.8	0.61
安徽省	4.9	3.0	0.4	0.4	3.0	0.61
太湖流域	686.5	404.4	68.0	33.2	439.2	0.64

注:① 2016年太湖流域年降水量1 861毫米,折合降水总量686.5立方米,比常年偏多58.0%。
② 扣除地表水及地下水重复计算量33.2亿立方米,2016年太湖流域水资源总量439.2亿立方米。较常年偏多263.2亿立方米,平均产水系数0.64。
资料来源:水利部太湖流域管理局,《2016年太湖流域及东南诸河水资源公报》。

太湖平原一望无际,由于"奶水"充足,"披山带河,沃野千里,天下形胜,莫过于此"。

(1) 水网密布

太湖流域湖泊众多,水网密布,水域面积6 134平方千米,水面率达17%,河道和湖泊约各占一半。而苏州面积8 848平方千米,其中水面积就占42.5%,是中国河湖最多的城市,古往今来,无数文人墨客流连于苏州的小桥流水,船头巷尾,写下了流传至今的唯美诗篇,也让人们记住了苏州"水穿街巷"的盛事美景。从2010年6月至2012年年底,经有关部门历时两年半的水利普查,目下的苏州,其河流湖荡令人惊叹:

① 大小河流2万多条。根据流域来分,全市共有流域性河道4条:长江、江南运河、

望虞河、太浦河;区域性河道16条:张家港、十一圩港、锡北运河、常浒河、元和塘、白茆塘、七浦塘、杨林塘、娄江—浏河、盐铁塘(长江—苏沪边界)、吴淞江、青阳港、苏申外港、頔塘、澜溪塘、走马塘;重要跨县(市)河道11条:东横河、盐铁塘(张家港—福山塘)、尤泾、济民塘、辛安塘、界浦港(北)、界浦港(南)、西大港、紫荇塘、清溪河、横路港;县(市)级河道657条,镇级河道847条,村级骨干河道7 509条,其余村级河道12 040条,合计河道21 084条,总长度22 177千米。根据面积来分,全市共有流域面积50平方千米及以上河流138条,境内总长度2 218.84千米。其中:流域面积50~100平方千米河流51条,流域面积100~1 000平方千米河流86条,流域面积10 000平方千米以上河流1条。流域面积50平方千米以下至乡镇级主要河流677条,境内总长度2 628.6千米。

② 大小湖泊近400个。全市共有50亩以上湖泊384个,境内总水面面积达2 171.9平方千米。其中,常年水面面积在10平方千米以上湖泊8个(太湖、阳澄湖、淀山湖、澄湖、昆承湖、元荡、北麻漾、独墅湖),1.0~10平方千米湖泊55个,1.0平方千米以下湖泊321个。境内太湖水面面积为1 734.10平方千米,占太湖面积的74%。

③ 水库1座。苏州胜天水库,即白马涧生态园,天然蓄水而成,总库容10万立方米。

④ 水井近5万眼。地下取水井493 093眼,取水量达3 619.25万立方米。这是苏州别具一格的井文化。"井"代表一种含蓄的品格,一种奉献的境界。一是高田可防旱,二是防止生活用水污染。此外,一是"处商必就市井"(《管子·小匡》),因井设市,"将货物于井边货卖"(《史记正义》注),此乃市繁荣和发达的象征;二是据说天井里有井,也就有了灵气,有了静气。全市还有农村集中式供水工程13处,水闸3 349座,泵站5 759处,塘坝6处。

(2) 湖荡众多

太湖流域有9座湖荡面积大于10平方千米,合计面积2 838.3平方千米,占流域湖泊总面积的89.8%;蓄水容积50.77亿立方米,占全部湖泊总蓄水容积(57.68亿立方米)的88%(详见表6-2)。

表6-2 太湖流域主要湖泊数据

湖泊名称	水面积(平方千米)	平均水深(米)	最大水深(米)	蓄水容积(亿立方米)
太湖	2 338.1	1.89	2.60	44.28
滆湖	146.9	1.07	1.45	1.57
阳澄湖	118.9	1.43	4.70	1.73
洮湖	89.0	1.00	1.95	0.86
淀山湖	63.7	1.73	2.30	1.11
澄湖	40.6	1.48	3.15	0.60
昆承湖	17.9	1.71	4.05	0.31
元荡	13.0	1.38	1.90	0.18
独墅湖	10.2	1.31	2.40	0.13
合 计	2 838.3			50.77

在苏州,又以吴江区水量最丰。该区是千河之乡,百湖之地,拥有太湖岸线47千米、各类河道2 600多条、大小湖泊300多个,其中56个湖泊(含太湖)列入江苏省湖泊保护名录,占全省总数的40%,水域面积占全区总面积三分之一。水,是吴江最大的自然禀赋。

综上所述,太湖流域河流纵横交错,湖泊星罗棋布,为典型"江南水网"。它以太湖为中心,形成了相互交汇连成一体的河湖水系。西南、西北山区河流来水汇入太湖后,经太湖调蓄,从东部流出。望虞河北接长江,南连太湖,为流域内重要引水河道和泄洪河道,枯水期可直接引长江水入湖,缓解地区用水矛盾并改善太湖水质。太浦河是太湖的主要泄洪通道,也是上海市水源地黄浦江上游的主要供水通道。一呼(泄洪)一吸(引水),犹如人的身体,基本平衡。流水漾漾,生机勃勃。

江南(苏南)如此,苏北与安徽地界也差不多(见图6-3)。这里要指出的是:江苏在习惯上分成江南(苏南)、江北两大块,这是以长江为界。江北又划分成苏中和苏北,大致是以淮河为界。很显然,它们之间有着很大的差异,正是这些差异,形成了一种文化上的多样性。

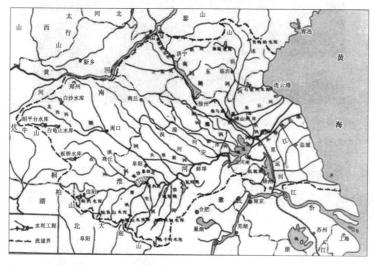

图6-3 淮河流域图

实际上,苏南最初只是一个行政概念,20世纪50年代初,江苏分别设置了苏南行政公署和苏北行政公署。没有几年,行政公署被撤销,"苏南""苏北"的称呼被继续沿用,它基本上也就是个地理概念,所谓苏南,意味着大家都位于长江的南部。在"苏南"这个称呼出现之前,更传统的叫法是江南和江北。

历史上的江北曾经比江南要富裕点,今天富得流油的太湖流域,当它还是一片杂草丛生的沼泽时,江北的开发已初具规模。以先天条件而论,江北的苏中和苏南一样,同属于长江三角洲,完全可以成为经济富庶地区。造成这种巨大差异的历史原因首先是人祸。黄河改道给苏北造成了灾难性的后果,横贯江苏境内的淮河原本是一条很清澈的河流,它犹如一条中华龙,龙头是洪泽湖,龙身是整个淮河。在这之前,辽阔的江淮平原很少有什么大的水灾,可是自从黄河因为人祸蛮不讲理地闯了进来,平静的苏北从此不得安宁。黄河在江苏境内横行了七百多年,在1855年才再次改道山东入海,它所造成的生态环境破坏是巨大的。

兴化市是江苏的锅底,古称昭阳,又名楚水,历史悠久。历史上吴越地区的犯罪贪官一般都是举家被流放到那里,其目的就是一旦发大水就淹死他们。有句老话说"人到兴化心就慌",说的是兴化水多,水面积占陆地面积的18.5%。出门便见水,来往多用船,外乡人来这里,面对烟波浩渺的湖荡、犹如迷宫般的河汊,往往心慌不知所措。而现在,这里则建起了江苏兴化里下河国家湿地公园。水润兴化,如诗如画(图6-4)。

图6-4 江苏兴化市千垛菜花

资料来源:新华网

2. 水文化遗产遍布各地

水文化遗产既是人类水文明的重要遗存与水文化传承的重要载体,也是历史的见证。

泛舟江苏各地河湖水上,"两岸花柳全依水""青山隐隐水迢迢"。它缘于"州界多水,水扬波"(《尚书·禹贡》)。水生态滋养了水文化,因流动而生生不息。作为历史上知名的扬州南北码头,瓜洲运河之名与许多历史传说故事紧密相连。文化学者韦明铧表示,与瓜洲相关的历史传说故事中,冯梦龙所著《杜十娘怒沉百宝箱》最为知名,成就了瓜洲古渡千古之名。苏北的通扬运河,始建于西汉文景年间,其前身是西汉吴王刘濞时开凿的一条西起扬州茱萸湾(即今湾头镇)、东通海陵仓(今泰州)及如皋蟠溪的一条运河。当时开挖这条运河的目的,主要是为了便利盐运,所以后来称之为盐运河,亦名运盐河、南运河,此乃中国最早的盐运河……

以苏州为例:大运河、干将河、环城河……这些承载着苏州辉煌历史和文化底蕴的水文化遗产达2 224个,占江苏省总量的42%。

为了收集、抢救、保护这些水文化遗产,苏州市从2015年年底开始,成立了市级水文化遗产调查专家组,编制出台《苏州市水文化遗产调查工作实施方案》,明确调查目标、调查范围、调查内容、调查时间和实施步骤。截至目前,全市共有工程建筑类1 691处、文献资料类 170 处和非遗类 363 处,基本摸清了全市水文化遗产"家底"。其中市本级 1 157 处、张家港市 62 处、常熟市 93 处、太仓市 65 处、昆山市 134 处、吴江区 259 处、吴中区 244 处、相城区 157 处、苏州工业园区 14 处以及高新区 39 处。很多现场都对水文化遗产进行了照片拍摄和 GPS 定位。这些水文化遗产既包括 1950 年以前修建的堤坝、桥梁等水利工程,也包括与水文化有关的古井、碑刻等遗迹,其中市级范围内的工程建筑类水文化遗产年代最远可追溯到春秋时期,如苏州环城河起源于春秋吴国,见证了这座阖闾大城的变迁,被列入世界文化遗产名录。她像是沧桑的时光老人,任风吹日晒,给苏州古城留下了记忆的真迹。

桥是空中的路。除了山丘,江南水乡自然桥多,而古桥又恰是水乡风光出彩之处。据说,苏州"甪满一里"的古镇甪直,号称有宋明以来所建的古桥"七十二座半",被桥梁专家茅以升誉为"中国桥梁历史博物馆"。然而,甪直镇历史上到底有过多少座古桥,一直是个谜。作家薛冰查阅了清代三本比较权威的地方志书,整理了一份完整的甪直古桥名录,共有古桥八十四座,可见"七十二座半"的传说并不夸张,就是当下,也有古桥 32 座。

(二) 水丰草美,鱼米之乡

中国自古就有"天地与我并生,万物与我为一"的生态观。在中华大地上,约有 2.4 万个湖泊维系着生态平衡,发挥着涵养水量、蓄洪防涝、灌溉农田、净化空气、运输物资的作用,滋养着华夏儿女。"湖光秋月两相和,潭面无风镜未磨。遥望洞庭山水色,白银盘里一青螺",诗人刘禹锡在《望洞庭》诗中如是描写湖泊。而明清时期江南的核心区["八府一州"——苏州、松江、常州、镇江、应天(江宁)、杭州、嘉兴、湖州八府及从苏州府辖区划出来的太仓州],其湖泊更是星罗棋布。水既是人类文明的摇篮,又是"自然产生的生产工具";既是基础性自然资源,又是战略性经济资源,由此造就了江南的富庶之地。

1. 天下粮仓,南粮北运

江南莺飞草长,杂花生树。湖水悠悠,上下天光,一碧万顷。临水而居,是人类的福利。远古时,这里因水多、河多、地广人稀,每一个人平均可能拥有一条河流,或是一条溪水,至少一二十眼泉("沱"与"潜"),若是在山地里,每人还可能拥有一两挂山涧。居住在这山光水色辉映的大自然里,他们的心,也就成了被山光水色氤氲朗照的山水之心、天地之心,这样的心,就是诗心,从诗心里流溢出来的,不会是别的什么,只能是美的发现、诗的灵感。一幅幅"清水漾漾、人影绰绰"的"人水和谐"画面展现出美丽的江南。在这里,空气是新鲜的,水是甜润的,蔬菜是鲜美的……自古以来就有"水乡泽国""天下粮仓""鱼米之乡"的美誉。2017 年,良渚古城莫角山遗址南端就发现了约 5 000 年前足有 20 万斤的碳化稻谷堆积,这说明当时的良渚古城中已经有大规模的粮食仓储。

"苏湖熟,天下足",说的就是苏锡常与湖州这个区域。这里丰收了,饥肠辘辘的中国人一般就不会再挨饿了。很多人更相信它与繁体字的"蘇(苏)"有关,因为在草字头下面,分别有一个"禾"和"鱼",此乃天意合成是也。

根据史书记载,"元都于燕,去江南极远,而百司庶府之繁,卫士编亡民之众,无不仰给于江南"。也就是说,元朝在大都(今北京)建都后,城内人口大量增加,对粮食的需求量很大。为此,元朝廷建立了漕运制度,从南方地区运输粮食到大都。史料记载,元朝一年的粮食征收额为1 201万石。除去在河北等地227万多石以外,各行省共征收粮食974万石,江浙行省(今江苏安徽两省的江南部分、浙江、福建两省以及江西省一部分地区)即占449万石。所以元朝统治者对于江浙一带粮食的北运(漕粮运输)极为重视。

到了明朝,永乐十九年(1421年)朱棣正式迁都北京,北京城再次成为都城,城中聚集了大量的人口。明政府疏浚河道,解决了运河山东段水源不足的问题,又实行了南粮北运的漕运制度,漕粮主要来自南直隶(江苏、安徽)、浙江、江西、湖广(湖南、湖北)等地。明代前期,漕粮数额不固定,永乐时期每年运送漕粮200万~300万石,宣德朝达到最高额674万石,正统、景泰、天顺三朝每年约在400万~450万石。明成化八年(1472年),漕粮数额固定为每年400万石,该制度一直持续到清朝。道光朝实行海运,咸丰、同治时期,海运规模更大。

对我们现代人来说,"石"是什么概念?古代以"石"为粮食计量单位,明朝时一石约为现在107斤的样子,如此算来,按照年固定运送漕粮400万石计,明清两朝每年从江南调往北京的漕粮就达到4亿多斤。苏州的太仓市,为什么叫"太仓"?就是因太上皇在此置粮仓之故也。自元代时,这里便开通漕运,刘家港便发展成为"天下第一码头"了。

正因为如此,引发了东西方许多学者提出一个问题:那为何明清时期的江南(指太湖流域经济区的"八府一州")没有走向资本主义呢?原因何在?

第一,江南是中国的一个区域,其发展走向受制于整个帝国体制的影响。历史上,江南的赋税是很重的,笔者前面已经指出,皇帝老儿经常下江南,看重的是百姓口袋里的银子。数不清的苛捐杂税就足以使这个小江南无法累积"走向资本主义"的必要资本。

第二,表面上看,明清江南商品经济确实繁荣,劳动分工和专业化程度有显著提高,经济总量也有明显增长,但在没有技术突破的情况下,这种增长取决于市场规模及其扩大。诚如王家范老先生所指出的,在中国传统社会历史上,即使以商品经济最为活跃的苏松嘉湖地区而言,一方面农民为应对政府强加的各种苛重负担,逼出了一种多种经营、商品化比例较高的农业经营的新路子;另一方面这种投入市场的商品多半是基于赋役、地租的原因而被动产生的,假性成分居多,穷于应付。农民与地主的经济状况虽比其他地区为好,但剩余率与储蓄率仍偏低,基础仍十分脆弱。因此,它向市场经济输送的能量就在这点可见的限度内。这是江南无法率先实现向现代工商社会转型的症结所在。

第三,无重大技术突破。犹如面对"水开了,壶盖就会跳动"的现象时,瓦特之问是"壶盖为什么会啪啪啪地响",思考的是"热力"与"动力"之间的关联,从而发明了蒸汽机;我们发现的却是"响水不开,开水不响",思维没有深层拓展。

2. 地广野丰,数郡忘饥

江南人很难饿死的,因"江南……地广野丰,民勤本业,一岁或稔,则数郡忘饥"(《宋书》)。历史上江南生态环境优越,物产丰富,可谓"月月有花、季季有果、一年十八熟、天天有鱼虾",出门不用带干粮。

陆地上食物多,水中生物亦多,除螺、蚌、大闸蟹外,太湖里有记载的鱼就达106种:一种是在太湖定居的鱼类,如鲤、鲫、鳊、鲚、银鱼等;一种是江海洄游性鱼类,如鳗鱼、鲥鱼和东方鲀等,在繁殖季节到长江流水环境产卵,繁殖后再回到湖中肥育;还有河湖中的草、青、鲢和鳙鱼等。主要品种有刀鲚、银鱼、鲤、鲫、团头鲂、草鱼、青鱼、鲢和鳙等,著名的"太湖三白"(银鱼、白虾、白鱼),人见人爱。

此外,水中不仅有"荤八仙"(鱼、虾、蚌、蚬、蟹、螺、蛙、蛇),更有多种水灵灵、鲜滋滋的"水八鲜",苏州人又称"水八仙"(莼菜、茭白、芋艿、荸荠、芡实、慈姑、塘藕、红菱),也有加入水芹菜而称之为"九鲜"的。"春季荸荠夏时藕,秋末慈姑冬芹菜,三到十月茭白鲜,水生四季有蔬菜"(见图6-5)。

图6-5 苏州横泾旧日小菜场:卖水产

资料来源:徐刚毅主编《老苏州:百年历程》(江苏古籍出版社,2001年)

苏州东山方向的横泾,其名来自一个远古的传说。相传春秋时期,齐国的两位名相管仲与鲍叔牙,在吴地共同经商赚得人生的第一桶金后,在尧峰山南麓择地公开分金。他们当年分金的地方,就是后来的分金墩,这个地方因此而名为横金。此后,横金逐渐演变成横泾,想必也是因为临近太湖而多泾的缘故吧。

泾者,水道也。明代名僧姚广孝曾作《分金墩》一诗记之:"夷吾坐穷乏,叔牙计余赢。托友心相知,义重黄金轻。得利岂敢私,当道分还平。独遗一抔土,常寄千载名。"应该说,管鲍分金是一种公平、诚信的体现。人们为了纪念他们,方才有了义金庙的建造。

被顺治皇帝誉为"真才子"的尤侗在《义金庵碑记》里记载了这段历史:庵肇明初,再葺于万历丁亥,久而倾圮,里中有钱君舜臣者,慨然捐修,夏而工,秋落成焉。同样是在这篇文章里,尤侗也提出了自己的想法:距吴城四十里,有横金镇,镇有义金庵,俗传管鲍分金处也。给予考管鲍分金处,海南之鲍山,叔牙夷吾未尝至吴,此必误矣。或者后之人有闻其风而起者,因附会其说与。

在历史的长河里,管仲和鲍叔牙究竟到过苏州没有其实并不重要,重要的是横泾有一座义金庙。它的存在,就像是一次无言的神启,让这里的子民能够将这种淳朴民风发扬光大,甚至说,这种精神正是横泾古镇繁华的精神内核。早在宋代,横泾已经有了太湖一带较为繁华的集市,多次出现在清代顾震涛的《吴门表隐》里就是最好的例证。现在,横泾塘两岸的老街,还能隐约看出当年的繁华和辉煌,跨塘静卧的"聚兴、积庆、望仙、驷马"四座古桥,流传着不少动人的故事与传奇,见证了横泾的更替变迁。现在的横泾古镇依山傍水,南有东太湖、北有尧峰山,拥有1.7万亩耕地、3 484亩山林、20千米太湖岸线和3万余亩养殖水面,盛产"四大家鱼"(青鱼、草鱼、鲢鱼、鳙鱼)和太湖蟹等水产品以及茶叶、林果等作物,是典型的"江南鱼米之乡"。

旧时横泾有三宝:西瓜、烧酒、太湖猪。在苏州的酒文化里,横泾烧酒是一个绕不过的关键词。早在清代的《横金志》里就有记载:烧酒出在横金者为贵。横泾烧酒的历史要追溯到宋代。清代顾震涛《吴门表隐》说:"酒仙庙在横金镇,祀杜康、仪狄,宋元丰二年建,酿酒同业奉香火。"尽管这里没有开门见山地直言"烧酒",但至少说明早在宋代,横泾一带的烧酒已经兴盛起来了。大约在20世纪30年代,横泾烧酒已经形成了十余个老字号,在苏州一带颇负盛名。横泾镇的万森酒行在上海还辟有专用码头,足见产销之旺。横泾烧酒之所以如此产销两旺,既得益于它临近太湖,水质上佳,也与它一直秉承的传统酿酒工艺息息相关。横泾烧酒夏秋两季做麦胚酒,冬春两季做米胚酒。

可见,太湖是一片魔力无穷的辽阔水域,不但提供鲜美的湖鲜,还给历史与时光捧出一方独特的风情。苏州谣曰:"拔不完田里的稗草,捉不完太湖里的强盗",说的就是湖匪,民间一般称"太湖强盗",其历史据说可追溯到南宋初期,所以上了年纪的苏南人多少都有些与之有关的记忆。笔者小时候就听说,句容东北边的瓜子沟村有个大地主,被太湖强盗捉走了,交了八十石米才被放回家。横泾濒临太湖,"湖匪"的故事稍微多些,最多的要数新路村一带。新路村是横泾最西南端的一个村子。《新路村志》里就记载了几则有关湖匪的故事。一则故事是,民国年间握有实权的乡长因横行霸道碰上湖匪"栽荷花"了。所谓"栽荷花",就是把人绑上石条扔进水里淹死的手法。这个故事反映了贫苦渔民劫富济贫、对付欺压百姓的恶霸、财主的手段。不论是"太湖强盗"不怕死,还是"江阴强盗"拼死吃河豚,都是一种"行侠仗义"的精神风貌与地域文明烙印于每一个体之上的鲜明标记。

3. 湖水汩动,美女如云

江南植被繁茂,积水潜流千里,继而交汇,藏于吴中之腹。这水已不再是原来的水,它有着复杂的营养成分。故三江水"清而重,性趋下",正与血脉相宜,纵横交错,勾刻江南大地的"掌纹",映现了时间,也映照着生命。

人们常说,一方水土养一方人。秀水青山育佳丽,江南自古多美女。柔美温婉的江南女子,落在文人骚客笔下,是"眉梢眼角藏秀气,声音笑貌露温柔",是"秀色掩今古,荷花羞玉颜"，是雨巷油纸伞下似丁香般的姑娘。用今天网络流行语形容，是集美貌、气质、性情、品味、才华于一身的"小仙女"。

纵观我国历史上著名美女的出生地，大多分布在秦岭—淮河一线以南的山清水秀之地，而且尤以江浙一带最为集中，"吴娃与越艳，窈窕夸铅红"，如西施、虞姬、苏小小、严蕊、陈圆圆、董小宛、秦蒻兰、徐佛、柳如是、李香君、赵彩云、潘霞……著名美女大都是江浙人。江浙优美的环境赋予她们天生丽质，使她们有着杭州西湖那样妩媚的容貌和苏州园林那样玲珑的身材。

其地理原因：江浙地处我国江南东部，纬度多在北纬27～32℃，人的身材比较适中，女性身高中等略偏下，小巧清秀，鼻梁的高低、口唇的厚度也比较适中，符合中国传统的人体审美观。江浙地区属亚热带季风性湿润气候，水网密布，气候温润，加之濒临海洋，多低山丘陵，气候上阴雨天、雾日较多，日照时数较少，太阳辐射不太强烈，故这里的女子皮肤一般比较白净细嫩。可见，湿度影响皮肤质地，光照和饮食影响身高、骨骼和面容。而北方女性因为雨少、干燥、光照充足，加上吃粗粮，所以身材匀称、五官长得比较开；江浙一带居民的食物以大米、蔬菜、鱼虾类为主，脂肪含量较少，加之气候、水土等地理原因，这里女子一般身材苗条，面目清秀，眼似秋水，光彩照人。如倾国倾城的苏小小、诗才杰出的李清照、击鼓退金的梁红玉，还有鉴湖女侠秋瑾，被称为"浙东刘胡兰"的李敏，更有无数的歌女、绣女、采桑女、采茶女、采莲女……为这湖光山色、江南大地平添了艳丽的姿彩。但江南的美女是有骨气的，就连柳如是那样的柔弱女子，亦不乏侠肝义胆。她们都有一股灿然之气，轻盈、透亮，以各自不同的姿态，守着内心的力与美、柔韧与善良，带着恒久的、迷人的光。

二、觊救世主　自救自度

司马迁在《史记·货殖列传》中指出：江南"地广人希，饭稻羹鱼，或火耕而水耨"，令中原人望而生畏。对于北方人来说，南方是一个令人恐惧的地方。起码自汉代开始，人们就认为"江南卑湿，丈夫早夭"。《淮南鸿烈·堕形训》又云："南方阳气之所积，暑湿居之，其人修形兑上，大口决眦，窍通于耳，血脉属焉，赤色主心，早壮而夭。"认为南方"天气卑湿，地气蒸溽；人非金石，其何能久"。于是官府常把南方作为高官贬谪之地。西汉时期贾谊被贬谪到长沙当了长沙王傅，他始终怀着必死的忧虑："贾生既以适居长沙，长沙卑湿，自以为寿不得长。"（《史记·屈原贾生列传》）为此他还作了一首《鹏鸟赋》以示"伤悼"。

可江南人不一样！他们犹如梅花，默默无言、自强不息，坚强、刚毅，不向困难低头，敢于与凛冽的寒风、冰冷的雨雪抗争，面颊染寒霜，挺立树枝头；待到天地幽香时，她倚后东墙。像牛一样劳动，像土地一样奉献。古人有句话说得好："宝剑锋从磨砺出，梅花香自苦寒来"，"不经一番寒彻骨，怎得梅花扑鼻香"。

面对汤汤洪水,"生于斯,长于斯"的江南人不会轻易离开自己的故土。平凡在坚守中展露出伟大。他们战天斗地,以河流精神制洪水。河流无畏,它不怕山,再高的山也可一点一点凿成河谷;河流不怕石头,因它是个磨沙工,长江里的沙、大海里的沙都是河流用千万年的功夫打磨出来的;河流不信神也不怕神,据信神的人说河流本身就是神——河神,但河流从来不冒充神,河流认为自己只是一股勇往直前奔跑的水。

人们踏着河流的节拍,抑扬顿挫地吟唱;河流则模仿诗人的韵律,平平仄仄地朗诵。人们模仿大自然、模仿河流的纯真之美,大自然和河流也在共鸣人类的诗心和诗歌。壮丽的星空都在河里奔腾、旋转和燃烧。天上有多高的灵魂,河流就有多深的情怀;天上有多少往事,河流就有多少化石;天上有多少婴儿,河流就有多少摇篮;天上有多少疑惑,河流就有多少天问;天上有多少波涛,河流就有多少漩涡;天上有多少离别,河流就有多少重逢……

史载:1696年,暴风雨摧毁了苏州东南方的古海堤,张永铨先生针对当时太湖地区的水患曾做一首诗:

数口同将绳系身,犹冀相依或相挈。那知同泛竟同沉,或钻屋顶求身脱。
身随茅屋偕漂泊,或抱栋梁任所之。风来冲激东西撒,或攀树杪得暂浮。
蛇亦怖死缘树头,人怕蛇伤手自释。人蛇俱已赴沧州……
一日二日面目在,浮尸填积如丘山。三日四日皮肉烂,臭闻百里真心酸。[1]

江南人历尽坎坷多磨,苦不怕、死不怕,永不言败,以金石般的意志开拓创新。他们犹如布谷鸟的鸣叫,火一样地热烈。

(一) 5 000多年前建水坝,筑堤蓄水求生存

良渚人所在之地,海拔只有2米多高。良渚古城西北不远处属于天目山余脉,夏季高温多雨,系浙北地区的暴雨中心,每年季风季节很容易形成山洪,洪水一来,房子就容易淹掉,直接威胁到地处低洼地带的良渚人居住地。因此,良渚人首先想到的是兴修水利,用生命筑造生命工程。自2009年以来,良渚古城附近的水坝遗址陆续被考古工作者发现,这一发现不仅使中华文明有了可以比肩古埃及世界上最早的水坝(公元前2600~前2700年)与两河流域的水利系统,也让世界著名考古学家科林·伦福儒在惊叹的同时强调说,良渚遗址的发现,对历史有突出贡献:确定中国早在五千多年前的良渚社会,就已经进入早期国家文明阶段,以考古学科学的证据,将中国的文明史提前了1 000多年。如果他的《考古学:理论、方法与实践》再版时一定要把良渚文明加进去,它为中华五千年文明提供了重要依据。

2017年12月,英国历史学家、牛津大学考古学院教授杰西卡·罗森女爵士,又一次

---

[1] (清)张应昌编,《清诗铎》,中华书局,1960年。

来良渚古城,探访这一实证中华5 000多年文明的重要遗迹。和罗森女爵士同行的,还有来自美国、英国、法国、意大利、加拿大、墨西哥、澳大利亚、以色列、尼日利亚等国的20多位国际考古界权威学者。他们在参加完第三届世界考古上海论坛后,专程来到杭州,参加良渚古城水管理系统国际学术研讨会。他们见到遗址现场,无不惊叹。这时距离良渚古城的发现,正好十个年头。

目前,良渚地区已经发现11座堤坝,可拦蓄出13平方千米的水面,总库容量约4 600万立方米。该堤坝主要修筑于两山之间的谷口一带,并分为高、低两道水坝防护体系(见图6-6),可将大量的雨水蓄留在山谷和低地之内,以免遭受洪水侵袭。如果大禹治水还是一个美丽传说,那么良渚地区的水坝可能是我国乃至世界上最早的水利工程。

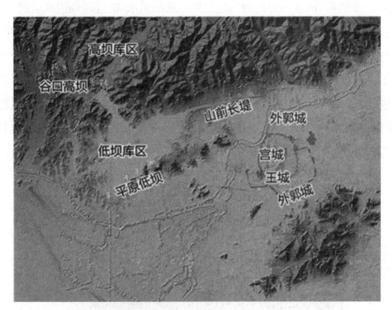

图6-6　良渚古城及外围水利系统结构图
图片来源:浙江省文物考古研究所

良渚文化遗址自1936年被发现以来,已经走过80多个年头。良渚古城有8座水门和1座陆门,这说明良渚社会的人大多依靠水路交通与外界联系。筑坝形成的水库,可以连接周边的水域,连同古城里的河道,构成了十分有效的水路交通网。

良渚人兴修如此大规模的水利设施,需要组织大量的人力物力,特别需要符合实际的规划设计,更需要熟练可靠的建筑技术,这些方面无疑可以被视为良渚文明的重要特征,而世界上早期文明的出现也往往与治水活动有着密切的关系。良渚人在5 000多年前就有如此先进的技术和工程,这与当时的社会发展程度有关,无论是基于统治阶层的控制力,还是以宗教的力量让大家自愿去做这些事情,目的都是为了保一方平安,维系整个社会的正常运转。

从1987年开始,浙江省文物考古研究所就注意到塘山遗址土垣,认为其有可能是防备天目山洪水泛滥的防洪堤。2009年,遗址群附近岗公岭的一个工地出现大量青膏泥。

考古发现这里并非古墓,而是古代水坝类遗存。接着,周边老虎岭等地又发现5处类似坝体,这让考古人员惊喜不已。此后,借助高清卫星照片分析研究,整个良渚古城外围水利系统的框架逐渐显现。2015年,浙江省文物考古研究所正式发掘水坝,并联合山东大学、南京大学勘探调查坝体和库区,最终确认了分布于良渚古城西北部的水利系统。为了确定水坝年代,对坝体提取样本进行了碳14测定,得出的12个测年数据在距今4 700~5 100年,属于良渚文化早中期。

据考古发掘领队王宁远研究员介绍,目前发现的11条水坝形态和位置各有不同,塘山遗址土垣就是一条长堤,短坝则包括建于山谷谷口的高坝、连接平原孤丘的低坝。长度约5千米的长堤、坝体厚度达100米左右的6条高坝,这种"大块头"的人工工程出现在良渚文化时期,体量着实惊人。据测算,该水坝可抵御当地百年一遇的洪水,能连通周边水运网。

它与埃及的卡法拉(Ka-fara)水坝相比有两个区别:一是"块头大"、时间早;二是卡法拉水坝是砌石坝,而良渚水坝是就地取材的"草裹泥"。浙江省文物考古研究所所长刘斌介绍道:当年良渚先民用芦荻、茅草把泥土包裹起来,将这种"草裹泥包"横竖堆砌。不同的"草裹泥包"形成了现在看到的一个个"方格子"。这种"草裹泥"工艺类似现代人抗洪时用草包或编织袋装土筑坝,不仅增加了坝体抗拉强度,让水坝不易崩塌,也加快了堆筑速度。此工艺在良渚文化时期已成为用于临水建筑的常用工艺(见图6-7)。

图6-7 草裹泥堆筑剖面可清晰看到混杂其中的草茎草叶

图片来源:新华网

关于这种"草裹泥",考古领队王宁远饶有风趣地说,良渚人的家,就在沼泽平原边,下面是淤泥,上面长草,他们在家门口先把地面的草割倒,用铲把草下面的淤泥切割,放于草上一滚,淤泥黏湿,再用芦苇绑扎,就完成了。而且,因为草和淤泥都用掉了,这里直接秒变为河道,他们只要把家旁边"停车库"里的"私家车"——小竹筏开过来,把草包运过去,就轻松搞定了。这样更省时省力,"就是一次性做完的事,而且因地制宜"。王宁远还说:"草裹泥本身体量很小,又软,可塑性好,与外面草茎贴合紧密,所以堆垒后,彼此贴合紧密。"

发掘还显示,多条高坝和低坝在关键部位都用到了"草裹泥包"堆垒加固。一些地基松软的地方,还采取了挖槽填入淤泥等工艺……笔者认为,这些工艺既体现了古人的智慧,也是一种绿色生态的办法。

"这个水利系统,从测绘到规划以及建造都极有技术含量。"中国文化遗产研究院文物研究所所长于冰认为,良渚水利工程因地制宜,就地取材,建筑技术先进,良渚社会的组织和管理能力令人吃惊。目前专家初步判断,这些水坝主要的功能是防洪和蓄水运输。

中国社科院考古研究所研究员刘建国等通过地理信息系统软件分析,认为高坝可以阻挡短期内870毫米的连续降水,相当于当地"百年一遇"的降水量标准。根据低坝现存的坝高海拔10米来推测,此工程可以形成面积8.5平方千米的蓄水库区(见图6-8)。

图6-8 老虎岭坝体航拍图(资料图片)

"这次发现让我们对华夏文明的认识又大大向前了一步。良渚古城有面积达30万平方米的中心宫城,300万平方米的王城,800万平方米的外郭城,涉及范围超过100平方千米的水利系统,这在世界范围也不多见。"夏商周断代工程首席科学家、北京大学教授李伯谦说。

在我看来,良渚文化依旧还有很多未解之谜。故专家建议,应建立多学科综合研究机制,设立专门科研项目,由考古、水利、环境等方面专家联合开展进一步研究。

专家认为,良渚人造坝,不光是为了抗洪,可能还有对运输的考虑,说白了,就是方便日常出行。良渚王国时期,像车子这种轮式的交通工具,以及配套的道路系统还没有形成,他们出门除了走路,就是划船走水路了。笔者认为,未必是这样,其主要目的可能是保家园、保农田。

应该指出的是:良渚人的治水办法,可能就是共工与鲧"欲壅防百川,堕高堙庳"治水的先驱,付出的代价是惨痛的,因筑堤堵水的办法是有危险的,一旦遇上山洪暴发,就会物毁人亡,这或许就是历史真相——良渚国家突然消失的真正原因。

有学者说,"茅草包裹泥土筑坝,其耐压性能就比单用泥土增强了6倍多"。可能吗?也许短时间可以,但经年累月就有问题——芦苇、茅草等遭水浸时间长了就会烂掉,出现孔洞而渗水。笔者在1959年冬参加句容北山水库大坝筑造时,上级要求把泥土上的草木捡干净后再夯实,以防日后渗水。良渚"多条高坝和低坝在关键部位都用到了'草裹泥包'堆垒加固……"恐怕问题(良渚国家突然消失)就出在这里。

(二) 传承发展兴水利,水旱从人像天堂

青山无墨千年画,流水无弦万古琴。但"水能载舟,亦能覆舟",仅《孟子》一书中提到治水就有11次之多。大禹的父亲鲧被尧帝派去治理水患,修堤堵水九年未果,被杀。舜帝即位,命鲧的儿子禹继续治理水患。禹改变了治水方法,运用准绳和规矩疏导,终于把洪水引入大海,地面上又可以供人种庄稼了。他和老百姓一起劳动,戴着箬帽,拿着锹子,带头挖土、挑土,禹的脚常年泡在水里,连脚跟都烂了,他只能拄着棍子走。

禹治水居外13年,三过家门而不入,是中国历史上第一位成功治理水患的治水英雄。人们感佩他带领千万江南民众治理太湖"三江"的功绩,至今苏州太湖西山岛衙甪里古村北端三面临湖的甪里洲还存有禹王庙。

"三江既入,震泽厎定。"太湖地区"鹤鸣于九皋,声闻于野。鱼潜在渊,或在于渚""鹤鸣于九皋,声闻于天。鱼在于渚,或潜在渊"(《诗经·鹤鸣》)。

江南人传承大禹治理"三江"的精神,师法自然,历朝历代文脉未断,从泰伯修建"伯渎河"到伍子胥开凿中国最早的人工运河——胥溪,从未停息。五代十国时期,建都于广陵(扬州)的(南)吴国、建都于金陵(南京)的南唐和建都于杭州的吴越国都大兴水利建设。宋人单锷(江苏宜兴人)在《吴中水利书》中特别指出,苏州、常州、湖州三府之水为患最久,从溧阳五堰以东到吴江县,好似人的身体:"五堰其首,宜兴荆溪其咽喉,百渎其心,震泽其腹,旁通震泽众渎其络脉众窍,吴江则其足也。"这是着眼于整个太湖流域来谈水利大势的,具有理论及现实指导意义。1949年7月24日晚9时至翌日凌晨4时,第六号台风正面袭击申城,沿海郊区损失惨重,尤其以浦东高桥地区海塘为甚。全上海军民近6万人齐心协力,日夜奋战修筑溃堤海塘,加筑混凝土挡水墙,战胜了上海解放后遭遇的第一场严重自然灾害。1949年中华人民共和国成立后,尤其是1991年太湖发大水后,国务院召开第一次治淮治太工作会议,决定全面实施太湖流域综合治理骨干工程建设,掀起了流域大规模水利建设的高潮,太浦河、望虞河、杭嘉湖南排、环湖大堤、湖西引排、武澄锡引排、东西苕溪、杭嘉湖北排、红旗塘、拦路港和黄浦江上游干流防洪等十一项工程相继开工建设。在流域各省市党委、政府大力推进下,经过流域水利部门和建设单位15年的不懈努力,至2005年年底,太湖流域综合治理十一项骨干工程全面建成,并陆续投入使用(见图6-9)。

工程总投资98亿元人民币。治太工程建设初步构建了流域防洪和水资源调控工程体系框架,在防御流域洪水,特别是在防御1999年太湖流域特大洪水中发挥了巨大作用,防洪效果显著;依托治理太湖骨干工程体系实施的引江济太水资源调度,已成为保障流域供水安全的重要措施。

如太浦河工程:太浦河西起东太湖边上的苏州市吴江区横扇镇,东至上海市南大港

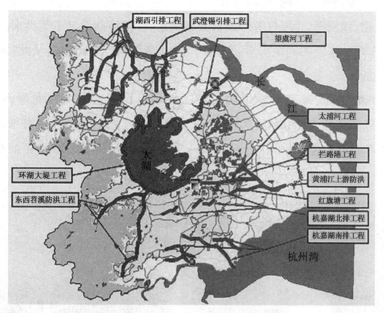

图 6-9 治理太湖骨干工程示意图
资料来源：水利部太湖流域管理局

接西泖河入黄浦江，跨江苏、浙江、上海三省（市），全长 57.6 千米，是 1958～1991 年在天然湖荡的基础上人工开挖连接而成的。其底宽 110～150 米，面宽 200 米，底高最深处在南大港 4.9 米，是排泄太湖洪水、向下游地区供水的关键性工程，具有防洪、供水、除涝、改善水环境和航运条件等综合效益。在此基础上，又于 1991 年 11 月至 2005 年 12 月进一步完善，投资 15.97 亿元，其工程主要包括太浦闸、太浦河泵站、沿线堤防等。

又如望虞河工程：望虞河开凿于公元前 475 年，由越大夫范蠡所建，南起太湖沙墩口，北至长江边的耿泾口，全长 60.8 千米。千年时间流转，望虞河渐被堵塞，直至中华人民共和国成立后才获重新疏浚。工程主要任务为排洪、除涝、引水和航运。遇 1954 年特大洪水，可承泄太湖洪水 23.1 亿立方米，兼排澄锡虞地区部分涝水；遇 1971 年旱情时，引入长江水量 28 亿立方米；又由于望虞河河道宽阔顺直，为发展航运提供了条件。自 1991 年始进一步改进，工程主要包括望亭水利枢纽、常熟水利枢纽、沿线堤防等，建有节制闸和泵站各一座，可引水排水两用。1999 年，太湖流域发生特大洪水，望虞河工程发挥了重要作用，汛期排泄太湖洪水 28 亿立方米，经常熟枢纽排泄洪涝水 35 亿立方米，有效减轻了流域洪涝灾害。

再如环湖大堤工程：该大堤是太湖防洪工程的重要组成部分，全长 298.7 千米，北以直湖港、南以长兜港为界。以东部分大堤称为东段大堤，大堤的口门全部进行控制；以西部分大堤称为西段大堤，大堤的口门基本敞开。1949 年以前，太湖沿岸并无统一连续的堤防，均为湖圈圩的圩堤。自 20 世纪 50 年代起，江苏开始沿湖堤防建设。1958 年至 1991 年，由江苏地方自筹经费，逐年挖土筑堤，以肩挑背扛、人工压实的方式为主，初步形成了苏州、无锡与常州地区的太湖堤防。1991 年年底开始全面建设：位于江苏省苏州、无锡、常州和浙江省湖州市境内,堤防全长290.1千米,总投资7.34亿元。工程主要包括堤防、口门建筑物、船闸等,主要任务为调蓄太湖洪水,保护环湖地区不受洪水淹没,并进一步提高滞洪作用和水资源利用水平。工程于2005年12月全部建成,从此"水旱从人"取代了"靠天吃饭"。

太湖流域的江堤、海塘主要包括长江江堤和沿杭州湾钱塘江北岸海塘,全长约698.8千米,分属江苏省、上海市和浙江省,其中太湖流域上海市陆域海塘从苏沪边界浏河口起至沪浙边界金丝娘桥,总长约264.11千米,全线也于2005年前高标准建成(见图6-10)。

江堤　　　　　　　　　　　　海塘

图6-10　长江江堤与沿杭州湾钱塘江北岸海塘

图片来源:水利部太湖流域管理局

水是江南的精华,亦是江南的象征。为确保"水旱从人",各地又设置了众多的水闸与取水口。以苏州为例,普查结果显示,全市设置过闸流量1米^3/秒及以上水闸3 349座。其中:过闸流量不小于5米^3/秒的为2 812座,1~5米^3/秒的为537座。全市水闸总过闸流量4.2万(米)^3/秒,其中太仓市浏河节制闸过闸流量最大,为840米^3/秒。全市还有河湖取水口4 882个、地表水水源地18处,建成堤防总长度7 295.84千米,灌溉面积196.22万亩(约130 813.33平方千米)。

江南的山是神山,江南的水是圣水。青山无墨千年画,流水无弦万古琴;有颜值、有气质,只羡鸳鸯不羡仙。

其实,"江南",本不止在江南,而在整个中国,就有比如宁夏灵州"塞上江南"、呼伦贝尔"塞北小江南"、雅鲁藏布江大拐弯地区及东北三江平原之"赛江南"等等。江南是所有中国人心里一块温馨柔软的灵地。从远古、先秦,到汉末……"江南"往往是一个别样文化的凝聚,她是一种"永恒的活火"。

(三) 主要城市有规范的防洪规划

太湖流域内有特大型城市上海及杭州、苏州、无锡、常州、嘉兴和湖州等7座重要城市。2008年2月,国务院关于太湖流域防洪规划的批复中指出,太湖流域防洪标准达到50年一遇,重点防洪工程按照100年一遇防洪标准建设;上海市黄浦江干流及城区段按1 000年一遇高潮位设防,城区段海堤按200年一遇高潮位加12级风设防;杭州市老城区段堤防按500年一遇高潮位设防;苏州、无锡、常州、嘉兴、湖州市按100年一遇洪水位设防,其中苏州、无锡和常州市中心城区按200年一遇洪水位设防;其他县级城市按50年一遇洪水位设防。到2025年,太湖流域防洪标准将达到100年一遇。国务院在批复中还指出,在规划实施中,要坚持"蓄泄兼筹、洪涝兼治"和"引排结合、量质并重、综合治理"的方针,进一步完善太湖流域防洪总体布局,以治太骨干工程为基础,建设洪水北排长江、东出黄浦江、南入杭州湾的防洪工程体系,辅以防汛抗旱指挥系统建设和防洪调度管理、洪水风险管理等非工程措施,构建集防洪减灾、水资源调控为一体的防洪减灾体系。各地以坚如磐石的信心,正在夯实基础,高标准建设,变越来越多的"不可能"为可能,使之青山不改,绿水长流,一针一线绣出更美的"鱼水之乡"。

三、天下一家　江河握手

天"定于一"(孟子),人类命运是个共同体。从古代先哲孔子的"天下大同",到宋代文豪范仲淹的"先天下之忧而忧,后天下之乐而乐";从共和先驱孙中山"天下为公"的济世情怀,到新中国缔造者毛泽东"环球同此凉热"的伟大抱负:中华民族"亲仁善邻""讲信修睦""和衷共济""患难与共"的美好理念是一脉相通的。这个"通",是吃苦在前,自力更生,艰苦奋斗,不依附别人,更不掠夺别人。

水无边无界、无色无味、无私无欲,从不挑选人家,嫌贫爱富,只要进了家门,就有了暖意,有了活力,有了洁净与平安。老子曰:"天下之至柔,驰骋天下之至坚。无有入无间。"水是最柔不过的,却能穿山透地;不仅自己运动,还推动周边一起行动;不故步自封,经常不停地寻求自己的出路;遇障碍不低头,气壮山河;不仅洗净自己,还洗刷其他各种污浊;刚柔相济,创造美好;超越时空,一江春水向东流;愿为"万物本原",成为鲜活生命;即使在没有空气和阳光的条件下仍能生存。正如《易经》云:"天行健,君子以自强不息;地势坤,君子以厚德载物。"其核心和精髓是大禹的治水精神,即大仁、大智、大勇。正是有了这种精神,江南人在江南大地描绘了最新最美的图画,时代的脚印就是明证。

江南的水在地上,也在天上,长年不断,汇聚沉淀那些丰富的微量元素,在江南大地燃烧。燃烧的水,成就了江南的稻桑与葛麻;燃烧的水,进入了人的身体,就有了生命的延续,有了对美好生活的向往。这向往,是人之禀性,也是水的夙愿。

世界自石油危机后发生了水危机,这个水危机实质是个管理危机。管水管得最好的经典人物是大禹——治水平定天下,历朝历代无不效仿。历史上的乾隆是一个喜欢到处跑的皇帝。他在位60年,或远或近的出巡逾150次。其中,最知名的就是其六次下江南。有人说,他就是为了吃喝玩乐;有的则说,他其实有复杂深刻的政治用心,是对江南士人的恩威并举；还有的说，他在是巡视河工，是在了解地方上的吏治民情……不过，乾隆下江南也有他公开的理由。所谓"南巡之事，莫大于河工"，即最重要的是治理黄河水患。自宋代黄河夺淮以来，黄河、淮河以及大运河的河道，三者纠缠不清。由此，河工与一件关系国家命脉的大事密不可分，即通过大运河把南方物资运往北方的漕运问题。所以他一路上和水较劲。此事，清代苏州画家徐扬著名巨作《乾隆南巡图》（共十二卷）等历史画卷至少可做一点旁证（见图6-11）。

注：此图为《乾隆南巡图》第四卷《黄淮交流（局部）》，描绘乾隆皇帝渡过黄河后，视察黄河、淮河、运河和洪泽湖四大水系汇合处险要工程的场景

图6-11 《乾隆南巡图（局部）》（清朝苏州人徐扬绘，现藏于美国大都会艺术博览馆）

可见，乾隆下江南，并非纯粹吃喝玩乐。史载，乾隆下江南期间，对治河下达了许多圣旨。从这一点来看，乾隆重视河工，还是有正面意义的。清朝，在南北物资大流通中，由漕船北上或回程南下携载的各种商品，每年达400万石以上，其货运流通量相当惊人。乾隆九年，淮安过关豆货约达513万石。苏州浒墅关位于江南运河的咽喉，过往船只"日以千计"。设置于运河之上的钞关，每年的关税在清朝时期是仅次于田赋、盐税的朝廷第三大收入。运河七大钞关的关税收入总额达到140余万两，约占当时清王朝关税收入总额的34%，为王朝财政开支提供了重要财力。从这个意义上说，王权造就了运河，运河支撑了帝国。其肇始者乃夫差也。

（一）开凿利用千里运河，强国富民共融共生

若万里长城是中华民族挺立不屈的脊梁，贯穿南北的京杭大运河则是民族流动不息的血脉。它是我国古代伟大的水利工程，也是世界上最长的运河工程、维持国家正常运转的生命线。时至今日，京杭大运河依然在经济、文化发展与交流，特别是对沿线地区工农业经济的发展起着巨大的作用。正如复旦大学中国历史地理研究中心邹逸麟研究员所指出，人们常说的中华五千年文明史，其中有三千年与运河有关，运河对中华文明的发展厥功至伟。

以运河的延伸长度而言，在公元前3世纪的秦代，运河已经沟通了黄河、淮河、长江、钱塘江、珠江五大水系。公元3世纪的曹魏时代，运河的北端已向北延伸至今河北省北部的滦河下游。公元7世纪的隋唐时代，北抵北京、西达西安、南至杭州的南北大运河全长约2 300千米。元明清时代的京杭大运河，从北京至杭州，全长2 000余千米，如果将浙东运河也计算在内，则又要加上120余千米，无疑为世界上520多条运河之最。

以运河维持时间之久而言，公元前5世纪开凿的邗沟运河，至今仍然是江淮之间的水运干道，历时2 500余年。秦始皇时代开凿的沟通湘、漓二水的灵渠，至今仍有航运、灌溉之利。今镇江至杭州的江南运河，最早形成于秦代，更是当今长江三角洲地区重要的水运航路。形成于13世纪的山东运河，在今天济宁以南的鲁南运河段，仍然担负着苏、鲁之间重要的水运任务。历史上人工运河的航运功能维持如此之久，在世界范围内是绝无仅有的。

以运河工程之伟大和艰巨而言，灵渠是世界上最早的越岭运河。京杭大运河的山东运河段沿途山峦起伏，全长约300千米。因地处山东地垒西缘，运河所经的地势是中间高、南北低，沿运需要分段建闸节水才能通流，全线最多时建50余闸；又因水源缺乏，将沿运地区数百眼泉水开挖明渠输送入运，并建四大水库以供蓄泄：其工程之浩大、艰巨是世界上任何一条运河所无法比拟的，堪称世界运河工程之最。

大运河的意义就在于"沟通"，大运河以其非凡的沟通能力将南方与北方乃至全国各地紧密地连接在一起，密切了不同流域不同物产区之间的经济与文化联系。

京杭大运河的修建，源于春秋末期。吴王夫差即位以后，南下攻越，当他认为无南方侵扰之忧时，便掉转戈矛，北上伐齐，进军中原，与晋国争霸。其时吴国地处长江下游，河网纵横，交通全靠水路，"不能一日而废舟楫之用"，舟师是吴军的主力。但长江、淮河之间无直接通道，北上伐齐须由长江出发入海，再绕道入淮，航程过长，海浪过大，这使得夫差不得不想以人工河沟通江淮。夫差连年伐楚，吸取以往开河的技术经验（沟通太湖和长江的"胥溪"和太湖通向东海的"胥浦"），加之吴国的造船技术也有很大提高，已能建造各式大中型舟船，便决定从邗城开始，因地制宜地把几个湖泊连接起来。为利用天然湖泊以减少人工，所以邗沟线路曲折迂回，全长约400里。邗沟又名"邗江""韩江""渠水""邗溟沟""中渎水"等。这就是《左传》中所记载的（鲁）哀公九年（前486年）"吴城邗，沟通江、淮"。因该运河以邗城为起点，故称"邗沟"。

史上用"举锸如云"形容当初开凿邗沟的场面，其壮观热烈可想而知。是年冬，吴王夫差兴师伐齐，终打败齐国。一千年后的隋炀帝开凿大运河，在苏北段也沿用了夫差的邗沟。诚千古巍巍壮举，煌煌大业。因为有了它才有后来连接了海河、黄河、淮河、长江、钱塘江五大水系的京杭大运河（1292年全线贯通，跨越22个城市，绵延1 794千米），使黄河文化与长江文化得以交流融合。它像一根血管将生命之源输送，促进了中国社会经济与文化两千多年的发展。对于这一史实，晋代杜预注释："于邗江筑城穿沟，东北通射阳湖，西北至末口（今江苏淮安北）入淮，通粮道也。今广陵韩江是。"北宋诗人秦少游的

《秋日》诗曰:"霜落邗沟积水清,寒星无数傍船明。菰蒲深处疑无地,忽有人家笑语声。"很难想象这样一条不深不浅的"邗沟",竟是中国南北大运河的源头!它低吟浅唱着,转身定格出千秋万代的雄姿。

早在春秋时的吴国,即以都城(即今苏州古城)为中心,在太湖平原上疏导开通了几条运河。秦始皇灭六国后,为东巡会稽,在春秋古运河的基础上开通了北起丹徒(治所在今镇江东南丹徒镇),中经会稽郡治,南到钱塘(今杭州)的水道——江南河,又称江南运河。此后东吴、东晋时又多次对此水道加以疏浚整修。到隋朝时,隋炀帝以东都洛阳为中心,开凿了通济渠,大业四年又开永济渠至涿郡(今北京城西南部),将从全国征集来的兵员、军械、粮食及有关物资,运送集中于北方重镇涿郡,其目的是征伐高丽,保卫北方的边陲。南北大运河对隋统一王朝的建立和巩固,无疑起了关键的作用。大业六年(610年)隋炀帝下旨拓宽长江以南的运河古道。《资治通鉴·隋纪四》记载:"大业六年冬十二月,敕穿江南河,自京口至余杭,八百余里,广十余丈,使可通龙舟,并置驿宫、草顿,欲东巡会稽。"

江南运河和隋代修建的通济渠和永济渠,沟通了钱塘江和长江、淮河、黄河、海河,形成了以洛阳为中心,向东北、东南成扇形展布的大运河。至唐代,又在镇江京口创设江南运河第一闸。经不断改造、治理,现江南运河从苏南入浙江,分有东、中、西三线。东线是古运河线,从平望经嘉兴、石门、崇福、塘栖、武林头到杭州;中线从平望,经浙江乌镇、练市、新市、塘栖、武林头至杭州;西线从苏州的震泽入浙,途经南浔、湖州、菱湖、德清、武林头至杭州。上述三线均通客货轮。以东线长度计算,全长 323.8 千米。航道大部分水深 2 米、底宽 20 米,水流平缓,流量丰富,是京杭运河运输最繁忙的航道。1989 年,在杭州三堡建造船闸,也是沟通钱塘江和运河的唯一通道,它使钱塘江和杭甬运河相连了。

水是流动的,江南运河是"活"的。所谓活,是指它至今还在用,而且还很壮观。这种"活",是随处可见的,似乎不用特别费力去寻找,遍地都是,四通八达,当下运的多半是建筑材料和煤炭,全部散装,没有集装箱,船帮压得低低的,几乎与河面一边平,"满载"二字最能概括其运载状态。有的还组成船队,宛如水上火车,浩浩荡荡,神气十足,你来我往,煞是好看,一派繁忙景象。扬州邵伯船闸拥有 3 座大型现代化船闸,曾创下日船舶通过量 108 万吨的全国内河船闸最高纪录。

所谓"活",还指它在经济生活中仍占很大的分量,承担着运输总量的 60% 甚至70%。这是因为运河中船舶的运输空间大,运输成本低廉,运输成本只相当陆路的六分之一。从某种意义上说,有江南运河,才有繁华的江南。运河船上的石材、沙料,天天运,时时运,一刻不停。天地之间,是靠运河把它俩连接起来的。它活得精彩,活得伟大。

究其因,江南原来就是个沼泽地,是水的天下,那里有众多的江河、湖泊、溪流、沼泽、湿地。走进江南,你会发现地名奇特,两类居多,或是三点水旁,或是土字旁,这在北方是不多见的。以三点水旁的字为地名的,如渚、港、溪、浦、浒、湾、浔、浜、滨、湖、泽、河、渡、漕、潭、洋、濮;以土字旁的字为地名的,如坪、埠、塘、堤、圻、坝、墩、埭、堰。像良渚、沙家浜、南浔、青浦、河姆渡、西塘、荻港，这些地名都是如雷贯耳的响当当的名字，形成了一种独特的文化景观与文化遗产。

在漫长的岁月中，如何加强对运河和漕运的管理，一直是历代统治者所面临的问题。随着漕运在社会政治与经济生活中所占的地位越来越重要，专门的漕运衙门——淮安的"总督漕运部院"也就应运而生了（见图6-12）。

图6-12　保存完好的淮安"总督漕运部院"
图片来源：《淮安日报》

史书上关于漕运专业管理机构的设置年代最早是隋朝，当时设有漕运专署。到了宋朝，除设有江淮转运使外，北宋还在开封设排岸司和纲运司，将漕运分为两个系统：排岸司负责运河工程管理及漕粮验收、入仓，纲运司负责随船押运。北宋时运河所经的曹郓济泗等州和广济军均设排岸机构，共有15名指挥和7 500名兵士，汴京则有排岸分司四处。《宋会要》记载："汴京四排岸司：东司在广济坊，掌汴河东运，江淮等路纲船输纳及粮运至京师，分定诸仓交卸，领广济装卸，役卒五指挥，以备卸纲牵驾，以京朝官二人充任。西司在顺城坊，领汴河上漕，以京朝官一人负责装卸；南司在建宁丰台，领惠民河、蔡河，京朝官一人充任，广济两指挥一千人为额；北司在崇宁坊，建隆三年置，领广济河，以京朝官一人充任。"从管理上看，纲运司服从排运司的调度，验收、卸粮、入仓等重要环节均由排岸司主持，业务上两司之间有比较严格的交接制度。

全国漕运总管机构在江苏淮安。京杭大运河全长约1 797千米，如此漫长的内河水运线，没有专门的部门来督管水利与漕运事务是不行的。明清两朝就设置了统管全国漕运事务的高级官员——漕运总督，此官职始设于明景泰二年（1451年），驻节于南直隶淮安府城（今淮安市淮安区），全称为"总督漕运兼提督军务巡抚凤阳等处兼管河道"，不仅管理跨数省的运河沿线，而且还管理地方行政事务。漕运总督在明代和清初兼庐凤巡抚，管理凤阳府、淮安府、扬州府、庐州府以及徐州、和州、滁州；自1860年（咸丰十年）起，漕运总督还节制江苏长江以北诸镇、诸道,而各省的督粮道都隶属于漕运总督,可谓位高权重。

漕运总督府之所以设于淮安,是因为其位于南北水运的枢纽。据《重修山阳县志》(山阳县为淮安旧称)载:"凡湖广、江西、浙江、江南之粮船,衔尾而至山阳,经漕督盘查,以次出运河,虽山东、河南粮船不经此地,亦遥禀戒约。故漕政通乎七省,而山阳实属咽喉要地也。"当时,千万艘粮船衔尾而至淮安,入淮北上。粮船卸载之后,再装满盐运往南方各地。这样既解决北方粮米缺乏之苦,又可将北盐南运,使淮安成为漕运、盐运集散地,客观上形成了其在漕运史上的特殊地位。

不过,漕运总督的官署并不叫总督衙门,而是"总督漕运部院",占地约30 000平方米,与当地的标志性建筑镇淮楼、淮安府衙大堂在同一条中轴线上。其规模宏大,保存完好,布局严谨。按清代官场规矩,人们尊称漕运总督为"漕台",因其领兵,故又尊称为"漕帅";又因其兼兵部侍郎及都察院右副都御史衔,故出行仪仗、官衔灯笼署"总漕部院"。沿海收粮起运、漕船北上、视察调度、弹压运送等,均需总督亲稽。

每年漕船北上过津后,漕运总督要循例入觐皇帝,汇报漕粮完成诸事。咸丰年间,因战事频仍,咸丰皇帝特令漕运总督节制江北镇、道,这是漕运总督权威最重之际。漕运总督不受部院节制,向皇帝负责,可专折奏事。直到光绪三十年漕运全停,漕运总督才被裁撤。

由于漕运总督一职非常重要,明清两代多选能干官员担任。明代名臣陈瑄、李肱、李三才、史可法均担任过此职;清代施世纶、琦善、穆彰阿、思铭、杨殿邦等人也先后任过漕运总督之职。漕运总督权力显赫,还兼巡抚,因此也称"漕抚",故机构庞大,文官武将达270多人,下辖储仓、造船厂、卫漕兵厂等,共约两万多人,所以那时的淮安非常热闹。最有名的漕运总督是阮元(江苏仪征人),他是乾隆、嘉庆、道光年间的名臣,先后任礼部、兵部、户部、工部侍郎,山东、浙江学政,浙江、江西、河南巡抚及漕运总督、湖广总督、两广总督、云贵总督等职。他在经史、数学、天算、舆地、编纂、金石、校勘等方面都有着很高的造诣,被尊为三朝阁老、九省疆臣、一代文宗。

而淮安,乃是一座漂浮在水上的城市,京杭大运河自不待说,里运河、古淮河、盐河悠悠流淌,穿城而过;还有洪泽湖、白马湖、荷花荡、天泉湖波光潋滟,如宝石镶嵌在这个历史文化名城的桂冠之上;历代名人辈出,如汉代开国功臣、大军事家韩信,巾帼英雄梁红玉,民族英雄关天培,京剧表演艺术家周信芳等都是淮安人。到了淮安,人们都不会忘记去探访周恩来诞生地与吴承恩故居。

北京的漕运衙门主要是在元明清时代设立的。据史料记载,元代以来,各代在通州均设管理漕运事务的衙署。元代设督漕运司,明代因修建宫室、城垣、定陵和北部长城,对运河水运更为重视,在北京设仓场总署,由户部管理,并在通州设有尚书馆、户部分司、坐粮厅公署、监督主事公署、巡仓公署、巡漕公署等近40个办事机构,衙署遍布通州城内。清依明制,依旧在通州设置户部坐粮厅署、仓场总署、漕运厅署等大小衙署数十处。

另外,江苏、浙江、江西等漕运总局、会馆等也设在通州。

那时的京城忙得不可开交。明清时,因通州拥有便利的水陆交通,城内衙署林立。其中,清代仓场总督衙门位于新城南门东,为明总兵府改建;通永道衙门在州城内天恩胡同偏东;户部坐粮厅署在新城内西察院,为原明总督粮场太监居住的忠瑞馆;大运西仓监督署在坐粮厅后,即明代忠敬馆;大运中仓监督署在州旧城南门内;东路厅署在州新城内草厂;理事厅与漕运厅署在张家湾城内;通州知州署、州同署、州判署均在通州城内;土坝掣斛厅在土坝,为州同督漕公廨,每年南运漕粮抵达通州时均驻扎于此;石坝掣斛厅在石坝,明时称督储馆,有大官厅一座,为判督漕处所;驿丞署与巡检署在张家湾城内;左营都司署与张家湾营都司署均在张家湾城,右营守备署在通州州治西南。这些衙署级别几乎涉及明清所有行政建制的品级,其中关于仓储与漕运的占绝大部分,即便作为地方行政人员的知州、州同、州判,除料理地方事务外,也必须承担大量的漕运事务。由于管理有序,人开河、河惠人,河上万舟骈集(见图6-13),大运河成黄金水道。运河上南来北往的各类船只帆樯如林,见头不见尾。

图6-13 北京通州的万舟骈集漕船
图片来源:《北京日报》

据宋应星的《天工开物》记载,初期一艘大型漕船可装粮近2 000石,但因运河水浅,一般装粮500石左右。满载的重船中间竖立着两根桅樯,风帆鼓胀,鱼贯逆流前行;回程的空船则卷帆抽舵,顺水南行。漕船头尾都有专门的浮雕雄狮标记,其他船看了都要让道。每年第一批漕船到达的日子为开漕节,官吏客商、船工百姓共同庆祝,热闹非凡。

明代漕船数量达10 000~12 000只。一般每船有漕兵10人掌舵扬帆。盛时押运漕粮的卫所官军与水手达10万~12万人,这些运军与水手的收入除了政府发给的行月粮食外,还通过贩卖漕船夹带的一些土特产来获得。后来运军为多装载商货,私自将漕船加长,承载量达到3 000石,超载的漕船只能勉强通过运河闸座,并且经常因超重而搁浅漂流。

运河上装饰最为豪华、制作最为精美的船只,是专门供皇家使用的大黄船和小黄船,这些皇家船只用作皇帝出巡或者到南方征购皇宫御用的物品,如瓷器、海鲜、珍珠等。大黄船运载量在400料左右,小黄船100～200料(1料约合60千克)。皇家用船中还有一类是速度较快的快马船,既可作为装载进贡器物的运输船,也常常用作传递官方信息的哨船。

明清时期运河上的民船、商船、货船等民用船只不可胜计。明代官员李东阳在《重修吕梁洪记》中写道:"东南漕运岁百余万艘,使船往来无虚日,民船贾舶多不可籍数。"装载的货物纷繁复杂,既包括粮食、水果、棉花,也包括瓷器、丝绸、布匹、杂货等。南来北往的船只将汇集的南方货品、文化、人才转输到京师,又把都城发展起来的文化传播到东南各地。尤其是清代,对漕粮的需要超过历朝历代。清朝少数民族入主中原,为了巩固其统治,朝廷官吏实行汉满双轨制,故机构庞大,京师附近十多万的八旗驻军及其数十万不劳而食的家属均由朝廷供养米粮,故其需求远超过其他朝代,大大刺激了运河沿线城市的兴起与繁荣。

商船开拔后,必须在沿线各地设置的钞关交纳税收,并接受朝廷户部官员的监察,以防止食盐等违禁物品的走私。当时因商船与民船在运河上航行时常会遭受漕运军丁与钞关胥吏的勒索,所以很多船户在起航时会招揽赴任或旅行的官员坐船,以寻求庇护。官员不但不用付船费,而且还可以得到船主的银两。

每到船闸河段,民船与商船都要给朝廷的漕船、快马船等让路。到达通州后,船主可将所携带货物到岸发售,而随乘的官员则需要雇骡马或轿子前去北京。货物卖完以后,船主再采购一批北方物品,照旧寻觅一位南下的官员庇护自己。

民用船只中还有数不清的客船、驿船、花船,还有船帮组织押运的明堂船,而大小木筏和渔船的数量更多,式样也更加繁杂,正是这些数不清的船只成就了江南古运河上广博而深邃的船文化。

这种船文化,北京几乎是集大成者,那里什么都有,又似乎什么都没有。因此,京剧《游龙戏凤》中明武宗有一句台词说得很有意思。他说北京其实就是"大圈圈(外城)里的小圈圈(宫城),小圈圈里的黄圈圈(宫殿)"。武宗是个有名的浪荡子,但在乖张任性中有时倒能见出几分真性情。其实,就是这几道"圈圈",还是大运河从南方运来的。不仅如此,这些皇家园林连同京师宫城里的那些大殿子大多亦是江南"香山匠人"的手艺。香山匠人来自苏州,他们中间包括木匠、泥水匠、堆灰匠(泥塑)、雕花匠(木雕、砖雕、石雕)、叠山匠等等,就连著名的北京烤鸭也是由苏州传至京师的(确切地说,北京烤鸭中的一些特别制作方式是苏式菜肴的工艺,例如在鸭的表皮涂蜂蜜和饴糖等)。

笔行于此,让我们喘口气——这漕运也实在繁杂。了解过去是为了创造未来。无疑,水运是最廉价的运输方式,而运河则是为此服务最好的工具;运河不仅仅是一种交通载体,还在客观上巩固和维护了国家的统一。至于长江,那更是世界上最繁忙的河流。但从当下转型升级、提质增效的要求来看,我们有必要看看我国的水陆联动效率,或许有点启发:目下,以重要港口为枢纽和节点的多式联运发展显然不够,比如港口铁水联运还存在"最后一公里"的问题。2017年,我们的规模以上港口货物吞吐量24.4亿吨,通过铁路转运的货物量却只有1.13亿吨,也就是说,港口铁水的集疏运比例只占到4.6%,而发达国家基本上是30%~40%。我们的物流成本占GDP的比例达18%,比发达国家的8%要高很多。这既是我们的潜力,更是我们亟待努力改进的方向。

(二) 南水北调,江河握手

前面已述,我国水资源短缺,人均水资源量为2 163立方米,只有世界人均水平的1/4,且时空分布不均,南方水多,北方水少。黄、淮、海流域是我国水资源承载能力与经济社会发展矛盾最为突出的地区,人均水资源量只462立方米,仅为全国平均水平的21%,其中京津两市所在的海河流域人均水资源量仅为292立方米,不足全国平均水平的1/7。黄淮海流域人口密度大,大中城市多,在中国经济格局中占有重要地位。由于长期干旱缺水,这一地区有2亿多人口不同程度地存在饮水困难,不得不过度利用地表水,大量超采地下水,挤占农业及生态用水,造成地面下沉、海水入侵、生态恶化,制约了经济社会的发展。

因为缺水,当地民间曾戏说,理发店剃头不给洗头,餐馆吃饺子不让喝汤。地处渤海之滨的河北沧州市由于过量开采地下水,沧州市中心地面整体沉降已达1.68米,成为我国"成长"最快的地下水漏斗群之一。事实上,沧州的情况只不过是整个华北地区的缩影。因过量开采地下水,我国华北地区已经形成世界最大的"地下水漏斗"。专家指出,"大漏斗"不仅伴随着地面沉降、海水入侵,也预示着这一地区今后的可持续发展将会面临更大问题。长此以往,"桑田变沧海"绝非杞人忧天。

1952年毛泽东主席在视察黄河时,提出"南方水多,北方水少,如有可能,借点水来也是可以的",第一次前瞻性地提出了南水北调的宏伟设想。经过几十年的艰苦努力,在深入开展规划、设计和论证的基础上,形成了南水北调工程总体规划,提出了东、中、西三条调水线路,并反复征求社会各方面的意见和建议,工程方案日趋成熟。2002年12月23日,国务院正式批复《南水北调工程总体规划》,决定开工兴建南水北调工程。2002年12月27日,举世瞩目的南水北调工程开工典礼在北京人民大会堂和江苏省、山东省施工现场同时举行。南水北调工程建设从此拉开序幕,这也标志着千百万人翘首期盼半个多世纪的调水工程开始从设想走向现实。

根据国务院批准的《南水北调工程总体规划》,从长江上、中、下游分西线、中线、东线"三线"调水,形成与长江、黄河、淮河和海河相互联通的"四横三纵"的南水北调总体工程布局。工程建成后,将实现我国水资源南北调配、东西互济的保障目标。

江苏是南水北调东线工程的起点。东线工程在江苏省江水北调工程的基础上扩大规模并向北延伸,从长江下游扬州市江都区三江营段取水,利用京杭大运河及与其平行的新拓浚运西线河道为输水线路,连接起调蓄作用的洪泽湖、骆马湖、南四湖、东平湖4个湖泊,逐级提水北送。出东平湖后水分两路:一路向北,在山东省位山附近经隧洞穿过黄河后自流到天津;另一路向东,通过胶东地区输水干线经济南输水到烟台、威海。东线工程输水干线总长1 156千米,建设13个梯级泵站,全线最高处东平湖水位与长江水位差约40米,抽水总扬程65米。其中,江苏境内输水干线404千米,建设9个梯级泵站,扬程40米左右。一期工程抽江水规模由现有的400米^3/秒扩大到500米^3/秒,多年平均抽江水量89亿立方米,其中,新增抽江水量36亿立方米,形成向山东半岛和黄河以北各调水50米^3/秒的工程能力。东线工程的主要目标是补充沿线城市生活环境和工业用水,同时改善淮北乃至北方地区的农业和生态用水条件,还可利用调水工程设施,提高沿线易涝地区的排涝能力,提升京杭大运河的通航能力,是一项具有重要意义的伟大工程。

东线工程江苏段建设内容主要包括调水工程和治污工程两大部分,工程总投资183.8亿元左右。其中调水工程总投资124.6亿元,主要用于扩建运河线调水工程,新建运西线调水工程,新建改造18座大型泵站,扩展疏浚5条输水河道,同时,实施里下河水源调整、洪泽湖和南四湖蓄水位抬高影响处理工程,形成以运河线为主线、运西线为辅线的双线输水格局;治污工程总投资59.2亿元,结合实施淮河流域水污染治理规划,新建城市污水处理厂26座,建设扬州、淮安、宿迁、徐州等市截污导流工程,实施产业结构调整、工业污染源治理和流域综合整治项目等。通过实施治污工程,保证南水北调江苏段水质稳定达到地表水Ⅲ类的标准。

南水北调工程中,西线工程也是一项宏伟而又艰巨的工程,工程规模大,技术复杂。从国际上跨流域调水工程看,一些国家已经建成或正在兴建一批调水工程。美国已建跨流域调水工程10多个,年调水量200多亿立方米。加拿大1974年动工兴建的魁北克调水工程,设计引水流量1 590米^3/秒,投资约120亿美元。印度1961~1975年建成的比阿斯至萨特累计河调水工程,年调水量47亿立方米,灌溉土地800万亩(5 333.33平方千米)。

相比之下,中国的南水北调工程,自2002年开建以来,已使用63项新材料、新工艺,110项国内专利,创下了多项"世界之最":

一是世界规模最大的调水工程。它横穿长江、淮河、黄河、海河四大流域,涉及十多个省、自治区、直辖市,输水线路长,穿越河流多,工程涉及面广,效益巨大,是一项十分复杂的巨型水利工程。

二是世界上供水规模最大的调水工程。工程规划最终年调水量448亿立方米。其中,东线148亿立方米,中线130亿立方米,西线170亿立方米。三线供水区域控制面积达145万平方千米,约占中国国土陆地面积的15%。

三是世界距离最长的调水工程。规划的东、中、西线干线,总长度达4 350千米。其中东、中线一期工程干线总长为2 899千米,沿线六省市一级配套支渠约2 700千米,总长度达5 599千米。

四是世界上受益人口最多的调水工程。供水规划区人口超过4亿人。仅东、中线一期工程直接供水的县级以上城市就有253个,直接受益人口达1.1亿人,间接受益

2亿人。

这一重大战略性基础工程,可谓"水利大全"。因为几乎所有类型的水利工程,在这里都能找得到。这项水利"巨无霸"的规模及难度,在国内外均无先例。据国务院南水北调办公室介绍,这项巨型工程共有2 700多个单位工程,不仅有常规的水库、渠道、水闸,还有许多的大流量泵站,超长、超大洞径过水隧洞,超大渡槽、暗涵等,是一个十分复杂的巨型水利工程项目的集群。

由于线路长、规模大,南水北调总工程量比三峡工程的工程量还要大。在十多年建设中,建设者们以坚韧意志和辛勤汗水创造了世界上诸多奇迹。例如,世界上规模最大的泵站群——东线工程泵站群;世界上规模最大的U形输水渡槽工程——中线湍河渡槽工程;国内穿越大江大河最大的输水隧洞——中线穿黄河隧洞工程等等。

中线工程输水干渠从汉江之上的丹江口水库陶岔渠首引水,经河南、河北,一直流至北京、天津,渠道总长度达1 432千米。为修建这条"人工河",渠道建设须穿越众多河渠、公路、铁路和桥梁,路况极其复杂。其中,工程难度最大、施工最复杂的,莫过于中线穿黄工程。黄河是长江水北上的天堑。在河南省郑州市以西约30千米的孤柏嘴,建设者们用了8年时间,冒着高水压的风险,在30多米深的地下,打通了两条直径7米、长4 000多米的隧洞,最终让江水从滚滚黄河之下穿过,开创了我国水利水电工程水底隧洞长距离软土施工的新纪录。

更可贵的是,在调水源头与途中,为保证调水水质安全,各地付出了很大代价:一是关闭了数千家企业。二是工程所在地的数十万居民为调水被迫离开家园。这是继三峡工程之后,中国规模最大的水库移民"大迁徙",在世界水利史上是几无前例的。

积力所举无不胜,众智所为无不成。如今,南水北调工程的建设已让江河"握手",纵横联合,在中华大地编织着"四横三纵"、南北调配、东西构筑的中华大水网。

经过50年规划论证、10多年建设,2013年11月15日,南水北调江苏东线一期工程最先通水(见图6-14)。目前,东线工程已经完成四个调水年度的通水任务,中线工程连续三年不间断地供水,经受住了严寒、洪水等严峻考验,表明了南水北调工程的质量是可靠的,运行是安全的。

五年多来,南水北调东线一期工程通过大运河连接起江苏、安徽、山东三省,实现了稳定调水,做到了旱能保,涝能排。还在建设中完善了江苏省原有江水北调工程体系,增强了受水区的供水保障能力,提高了扬州、淮安、徐州等7市50个区县共计

图6-14 南水北调东线一期工程示意图

4 500多万亩农田的灌溉保证率。特别是山东省骨干水利工程与南水北调配套工程形成互联互通的T型水网体系，实现了长江水、黄河水、本地水的联合调度、优化配置。

五年多来，南水北调中线累计已输水200亿立方米，为河南、河北、北京、天津调来了生命水，缓解了水资源短缺的紧张局面：已带动北京市形成一纵一环水网工程，连通了地表水、外调水、地下水和各大水厂，形成三水联调、环向输水、放射供水、高效用水的首都供水安全保障格局；天津市形成了引江引滦相互连接、联合调度、互为补充、统筹运用的城市供水体系，形成了一横一纵、引滦引江双水源保障的新供水格局；河南省依托南水北调构建了长约1 000千米蓝色大动脉，纵贯南北，连接起一纵四横的水网体系。

2014年7月，河南省平顶山市遭严重旱灾，用于城市居民供水的白龟山水库见底。危急时刻，中线工程紧急抗旱调水，时任平顶山市委书记的陈建生感叹："南水北调送来救命水啊！"

2018年4～6月，南水北调中线还完成了首次生态补水。经过补水，生态效益凸显。沿线白河、清河、澧河、滹沱河等30条河流得到生态水，河湖、湿地及白洋淀水面面积明显扩大，区域水环境大幅改善，地下水位不同程度回升，受水河流焕发出新的生机。

通过补充生态水，河南许昌北海、鹿鸣湖等河湖水系以及郑州市补水河道水质大幅提升；安阳市水质较差的安阳河、汤河，水质大为改善，由补水前的Ⅳ类、Ⅴ类水质提升为Ⅲ类。同时，提高了沿线群众的爱水、惜水意识。

如今的北京，每天有近100万立方米长江水经过9级泵站到达密云水库，湿地复苏皆绿妆，菱叶浮水见鱼翔，首都的"大水盆"18年来水最多，蓄水量突破22亿立方米。在天津，14个行政区居民都已喝上南水，从单一"引滦"水源变双水源保障，供水保证率大大提高。南水置换地下水，天津地下水水位回升17厘米以上，改变了农业、环境用水"靠天吃饭"的局面；在河南，郑州、新乡、焦作、安阳、周口等11个省辖市全部通水，1 800万人喝上南水，夏季用水高峰期群众再不用半夜接水了；在河北，石家庄、廊坊、保定、沧州等7个城市1 510万人受益，特别是黑龙港地区的400万人告别了高氟水、苦咸水，居民幸福指数明显提升。

目下，东线一期工程通水已累计调入山东境内水量逾20亿立方米，输水水质经环保部监测，全部达到地表水Ⅲ类水标准，山东省受益人口超过4 000万人，极大缓解了胶东半岛等地水资源短缺状况。拧开水龙头，汩汩流出的是千里之外的长江水，清澈而甘甜。看似寻常最奇崛，成如容易却艰辛。

可见，南水北调工程是实现国家水资源"空间均衡"的战略措施，可望改变华北地区长期饮用高氟水、苦咸水和其他含有害物质地下水的状况，改善黄淮海平原地区不断恶化的生态环境，对于推进京津冀协同发展国家重大战略和促进区域生态文明建设具有重要的基础性作用。改革开放如春风化雨，改变了中国，也影响了世界。

作为南水北调东线工程源头地区的江苏省，兑现了"一江清水向北流"的承诺，成就了江苏段工程如诗如画的梦想。如今，提水泵站拔地而起，调蓄湖泊焕然一新，两条输水干线竣工验收,实现了"工程率先建成通水,水质率先稳定达标"的宏伟目标(见图6-15)。

图6-15 南水北调东线源头——江都水利枢纽
图片来源:扬州市江都区委党史办公室

"五星红旗迎风飘扬,胜利歌声多么响亮;歌唱我们亲爱的祖国,从今走向繁荣富强……"这首凝聚着爱国之情、爱党之心和民族之魂的时代金曲——《歌唱祖国》传遍神州大地,成为亿万人民久唱不衰的音乐经典。它的作者就是江苏无锡荡口镇人——著名作曲家王莘(1918—2007),原名王莘耕。1951年10月29日,在全国政协会议上,毛主席得知列席会议的王莘就是《歌唱祖国》的作者时说:这首歌好!还特地将刚刚出版的《毛泽东选集》送给王莘,并为他亲笔签名。此时此刻,也请不要忘记曾联松(1917—1999,浙江滨海小城瑞安人),他是摘下星星献母亲的国旗图案设计者,一生简朴、甘守清贫。

"五星红旗迎风飘扬!"这是新中国的浩荡春风,是改革开放释放的强大活力,让中华大地焕发出前所未有的生命力,有力地证明了中国特色社会主义道路一定会越走越宽广。

水利万物,文以化人。至2018年9月,南水北调东中线一期工程累计调水达200亿立方米,直接受益人口超过1亿人。还支撑了调水沿线和水源区绿色发展、改善并修复了区域生态环境。据测算,东中线受水城市每年增加工农业产值近千亿元。这是爱和爱的相遇,生命与生命的共鸣。

计利当计天下利,伟大始终无尽头。一方面,只要全国"一盘棋",有效管理稀缺的水资源,不仅可以减缓水危机蔓延,还能造福四方。另一方面,更需要我们使用传统的与现代创新型科技治污与节水。

江海有声,山河无量。路漫漫其修远兮,吾将上下而求索。人类尚未化解水危机,现有的工程技术手段并不能完全解决人类面临的水问题;又由于水具有自然和社会的双重属性,所以社会科学必须加入水问题研究。"大道之行也,天下为公",和平、发展、公平、正义、民主、自由,是全人类的共同价值,也是联合国的崇高目标。和平、发展、进步的阳光足以穿透战争、贫穷、落后的阴霾,2008年金融危机动摇了世界对美国和西方经济能力的认同,这是中国走向世界的开始,也进一步印证了1857年5月马克思恩格斯的英明预见:随着中国革命的深入,"过不了多少年,我们就会看到世界上最古老的帝国做垂死的挣扎,同时我们也会看到整个亚洲新纪元的曙光"[1]。"那时,太平洋就会像大西洋在现代,地中海在古代和中世纪一样,起着伟大的世界水路交通线的作用;而大西洋的地位将要下降,而像现在的地中海那样只起一个内海的作用"[2]。目下,中国已经走向新时代,实现了从站起来、富起来到强起来的历史性飞跃,扬起了奋进的风帆。

今日中国所取得的辉煌成就与在全球经济中的重要地位,既来自过去40年的改革开放,也离不开改革开放之前30年的探索。迄今为止,中国在各个领域发展创造的奇迹,已经在不断打破"休谟预言";随着中国经济跨过刘易斯转折点,中国不仅改变了自身面貌,也改变了世界经济的格局。可以说,中国作为世界经济的发动机和稳定器,促成了世界百年未有之大变局。当下,改革开放越是深入,"帕累托改进"的空间越小,可能遇到的既得利益阻碍越多。这些都要求我们必须坚持以人民为中心的发展思想,把共享发展理念更好地体现在进一步改革开放发展的全过程。

一日阅尽五千年,沧海桑田几变迁。茫茫九派流中国,云水浩渺万里程。让新鲜的"琼浆玉液"流入亿万民众的心田,让"天下"情怀照亮霞光万道的征程。

---

[1]《马克思恩格斯选集》,第2卷,人民出版社,1972年5月,第21-22页。
[2]《马克思恩格斯全集》,第10卷,人民出版社,1998年3月,第276页。

第七章

壶中天地的奇观意境

哲学家伯特兰·罗素 1920 年来到了中国,回国之后,1922 年写了《中国问题》一书,他在书中说:"中国人摸索出的生活方式已沿袭数千年,若能被全世界采纳,地球上肯定会比现在有更多的欢乐祥和。然而欧洲人的人生观却推崇竞争、开发、永无平静、永不知足以及破坏,导向破坏的效率最终只能带来毁灭,而我们文明正在走向这一结局。若不借鉴一向被我们轻视的东方智慧,我们的文明就没有指望了!"[1]罗素所说的"东方智慧"就是中国"天人合一"的哲学思想。

他在该书中还说道:"典型的中国人则享受自然环境之美。这个差别就是中国人和英语国家的人大相径庭的深层原因。"[2]以苏州园林为代表的中国园林,是承载展示这一"东方智慧"的最直观的载体:人们追求"外适内和"精神和物质的双重享受,既"取天地之美以养其身",或将"江山昔游,敛之丘园之内","虽由人作,宛自天开"——清泉汩汩,渊渟澄澈,复树亭于潭上,自适其适,陶然忘机,养其天倪,这就是苏州园林的奇观。诚如景园建筑学家西蒙德所指出:"在西方,人与环境间的感应是抽象的,在东方,人与环境间的关系是具体的、直接的,是以彼此之间的关系作基础的。西方人对自然作战,东方人以自身适应自然,并以自然适应自身。"[3]故而大江南北、大洋彼岸、世界各地,每年数千万游客来到百园之城苏州欣赏苏州园林。苏州园林被誉为"世界上独一无二"——中国古代重要发明创造 88 项之一。

在所有关心中国历史文化的人看来,苏州园林既是苏州的,也是中国的,还是世界的。苏州园林既是过去的,也是今天的,还是未来的。散文家曹聚仁先生在《吴侬软语说苏州》中写道:"有人说苏州才是古老东方的典型,东方文化,当于园林求之!"

---

[1] [英]伯特兰·罗素著,秦悦译,《中国问题》,学林出版社,1996 年 12 月,第 7-8 页。
[2] [英]伯特兰·罗素著,秦悦译,《中国问题》,学林出版社,1996 年 12 月,第 159-160 页。
[3] [美]西蒙德著,王济昌译,《景园建筑学》,台隆书店,1982 年 9 月,第 13 页。

一、春秋西湖　吴王苑囿

苏州古城在世界上算不上最老,比如罗马帝国时期"亚洲第一个和最大的城市"土耳其的以弗所,这座著名的城市传说是公元前10世纪由希腊人建立起来的,被称为世界七大奇迹之一。翻开《圣经》,以弗所这个地名频繁出现,因为这里曾是基督教早期的中心,耶稣门徒保罗曾站在那里布过道,圣母玛利亚即终老于此,古希腊著名诗人荷马就出生在那里。如今的以弗所常被人称为土耳其的庞贝。但公元6世纪,因港口被爱琴海的泥沙淤积,以弗所逐渐没落。如今站在残存的古城遗址上,还能依稀感受到它昔日的光辉——倒下的墙、折断的柱、破损的雕像、坚固的石头、流浪的猫……而苏州古城是幸运的,2 500多年来基本格局始终未变。尽管两地所处的地理环境雷同(以弗所古城离爱琴海很近,大道的尽头就是一个湖泊港口,通过运河与大海相连;而苏州依江临海,湖泊众多,又有京杭大运河贯通南北),底蕴都是风水宝地、热门的旅游胜地,可一个是活生生的,一个已成千古。苏州水丰草美,地产丰富,为人类的繁衍生息奠定了基础;她揽流水之秀,得人文之胜,在四方文明的交流与碰撞中,文化沉淀很深,古典园林作为一种文化的载体,其物阜民丰正是其谜底。

(一) 物阜民丰的物质基础,历史文化积淀的厚实底蕴

历史的镜子绝不是平的,只有足够的深邃,才能照清历史的真貌。中国现代历史学家钱穆将人类文化分为三种:农耕文化、游牧文化和海洋文化。远古以来,吴中大地的地理位置决定了它以农耕文化为主兼有海洋文化,得到了大自然的格外恩泽。1844年,马克思就曾深刻地指出,自然界生成为人,"没有自然界,没有感性的外部世界,工人就什么也不能创造","人靠自然界生活","人是自然界的一部分"。[1] 在"人与自然"这个有机整体中,人是自然这个大系统中所生成的一个子系统,自然界是人类须臾不能离开的生存环境,加之上古与中古时期苏州偏安一隅,与北方中原地区相比,战争稀少,生态环境好,天时地利人和,能不称谓"人间天堂"才怪呢。

1. 物阜民丰的自然环境造就了创建园林的物质基础

江南地区悠久的历史在第一章中已做了表述。早在一万多年前的旧石器时代,太湖中的三山岛上就有了人类活动。到距今8 000年,已经进入了新石器时代。因地处北纬30°一带,气候暖和,海平面相对稳定,这里的"马家浜文化"得到了迅速的发展。水稻的种植、家畜的驯养,也自此开始。定居生活促进了建筑的发展,出现了以矩形平面为主、间有圆形平面的住宅,墙中用木柱,外包泥墙,并经烧烤硬化,以提高其防雨的性能。许多木构件已普遍采用榫卯技术,屋顶由芦苇、竹席和草束构成。此外,还有不少防潮、排水

---

[1]《马克思恩格斯全集》,第42卷,人民出版社,1979年9月,第92—95页。

措施。大约从距今 6 000 年起,继马家浜文化之后出现了崧泽文化、良渚文化,成为太湖流域新石器文化的鼎盛时期。尤其是位于苏州唯亭镇阳澄湖南岸的草鞋山遗址,距今约 7 000~6 000 年,具有 10 个堆积层,总面积达 4 万多平方米,比以弗所古城还大,清理出新石器时代的居住遗迹 11 个灰坑(窖穴)和 206 座墓葬,出土了陶、石、骨、玉等质料的生产与生活用具、装饰品等共 1 100 多件。其中包括玉琮、玉璧、镂孔壶、四足兽形器、陶器等珍贵文物及 6 000 年前的水田、炭化稻谷、炭化纺织品残片等,它与陈州(又名陈湖、沉湖、澄湖,距今 6 000~800 年)遗址相连,很可能就是一个酋邦古国——充足的水源,肥沃的土地,御牛耕地,烧火做饭,纺纱织布,形成了一幅完整的历史长卷,这在全国是鲜见的,证明那时的苏州就有了一定的生产力和较高的手工艺水平。

公元前 11 世纪,周部落首领古公亶父长子泰伯出奔先吴地区,建立国号勾吴。泰伯"经国济民",并形成了南北经济与文化交流渠道,至此,吴地日渐兴旺,成为世外桃源。

① 发达的商贸经济

自寿梦称王后,至阖闾、夫差已进入了世界轴心时期的"强吴时代"。不论是秦始皇还是司马迁到苏州见到宏伟的苏州"阖闾大城",无不赞叹。先秦时期,苏州先进的农耕文明,稻作、冶金、蚕桑、织布等已经成为经济的支柱。两汉以后,北方战乱多发,迫使大量人口南迁,从西晋末年开始经济重心逐渐南移,苏州成为江南经济的重镇。特别是进入隋唐以后,大运河的开通,漕运的发展,使苏州经济突飞猛进,成为江南唯一的雄州。

从唐宋时代起,苏州已成为全国最富饶的产粮区,民间流传,"苏松熟,天下足"。"苏",是苏州;"松",是指松江府。无疑,苏州是全国的粮食输出地,从苏州阊门到枫桥十里余,出现了全国最大的粮食交易市场和漕粮转运中心。江南的粮食源源不断地运往开封、洛阳直至长安城,走的都是隋炀帝开挖的江南运河。公元 1 000 年初,经江南运河运入京城的漕粮曾达到创纪录的 800 万石,比明清两朝的大致 400 万石漕粮居然翻了一番。所以写"月落乌啼"的大诗人张继在寒山寺边看到的恐怕未必是江枫的渔火,或许就是粮食"倒爷"们深夜盘账的灯火。由于社会总供给量不断增加,到宋朝时全国人口总数已跃上了 1 亿的新台阶,但河北省人口则从东汉的 638 万降至南宋的 466 万(葛剑雄《中国人口史》)。其原因主要是南宋时的战乱及天气的一度转冷。

随着北方外来人口的不断涌入,"苏松熟,天下足"变为了"苏湖熟,天下足"。不过,苏州与湖州大运河是相通的,有时忙不过来,漕运驳船就走太湖了。苏州枫桥,大运河边,依然一片繁忙景象。从枫桥运出去的不仅仅是米、豆、麦子之类的果腹之物,还包括棉花、布匹等经济作物及日用百货。别小看了枫桥,有时它运作的是一个国家的命运,其支撑点是数千里长的大运河上数不清的码头和船队。

根据英国著名学者伊懋可与李伯重教授的研究,至明朝晚期,中国江南地区已经出现了早期的工业化和市场经济,苏州亦已成为商业贸易中心。显著的经济地位,提升了苏州的级别。在行政建制上,明代的苏州具有直辖市的身份,它直属中书省(相当于宰相府或国务院)管理,朱元璋撤销中书省后,又直隶六部管理,城市的级别是很高的。到了清朝,苏州的地位愈加重要,它是江苏巡抚衙门的所在地,也就是江苏的省会。雍正时期,苏州市政当局再次扩容,由二县治一城变为三县治一城,这是大清朝十九个布政司从来没有的。皇帝看中的是苏州的银子和口袋里的粮。

那时苏州的粮食、棉布、丝绸、食盐等充溢四方。城西阊门外的生意十分红火,既面向全国,又通过海上丝绸之路面向世界,成了"一二等富贵风流之地"(见图7-1),还出现了一个与皇帝比宝的大财主沈万三。

图7-1　20世纪30年代苏州阊门城外运河万人码头
图片来源:《苏州日报》

衣食足而后知荣辱,口袋里有了钱就想"乐活"了。苏州园林由此而生,因时而成。

② 盛产良材

一是有繁茂的植物。苏州系亚热带季风气候,四季分明,雨水充沛,温和湿润,具备众多植物良好的生存环境。古城西南,丘陵连绵,属天目山余脉,吴山点点,山清水秀,生长着各类植物,既有遮阳造景的高大乔木,又有适于铺地的藤本花草。文震亨《长物志》列举了园林常用植物四十七种,有牡丹、芍药、海棠、玉兰、蔷薇、木香、玫瑰、紫堇、石榴、芙蓉、茉莉、杜鹃、夜合、玉簪、金钱、萱花等,可谓奇花异草样样有,四季花开飘香,岁岁姹紫嫣红。

二是有"百石之祖"的山石。苏州盛产名扬天下的"三石"(金山石、太湖石与澄泥石)。苏州西部山区是4亿多年前(泥盆纪)地壳上升、扬子古海退去转为陆地的,岩石致密坚硬,厚度大于1 600米,这也许是苏州地区历史上没有大地震的重要原因之一。苏州的"三石"垒起了石文化——出人意表、具象与意象的顽石风流,寓意着人生命的风流。

金山石——据《吴县志》载:"金山在天平东南,初为茶坞山,晋宋年间,凿石得金易今名,山高五十余丈,多美石……"自晋代起,金山就开始采矿,现在天池山寂鉴寺还保留有元代用金山石构筑的石屋,上海滩上的很多著名建筑都是金山石装饰而成,南京中山陵的陵门、墓室、碑亭、牌坊和240多级台阶用了上万立方米的金山石。毛主席纪念馆更用了大量的金山石。金山石与其他花岗岩石不同,金山石特别耐磨、耐腐蚀,并且热胀冷缩程度很小。太湖古建工程师、苏州修桥第一人殷林男说,苏州的老房子都用金山石,它密实度高,颗粒细,因此抗压性特别强。石匠都知道,金山石一剁斧下去,切出来的线条非常清晰,其中"左右开弓""断柱接柱""狮子含球"等绝活唯有它管用,具有很高的艺术价值。从明代后期起,苏州园林大量采用花岗石,如清康熙时宋荦所构沧浪亭、网师园梯云室外月台,均用花岗石建成。

太湖石——在玩石头的人看来,太湖石乃是观赏石的祖宗,尤以出自苏州太湖的水生太湖石为正宗。宋代《云林石谱》记载:"平江府太湖石产洞庭水中。"南宋诗人范成大在《太湖石志》中说:太湖石"石出西洞庭,多因波涛、激啮而为嵌空……"苏州地学专家蒯元林指出,石灰岩易为水溶,而位于临岸近水面处的石灰岩,最易受到波浪冲击,形成孔洞,这就是珍品太湖石"漏、透、瘦、皱"等经典特征的来历。晋梁时代文人雅士寄情山水,催生了叠造假山的赏石文化。太湖石更因"花石纲"而名扬四海,奠定了其"百石之祖"不可撼动的地位。史料记载,宋徽宗赵佶酷爱花石,任命权相蔡京在江南索求奇花异石,夜以继日地运往东京开封。

太湖石是中国园林中的抽象雕塑,凝聚着石文化的艺术精髓,观赏者通过天然的纹理和褶皱,站在不同的角度,可以引发无限的艺术想象力,它为人们"顺应自然"的生活方式提供了广阔的空间与实践基础。西方人的雕塑,多是与宗教有关人的形象,那能比得上中国石文化——追求内在真实体验的文雅哲思。

澄泥石——清初徐崧、张大纯在《百城烟水》一书中记载:"(吴县)灵岩山,去城西三十里,馆娃宫遗址在焉。……西产砚石,即蠖村石,一名砚石山。"在苏州匠人看来,它是一种太湖地区特有的泥岩,是由泥巴及黏土固化而成的沉积岩,矿物成分复杂,主要由黏土矿物(如水云母、高岭石、蒙脱石等)组成。所制砚台有发墨快、不渗水、久贮不涸的优点,早在1700年前,人们就在苏州城西善人桥一带发现了龙潭组海相段泥岩,于是因材施艺,采石作砚。

此外,苏州城北还有久负盛名的陆慕(墓)"金砖"(细腻坚硬,"敲之有声,断之无孔"的青砖。因明永乐年间,成祖朱棣迁都北京,大兴土木,大量采用陆墓青砖,作墁地之用,因此陆墓青砖被称为"京砖",又讹称"金砖")。今北京故宫太和殿、中和殿、保和殿、天坛祈年殿以及定陵等处,铺墁的都是它。它把雄伟的宫殿衬托得更加壮丽,把古典园林与豪宅古居装点得更加富丽舒适,是集实用和美观于一体的特优产品。20世纪80年代末,北京故宫大修"三大殿",内外地面采用御窑金砖18万块。2003年北京天安门修缮,采用御窑金砖1.5万多块。它还漂洋过海远销美国、加拿大、澳大利亚、新加坡、日本等国家和地区,饮誉天下。明末造园家计成在《园冶·铺地》中记道:"诸砖砌地:屋内,或磨,扁铺庭下,宜仄砌。方胜、叠胜、步步胜者,故之常套也。今之人字、席纹、斗纹,量砖长短合宜可也。"至今仍在园林建设中广泛使用。

富裕的生活,使苏州人注重"乐活",其中包括家居生活的艺术化,造园活动因此而成为苏州的一种风气。在徐扬所绘《盛世滋生图》上，全卷有历史名园三处，而散落民居中叠峰筑亭，构筑精致、繁花似锦、布置得宜的小庭院，则不计其数。

2. 历史文化积淀的厚实底蕴

苏州数千年的人文奇观，已经在前文中有所展现。以苏州园林而论，其造园主人、文人、匠人皆"聪慧好古，亦善仿古法为之"，加之吴人的集体智慧，方有今天苏州园林之艺术杰作传世。

① 园主。苏州园林的主人，大都是科举出身的官宦，有较高的文化修养，有的工诗擅文，有的能书善画，有的本人就是闻名于史的诗家、画家、书家，如吴宽、王鏊、申时行、王献臣、徐泰时等。他们中有的出仕前家中已有园亭之胜，深受园林气氛熏陶；有的致仕后再构筑园林，以颐养天年。他们大都具有一定的经济实力，在仕途中受挫后，"鸟囚不忘飞，马系常念驰"，造园时又往往得到文人的协助，故所造园林往往是文献中的名园。例如：

吴宽与东庄。东庄在葑门内，最早是五代时吴越国广陵王钱元璙子钱文奉的庄园，后废为民居。吴宽父吴孟融购地修葺别业，仍名东庄。吴宽状元及第后，仍"岁拓时葺，谨其封浚"。李东阳为之作《东庄记》。沈周时常客寓东庄，赋诗极多，其中一首曰："东庄水木有清辉，地静人闲与世违。瓜圃熟时供路渴，稻畦收后问邻饥。城头日出啼鸦散，堂上春深乳燕飞。更羡贤郎今玉署，恩封早晚著朝衣。"又画《东庄图册》，共二十一开，今藏南京博物院。

王鏊与怡老园。怡老园在今苏州古城内学士街，建于明正德初。时王鏊官文渊阁大学士，因不满宦官刘瑾独擅朝政，于正德四年（1509年）致仕回乡，其子延哲遂在升平桥建园娱亲。王鏊常与沈周、吴宽、杨循吉、祝允明、王宠、陆粲、唐寅等在园中诗文唱酬，在园中居住十四年。后园日渐衰落，崇祯十七年（1644年）文震亨撰《王文恪公怡老园记》，有曰："当时如所谓清荫看竹、玄修芳草、撷芬笑春、抚松采霞、阆风水云诸胜，或仅存其名，或不没其迹，或稍葺其敝，而终不敢有所更置恢拓。"

申时行与申氏诸园。申时行乃嘉靖四十一年（1562年）状元，官至礼部尚书兼文渊阁大学士，为相九年，政务宽平，人称"太平宰相"。万历年间在苏州建宅园八处，分别题名为金、石、丝、竹、匏、土、革、木，庭前皆栽种白皮松，阶级皆用青石。又有适适圃（或为八宅园之一），园中有宝纶堂、赐闲堂、鉴曲亭、招隐榭诸胜。

文震孟和药圃。文震孟是文徵明曾孙，天启二年（1622年）状元，曾任礼部左侍郎、东阁大学士，刚方贞介，敢于直谏，与阉党魏忠贤抗衡。少时家有园，即嘉靖进士袁祖庚所筑醉颖堂。文氏得园后，易名药圃，药即白芷，乃是香草的一种，文震孟还刻了一方"药圃逸史"的印章，表明他对高逸操守的追求。药圃之内，房栊窈窕，林木交映，辽阔旷达，充溢野趣，故崇祯《吴县志》称"为西城最胜"。

② 文人。苏州造园历史达千年之久，在造园活动中上述已显露出得到文人的指点，甚至为整体布局或局部景观提出具体的意见。由此也造就了一批造园理论家，其代表人

物有文徵明、文震亨、计成等。

文徵明，是个全才，诗书字画俱擅，尤以画名为天下所知，为"明四家"之一。他长年居住其父所置停云馆，曾绘《停云馆图册》，自北京归来后，又增筑玉磬山房。他擅长园林的设计，据《苏州市志·园林名胜》载，徐氏紫芝园初筑时，"文徵明、仇十洲为紫芝园布画藻绘"。在王献臣建拙政园的过程中，他就参与了造园设计，自正德七年（1512年）至嘉靖三十七年（1558年），先后五次绘写园景，有的是写实，有的就是置景的样稿，今存《拙政园图》作于嘉靖十二年（1533年），为绢本大册，有若墅堂、梦隐楼、倚玉轩、小飞虹、芙蓉隈、小沧浪、志清处、意远台、待霜亭、听松风处、得真亭、湘筠坞、槐雨亭、芭蕉槛、嘉实亭等三十一景，《莲子居词话》称"设色细谨，笔法纵横变化，极经营惨淡而出之"。每景系以一诗，每诗系以一序。同年，文徵明并作《王氏拙政园记》，记景观布局外，并记园主故实。

文震亨，文徵明曾孙，文震孟弟，一生雅好林泉。其时造园技艺已经成熟，他做过造园、改园的事，他改造的香草垞，时人称为"水木清华，房栊窈窕，阛阓中称名胜地"。他建造的碧浪园，"位置清洁，人在画图"。他对园林的最大贡献是他所写的《长物志》，该书详细阐述了园林的设计原则、陈设规范、使用要素等，是一部经典的明代文人园林的艺术总结。《长物志》成稿之初，就受到推崇，沈春泽在《长物志·序》中写道："夫标榜林壑，品题酒茗，收藏位置图史、杯铛之属，于世为闲事，于身为长物，而品人者，于此观韵焉，才与情焉，何也？挹古今清华美妙之气于耳目之前，供我呼吸；罗天地琐杂碎细之物于几席之上，听我指挥；挟日用寒不可衣、饥不可食之器，尊逾拱璧，享轻千金，以寄我之慷慨不平，非有真韵、真才与真情以胜之，其调弗同也。"这段话言简意赅地说出了苏州园林的真谛，园林不仅是个休憩场所、艺术环境，园林更是主人高逸品位的显现，只有对自然、艺术具有真韵真才真情者，才能真正享有园林。

计成，字无否，晚明苏州吴江人。少年时代即以善画山水而知名，好蓄奇石，尤能以画意筑园，誉之者谓与荆关绘事无异。崇祯间，为吴又予造园于晋陵，又为汪士衡筑园于銮江，复为郑元勋作影园。但他在园林艺术史上的最大贡献，是他写的《园冶》三卷，于相地、装折、门窗、铺地、掇山等，发前人所未发，很有独到之见，是他毕生造园经验的总结。阮大铖对他十分欣赏，在《园冶·冶叙》里说："无否人最质直，臆绝灵奇，侬气客习，对之而尽。所为诗画，甚如其人，宜乎元甫深嗜之"，其诗如"秋兰吐芳、意莹调逸"。

③ 匠人。他们是园林的构造者，有的是叠山家，有的是建筑师，在苏州留下了一批园林杰作，叠山家的代表人物有周秉忠、张南阳、戈裕良，建筑师的代表人物有蒯祥、姚承祖等。

周秉忠，明万历时苏州人。天资聪颖，精通绘画，笔墨苍秀。他擅长造园，疏泉叠石，尤能匠心独运。徐泰时营造东园（今留园），即邀他堆叠"高三丈，阔可二十丈，玲珑峭削，如一幅山水横披画"（袁宏道《园亭纪略》）的大型假山；江盈科也说，东园假山"叠怪石作普陀天台诸峰峦状"（《后乐堂记》）。苏州另一处假山精品洽隐园（即惠荫园）内小林屋洞也是周秉忠的作品，韩是升《小林屋记》称其"台榭池石皆周丹泉布画"。

张南阳,明末上海人。其父亲是位画家,他从小耳濡目染,在画画上很有天分。后以绘画手法试叠假山,能因地制宜,用不多的山石叠成万山重叠的气势。潘允端扩建家宅豫园,聘请他担任设计和叠山。他还设计营建了上海日涉园、太仓弇园,他是当时的叠山名家,对后世影响很大,刘敦桢在《苏州古典园林》中说,耦园假山"不论绝壁、蹬道、峡谷、叠石,手法自然逼真,石块大小相间,有凹有凸,横直斜互相错综,而以横势为主,犹如黄石自然剥裂的纹理,和明嘉靖年间张南阳所叠上海豫园黄石假山几无差别"。

戈裕良(1764—1830),常州人。他擅长用大小石块钩带联络如造环桥法来堆叠假山,可以千年不坏。他的叠山原则是"要如真山洞壑一般,然后方称能事",他的作品有仪征朴园、江宁五松园、虎丘一榭园、环秀山庄等,常熟蒋氏燕谷园的假山至今尚存,可见其风格。

蒯祥,明吴县人。其父亲蒯富,有高超的技艺,被明王朝选入京师为总管建筑皇宫的"木工首"。他自幼随父学艺,"初授职营缮,仕至工部左侍郎,能主大营缮。永乐十五年建北京宫殿;正统中重作三殿,及文武诸司;天顺末所作之裕陵;皆其营度。凡殿阁楼榭,以至回廊曲宇,随手图之,无不中上意者。能以两手握笔画双龙,合之如一。每修缮,持尺准度,若不经意;既造成,不失厘毫。宪宗时,年八十余犹执技供奉,上每以'蒯鲁班'呼之。既卒,子孙世其业"(朱启钤《哲匠录》)。蒯祥技艺高超,除宫殿外,还建造了北京西苑(今北海、中南海)等处的园林建筑。

姚承祖,苏州吴县胥口香山墅里村人,近代"香山帮"建筑大师,被誉为"江南耆匠""一代宗师"。出身营造世家,祖父姚灿庭著有《梓业遗书》五卷。11岁时随叔父姚开盛在苏州习木作,后在城内开设姚开泰营造厂,从事营造。一生设计建筑的厅堂馆所、亭台楼阁、寺院庙宇不下千余,灵岩山寺大雄宝殿、光福香雪海梅花亭、怡园藕香榭、木渎严家花园等著名建筑均出自其手。著有《营造法原》。

④ 劳动人民的集体智慧。吴地人善思,手艺本生活。高手在民间,人民是英雄。苏州美轮美奂、光彩照人的园林凝聚了广大劳动人民的集体智慧和血汗,不论是吴王的皇室园林还是士大夫的私家园林都汇聚了民间的绝技,并消耗了民间大量的物力、财力和民力。《吴越春秋》云:"行路之人,道死巷哭,不绝嗟嚱之声,民疲士苦,人不聊生。"不免使人想起了《红楼梦》中的几句话:莫失莫忘,仙寿恒昌;不离不弃,芳龄永继。这是一句到底的公道话。

(二) 春秋时的"西湖",源远流长的吴王苑囿

苏州与游牧文化不同,在长期的农耕文明中,人们养成了一种"自给自在"的生活方式。钱穆先生指出:"农耕可以自给,无事外求,并必继续一地,反复不舍",希望过恬淡、安闲、自在的生活,"日出而作,日入而息",春耕夏耘秋收冬藏,对天地自然界有着深厚的感情,人们徜徉在自建成趣的园林中,采菊东篱下,悠然见南山,涵泳、品味人生。1773年,德国温泽尔称中国是"一切造园艺术的模范"。玛丽安娜·鲍榭蒂宣称,世界上所有风景园林的精神之源在中国。我国近代造园理论研究的开拓者童寯先生在抗日战争前遍访江南名园,进行实

地考察和测绘摄影,他说:"吾国凡有富宦大贾文人之地,殆皆私家园林之所荟萃,而其多半精华,实聚于江南一隅。"又总结道,"江南园林,论质论量,今日无出苏州之右者"。它重在养心,正如联合国教科文组织的专家哈利姆所说:"诗一般的境界","好像在梦中一样!"今天,苏州拙政园、留园、网师园、环秀山庄、沧浪亭、狮子林、艺圃、耦园、退思园等九座园林已列入世界文化遗产名录,成为世界艺术宝库中的瑰宝、全人类的宝贵财富。东西方园林美的呈现虽有不同,但相同的都是人类致力营造心目中的人间天堂。

中国的园林,其风格大致分为两类:一类为皇家园林,其风格以气势宏大见长,如北京的圆明园,这是康熙帝亲自提笔命名的。为什么叫圆明园?园子的第一位主人有个解释,说"圆明"二字的含义是:"圆而入神,君子之时中也;明而普照,达人之睿智也。"其中,"圆"是指个人的品德圆满无缺,超越常人;"明"是指政治业绩明光普照,完美明智。这可以说是中国古代贤明君主的理想标准。另一类为私家园林(又称为宅第园林),风格以精致小巧取胜。而苏州的园林二者兼有,在不同的历史时期经历了不同的发展阶段,我们从中可以看到其背后清晰的文化传承。

1. 春秋时的"西湖"

苏州的园林发轫于春秋时期吴国的苑囿、离宫。"吴门山水天下无,淡荡更在城西隅。谁言此桥近阛阓,已是一幅桃源图"(明末诗人杨子常)。苏州城西阊门一带自古就是繁华之地,历史记载有一个"西湖"——夏驾湖,已有2 580多年的历史,大有与杭州西湖别苗头的味道。虽已湮没,但它早于西湖。

在(唐)陆广微的《吴地记》中,记载了泰伯十九世孙寿梦(前620—前561)在苏州构建了吴国最早的帝王苑囿:"夏驾湖,寿梦盛夏乘驾纳凉之处。凿湖为池,置苑为囿,故今有苑桥之名。"[1]《吴县志》载:"夏驾湖,《姑苏志》在吴县西城下吴趋坊西。吴王寿梦避暑驾游于此,故名。今城下犹存外濠,有湾亦名夏驾,连运河而水浸广。"《吴郡志》载:"种菱甚美,谓之夏驾湖菱。今多湮为民居,其半在城内者为民田,惟二水汇处犹称旧名。"[2]此乃苏州园林的鼻祖。

此湖有多大?根据史籍记载——"长洲县前,旧为阊闾故迹,县前东南"(范成大《吴郡志》)。依据《平江图》上标出的区域概算,东西平均长约1.6千米,南北长平均也约1.6千米,加之不规则水面,总面积为2.6~2.8平方千米,差不多有半个杭州西湖那么大,这就是苏州城西曾经的西湖。这是在一片盛产菱藕茭茨的湖荡上开凿而成的,北宋时杨备(1041年前后为尚书虞部员外郎)《夏驾湖》诗曰:"湖面波光鉴影开,绿荷红芰绕楼台。可怜风物还依旧,曾见吴王六马来。"大约到清代初年,夏驾湖完全湮为平地。人多了,逐渐形成了居民村落。因这里靠近河塘,故人们称这里为"菱塘",即今日之"菱塘浜"。除了夏驾湖,见诸文献记载的吴国春秋时期苑囿别馆多达30多处。

---

[1] (唐)陆广微撰,曹林娣校注,《吴地记》,江苏古籍出版社,1999年8月,第42页。
[2] (唐)陆广微撰,曹林娣校注,《吴地记》,江苏古籍出版社,1999年8月,第42-43页。

2. 壮观的"姑苏台"与"馆娃宫"

唐代大诗人李白的《乌栖曲》曰:"姑苏台上乌栖时,吴王宫里醉西施。吴歌楚舞欢未毕,青山欲衔半边日。银箭金壶漏水多,起看秋月坠江波。东方渐高奈乐何!"杜甫也有"东下姑苏台,已具浮海航"的诗句。明代才子唐寅咏:"高台筑近姑苏城,千年不改姑苏名;画栋雕楹结罗绮,面面青山如翠屏。吴姬窈窕称绝色,谁知一笑倾人国。可怜遗址俱荒凉,空林落日寒烟织。"清初文学家宋荦还写了一篇《游姑苏台记》的散文。不过,星移斗转,事过境迁,"山中无人能言之者"。这"姑苏台"究竟在哪里?

典籍中记载了寿梦的嫡孙、二十四代吴王阖闾上台后,于公元前514年令伍子胥造筑阖闾大城(即今苏州古城)。其后,吴国起兵伐楚。凯旋归后,《吴越春秋》中有一段关于吴王阖闾休闲生活的描述:"阖闾出入游卧,秋冬治于城中,春夏治于城外姑苏之台……兴乐石城,走犬长洲。"[1]一段不长的文字,为我们留下了"姑苏台""石城""长洲"这几处吴国皇家苑囿的文字记载。可见,"姑苏台"始创于阖闾。

据《史记·吴太伯世家》集解引《越绝书》云:"阖庐(闾)起姑苏台……"(唐)陆广微《吴地记》更明确地指出吴王阖闾创建姑苏台的确切年代:"阖闾十一年(前504年),起台于姑苏山……"该书又云:"阖闾十年(前505年)筑。"故不论是"十年",还是"十一年",有一点是可以肯定的,即阖闾是在伐楚归来、霸业取得巨大成就之后创建姑苏台的。据《吴越春秋·阖闾内传》载:阖闾自立夫差为太子后,使太子屯兵守楚,而自己一反往常"食不二味,居不重席。室不崇台,器不彤镂,宫窜不观,舟车不饰"的俭朴生活,开始醉心于宫观台榭的兴建,沉湎于吴地的青山绿水之中。他"自治宫室。立射台于安里。华池在平昌,南城宫在长乐",姑苏台就是在这样的历史背景下创建的。

唐张守节《史记正义》云:姑苏台"在吴县西南三十里,横山西北麓姑苏山"。陆广微在《吴地记》明确指出:阖闾"起台于姑苏山,因山为名,西南去国三十五里",北宋朱长文《吴郡图经续记》说:"姑苏山在吴县西三十五里,连横山之北,或曰姑胥,或曰姑余,其实一也。传言阖庐作姑苏台……"南宋范成大《吴郡志》也说:"姑苏台,在姑苏山。旧《图经》云:'在吴县西三十里。'续《图经》云:'三十五里,一名姑苏,一名姑余。'"上述众多记载,虽然对姑苏山和吴郡之间的距离说法略有不同,但对姑苏台台址及其名称由来的记载是比较一致的:台筑在横山西北麓姑苏山上,因山为名。

横山位于吴都西南十五里。横山一山多名,《隋书·十道志》云:山四面皆横,故名横山。清同治《苏州府志》说:"山背临太湖,若箕踞之势,故又名踞湖山。山中有芳桂、飞泉、修竹、丹霞和白云五大坞,故又称五坞山。因山顶上有七墩,故俗称七子山。"横山是吴中群山中山体最大的一座山,它由数支山脉组成,绵延于木渎、横泾、越溪和横塘4个乡镇。据现代实测:长约6 500米,最宽处约4 500米,面积约25平方千米。主峰海拔294.8米。横山西南山麓有尧峰山,海拔224米;西北山麓有凤凰山,海拔256米;东北麓有楞伽山,又名

---

[1] (汉)赵晔著,张觉译注,《吴越春秋全译》,贵州人民出版社,1993年9月,第158页。

上方山,海拔92.6米,东临石湖;东南麓有吴山头。姑苏山是横山西北麓近木渎处的一座小山,又名紫石山、姑胥山、姑余山,今人也称胥台山。《吴郡志》云:"古台在其上。"

据说姑苏台用了5年才建成。《史记·吴太伯世家》集解引《越绝书》说:"阖闾起姑苏台,三年聚材,五年乃成。"其"台"宏伟而壮观。《史记·吴太伯世家》集解引《越绝书》说:"高见三百里。"《吴郡志》引《吴地记》佚文说:"高三百丈,望见三百里。"今本《吴地记》作了相同的记载:"其台高三百丈,望见三百里外。"元徐天祜注《吴越春秋》引《吴地记》佚文说:台"广八十四丈"。

姑苏台高为"三百丈",先秦时代的丈尺度略小于现代,一丈折合现代公制约2.27米,三百丈当为681米,要超过横山主峰(294.8米);"望见三百里",那时吴都东距东海只不过100余里,西距太湖也仅20余里,这样,整个东海和太湖便尽收眼底了。上述数据显然有夸大之嫌("三"有为高、为众之寓意)。但台的广度为"八十四丈",折合现代公制约为190.68米;台上估计建有宫室,以便于阖闾春夏治于姑苏台。因此,这样的宽度可能是事实。故不论其高度和能见度究竟有多少,总之,姑苏台是当时吴国最高大、最宏伟的台榭建筑,这是可以肯定的。

吴王夫差继位(前495年)后,重建姑苏台。为雪檇李之耻,"习战射",训练士卒,一举打败了越国后,便逐渐骄傲。一方面,继续北上争霸,一心想当天下盟主;另一方面,大兴土木,沉湎酒色,过着荒淫腐朽的生活。《左传·哀公元年》记录楚国令尹子西的话:"今闻夫差次有台榭陂池焉,宿有妃嫱嫔御焉。一日之行,所欲必成,玩好必从。珍异是聚,观乐是务,视民如雠,而用之日新。"夫差"淫而好色",自越国进献美女西施、郑旦后,在砚石山(今灵岩山)上建有馆娃宫的基础上,又重建、扩建姑苏台。

据《吴越春秋》载:越王勾践接受大夫文种提出的向吴国进献所谓的"神木"一双,"使之起宫室,以尽其财"的谋略。吴王夫差不顾伍子胥的谏阻,决定接受"神木",以重建姑苏台。这件事发生在勾践十年(前487年),也就是吴王夫差即位后的第9个年头重建、扩建姑苏台,其工程也十分浩大,他在阖闾故台的基础上,向横山山顶延伸,新建了一批宫室和馆阁,并且作了豪华的装饰。

重建后的姑苏台,高度与阖闾故台一样。据《吴郡志》引《山水记》云:"造九曲路,高见三百里。"同书引《洞冥记》说:夫差所筑之姑苏台,"周旋诘屈,横亘五里。崇饰土木,殚耗人力。宫妓千人,台上别立春宵宫,为长夜之饮。造千石酒钟,又作天池。池中造青龙舟,舟中盛致妓乐,与西施为嬉。又于宫中作海灵馆,馆娃阁,铜沟玉槛。宫之楹槛,皆珠玉饰之"。夫差依据横山山顶走向,在山顶上盘旋曲折地建造宫室和馆阁,绵亘达五里之长。宫殿的排水管道都用铜浇铸而成,栏杆和门槛皆为玉石雕琢,连柱子和屋椽屋桷上都镶嵌了珠玉(见图7-2)。正如20世纪30年代我国学者卫聚贤所说:"对于吴王夫差的穷极奢侈,固有言之过实的,但姑苏台为吴国精华所在。可以断言。"[1]

---

[1] 吴奈夫,《吴国姑苏台考》,《苏州大学学报(哲学社会科学版)》,2010年第5期。

图 7-2　姑苏台消夏宫示意图画

在现灵岩山顶馆娃宫的宫殿之侧为花园,园内凿有三池。一为"玩花池",二为"玩月池"。据称西施喜临水照影,所以吴王为其凿池欣赏月色,游兴高时,还常手遮月影,戏言是"水中捞月"。后人以为是吴亡国之谶,故有诗云:"强说玩花还玩月,个中已幻沼吴谋";又云:"涓涓井中月,照破千秋梦。"三为"砚池"。传说是古人采石制砚所留,吴王稍加修饰而成。在玩花池和玩月池之间有两口井,圆形的"日池"和八角形的"月池","圆以象天,八角象地"(《百城烟水》)。后来人们将其更名为"吴王井"和"智积井"。方志载:明代淘井时,曾发现玉钗,上刻"敕"字,证明此井确为当年馆娃宫的宫井之一。陈子贞有诗云:"曾开鉴影照宫娃,玉手牵丝带露华。今日空山人自汲,一瓶寒供佛前花。"(《吴王井》)至今"三池""两井"还在,又有谁能道清楚?西施已去游五湖,只剩郑旦在留守(据说葬在太湖边光福镇黄茅山);信徒三步一磕头,万千游客常年不止步;潺潺流水伴青山,滔滔江水岁月稠。

现在灵岩山顶还有"琴台",传说是西施的操琴之处。梁简文帝《登琴台诗》称:"芜阶践昔径,复想鸣琴游。音容万春罢,高名千载留。弱枝生古树,旧石染新流。由来递相叹,逝川终不收。"宋以前,琴台下有大偃松,身卧于地,两头崛起,交荫如盖,不见根之所自出,当地人以为奇赏。琴台下有响屐廊曲折而东。《古今记》载:"吴王夫差以椒楠建廊而虚其下,令西施及宫人步履绕之,则铿然有声。"

据载,山之上下还有诸多营建,至今人们还能从那些遗迹中,遥想当年吴宫的盛况。如山上西施晨起晓妆的"梳妆台",吴王与西施游憩小坐的"西施洞",吴宫花艺之处的"大园""小园"等。山下的"香水溪",相传是宫女在此梳妆沐浴处,溢脂流香,故又称"脂粉塘"。"采香泾"是为西施泛舟前往香山采集香草而开凿的河渠。据说夫差为取悦西施,用强弓硬射一箭,令从人循箭行方向开掘而成,故又名"箭泾"。"画船坞"有东西两处,也为当年蓄水划龙舟游乐的地方,俗称"划船坞"。历代名人李白、白居易、范仲淹、高启、文徵明、唐伯虎等及康熙、乾隆两帝都曾到此游览探胜。

二、四大名园 中国之最

"苏州好,城里半园亭"。苏州是"百园之城"、园林之都,其造园历史之悠久、艺术之精湛、数量之众多、影响之深远,在全国首屈一指,在世界上也十分罕见。它起始于春秋时期的夏驾湖、姑苏台、馆娃宫等吴王宫苑,形成于魏晋时期的私家园林,成熟于宋代,兴旺于明代,鼎盛于清代,到新中国成立时,在长达2580多年的时间内,苏州先后创建了各具特色的500余所园林,如东晋时期的辟疆园、戴颙园、唐末的南园、宋元时期的沧浪亭、狮子林、隐圃、乐圃、石湖别墅、静春别墅等,明朝时期的拙政园、留园、网师园、真适园、安隐园、谐赏园、弁山园等,至清朝苏州已经有"城中半园亭"之誉了。现有大大小小园林108座。这些"无声的诗,立体的画",既是"天人合一"又是文脉传承。在园林中游赏,犹如在品诗,又如在赏画。徜徉其中,可得到心灵的陶冶和美的享受。其中沧浪亭、拙政园、狮子林和留园分别代表着宋、元、明、清四个朝代的艺术风格,被称为苏州的"四大名园",最负盛名,足以令居之者忘老,寓之者忘归,游之者忘倦。

(一) 江南园林建筑艺术的精华,倾城倾国的苏州四大名园

"江南园林甲天下,苏州园林甲江南"。苏州四大名园吸收了江南园林建筑艺术的精华,是中国优秀的文化遗产,理所当然被联合国列为人类与自然文化遗产。世界遗产委员会评价是:没有哪些园林比历史名城苏州的四大园林更能体现出中国古典园林设计的理想品质。咫尺之内再造乾坤,苏州园林被公认是实现这一设计思想的典范。这些建造于16~18世纪的园林,以其精雕细琢的设计,折射出中国文化中取法自然而又超越自然的深邃意境。这些游览圣地,令人神往。

1. "四大名园"之首——沧浪亭

沧浪亭位于苏州古城内,为苏州现存诸园中历史最为古老的园林,占地约16.5亩。

亭子本是一种有顶无墙的建筑物,自古以来,凡有些名气的亭子多与传统文化有着紧密联系。素有四大名亭之称的醉翁亭、沧浪亭、陶然亭和爱晚亭,无一不具有其独特的文化蕴涵。"亭"的原义是"道路设备,停集行人",故"亭"与"停"是同用的,是供行人歇息的地方(见图7-3)。

① 在全国是以"亭"命名的唯一园林。其地"既积土为山,因以潴水弥数十亩,旁有小山,高下曲折,与水相萦带"(杨循吉《吴邑志》),初为五代时吴越国广陵王钱元璙近戚中吴军节度使孙承佑的池馆。北宋庆历五年(1045年),集贤院校理苏舜钦在汴京遭贬谪,翌年流寓吴中,见孙承佑的废园便以四万钱购得,进行修筑,傍水造亭,因感于"沧浪之水清兮,可以濯吾缨;沧浪之水浊兮,可以濯吾足"(《楚辞·渔父》),题名沧浪亭,自号沧浪翁,并作《沧浪亭记》,其主题是"沧浪之水"。欧阳修应邀作《沧浪亭》诗:"清风明月本无价,可惜只卖四万钱。"时园境清旷,前竹后水,水北又修竹,望之无穷。苏舜钦常与欧阳

图7-3 苏州沧浪亭

修、梅圣俞等作诗唱酬往还,由此沧浪亭闻名遐迩。

后园屡易其主,为章惇、龚明之各得其半。范成大《吴郡志》载:章惇将花园加以扩大,建筑大阁,又在山上起堂,动工时,发现北面跨水一座洞山地下有嵌空大石,是五代广陵王所藏。于是益加扩展,两山相对,遂为一时雄观。

南宋时为抗金名将韩世忠所居,人称韩园。元延祐年间僧宗敬在其遗址建妙隐庵。明嘉靖十三年(1534年),苏州知府胡缵宗于妙隐庵建韩蕲王祠。清康熙二十三年(1684年),江苏巡抚王新命建苏公(舜钦)祠。康熙三十四年(1695年),江苏巡抚宋荦寻访遗迹,复构沧浪亭于山上,并筑观鱼处、自胜轩、步碕廊等。1719年,巡抚吴存礼将康熙御诗一章,鸠工庀材建御碑亭于园中,其旁屋宇亦令增修,以助亭之壮丽。

乾隆帝南巡屡驻此园,在园南部曾筑拱门并有御道。道光七年(1827年)梁章钜又重修亭,集苏舜钦、欧阳修诗句而成的楹联"清风明月本无价,近水远山皆有情"为后人广为传咏;又作《沧浪亭图咏跋》记述。据张树声《重修沧浪亭记》载:"凡所有事庵僧司,大抵今所建者,唯亭在巅,仍宋中丞之制,余则以意为之,不特非子美旧观矣。"园之格局基本保持至今,其时明道堂对面有戏台(今"瑶华境界"处),左右有观戏长厢,规制甚壮。园由庵僧照料,仍为官府酬酢之地,有时设坛祈雨,禅者居之。

人称"千古沧浪水一涯,沧浪亭者,水之亭园也"。南沧(沧浪亭)北醉(醉翁亭),苏舜钦与欧阳修二位诗友对弈,同为中国的"十大名亭"。

② 灵动而杰出的"漏窗"艺术。沧浪亭的艺术独特,除了自然和谐、构思巧妙借景、复廊外,其中的"漏窗"无疑是艺术的典范。全园漏窗共108式,图案花纹变化式端,无一雷同,仅环山就有59个,有贝叶形、海棠花、荷花纹、石榴纹、桃纹、草龙捧日纹、方形几何银锭纹、福字嵌海棠花纹、方形双寿嵌海棠花纹等等漏窗。透过漏窗,我们可以欣赏园林景致;借助漏窗,能够窥测前人的审美情趣;凝视漏窗,苏州园林美人的眼睛会向你诉说一段段

文人墨客的风流韵事（见图7-4），使你百看不厌。

漏窗作为中国园林的重要建筑装饰，在全国各地园林中都有应用。如果说"江南园林甲天下，苏州园林甲江南"是对苏州园林在整个中国园林界地位概括的话，那么苏州园林的漏窗则以其历史悠久、应用广泛、取材丰富、造型生动而成为中国园林漏窗造型的蓝本和精品。

漏窗，明代计成称之为"漏砖墙"或"漏明墙"，苏州、上海人称之为"花墙洞"，从概念上来说，是一类窗户形式的统称。人们常说的"花窗""空窗""景窗"按照其在园林中的作用都可归为

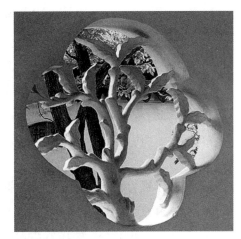

图7-4　苏州沧浪亭漏窗

"漏窗"这一大类。它的产生是窗在满足人们对其采光、通风的要求后，逐渐发展起来的一种既有窗的基本功能，又兼具更多审美情趣和人文内涵的一种装饰性更强的窗式。它在苏州园林中的形制最为复杂多样，与扬州园林的漏窗相比也略有不同，主要体现在漏窗的贴脸部分。苏州园林的漏窗通常只做两道线脚，而不用水磨砖镶嵌，尽量以天然示人，减少人工雕琢的痕迹。日本造园研究家横山正先生这样称赞苏州园林的漏窗："看了这种永无止境地追求美的中国花格子的创造，不得不感到日本的造型艺术相形见绌了。"[1]

漏窗与苏州园林一样，是我们宝贵的文化遗产，其引景、隔景、漏景、借景的作用，决定了它是园林里的宠儿，被江南私家园林广泛应用。因私家园林建筑密集大而面积较小，为了在有限的空间内增加景致的层次，一方面以墙来划分景区，纵横交错，分割、重构园林景观以引导观赏者的游览路线；另一方面为了打破实墙的沉闷、呆板，造园师都会在墙上开洞，做成漏窗，其中苏州园林的漏窗以其图案丰富、形制多样、做工细腻被公认为园林漏窗中的佳作，实现了"咫尺之内，再造乾坤"的意境。

运用之妙，存乎一心。在墙上加上漏窗，妙就妙在还让微风徐徐吹过窗身，通透清新、舒适惬意；阳光透过漏窗照亮了墙对面的世界，而照到地上的投影，就是一幅流动的影像，光影浮动，斑驳陆离，又为园林增添了几分灵动。

2."假山王国"——狮子林

> 万竿绿玉绕禅房，头角森森笋稚长；
> 坐起自携藤七尺，穿林络绎似巡堂。
> ……
> 雪深三尺闭紫荆，岁晚无心打葛藤；
> 立雪堂前人不见，秀云峰似白头僧。
> ……

---

[1] [日]横山正著，《中国园林》，载《美学文献》第1辑，书目文献出版社，1984年。

这是狮子林第一代住持(元)惟则所作的《狮子林即景十四首》。他靠僧徒募捐集资，买下苏州城东已经废弃的宋代官宦之园，起名为"狮子林"，此乃是禅意十足的禅宗园林——"人道我居城市里，我疑身在万山中"。

① "首善"起家多元文化融合的结晶。苏州的狮子林赫赫有名，原因之一是不仅苏州有，在北京圆明园、承德避暑山庄中还各有一处仿建。狮子，它的原产地是南美、非洲、印度等地。李时珍《本草纲目》称"狮子出西域诸国，为百兽长"。据张铁荣的《灯下录》书中说：佛祖释迦牟尼降生时，"一手指天，一手指地"，作狮子吼曰："天上地下，惟我独尊。"所以佛教将狮子视为庄严吉祥的神灵之兽而倍加崇拜，体现了人们趋向太平、祥和的美好愿望。

元代至正二年(1342年)，名僧天如禅师维则的弟子"相率出资，买地结屋，以居其师"。因园内"林有竹万固，竹下多怪石，状如狻猊(狮子)者"；又因天如禅师维则得法于浙江天目山狮子岩普应国师中峰，为纪念佛徒衣钵、师承关系，取佛经中狮子座之意，故名"师子林"(狮子林)。它既有苏州古典园林亭、台、楼、阁、厅、堂、轩、廊之人文景观，更以湖山奇石，洞壑深邃而盛名于世，至今已有670多年的历史，为元代园林代表作。它位于苏州市城区东北角的园林路，在其附近的就是拙政园。狮子林平面成东西稍宽的长方形，占地1.1公顷(1公顷=0.01平方千米)，原为菩提正宗寺的后花园。

明洪武六年(1373年)，73岁的大书画家倪瓒(号云林)途经苏州，曾参与造园，并题诗作画，绘有《狮子林图》，使狮子林名声大振，成为佛家讲经说法和文人赋诗作画之胜地。清乾隆初，因园内有五棵松树，故又称"五松园"。1917年为颜料巨商贝润生(世界著名建筑师贝聿铭叔祖父)购得，经9年修建、扩建，又新增了一些景点，仍名狮子林。1950年，贝润生孙子贝聿瑞捐赠给国家。

② 以"假山王国"著称于世。狮子林东南多山，西北多水，四周高墙峻宇，气势雄浑，奇峰怪石，玲珑剔透；洞穴岩壑，嵌空盘旋，禅意浓浓。它既是"假山王国"，也是中国天地之神的特有雕塑(见图7-5)。

图7-5 狮子林"假山王国"一角

虽凿池不深，但回环曲折，层次深奥，飞瀑流泉隐没于花木扶疏之中，古树名木令人叫绝。假山群有九条路线，21个洞口。横向极尽迂回曲折，竖向力求回环起伏。游人穿洞，左右盘旋，时而登峰巅，时而沉落谷底，仰观满目叠嶂，俯视四面坡差，或平缓，或险隘，给游人带来一种恍惚迷离的神秘趣味。

"对面石势阴，回头路忽通。如穿九曲珠，旋绕势嵌空。如逢八阵图，变化形无穷。

故路忘出入,新术迷西东。同游偶分散,音闻人不逢。变幻开地脉,神妙夺天工""人道我居城市里,我疑身在万山中",这就是狮子林的造园艺术。

园内建筑,以燕誉堂为主,堂后为小方厅,有立雪堂。向西可到指柏轩,为二层阁楼,四周有庑,高爽玲珑。指柏轩之西是古五松园,西南角为见山楼,由见山楼往西,可到荷花厅。厅西北傍池建真趣亭,亭内藻饰精美,人物花卉栩栩如生。亭旁有两层石舫。石舫备岸为暗香疏影楼,由此循走廊转弯向南可达飞瀑亭,是为全园最高处。园西景物中心是问梅阁,阁前为双香仙馆(冬天的梅与夏天的荷)。双香仙馆南行折东,西南角有扇子亭,亭后辟有小院,清新雅致。

该园以叠石取胜,水池萦绕。结构精美,陈设华丽。耐人观赏,如置画中。园内四周长廊相通,花墙漏窗变化繁复,名家书法碑帖条石珍品70余方,至今饮誉世间。

清代学者俞樾赞誉狮子林"五复五反看不足,九上九下游未全"。当代园林专家童俊评述狮子林假山"盘环曲折,登降不遑,丘壑宛转,迷似回文"。它是中国园林大规模假山的仅存者,具有重要的历史价值和艺术价值。

3. 中国园林之母——拙政园

拙政园是中国古典园林的杰出代表,位于苏州古城的东北偶,与北京颐和园、承德避暑山庄、苏州留园并称为中国四大名园。以其悠久的人文历史、丰富的文化内涵、高度的造园成就、疏朗自然的风格、典雅秀丽的景色而著称于世。历经500余年的沧桑变幻,完整体现着文人写意山水宅园的典型特色。1961年,为首批全国重点文物保护单位。1991年,被列为国家级特殊游览参观点。

① 世界文化遗产。它始建于明正德四年(1509年),监察御史王献臣初建此园,并取晋代文学家潘岳《闲居赋》中"筑室种树,逍遥自得……灌园鬻蔬,以供朝夕之膳……此亦拙者之为政也"句意,将此园命名为"拙政园"。门墙由清水砖垒砌而成,三个方形门洞,中门上方有砖雕贴金的园名门额,左右门额为"淡泊""疏朗"。

该园占地面积78亩,园景以水为中心,山水萦绕,厅榭精美,花木繁茂,移步换景,处处充满诗情画意,具有浓郁的江南水乡特色,体现了文人写意山水园旷远明瑟、格调古朴自然的艺术风格。全园分东、中、西三部分。东部明快开朗,以平冈远山、松林草坪、竹坞曲水为主。中部为园中精华所在,池广树茂,景色自然,临水布置了形体不一、高低错落的建筑,主次分明。西部,水池呈曲尺形,其特点为台馆分峙,回廊起伏,水波倒影,别有情趣,装饰华丽精美。园南还建有国内唯一的园林专题博物馆。

16世纪初,因官场失意而还乡的御史王献臣,以"大弘寺"址拓建为园。嘉靖十二年(1533年),吴中才子文徵明参与设计,历时10年,依园中景物绘图三十一幅,各系以诗,并作《王氏拙政园记》。中亘积水,浚治成池,弥漫处"望若湖泊"。园多隙地,缀为花圃、竹丛、果园、桃林,建筑物则稀疏错落,共有堂、楼、亭、轩等三十一景,形成一个以水为主、疏朗平淡,近乎自然风景的园林,"广袤二百余亩,茂树曲池,胜甲吴下"。

王献臣去世后,其子一夜豪赌将园输给阊门外下塘徐氏的徐少泉,这就是民间流传的"六红故事"。据说,当时徐少泉拿一千两银子与王献臣的儿子赌博,约定撒出去骰子上六点的颜色都是红色的人获胜。赌了许久,等到他输得差不多了,徐少泉就招呼妓女进酒,而且器乐合奏。等到他开始疲倦的时候,徐少泉就要他以拙政园来赌,并暗暗地拿出六面都是六点红色的骰子一掷,只见骰子上的六点都是红色,在座所有的人都惊奇得大叫,因为这是绝不可能的事。王献臣儿子不知是作弊,惘然若失,一句话也说不出来,于是拙政园就输给了徐少泉。此后,徐氏在拙政园居住长达百余年之久,后徐氏子孙衰落,园渐荒废。

明崇祯四年(1631年),园东部荒地十余亩为刑部侍郎王心一购得。王善画山水,悉心经营,布置丘壑,于崇祯八年(1635年)落成,名"归田园居",中有秋香楼、芙蓉榭、泛红轩、兰雪堂、漱石亭、桃花渡、竹香廊、啸月台、紫藤坞、放眼亭诸胜,荷池广四五亩,墙外别有家田数亩。园中多奇峰,山石仿峨眉栈道。据清雍正六年(1728年)沈德潜作的《兰雪堂图记》载,当时园中崇楼幽洞,名葩奇木,山禽怪兽,深容藏幽。

清兵入苏时,园主系徐氏第五代后人,不得已在顺治五年(1648年)左右以二千金将园廉售于大学士海宁陈之遴。陈得园后重加修葺,备极奢丽。内有宝珠山茶三四株,花时巨丽鲜妍,为江南所仅见。但陈长期在京,购园十年后即获罪被谪辽东,客死于谪所,始终未见园中一花一木。康熙元年(1662年),拙政园没收为官产,被圈封为宁海将军府。康熙三年(1664年)又改为兵备道(安姓)行馆,未有改作。

在此以前,园主虽屡有变动,但大都仍拙政园之旧。至王永宁则大兴土木,易置丘壑,园的面貌与文徵明图记中所述已大不相同。园内建斑竹厅、娘娘厅,为吴三桂女婿居处。又有楠木厅,列柱百余,石础径三四尺,高齐人腰,柱础所刻皆升龙,又有白玉龙凤鼓墩,穷极侈丽。康熙二十三年(1684年),康熙帝玄烨南巡曾来此园。

乾隆初,园又分为中部的"复园"和西部的"书园"两部分。至此,原来浑然一体、统一规划的拙政园,演变为相互分离、自成格局的三个园林。中部的复园归蒋棨所有。当时园内荒凉满目,蒋氏经营有年,始复旧观,"不出城市而共获山林之性"。园中藏书万卷,春秋佳日,名流觞咏,极一时之盛,曾有《复园嘉会图》传世。袁枚、赵翼、钱大昕等相继来此,流连赋诗。袁枚有句云:"人生只合君家住,借得青山又借书。"

同治十年(1871年)冬,南皮张之万(光绪中为大学士)任江苏巡抚时,居拙政园原潘宅房屋内。张能书画,经营修治,渐复旧观。有远香堂、兰畹、玉兰院、柳堤、东廊、枇杷坞、水竹居、菜花楼、烟波画舫、芍药坡、月香亭、最宜处诸胜,绘有《吴园图》十二册。

光绪十三年(1887年)又曾修葺过一次,"首改园门,拓其旧制,……其他倾者扶,圮者整",并建澄观楼于池之上。当时园中古树参天,"修廊迤逦,清泉贴地,曲沼绮交,峭石当门,群峰玉立"。这一以水为主、水面广阔、景色自然的格局基本保持至今。

在不断的变动修缮之中,又新建了精致绮丽的大门、卅六鸳鸯馆、十八曼陀罗花馆、芙蓉榭、涵青亭、秋香馆等。至此,拙政园中、西、东三部重又合而为一,成为完整统一而又各有特色的名园。它有唐诗一般的古雅、宋词一般的锦丽,一如"深林人不知,明月来相照";一如"落花人独立,微雨燕双飞"。诚如一位网友所说,在这样的花光里弹奏古琴,才更为得当;在这样的水影中吟诵诗词,才更为得体;在这样的蕉窗下棋枰对弈,才适得其所;在这样的厅堂内演唱昆曲,才相得益彰。1997年联合国教科文组织批准将其列入《世界遗产名录》,2007年被国家旅游局评为首批国家5A级旅游景区。

② 杰出的古典"长廊"。拙政园以水见长,其长廊是世上少有的,它体现了造园艺术家高度的技巧性和艺术性。园林专家陈从周在他的《苏州园林》一书中指出:"园林游廊为园林的脉络,在园林建筑中处极重要的地位",它使全园成为一个完美的整体,并使有限的空间通过组合而千变万化,给人以无穷的意趣。

造园的一般原则是:水必曲,园必隔。如留园,园中部波光粼粼,峰峦环抱,游人一入其中,恍如置身于一个硕大的山水盆景之中。而拙政园东部却是一派显贵人家的庭院格局,豪华考究的楼、馆、轩、斋,错落有致;到了北部,又使人觉得分明身临陶渊明笔下的田园风光;西部是一座"大山"兀立、古木森森,让人充分领略山林野趣……然而分割各大景区的不是呆板硬挺的围墙,却是造型优美的古典长廊。该园长达200多米的长廊,随形制而变,依地势而曲,时藏时露,时而大大方方地展现,时而悄无声息地消失,把四大景区不露痕迹地分隔又有机地相互连接贯通,具有实用和观赏的双重价值,犹如优美的线条,曲折多变地在空间里勾勒出奇妙多姿的图画,就像是一位高明的"导游"引着你走上一条巧妙的观景线路,一景又一景,一"村"又一"村"地尽情领略着不同的风光。

"廊",最原初的是平面形态,也是其最基本的形态单元、最简单最直接的形式,依位置可分为平地廊、山地廊、水廊以及直廊、曲廊、回廊、抄手廊、叠落廊、桥廊等。然而,稍一留意便会发现,拙政园中少见单一而冗长的直廊,出现在眼前的是"直廊"转折接合而成的"折廊"(曲廊)。正如《园冶》中所称:"曲廊之借景比将艺术上的对比手法演绎到了出神入化的地步,既供游人停留憩息、赏景、遮阳、避雨,同时分割或围合空间,将单体建筑连成一片,隔而不断,曲之有理,曲而有度,轻盈通透,随意拐弯,乐意爬升。"

该园的水廊在中国古典园林乃至世界园林中是独树一帜的。园西部的界墙是以黄石、湖石混合堆砌而成的水廊,它随势高下,状若波涛起伏,故而人称波形廊,沿着这波形廊散步,忽高忽低,时上时下,犹如置身于舟船,能感受到风浪的起伏。

园中部的水廊,凌空飞架水面之上,又称"廊桥"(见图7-6),长8.60米,宽1.48米,廊下的"桥体"为三跨石梁,东西

图7-6 拙政园中的廊桥——"小飞虹"

两跨呈斜坡状,使这条水上长廊形成弓形,美其名曰"小飞虹",乃是全国园林中廊桥的精品。栏为朱红色木栏,整条长廊有两两相对的八根黑漆圆柱,稳稳架起廊顶,廊顶上铺设黛瓦,两边花边滴水檐,檐下还饰以镂空花边挂落,长廊内垂吊古色古香的盏盏宫灯,文徵明"小飞虹图咏":"知君小试济川才,横绝寒流引飞渡。"身在其中,如入仙境。爽朗的晴天,初露的朝阳,正午的强光,西沉的落日,都会在水中得到神奇的幻影。只要是来过这里,不管你是从哪一个角度出发,都会给你留下至深的印象,以至于你不管走到哪里,只要看到东方的亭台楼阁,看到江南的小桥流水,便会想起这座中国名园。

4. 建筑空间艺术处理典范——留园

留园占地仅约 2 公顷,始建于明嘉靖年间(1522～1566 年),为国家 5A 级旅游景区,与北京颐和园、承德避暑山庄、苏州拙政园齐名。

该园原是(明)嘉靖年间太仆寺少卿徐泰时的私家园林,时人称之东园,园内假山为叠石名家周秉忠(时臣)所作。清代乾隆五十九年(1794 年),园为吴县东山刘恕所得,在"东园"故址改建,因多植白皮松、梧竹,竹色清寒,波光澄碧,故更名为"寒碧山庄",俗称"刘园"。刘恕喜好书法名画,他将自己撰写的文章和古人法帖勒石嵌砌在园中廊壁。后代园主多承袭此风,逐渐形成今日留园多"书条石"的特色。刘恕又爱石,治园时,他搜寻了十二名峰移入园内,并撰文多篇,记寻石经过,抒仰石之情。嘉庆七年(1802 年),著名画家王学浩绘《寒碧庄十二峰图》,后遭兵燹。

同治十二年(1873 年),园为常州盛康购得,缮修加筑。盛康殁后,园归其子盛宣怀(清著名实业家、政治家,北洋大学、南洋公学创始人),重加扩建,修葺一新,取"留"与"刘"的谐音,始称"留园"。其时园内"嘉树荣而佳卉苗,奇石显而清流通,凉台燠馆,风亭月榭,高高下下,迤逦相属"(俞樾作《留园记》),比昔盛时更增雄丽,留园声名愈振,成为吴中著名园林,俞樾称其为"吴下名园之冠"。

① 举世闻名的建筑空间艺术处理范例。该园代表清代风格,园以建筑艺术精湛著称,厅堂宏敞华丽,庭院富有变化,太湖石以冠云峰为最,"不出城郭而获山林之趣"。其建筑空间处理精湛,造园家运用各种艺术手法,构成了有节奏有韵律的园林空间体系,成为世界闻名的建筑空间艺术处理的范例。

全园曲廊贯穿,依势曲折,通幽渡壑,长达六七百米,廊壁嵌有历代著名书法石刻三百多方,其中有名的是董刻二王帖,为明代嘉靖年间吴江松陵人董汉策所刻,历时二十五年,至万历十三年方始刻成。传说,曾经有一个美国组织欲以 20 亿美元购取,被婉拒。它集住宅、祠堂、家庵、园林于一身,综合了江南造园艺术,善于运用大小、曲直、明暗、高低、收放等文化艺术,吸取四周景色,形成一组组层次丰富、错落相连的,有节奏、有色彩、有对比的独创一格的空间体系。层层相属的建筑群组,变化无穷的建筑空间,藏露互引,疏密有致,虚实相间,旷奥自如,令人叹为观止。雨丝风片,烟波画船,片山多致,寸石生情。吴中第一名园,绝非浪得虚名。

全园分成主题不同、景观各异的东、中、西、北四个景区,景区之间以墙相隔,以廊贯通,又以空窗、漏窗、洞门使两边景色相互渗透,隔而不绝。园内有蜿蜒高下的长廊670余米,漏窗200余孔。一进大门,留园的建筑艺术处理就不同凡响:狭窄的入口内,两道高墙之间是长达50余米的曲折走道,造园家充分运用了空间大小、方向、明暗的变化,将这条单调的通道处理得意趣无穷。过道尽头是迷离掩映的漏窗、洞门,中部景区的湖光山色若隐若现。绕过门窗,眼前景色才一览无余,达到了欲扬先抑的艺术效果。该园内的通道,通过环环相扣的空间造成层层加深的气氛,游人看到的是回廊复折、小院深深接连不断错落变化的建筑组合。园内精美宏丽的厅堂,则与安静闲适的书斋、丰富多样的庭院、幽僻小巧的天井、高高低低的凉台燠馆、迤逦相属的风亭月榭巧妙地组成有韵律的整体,使园内每个部分、每个角落无不受到建筑美的光辉辐射。

② 奇光异彩的"三绝"。这三绝系稀罕之物:

一是冠云峰。此乃太湖石中绝品,集太湖石"瘦、皱、漏、透"四奇于一身。北宋末年,虽然北面战事吃紧,金兵压境,但宋徽宗却在东京城内大兴土木,建造"延福宫""万寿山"。他下令在全国范围内征集奇花异石,夸口要搜罗天下珍品于宫廷之中。徽宗崇宁四年(1105年)特地在苏州设立了苏杭应奉局,专门负责搜罗名花奇石。该局的主管叫朱缅,此人最善巴结皇上,自当上此官后,有采办"花石纲"的大权在手,拼命在民间搜刮。只要民家有一石一木被他打听并看中,立刻派兵、上门抢夺,谁敢反抗,即以对皇帝"大不恭"治罪。有时为了搬树移石,甚至拆掉民居的围墙与房子。不久,北宋政权由于国库空虚、民不聊生终于为金所灭,徽宗自己也做了俘虏。冠云峰就是未来得及运走的花石纲的遗物(见图7-7),此乃传奇宝贝,难得一见。

图7-7 苏州留园冠云峰

二是楠木殿。这是对"五峰仙馆"的俗称。"五峰"源于李白的诗句:"庐山东南五老峰,晴天削出金芙蓉。"该馆的建筑梁柱全部采用楠木,中间也全部采用红木、银杏纱隔屏风,雍容而华贵。

三是雨化石(又称雨过天晴图)。只见一面大理石立屏立于墙边,石表面中间部分隐隐约约群山环抱,悬壁重叠;下部流水潺潺,瀑布飞悬;上部流云婀娜,正中上方,一轮白白的圆斑,就像一轮太阳或者一轮明月,这是自然形成的一幅山水画。这块直径1米左右的大理石出产于云南苍山中,厚度也仅有15毫米。奇的是这么大尺寸的一块薄薄的大理石是如何完好无损地从相距千里之外的云南运到苏州的?据考证,这是生存于2亿年前浅海中的古鳕鱼化石。亿万年前的古代生物的遗体、遗迹能保存成为化石的机会是极为稀罕的,此乃留园稀有的观赏珍品,不仅给古典名园增添了异彩,而且作为亿万年前的一段可靠记载,向人们展现了沧桑变迁的历史。

(二) 修复中全市的无私奉献,社会各界的通力合作

苏州园林,至今使苏州人引为骄傲。奇怪的是,苏州、扬州、杭州……园林,统而言之为江南园林,具有差不多同样的历史、文化、经济背景,其规模也不分伯仲,为什么独独苏州园林脱颖而出,成为世界文化遗产呢?

就说扬州吧,"城中宅畔皆设园林,艳雅甲天下"。自瘦西湖至平山堂一带,沿湖两岸布满官僚富商的园林,楼台画舫,十里不断。"家家住青翠城闉,处处是烟波楼阁",寺庵、祠堂、会馆、书院、酒楼、茶肆、浴室等也都叠石引水,栽花种竹,蔚为风气。而在杭州,自宋室南渡,建都临安,凭借西湖风光,150年间,除几处御园外,私家园林之有文献可考者,不下百处。林则徐的密友金安清(浙江嘉善人)在《水窗春呓》中写道:苏州、杭州为山水最胜处,但杭州之有西湖,使"姑苏不能不俯首矣"。他赞扬扬州园林"匠心灵构",在城北七八里的夹岸楼舫中,居然没有一处是相同的。当然,这是乾隆末年的事,那时的扬州味道有点咸,那儿盐商聚集,物力、财力冠全国,有的是钱;而扬州盐商的主力又是徽州人,徽州人历来喜欢高楼华厦,在私家园林上争奇斗艳,是题中应有之事。

那苏州为什么胜人一筹呢?

一是苏州人心灵手巧,乾隆年间的钱泳在《履园丛话》中写道:园林装潢,以苏工为第一;雕工,苏州最盛,也最巧。苏州有全国最优秀的手工艺工匠。小而精,也许是整个苏州的特点。苏州点心,小而精;苏州女人,小而精;苏州盆景,小而精;连停在河埠边的一只丝网船,也用桐油漆得铮亮,小而且精呢。具体还将在下面的第八章中谈到。

二是苏州私家园林从清朝末年起,在总体上呈现着开放的态势。仅仅开放,并不能使之成为世界遗产,但其既从私宅中剥离开来,即扩大了知名度,使人懂得珍爱,还引进了西方先进的建筑学,这就是苏州园林的本钱。

关键是第三点:社会各界同心协力地修复。1949年以前,由于社会的动荡、战争的创伤,所有的园林都遭到不同程度的破坏。现代建筑史学家刘敦桢是比较早关注苏州园林的学者,1935年他就有《苏州古建筑调查记》问世。刘敦桢是新中国成立初期苏州园林修复工作中的重要参与者和组织者,所以,刘敦桢先生堪称苏州园林的贵人。

中华人民共和国成立初期,苏州园林的历史上来了一位重要的人物——江苏省委第一书记柯庆施。他曾专门询问苏州园林的近况:苏州园林里的假山还在吗?苏州园林里

的树还在吗？汇报说"在的"。柯庆施于是说，那不要紧，房子可以造的，短时间可以竣事，苏州园林要尽快修复，以吸引游客。为此，省里拨款10万多元专项经费。中华人民共和国成立初期，百废待兴，这已是非常不容易了。在政府的关注下，苏州于1953年成立了"苏州市园林古迹修整委员会"，著名国画艺术家谢孝思任主任。

扬州园林为何最终落在苏州后面，其中一个原因是，园子里的东西没有了。陈从周先生说："民国初，北洋军阀段芝贵之弟是两淮盐运使，居扬州，拆扬州园林之山石运天津以酬谢友人，为数甚多。"本来"扬州以名园胜，名园以叠石胜"，连假山石也没了，扬州园林还有什么？而苏州园子里的重要构件没有流出苏州，树还在，假山还在，她只是坍败、凋零、颓唐、白发苍苍，她在等待明主的到来。

苏州在修复中，专家们把流失在外的"宝贝"找了回来，又把许多损毁的要件从园外老宅中相同的构件拆迁来，全部用在园林的修复上。如留园鸳鸯厅的圆光罩是洞庭东山席璞的松风馆旧物。席璞是画家，这圆光罩构图精美华丽，刘敦桢称为"苏州园林之冠"；现在的留园里，还有100多扇门窗挂落是从盛家祠堂中拆来的；八角亭是从城内宋氏宅中移入的；而补修的楠木柱是山塘街一座祠堂拆下来的。撰写《留园整修记》的陈凤金先生说：留园楠木厅里的14扇纱隔，1953年整修时是从道前街上一辆路过的板车上截获的，原本是准备拉到车木厂做算盘珠的，被留园师傅慧眼发现，以每扇五元买下，成交双方都很高兴。网师园殿春簃前亭中有一块巨型灵璧石，为苏州园林之最，来自桃花坞费念慈宅园中。拙政园的飞罩为苏州之最，最精致的当为它的留听阁飞罩，这是一幅清代、银杏木、立体雕刻的松、竹、梅、鹊的飞罩，将浮雕、镂雕、圆雕相结合，刀法娴熟，技艺高超，构思巧妙，并将"岁寒三友"和"喜鹊登梅"两种图案糅合在一起，接缝处不留痕迹，浑然天成，是不可多得的精品。

其他的像砂皮巷赵氏祠堂的飞罩、东北街许宅的飞罩，现在都在拙政园里；寒山寺现在的江枫楼，是用修仙巷宋氏捐献的一座花篮楼移建过来的。环秀山庄的海棠亭，是从西百花巷程宅移建而来，此亭新建时能自行开启，民国《吴县志》上有记。狮子林的花篮厅，原来在北寺塔路上的长风机械厂招待所里，叫郑氏楠木姐妹厅，此厅雕刻精致，非常美观。1968年4月狮子林荷花厅被火烧毁后，它就移建在荷花厅位置上了。

而留园镇园之宝其一的瑞云峰，原是在市中心马医科申文定公祠堂内的。申文定公就是申时行，明代嘉靖皇帝的首辅，苏州历史上第一位"状元宰相"，长篇弹词《玉蜻蜓》的主人公。乾隆四十四年（1779年），苏州织造为了迎接乾隆皇帝南巡，将留园的瑞云峰移置到了苏州织造衙门，此石也是花石纲遗物。而现在留园看到的瑞云峰是清末盛康重选的——补缺。据晚清留园主人盛宣怀的第四代长孙、76岁的盛承志介绍，盛宣怀将3块太湖石的名字分别给家中3个孙女儿取作小名，其中瑞云幼时不幸夭折，后来下人告诉盛宣怀瑞云峰为拼接而成，他盛怒之余敲断石峰，断石至今犹存，而冠云峰则"因名字吉祥，身体一直非常健康"。

留园的修复无疑是极大的成功。作为苏州的"吴中名园"，沿存到苏州解放已是一息尚存。兵灾、匪灾,早已把留园糟蹋得不成样子,完全是一个荒园了,最终沦为国民党军队的养马所。当王汉平带领"香山匠人"进驻时,马粪有一尺来高,厅堂的柱子被马啃成"葫芦形"。柯庆施到留园看了,也不免皱起眉头:这名园还能修吗?修复留园的第一个预算方案为人民币30万元。这是一个鸡蛋3分钱的时代呀,可见工程的浩大。

承揽修复的细活是苏州王力成营造厂,东家叫王汉平,吴县胥口人。父子两人,父亲王梓祥先生曾为吴县营造厂同业公会理事长,儿子王汉平是苏州工专建筑科的结构学老师,不光会做"香山建筑",还会做当时已十分时兴的"西洋建筑"。即便这样,营造厂还是联合了当时的八家厂共同来做修复的这桩大事,时为1953年。

由于专业水平高,加之竭尽全力,修复得非常完美。事隔多年,王汉平先生的后人与友人说:老父是"毁家修园"的,留园修复结账,还亏了一笔钱,老父把家里的18扇白漆墙门扛出去还了债的。他是个很要强的人,修留园,他不想留一句闲话,只想做好。

按照营造界的老习惯,大凡一项重要工程完工后,营造商应在某个基础墙脚留下"承建"碑的,这是对工程的一种承诺和信誉。可留园至今没有见到此碑,这也许是王汉平先生的一个遗憾。

俞樾为盛康撰《留园记》时,留下一句名言:长留天地间。但盛康终没能留住。也许一家一户再富足,也难以永远留住。留园是国家的,留住了,这是"社会主义好"的铮铮事实。也就是在这样的背景下,王汉平才会不惜"毁家修园",且义不容辞。修复后的留园"凤凰槃涅",这也是整个苏州园林再生的缩影。章太炎先生曾打趣说,如果孔老夫子活来,他老人家一定记不得他的《论语》的,因为这是他的弟子记录的。今天的苏州园林,也肯定比建成时光彩得多,因为苏州城里高超艺匠的技艺与一些好东西都在园子里了。如果当年的园主走进现今的园子,也会惊讶自己走错了家门。

如果没有苏州及苏州周边名园古宅的支持,没有苏州"香山帮"艺匠与文人大家的集体智慧,苏州的四大名园还会是现在这副模样吗?拙政园秋香馆的窗格经木渎东街柳氏后人辨认,是其祖上"遂初园"康熙年旧物。从一副窗格上就能读出历史,读出它的文化元素,这才是苏州名园的魅力。

三、意境见长　居尘出尘

紫禁城是明清两代帝王的皇宫,钱有的是,从康熙朝到乾隆朝集中了天下能工巧匠,陆续修建起了一批皇家行宫苑囿,俗称"三山五园"(香山静宜园、玉泉山静明园、万寿山清漪园、圆明园和畅春园),为何还没有苏州的私家园林名气大?究其因有三:

一是古代都是木结构房子,为了防火就在庭院里摆上水缸,后来水缸越来越大,为了审美开始种荷花养鱼,不过以前水缸多大是有限制的,有些在京城做官的人回到天高皇帝远的水乡江南,就把水缸发展成水池,舒展开一个独立的审美空间,作为文人听戏社交的场所,这便是私家园林的由来。

二是园林是一种生活方式。俗话说,一方水土养一方人。山川水土风貌不同,生长在那块土地上的人,也就禀赋了不同的个性气质。百姓与土壤培育下的瓜秧,结下的瓜大小或不一,但一母所生的事实不容否认,这就是被后世誉称为中国山水诗鼻祖的谢灵运产生于江南的原因。苏州的古典私家园林与皇家园林相比在规模上是小中见大,讲究在有限的空间里创造无限的景象,追求咫尺山林、多方胜景的效果。比如苏州的网师园占地仅八亩,以布局合理、建筑精巧、尺度得当被推为苏州中小型私家园林的代表作。

三是苏州园林选址上多在城市,往往与起居的住宅相连,居住与赏游合一,有"宅第园林""城市园林"之称,颇有唐代白居易的"中隐"情怀;与皇家园林带有的"人力所施,穷极侈丽,雕饰继盛,野致逐稀"相比,苏州古典园林受"绿色启示",追求"虽由人作,宛自天开"的效果,极少使用彩绘,梁和柱子以及门窗栏杆大多漆广漆,是不刺眼的颜色。墙壁白色。有些室内墙壁下半截铺水磨方砖,淡灰色和白色相衬。屋瓦和檐漏一律淡灰色,这些颜色与草木的绿色配合,使人们有安静闲适的感觉;花开时节,更显各种花明艳照眼……尽量不留人工雕琢的痕迹,尽显自然本色,具有"适性为美"、率性而为、超然物外、悠游自在的艺术境界。这种畅达流美、悠然自得的"畅势"和气势,使得紫禁城自叹不如了。当然,皇宫也有独一无二之处——高大、雄伟、壮观而威严。正因为此,普罗大众是不敢随便进出的。

(一) 意境美,居尘而出尘

苏州园林一个重要的美学特征便是意境美。对于长于感性思维的中国人来说,意境是艺术的最高境界。

由境生意,由境抒意,是中国人习惯的表达方式。宗白华先生在《艺境》中对意境的解释是:"以宇宙人生的具体为对象,赏玩它的色相、秩序、节奏、和谐,借以窥见自我的最深的心灵反映,化实景为应景,化形象为象征,使人类最高的心灵具体化、肉身化,这就是艺术境界。"意境的基本特征是,以有形表现无形,以物质表现精神,以有限表现无限,以实境表现虚境,使有限的具体形象和想象中的无限形象相统一,化实为虚,化象为境,从而进入更高一层的精神境界即意境。园林意境的产生,也正是造园者把自身心灵深处的东西物化于具体的景致之中,主观在客观中得到观照,使意与境、情与景有机融合的结果,也即指造园者的主观意趣、造园思想,负载于具体景物形象上,并通过暗示、象征等手法,让观赏者在欣赏园林物化形象的同时体会到造园者所要表达的弦外之音、象外之致,从而产生园林的意境美。

说到这种"意境美",不得不提到北宋的宋徽宗。他虽然治国不行,断送北宋一朝,自己也被俘虏至金国至死,但是在中国历代皇帝中,他确有超凡的艺术修养和审美品位,影响了中国近千年的美学造诣,让今天的我们只能高山仰止。因为他在绘画上的主张,改变了宋朝之前的绘画风格,从而推动了中国写意画的发展,让画里不仅有写实,更有了意境——含蓄素雅、极致至简的美学之道。他以他作为艺术家的天真、浪漫、美学主义去缔造他的王国,让中国的美学遥遥领先于西方。假如1 000年前就有了诺贝尔文学奖,我看有可能要奖给宋徽宗赵佶。国外学者认为,南宋时期的中国已领先世界300余年,更称宋朝是中国的"文艺复兴时期",也让苏州园林出于人工又融于天然,虽具匠心又不落斧凿,成为传统中国山水审美的核心意象,完美地诠释了中国古人"天人合一"的审美境界和精神追求。

1. 创作特征的主要表现

① 景观诗意化——苏州园林景观创作深受中国绘画、诗词和文学的影响,多以诗为题,以画为本。一般园主能诗善画,文化修养很高,许多园林又都是在文人画家参与下经营的,因而无论是园景立意、构思,还是布局、细部处理,都显示出浓厚的文化气息。园林景观,渗透着山水诗、山水画的意境,充满着诗情画意,犹如一首"无声的诗",一幅"立体的画"和一曲"凝固的音乐"。

② 园林景观的动态特征——园林是空间和时间的艺术,随着时间在空间里的流动,园林景观处在不断变化的状态。随着人的走动,景观步移景异。气候变化,景观有朝夕晨昏之异,风雪雨雾之别,四季季相之殊,花草枯荣之变。晓丹晚翠,园林空间的高度艺术性,就在于它的连续和流动。

③ 追求意境无限——苏州园林占地相对有限,园林规模不大,景观营造中常运用写意的手法,借助于联想,来拓展景物的想象空间。追求"象外之象,景外之景",特别是光、影、味所产生的各种虚景,能使得有限的景象展现无限的时间和空间。花木景观拟人化的品格——如梅的独傲霜雪,竹的虚心有节,兰的幽谷清香,荷的出淤泥而不染,均借以喻示人的高洁品格和情操,以使园林景观景中有情,情中生景,充满丰富的内涵。这一切皆源于江南的水文化。水是人类混沌开始的地方,是本原、来处;水流弯弯曲曲,而"曲则全"[1],有时枉曲,才使人真正坚强;水无常势,亦无常形,无边无界。

2. 在手法上,采用对景、敞景及借景等多种处理方式来实现

一是对景。苏州古典园林通常在重要的观赏点有意识地组织景物,形成各种对景,但不同于西方庭院的轴线对景方式,而是随着曲折的平面,步移景异,依次展开。这种对景以道路、廊的前进方向和进门、转折等变换空间处以及门窗框内所看到的前景最为引人注意,所以沿着这些方向构成对景最为常见。拙政园中部从枇杷园通过圆洞门"晚翠"望见池北雪香云蔚亭掩映于林木之中,又如自西部扇面亭望门洞外的倒影楼等景物,都是这类手法。除了正面对景之外,在走廊两侧墙上开若干窗洞门作为取景框,行经其间,就有一幅幅连续的画面出现。当然,对景是相对的,园内的建筑物既是观赏点又是被观赏对象,因此,往往互为对景,形成错综复杂的交叉对景。

二是敞景。景物与视线完全不受约束与限制,视线开阔,成一览无遗的景象,称为敞景。敞景能给人以视线舒展、豁然开朗的感受,景深层次明晰,景域辽阔,易于激发人的

---

[1] 陈鼓应著,《老子注译及评介》,中华书局,1984年5月,第154页。

情感,容易获得景观整体形象特征。这种视觉处理方式在苏州古典园林很少单独采用,一般是为达到一种视觉的强烈对比而与其他方式如框景、漏景等手法结合使用。

三是分景。景色的层次变换和视像的流动感受是形成构景艺术魅力的必要条件。如果要使景物具有吸引和诱导观赏的作用,那么空间景物的视觉效果与意境构设,就宜含蓄有致,切忌一览无余,所谓"景愈藏,意境愈深;景愈露,意境愈浅"。分景就是根据视像空间表现原理,将景区按一定方式划分与界定,形成园中有园、景中有景、景中有情的构景处理手法。分景的作用在于增加景色的量和质,使园景虚实变换,丰富多彩,引人入胜。还可以把游人的注意力缩小到一定空间范围内,使其能集中精力细致观赏。

四是框景。利用门框、窗框、树框、山洞等,有选择地摄取空间的优美景色,这便是"框景"的造景手法。拙政园中的芙蓉榭屋顶为卷棚歇山顶,一半建在岸上,一半伸向水面,凌空架于水波上,伫立水边,秀美倩巧。临水的门框装有一个雕花的长方形落地罩,前面的河水曲折蜿蜒,把人引入了一种宁静淳朴的自然境界中去,这便是典型的框景手法。

五是借景。园林中的借景有收无限于有限之中的妙用。借景分近借、远借、邻借、互借、仰借、俯借、应时借7类。其方法通常有开辟赏景透视线,去除障碍物;提升视景点的高度,突破园林的界限;借虚景等。借景内容包括:借山水、动植物、建筑等景物;借人为景物以及借天文气象景物等。苏州园林里最著名的借景——拙政园借北寺塔,往西看过去近处是一池荷花,目光及远是树冠之间的一座宝塔——北寺塔。此借景可谓拙政园的点睛之笔,活灵活现,妙不可言。

此外,还利用风和雨。

风:在描写清风明月的景色中,一个典型的例子是拙政园的"与谁同坐轩"。小轩筑于拙政园西园水中小岛的东南角,东南朝向,面对"别有洞天"月洞门,背衬葱翠小山,前临碧波清池,环境十分幽美。建筑平面采用折扇形,背墙窗景和室内石桌,亦用折扇形状,给人一种小扇自生风的感觉,带着一丝丝凉意。当星空夜月,水映月影,清风徐来时,品味苏轼"与谁同坐?清风明月我"诗意,就能领悟到以明月清风为知音的意境内涵和超尘脱俗的高雅品格。恬静幽寂的园林空间,展现的是风、月与人之间的和谐,达到了自然与人格美的统一。

雨:把它变成观赏对象,充满诗意,是通过园林响声来完成的。如"疏雨滴梧桐","竹露清滴响","声"和"听"之间,交汇出无限的景色与诗意。拙政园听雨轩,典型的"夜雨芭蕉"景观。轩前一泓清水,边植芭蕉翠竹,轩后数丛蕉叶。无论春夏秋冬,雨点落在不同的植物上,加上听雨人的心态各异,就能听到各种情趣的雨声,境界绝妙,别有韵味。"芭蕉叶上潇潇雨,梦里犹闻碎玉声",真是声色兼备。退思园有轩名"菰雨生凉",南院芭蕉葱绿,棕榈苍翠,轩北贴水,几丛芦苇,几枝菰草。绵雨蒙蒙,展示出"凉风生菰叶,细雨落平波"的意境,又是一番景象。听雨轩影:具有虚拟的品格。它缥缈动荡,恍惚不定,景观既有"云破月来花弄影",又有"楼台倒影入池塘"。倒影楼:紧邻水池,水底楼台,波光荡漾,似实似虚,亦真亦幻,给园林景观带来一种虚灵之美。调动天象自然景观,可以创造出千变万化的景色,使园林更有自然情趣。

六是漏景。漏景是从框景发展而来。框景景色全观,漏景若隐若现,含蓄雅致。漏景可以用漏窗、漏墙、漏屏风、疏林等手法。疏透处的景物构设,既要考虑定点的静态观赏,又要考虑移动视点的漏景效果,以丰富景色的闪烁变幻情趣。留园入口的洞窗漏景,狮子林的琴、棋、书、画漏景等都是漏景的代表作。琴、棋、书、画漏窗所成的景观,含有丰富的社会文化内涵,是了解和研究古代中国江南民俗的实物资料,可赏、可品,难得一见。

七是发挥建筑景观的"聚景""点景"作用。造园家计成在其专著《园冶》中指出,"轩楹高爽,窗户虚邻,纳千顷之汪洋,收四时之烂漫",说的是园中的楼台亭阁都是为了观赏周围的山水,欣赏园中的景色。有如问梅阁、响月廊、眠云亭、听雨轩建筑,它们的作用是聚集景观,审美价值在于梅、月、云、雨景观主体,而不是建筑本身。特别是一些大体量的建筑,像拙政园的玉兰堂更是如此。这类厅堂为了避免过大体量对园林景观造成影响,往往用小院围合,淡化建筑外观形象,在建筑周围点缀山水,增强山林气氛,并向室内引伸。"四面有山皆入画,一年无日不看花",因而它们的收纳和聚集的作用更加明显。如袖珍园林——残粒园。它是苏州最小的园林,可能连很多苏州人也还不大清楚,但是"麻雀虽小,五脏俱全",全园面积虽只有140多平方米,但是假山、亭榭、山洞样样俱全,平面之紧凑,空间利用之充分,景物比例之恰当,可谓曲尽匠心——经过园内的山洞盘旋而上有一栝苍亭,可以俯观全园景色,亭内有壁龛书橱,从内宅楼层可通花园,这在苏州园林中又是"一绝"(见图7-8)。

图7-8 残粒园的栝苍亭

园林中景观建筑的设置,可以点出风景的特征和内涵,有助于明确景观主题和意境,强化景观的价值。如拙政园的远香堂,为满湖莲花所环抱,用此建筑装点,为山水增色,景观生动,风光无限。

3. 在选址上观形察势,居尘而出尘

观形察势,实地考察,讲究山川的来龙去脉和房屋的坐向,重视阴阳说、五行说、八卦

说等传统理论的运用,以择定吉利的建筑基址、布局。其原型是依据西汉的"四神":前朱雀(水池),后玄武(山或楼),左青龙(河道),右白虎(道路)。这些没有雕琢的符号,象征着以生态环境为灵魂的择址模式,它的基本要求是:四周宁谧安静,山环水绕,山清水秀,郁郁葱葱,水道绵延曲折,以形成良好的心理空间和景色画面,形成一个完整、安全、均衡的世界。这种高度理想化和抽象化的"四象模式",2 500多年前伍子胥筑造苏州"阖闾大城"时就是如此。这是"通过对最佳空间和时间的选择,使人与大地和谐相处,并可获得最大效益、取得安宁与繁荣的艺术",被西方世界誉为"宇宙生物学思维模式"和"宇宙生态学"。如网师园、拙政园等住宅大门都偏东南,避开正南的子午线。门边置屏墙,避免气冲,"屏墙"呈不封闭状,以保持"气畅"。园林式院庭住宅,每进房屋前后为开敞的花木竹石的小天井,内外通透,阴阳之气充分对流,建筑与自然相亲、相融,人们在此,享受着"明月时至清风来,形无所牵,止无所泥"的生活乐趣。

不能遗忘的是:苏州的园林大多建于小巷深处,"远往来之通衢",杂厕于民居之间,居尘而出尘,"隔尘""隔凡",避市嚣喧阗、尘鞅鞿羁,如"一径抱幽山,居然城市间"的沧浪亭、"幽栖绝似野人家"的艺圃、阊门外花埠里的留园、阔家头巷深处的网师园、僻处"城曲"罕有车迹的耦园……曲径通幽,被称为"人境壶天",一如陶渊明用"人境"来象征"仙境"的桃花源。"俯水枕石游鱼出听,临流枕石化蝶忘机",怡性又养寿。

(二) 不讲究对称,追求自然美

现代著名作家、教育家叶圣陶先生在晚年为摄影集《苏州园林》写的序中说:"苏州园林是我国各地园林的标本,各地园林或多或少都受到苏州园林的影响。因此,谁如果要鉴赏我国的园林,苏州园林就不该错过。……我国的建筑,从古代的宫殿到近代的一般住房,绝大部分是对称的,左边怎么样,右边也怎么样。苏州园林可绝不讲究对称,好像故意避免似的。东边有了一个亭子或者一道回廊,西边决不会来一个同样的亭子或者一道同样的回廊。这是为什么?我想,用图画来比方,对称的建筑是图案画,不是美术画,而园林是美术画,美术画要求自然之趣,是不讲究对称的。苏州园林里都有假山和池沼。假山的堆叠,可以说是一项艺术而不仅是技术。或者是重峦叠嶂,或者是几座小山配合着竹子花木,全在乎设计者和匠师们生平多阅历,胸中有丘壑,才能使游览者攀登的时候忘却苏州城市,只觉得身在山间。至于池沼,大多引用活水。有些园林池沼宽敞,就把池沼作为全园的中心,其他景物配合着布置。水面假如成河道模样,往往安排桥梁。假如安排两座以上的桥梁,那就一座一个样,决不雷同。池沼或河道的边沿很少砌齐整的石岸,总是高低屈曲任其自然。还在那儿布置几块玲珑的石头,或者种些花草;这也是为了取得从各个角度看都成一幅画的效果。池沼里养着金鱼或各色鲤鱼,夏秋季节荷花或睡莲开放,游览者看'鱼戏莲叶间',又是入画的一景。……"这位饱经沧桑的老人说得既平和又富有哲理。因他是苏州人,才有这分底气。

叶老先生的一番话,使我想起了"壶中天地"典故:《后汉书·方术列传》上说:东汉时有个叫费长房的人。一日,他在酒楼喝酒解闷,偶见街上有一卖药的老翁,悬挂着一个药葫芦兜售丸散膏丹。卖了一阵,街上行人渐渐散去,老翁就悄悄钻入了葫芦之中。费长房看得真切,断定这位老翁绝非等闲之辈。他买了酒肉,恭恭敬敬地拜见老翁。老翁知他来意,领他一同钻入葫芦中。他睁眼一看,只见朱栏画栋,富丽堂皇,奇花异草,宛若仙山琼阁,别有洞天。后来,费长房随老翁十余日学得方术,临行前老翁送他一根竹杖,骑上如飞。返回故里时家人都以为他死了,原来已过了十来年。

这则典故描述的是道家的法术,但寓意深刻。苏州园林小中见大,不也是可住可行可精神理疗、冬暖夏凉、乐而忘归吗?呢喃着的吴语……小桥流水人家是江南永不过时的经典瞬间。

1. 园林美的奥秘是不对称

人在照镜子时,镜中的影像和真实的自己总是相同的。同样,一个基本粒子与它的"镜像"粒子的所有性质也完全相同,它们的运动规律也完全一致,这就是"宇称守恒",牛顿定律就具有镜像的对称性。在普通人眼中,"对称"是完美世界的保证。然而,真理终究要自己站出来说话。1956年,两位美籍华裔物理学家——李政道和杨振宁,大胆地对"完美的对称世界"提出了挑战:宇称不守恒!这个观点震动了当时的物理学界。此后不久,同为华裔的实验物理学家吴健雄用一个巧妙的实验验证了"宇称不守恒",从此,"宇称不守恒"便被认为是一条具有普遍意义的基础科学原理。

三位华裔物理学家用他们的智慧赢得了巨大的声誉。后来,科学家们发现连时间本身也不具有对称性。近代微生物学之父巴斯德曾经说过:"生命向我们显示的乃是宇宙不对称的功能。宇宙是不对称的,生命受不对称作用支配。"大自然除了偏爱物质、嫌弃反物质之外,它对左右也有偏好,如果事事处处都绝对的平衡对称,"万物之灵"的生命就不会产生了。可见,不对称,才有大千世界;宇宙源于不对称。从某种意义上来说,正是不对称创造了世界。

虽然对称性反映了不同物质形态在运动中的共性,但是,只有对称性被破坏才能使它们显示出各自的特性。这正如建筑一样,只有对称而没有对称的破坏,建筑物看上去虽然很规则,但同时却一定会显得非常单调和呆板。只有基本上对称但又不完全对称才能构成美的建筑。大自然正是这样的建筑师,因而我们的世界才变得如此丰富多彩,正如著名的德国哲学家莱布尼茨所说,世界上没有两片完全相同的树叶。可以说,生物界里的不对称是绝对的,而对称只是相对的。实验研究证明,这是由细胞内原生质的不对称性所引起的。据说科学研究还发现,不对称原生质的新陈代谢活动能力,比起左右对称的化学物质至少要快两三倍。

其实,不仅在自然界,即使在崇尚完美的人类文明中,绝对的对称也并不讨好。一幅看似左右对称的山水画,能给人以美的享受。但是如果一幅完全左右对称的山水画,就显得呆板而缺少生气,与充满活力的自然景观毫无共同之处,根本无美可言。苏州园林美的奥秘正在于设计的"不对称"。

古人以回归自然的大智慧,于红尘中构筑起理想的生活环境,在那亭榭楼阁、荷塘山石、古树奇花、楹联匾额之中蕴藏了丰富的人文信息。而园林之外,那幽长古巷、弯弯小桥、静静流水,一切与园林融为一体的景色,又何尝不值得人们流连忘返,细细品味?

这种不对称的设计,在视觉上非常抓人。因它起到了分割文本、突出应用优点的作用。不对称的树枝显现的美,既是树自身的造化,也是"天意"。当每个事物降生世界的时候,上苍有意给它打上了区别于其他事物的烙印,每个事物也都按照这个烙印在发展变化着,以至无穷。

品味当下时尚的衣服,不论男的女的,往往是只有一边或一侧有图饰,色彩也往往是一边明一边暗,乃至有的裤子东边戳个窟窿,西边或磨得褪了色,特别是流行的女式背带裙,只右边有带子,左边竟没带子,就这么不对称地悬着。这种参差对比强烈的服饰,在大街上的人流里比比皆是,而且人们也开始见怪不怪,认为这是时尚,就是美。在习以为常中,不对称美的时尚流行,正在影响、同化人们几千年的传统审美习惯与情趣。

其实,这种不对称之美,在苏州千年古典园林中可多啦!只是没有引起人们深入思索。不对称美之所以流行,之所以比传统的"对称"、协调之美更具有魅力,是因为它的奇特、新潮、极富动感、生机勃勃。同时,也因为它在变化突兀中显示出特有的个性。有个性才会产生让人好奇神往、摄人心魂的审美效果。就像有个性的男人易博得小美女的喜爱;反之,那些"佛系男子"则难以系住女人的心。

笔者认为:艺术家更是懂得这点,像我国古代艺术的瑰宝马踏飞燕,只有一只蹄踏在飞燕身上,四蹄姿态各不相同,如果硬是将之做成左右对称,岂不是动态全失,美感荡然无存?书画作品只有浓淡、干湿、粗细、涩滑、枯荣对比强烈,才能形成字画的节奏感、韵律感。我国古代绘画论中"疏可走马,密可不透风"也就是在疏密布局上用强烈的对比反差,强化视觉效果,带给人们回味无穷的美感。清代刘熙载在《艺概·书概》中说:"怪石以丑为美,丑到极处,便是美到极处。"造型粗糙的形状怪异之石,看似"丑陋",实则在不规范化的形体中寓藏着生命的张力,给人以虎虎生气之态。

同理,目下我国"不平衡不充分的发展"激活了新时代全国亿万人民你追我赶、奔腾向前的创造伟力。

2. 师法自然是园林的精髓

苏州古典园林是江南人用勤劳和智慧创造出的境界独到、风范高雅的工艺造物,以其沉静典雅、平淡含蓄、心物化一的美学风范,成为世界造园艺术宝库中一朵魅力永恒的奇葩。它深浸着中华博大精深的文化内蕴,是中国五千多年灿烂文化造就的艺术珍品,代表着中华民族内在的精神品格。

黑格尔从他的美学体系出发,认为园林是介乎古典型的建筑和浪漫型的绘画之间的一种特殊的艺术。他认为中国园林艺术"是一种绘画",它是充满诗意的天然图画。中国古典园林不同于西方古典园林的是"师法自然",而西方古典园林(英国的自然风景园除外)中的自然环境更多的趋向几何化。几何形的道路,经过修剪的树木、水池、花坛和建筑化的喷泉、雕像等,强调古典主义建筑端庄凝重的风格。

中国园林,它的审美主体长期受着深厚的哲学——美学的陶冶,而客体本身又是经过多种成熟的艺术——诗,是一种"创作自然,借景寓情"的艺术。从苏州园林的建筑来看,自然美包括山水、树木、花草等等,几乎所有的园中都有水池,有假山,有花草,有树木,创造一种小桥流水、荷花飘香的自然风光。它们绝不是机械地模仿自然,被动地顺应自然,而是记录了自然的美好的"形",表现出自然的气势的"神",寄寓着园主的"情",浑然一体。

早在20世纪20年代,英国著名哲学家罗素就对东、西方文明做过公正而深刻的比较。他在指出当时中国人某些重大弱点的同时,又不满于西方人极端主义的所谓"竞争",一针见血地指出其"颐指气使的狂妄自信……会产生更大的负面效果。……我每天都希望西方文化的宣扬者能尊敬中国的文化"。这位西方颇有预见性的哲学家,怀着对"进道若退"现象的忧患意识,回过头来拨开历史尘土,竟发现了东方智慧——"天人合一",人必须"与天地相依"。而这一思想,正是当今西方世界所急切关注的一个重点。所以美国哈佛大学出版社,接二连三地出版了《佛教思想与生态学》《儒家与生态》《道家思想与生态学》……即小见大,于此可见西方视线对中国的转向。美国环境哲学家科利考特还指出,道家思想是"传统的东亚深层生态学"。澳大利亚环境哲学家西尔万和贝内特也说:"道家思想是一种生态学的取向,其中蕴涵着深层的生态意识,它为'顺应自然'的生活方式提供实践基础。"更进一步看到了东方生存智慧的价值意义。

李泽厚先生为20世纪末《中国园林美学》第一版所撰写的序言中就高瞻远瞩地指出,现代建筑艺术界似乎在进入另一个新的讨论热潮或趋向某种新的风貌,即不满现代建筑那世界性的千篇一律、极端功能主义、人与自然的隔绝……从而中国园林——例如金学智同志所在地的苏州园林,便颇为他们所欣赏。以前弗兰克·劳埃德·赖特曾从日本建筑和园林中吸取了不少东西,创作了有名作品;如今在更大规模的范围内展现的这种"后现代"倾向,是不是将预示生活世界和艺术世界在下世纪可能会有重要的转折和崭新的变化呢?……如何在极其发达的大工业生产的社会里,自觉培育人类的心理世界——其中包括人与大自然的交往、融合、天人合一等等,是不是迟早会将作为"后现代"的主要课题之一而提到日程上来呢?也许,就在下一个世纪?这段言简意赅、带有前瞻性的短论,敏锐地预见了生活世界和艺术世界在20世纪末至21世纪初的重要转折和变化,预见了人类史上崭新的生态文明时代的即将到来,突出地说明了中国古典园林天人合一、人与自然交往的取向是符合于时代未来发展趋势的,它有助于研究我们时代的主要课题——广义深层生态学的课题。

歌德论及中国时提到了中国画,而中国画的代表就是给人以"烟云供养"的山水画,这是生态艺术的重要品种。对于中国山水画的生态学、美学价值,宋代画家郭熙在《林泉高致》中写道:世之笃论,谓山水有可行者,有可望者,有可游者,有可居者。画凡至此,皆入妙品。郭熙在这里提出了著名的"四可"论,见解极为精辟。

郭熙还要求创作山水画应充分发挥审美想象去"畅游"山水，领略其中生态环境的美。中国古典园林基本上是山水写意园林，但它又是存在于三维立体空间的现实化了的山水画。如果真正从客观实存的视角来看，山水画只能实现"四可"中的一"可"——可望，其他则必须诉诸想象。而园林则能供人真实地可行、可望、可居、可游。因此，作为生态艺术典范的苏州古典园林的最大优势，是真正能让人实现"四可"的美学愿望。

对于历史上"城市山林"所引起的特殊心理效应，以及人们对这一园林美学概念及其内涵的认同，这里先引宋、元、明、清四代吟咏苏州园林的诗句为例：

"一径抱幽山，居然城市间"（宋苏舜钦《沧浪亭》）；"人道我居城市里，我疑身在万山中"（元维则《狮子林即景》）；"绝怜人境无车马，信有山林在市城"（明文徵明《拙政园图咏·若墅堂》）；"居士高踪何处寻，居然城市有山林"（清王赓言《游狮子林》）……诗中所咏的这些古典园林，在苏州都一直作为珍贵世界文化遗产保存着。诗人们用了一个"居然"，又是一个"居然"，这是面对园林艺术家在喧嚣的城市所创造的生态奇迹——"第二自然"所发出的惊叹。

"城市"，是一个富于多种优势但又突出地具有非生态性劣势的现实空间；而"山林"或"幽山""丘壑"……则是另一个迥乎不同的、幽静闲适的、最富于生态优势的现实空间。这两个空间是如此的悖反着，水火互不相容，然而又竟是如此和谐地结合而为"城市山林"这样一个有机整体，一个"居尘而出尘"的生态艺术空间。而苏州古典园林正是这个特定空间，真正实现了中国文人历来所渴慕的"结庐在人境，而无车马喧"的最高美学理想。

在苏州古典园林里天人和谐、物我同一的生活境界，常见于古代诸多诗文之中。这说明人和自然是双向交往、和谐相处的。马克思指出，"植物、动物、石头、空气、光……都是人的意识的一部分，都是人的精神的无机自然界""人的无机的身体"[1]。总之，自然似乎就是人，人也似乎就是自然。这种天人双向交融的园林生活，既是"自然的人化"，也是"人的自然化"，是人向自然的真正回归。这就是苏州古典园林最重要的具有未来学意义的自然生态学价值。

徜徉于曲径通幽的艺术境界，人们会感到无拘无束，逍遥自在，清静闲适，悠然自得，也就是说，能在布局的自由中获得身心的自由，在生态的自然中归复人性的自然，自然美和人性美通过园林艺术美而交融契合。正因为如此，苏州的各色古典园林相继被列为世界文化遗产。它不仅是自然的赐予，而且是文化的积淀；不仅是中华民族的艺术瑰宝，而且是全人类共同的珍贵文化财富。正如苏格兰建筑师威廉·钱伯斯勋爵所赞美的：中国园林是源于自然、高于自然，成为高雅的、供人娱乐休息的地方，体现了渊博的文化素养和艺术情操。

世界文化遗产网师园，始称"渔隐"，是典型的宅园合一的私家园林，其园主史正志是北宋名臣，有雄才大略却不得志，退而营建这座渔父之园。主园以水池为中心，环池亭阁

---

[1]《马克思恩格斯全集》，第42卷，人民出版社，1979年9月，第95页。

错落有致,相映成趣(见图 7-9)。核心景点是"濯缨水阁",蕴含着"俟天下河清"的崇高理想。园里有一副对联:"风风雨雨寒寒暖暖处处寻寻觅觅,莺莺燕燕花花叶叶卿卿暮暮朝朝",使人回味无穷。香山帮传统建筑营建技艺非遗传承人薛林根认为:只要有空间,就可以做园林。他的儿子薛东是一位建筑学硕士,从小看着爷爷和父亲修建筑,耳濡目染,他说:"真正的园林跟大小没有关系,只跟内心的天地有关。"

图 7-9　苏州网师园

理念产生了西方艺术,梦幻产生了东方艺术。苏州园林是东方"梦幻"艺术的极致。它的美,使联合国教科文组织的专家哈利姆感到"美好的、诗一般的境界","好像在梦中一样"!就像水、泥土、大地、空气、庄稼一样,苏州园林以它原生的姿态冲击、摇撼、感染着我们的心。

江山不老,传统常新。世界上任何一种文化形态,都有其产生的特定时代和生态环境原因。未来的世界是什么样的?我们应关注科技将如何改变人类的生产生活方式。未来并不是由现实线性推导出来的,科技的发展可能产生难以想象的突变,它将为我们创造难以想象的美好未来。不过,千变万变,变的本意在元元。对此,我们应勇于探索新知,敢于推动变革。笔者相信,人文与自然科学都能够提升人类的精神境界,改变人类的生存处境。

第八章

水韵绽放的天籁神曲

中国历史上有一座融合精神文化和物质文明的"文艺之城"——苏州。早在春秋晚期,很多流亡文武之士就聚居在此,留下了璀璨文化和锦绣诗章。唐代诗人张继一首《枫桥夜泊》——"月落乌啼霜满天,江枫渔火对愁眠。姑苏城外寒山寺,夜半钟声到客船"——让苏州这座古城家喻户晓,从此以诗意和神韵扬名。而南宋时的一句民谚——"上有天堂,下有苏杭",使苏州变得不朽。当一座城因为文学改变其意义的时候,这城已经不再是一个城了,它将会拥有比街道、比城墙长久得多的生命力。

"原来姹紫嫣红开遍,似这般都付与断井颓垣。良辰美景奈何天,赏心乐事谁家院。朝飞暮卷,云霞翠轩,雨丝风片,烟波画船,锦屏人忒看的这韶光贱。"看到这段文字,心无所动的人大概很少。在以前,它让人想到的是文学作品《牡丹亭》;而今,是昆曲的青春版《牡丹亭》。它不仅"好看"——歌词有诗意、曲子悦耳,而且还很"耐看"——经得起咀嚼、琢磨。剧里蕴含着对社会问题的思考,充满着人生哲理。

回溯戏剧史,古希腊的悲剧、印度的梵剧与中国的戏曲并称为"世界三大古老戏剧"。而前两者早已杳如黄鹤,唯独中国戏曲一直绵延不绝。苏州是昆曲的故乡,至今还完整地保留着舞台演出形式,充分显示其具有顽强而旺盛的生命力。600多年前,顾坚"善发南曲之奥",明初始有"昆山腔";500年前,魏良辅生,集南北曲之大成,创"水磨调",后人谓之"昆曲";450年前,梁辰鱼用新腔昆曲编演《浣纱记》,形成了"昆剧"。由此,昆曲走向了鼎盛:"临川四梦""一人永占""南洪北孔""家家收拾起,户户不提防"。爱文者赏其词,爱乐者赏其音,爱美者赏其舞,爱戏者赏表演……其容足以媚太阳之光,其氛足以侵雷霆之声,委婉、缠绵、清雅到极致,被称为"百戏之师"。

2001年5月18日,昆曲进入联合国首批"人类口头和非物质文化遗产代表作"名录,在来自世界各地的19个项目中,中国昆曲以全票通过。当年10月,联合国教科文组织巴黎总部会议大厅里响起了清脆悦耳的笛箫和千回百转的水磨腔,伴着演员的轻歌曼舞,中国古老的昆曲艺术征服了台下不同肤色的所有观众。演出结束后,大会主席给中国常驻联合国教科文组织大使衔代表张学忠的夫人递上了一张便条,上面写着:"我从来没见过这么美丽动人的女演员,更没见过这么美妙的中国戏剧艺术!"会后,张学忠收到了来自130多个国家人士的祝贺。其实,大会主席说的并不为过,因为苏州本来就是座歌剧之城。她不仅有昆曲,还有与其并肩的仙葩评弹——它是"世界最美的声音",犹如莺啼,天籁之音。

一、水韵神曲 古之遗音

语音是声腔的基因。"昆剧"又称为"昆曲","昆山腔"(简称"昆腔")是其母体。昆曲典雅唯美的文本唱词令人折服,婉转如莺的唱腔音调动人衷肠,表情画意的身段让人迷醉。许多地方剧种,像晋剧、蒲剧、上党戏、湘剧、川剧、赣剧、桂剧、邕剧、越剧、粤剧、闽剧、婺剧、滇剧等等都受到过昆剧艺术多方面的哺育和滋养,就是国粹——京剧也不例外。昆曲被周恩来总理比作风姿素雅、清香四溢的"兰花",流播面曾覆盖大半个中国,形成了北昆、晋昆、川昆、湘昆、徽昆、永嘉昆、滇昆等诸多分支;在明、清两代,曾维持了两个多世纪的鼎盛,在这期间,苏州也因此成了全国戏剧活动的中心。

昆曲虽高雅,却生于草根,兴于民间,底子很厚。乡间水上搭台,虎丘万人吟咏较艺。所以,它在初兴之时就已显示出非同寻常的艺术成就,迅速形成了昆曲史上第一个群星璀璨的高峰期,《牡丹亭》只是群峰之中更为突出的一座"珠峰"。也许正是这个原因,它甚至遮蔽了昆剧形成过程中的史前史——受孕的胚胎期。若追根溯源,昆曲的问世倒很像孙猴子的出世,是感受了日精月华、天真地秀的结果,于是才有"石破天惊"、非同凡响、惊天动地的传奇。

(一) 得天独厚的江南水韵,哺育出吴歌"船夫曲"

江南的山,不高不低,秀丽、妖娆、浑厚,胜似仙山。

江南的水,悠悠长长,虚无、神奇、淡雅,犹如圣水。

江南多梦,山水多情。山在云中转,水在山中流;荷在水中开,鸟在荷中鸣;人在烟雾中,船在画中行。婀娜多姿的身躯,朦朦胧胧的面容,江南的山山水水醉倒了天下数不尽的有情人。

中国文学史上山水诗派的开创者谢灵运(385—433),饱览江南山水自然景物,他有感而发在诗中曰:"白云抱幽石,绿筱媚清涟""晓霜枫叶丹,夕曛岚气阴""云日相辉映,空水共澄鲜""林壑敛暝色,云霞收夕霏""春晚绿野秀,岩高白云屯"……并在诗中说吴人"弄波不辍手,玩景岂停目。虽未登云峰,且以欢水宿""随山逾千里,浮溪将十夕。鸟归息舟楫,星阑命行役。亭亭晓月映,泠泠朝露滴"……动人心弦。

与其说一方山水哺育一方戏,不如说山山水水哺育了一方人。苏联文艺理论家普列汉诺夫认为一切艺术都起源于劳动,戏曲也不例外。1979年,太湖南岸的桐乡石门镇罗家角遗址出土了7 000年前的一只肢骨骨哨,长10.8厘米,直径为1.6厘米,骨壁厚0.1

厘米，有一个洞孔（见图8-1）。这可能是先吴人用于模仿禽兽鸣叫或用于自然原始宗教活动的。它既是文化艺术，也是后来戏曲的前奏。

图8-1 罗家角遗址出土的骨哨（桐乡市博物馆藏）

在狩猎—采集的原始社会里，人们出于集体生活的需要，在劳动中创造出了语言，进而产生了诗歌和舞蹈——"歌舞是模仿劳动的动作"，由此逐步演变为戏曲。如载于《吴越春秋》的《弹歌》，仅用"断竹，续竹；飞土，逐宍"八个字，就唱出了从制作工具到进行狩猎的全过程。从艺术表现的角度看，此歌虽极其简短，容量却很大，每句以一个动词带出，使画面富有动感，对狩猎的艺术表现可谓非常成功。

相传尧帝时的《击壤歌》，就是做"击壤"游戏时唱的歌："日出而作，日入而息，凿井而饮，耕田而食，帝力于我何有哉！"（《论衡·感虚篇》）这体现了原始口头文学兴于自然、不加修饰的特点。最后一句很有意思，先民点赞尧帝功德时，又发出这样的疑问：对我来说，如今所过的这种顺乎自然、取足大地的生活，与尧帝的功德有什么关系呢？揭示出原始先民已会思考问题，展示出"诗言其志，歌咏其声"的内核。王国维在《戏曲考原》中云："戏曲者，谓以歌舞演故事也。"

南朝梁代任昉所撰的《述异记》一书记述了与大禹并肩在太湖一带治水的防风氏，载曰："奏防风古乐，截竹长之三尺，吹之如嗥，三人披发而舞。"不仅有其乐，亦有其舞，自然也曾产生歌了。相传殷商末年泰伯、仲雍到江南也"以歌养民"，可见吴歌这条灿烂的文化长河至少已经流淌了4 000多年。《楚辞·招魂》载有"吴歈蔡讴，奏大吕些"。[1]"吴歈"即吴歌。"歈"，乃"俞"和"欠"之合文。"俞"是独木舟，"欠"是张口呼气，是独木舟的船夫在张口发声，也就是船夫曲。"吴歈"，就是吴地船夫唱的歌，这是吴歌的渊源所在，南北朝乐府的"吴声歌曲"、宋朝《乐府诗集》中的"吴歌杂曲"等概由此出。

船上的生活是艰辛的，人们都说"世上三样苦，撑船打铁磨豆腐"。湖上的船工，四面朝水，一面朝天，夏天的阳光能把人晒掉几层皮，冬天的寒风又直往骨头缝里钻。越是恶劣的天气，他们越要守在船上，一切为了生存。渔民劳动时必打号子，俗谚称渔民"手里拿了三寸板，不是叫来就是喊"。集体劳动起锚、扯篷、上网时，一人领唱众人和，节奏明快，高亢有力。二三人排网、摇舢板、取鱼时，亦要领唱与和唱，低沉有力，声音嘹亮。连一个人整缆、理网时，也自吟自和，委婉动听。旧时的太湖渔民，不分男女老少都能唱吟渔歌，有些熟练者还能即景生情，脱口而出，随编随唱，成为太湖"渔家一绝"。海德格尔

---

[1] 屈原著，刘庆华译注，《楚辞》，广州出版社，2004年5月，第215页。

曾说"歌声即生存","心生而言立,言立而文明,自然之道也"(刘勰《文心雕龙》)。就是在绿野丛林也不乏号子声。你听:

  嗯哼斫竹,嗬哟嗨！嗯哼削竹,嗬哟嗨！
  嗯哼弹石、飞土,嗬哟嗨！嗯哼逐肉！嗬哟嗨！

  这是约产生于春秋时期,由苏州张家港凤凰镇程墩村已故老人张元元传唱下来的,至今流传于河阳山(现称凤凰山)一带的河阳山歌——《斫竹歌》。[1] 据考证,这一"天籁之音"是古吴人最早狩猎时传承下来的号子歌。中国文联原主席、90岁高龄的周巍峙先生曾两次带领民俗学家、民间文化专家、著名音乐家、作曲家,亲临河阳山地区对河阳山歌进行实地考察,并题词盛赞河阳山歌是"人民的心声,民族的情结,国家的瑰宝,世界的奇葩"。它的发现改写了中国音乐史和诗歌史,它是华夏古老音乐文化的活化石,也是吴人活的历史,被列入国家首批"非物质文化遗产代表作名录"。

  又如《越榜枻人歌》。春秋时代,越船夫见来坐船的楚王子鄂君子晳长得漂亮,情不自禁地抱楫而歌,译成现代汉语为:"今日何日呀,得与王子同舟,山有木呀木有枝,心中喜欢君呀君不知。"这首歌约成于公元前560年,语言、体裁,均可做春秋时吴歈的旁证。再如春秋末的道地吴歈,为吴王夫差之女胜玉为爱情而殉的撼心之歌:"南山有鸟,北山张罗。鸟既高飞,罗当奈何？志欲从君,谗言孔多。悲怨成疾,没身黄垆。"

  三国时孙权在江东建立政权,苏州成为太湖流域的核心。陆机的名篇《吴趋行》道出了那时吴歌的状况:"楚妃且勿叹,齐娥且莫讴。四座并清听,听我歌吴趋。吴趋自有始,请从阊门起。……"东晋末,谢灵运作《会吟行》:"六引缓清唱,三调伫繁音。列筵皆静寂,咸共聆会吟。会吟自有初,请从文命敷。"这两首曲子的遣词造句、行文立意,都很近似近现代传唱的吴歌——"诸位静静心,我有一段情,唱拨拉诸公听……"可见,那时的名士都爱吴歌,以从中吸收营养。它是生活的光影、艺术的宝库。

  南六朝时期,江南地区已渐成中国的经济文化重心,民歌十分流行,多且美。诸如:"宿昔不梳头,丝发披两肩。婉伸郎膝上,何处不可怜。""欢愁侬亦惨,郎笑侬便喜。不见连理树,异根同条起。""气清月明朗,夜与君共嬉。郎歌妙意曲,侬亦吐芳词。""白露朝夕生,秋风凄夜长。忆郎须寒服,乘月捣白素。"这种意境、语言均美妙至极的民歌,文学史上称之为"清商曲辞"(亦曰"清商乐"),是不带伴奏的清唱歌曲。在清商曲辞里,有"吴声歌曲"和"西曲歌"之别。前者为吴地歌谣,后者为长江上、中游的歌谣。借引吴歌专家郑振铎先生的话:"吴声歌曲即太湖流域之歌谣,其中充满了曼丽婉曲的情调,清词俊语连篇不绝,令人情灵摇荡。"又说:"在山明水秀的江南产生这样漂亮的情歌并不足惊奇,可惊奇的是,他们的想象力比近代的《桂枝儿》《山歌》等更为婉曲奔放；其措辞造语比《诗经》里的情诗尤为温柔敦厚。"

---

[1] 张家港市文联,《中国·河阳山歌集》,华东师范大学出版社,2006年10月,第1页。

李唐王朝建立,它是承三国、两晋、南北朝、隋朝约四百年大动乱之敝而重新崛起的,礼乐文化早已毁灭殆尽。开国君主李世民要想树立皇朝的威仪,"国乐"是不可或缺的,但前几朝可移用的委实不像腔。他只好令几位重臣和专家办理此要务。这些人商量来研究去,最终决议:因雅乐已缺失,剩下的所谓国乐,多残破与讹变,无法再用,唯传承下来的吴音,其曲辞古蕴厚重,准定采用吴音为大唐之雅乐,并且定须请吴人来传习,方能保证其纯正。太宗皇帝照章批准,付诸施行。以后在武则天专政的四五十年里,因她不喜欢这种国乐,有所衰败,迨玄宗掌政,又请吴人来教习恢复,直至终唐之世(参见《唐会要》)。

到了两宋时期,城市大发展。"泥马渡康王",宋高宗偏安杭州,苏州已跃升为全国前列的大城市,南宋初年,吴地船夫有首感时之歌:"月子弯弯照九州,几家欢乐几家愁?几家夫妇同罗帐?几个飘零在外头!"声调凄怨,富有极强的感染力。传到明朝,时人誉为吴歈第一歌。

明清两代,江南一带戏曲已四季不断,立春前一日有迎春戏,正月十五有上元戏,清明节有踏青戏,四月初八有浴佛戏,五月初五有龙舟戏,七月初七有王母娘娘庙会戏,七月十五有中元戏,八月十五有中秋戏……苏州不仅在人口、经济、教育、文化艺术方面跃居全国城市前列,而且在社会风尚、观念心态上成了领导全国的"时髦中心"。那时的上层社会,以懂苏州话、会说苏州话为荣,以着苏州服饰、用苏产物品为荣;特别是妇女界,上至后妃宫眷、官宦妻女,下至民间匹夫乃至江湖艺女,更以穿着苏式服装、学说苏白、操唱吴歌引为骄傲。尤其对各式妓女来说,衣必吴装,话必苏白,吴歌成为必备之技能。清代《玉红草堂集》中的诗句"索得姑苏钱,便买姑苏女。多少北京人,乱学姑苏语"即为明证。

《五姑娘》《沈七哥》《赵圣关》《鲍六姐》《卖盐商》等长篇叙事吴歌,历来被认为是中国文学史上的一绝。尤其是《五姑娘》,全文长达8章25节2 900多行[1],是一部反封建的史诗。它是20世纪年过八旬、牙齿半落的苏州吴江区芦墟镇的著名女歌手陆阿妹的原唱词。这是她和丈夫做长工时深夜摇船口头创作的长篇山歌,情节曲折动人。内容描述暴富杨金元的胞妹五姑娘和长工徐阿天的爱情,受到恶嫂的嫉恨和阻挠。山歌以抒情的手法,描绘了江南水乡的诗情画意,故事感人,反映了反对封建礼教、要求婚姻自由的主题,是我国江南农村风情画式的民间叙事诗,流传于江、浙、沪交界的汾湖流域,使人感受到乡土味的浓郁、绿水荷风般的亲切,2002年被写进了中国文学史(见图8-2)。

图8-2 1982年中国民间艺术研究所所长、著名文艺评论家、美学家王朝闻,三下苏州,访问创作《五姑娘》的"山歌女王"陆阿妹

---

[1] 金熙,《中国·芦墟山歌集》,上海文艺出版社,2004年5月,第158页。

吴声也好，西曲也罢，山歌也好，船夫曲也罢，这些诗与词，歌与曲，写得清新、自然、文与道、雅与俗和谐统一，接通了历史的血脉，从眼到心，从心到思，由思而文、而诗，表达了歌者对景致、生活、艺术、情爱、传统、文化以本土的思考，其形象、境界、声韵之美，闪耀出特殊的光彩，使人听后感到惊心动魄。

"昆曲"犹如潺潺流水，细腻柔婉、清雅秀丽。正是这潺潺流水孕育了浓郁的江南水韵。如今的"昆曲"成为世界人民共同的文化遗产，在异国他乡的舞台上，青春妩媚、敢爱敢恨，一个悠悠荡荡的水袖，一声千回百转的轻叹，让听不懂中文的外国人也为之喝彩，为之着迷，为之倾倒。究其因，它的声调受了水的滋养。

一是吴人生活在流淌起伏的烟水之中。"烟水"是吴地人的自然禀赋；"烟水"，朦朦胧胧，千变万化，神秘莫测，婀娜多姿。吴地人的心灵，也就像这烟水一样清纯、淡雅。烟水的源泉是水，生活在江河湖畔，易使人浮想联翩、跃跃欲动，重智慧，多想象。张大纯在《石湖秋泛》中曰："山势西北来，列岫如图嶂。青枫兼白苇，曲渚相荡漾。忆昔鸱夷子，扁舟信所向。茫茫笠泽间，烟水见奇状。世事几浮沉，黄华自开放。击楫溯遗踪，达人寄高尚。"[1]可见，"烟水"更多地保存了人与自然、人与社会的天然联系和原始情感。比如"断发文身，裸以为饰"，这里的"裸"字，一是体现了吴人在水中不穿衣服，以裸体为美，即生命力本体之美，象征着吴人自由自在、一往无前的精神，给人以启迪；二是吴语不晦涩，少形容，一听就懂，把白话炼成金子，具有老舍先生所说的语言的裸体美。把自然作为道的喻体，用自然中的景象和故事来说明道理，这是吴人在与大自然的交往中对自然的玄化，"言有尽而意无穷"。大雅大俗是一种很高的文化境界、艺术境界，这无疑是人与自然的和谐达到高峰时的产物，亦是江南文化诗性的核心和原版。

伏尔泰和所有启蒙运动的思想家们，如同冲破重重黑暗的亮光，打破了欧洲中世纪的神学枷锁，开启了科学和理性之门。伏尔泰去世后，他的棺木上刻了这样一行字："他拓展了人类精神，他使人类懂得，精神应该是自由的。"由于吴越之地在历史上偏居一隅，天高皇帝远，他们是自由自在的。

二是吴语语音具有因声调而带来的音乐性。根据现代学者研究，古代吴越人说的是一种"胶着语"，一字有多音节，在词汇上具有多义性、模糊性，在语法上具有灵活性、随意性。它隐藏着一个民族的思维习惯和审美情趣，给人以朦胧美，并留下想象的空间。这一切自然无助于逻辑性的表述和科学性的思维，但恰恰有利于形象性的表述和艺术性的思维。从这个"存在的家园"出发，吴人自古就以一种诗性的思维和诗性的态度来对待世界。它是一种心灵的语言、一种诗的语言，具有诗意和韵味；它是灵魂的唤醒、心灵的充实、精神的重塑、思想的升华：这便是吴人说话为什么像唱歌的缘故。

三是宁静的家园。历史上的江南远离政治、军事集团冲突的中心，避免了战争的破坏与摧毁。从晚唐到宋代，江南地区虽间或遭受战火侵扰，但总体说来是宁静、和平的，

---

[1]（清）徐崧、张大纯，《百城烟水》，江苏古籍出版社，1999年8月，第18页。

正如戏剧大师莎士比亚所说,"我们的这种生活,虽然远离尘嚣,却可以听树木说话,溪中的流水便是大好的文章,一石之微,也暗寓着教训,每一件事物中间,都可以找到些益处来"(《皆大欢喜》)。

四是崇文厚德。吴人普遍喜好读书,"少好学""晴耕雨读""带经锄于野""船头一壶酒,船尾一卷书,钓得紫鳜鱼,旋洗白莲藕"就是例证。江南多才子,才变得更加美。

五是烂漫的情操。吴越人喜爱"琴、棋、书、画"以及舞蹈,7 000多年前马家浜罗家角的一只古拙的骨哨,可能只是模仿禽兽鸣叫,但它却是木管乐器、铜管乐器的根,它吹出了先民们辛劳的田园牧歌。有着3 000多年历史的被誉为"绝世清音"的吴地古琴,其代表作《松弦馆琴谱》,用清远淡雅的古琴曲、悠远甜美的人声演唱,营造出深邃宏大的艺术意境,焕发出诗情诗性的光华。

2003年3月至2004年12月,在无锡市锡山区鸿山镇的土墩里发现了种类齐全的庞大地下乐器库,共出土乐器500余件,既有成套的仿中原青铜乐器的编钟、甬钟和石磬,亦有越式的錞于、丁宁、铃形器、钮铎、句鑃、钮镈、鼓座等,还有以往从未确认的3只造型生动的十分罕见的青瓷三足缶,其数量和品类远远多于曾侯乙墓。清脆的瓷之声,传来了悠远的历史回响;厚重的尘之土,掩埋着太湖流域多少曾经的辉煌源头。一江春水向东流,迤逦之声起江南。

(二)善发南曲之奥"翻新谱",顾坚始创"昆山腔"

"南戏"是江南戏曲的统称。"昆山腔"是宋元"南戏"四大声腔之一。最早提到海盐腔、余姚腔、弋阳腔、昆山腔"四大声腔"的是明中叶《猥谈》的作者祝枝山,但"四大声腔"的形成并不是在明中叶,它们的原始形态,至迟在宋元民间就已流行了。宋以后,南北曲交流融会,南曲有了曲牌联套,并形成了相应的板式,其中出类拔萃的声腔随着南戏的流传超越了语音母地的局限而向外辐射,明徐渭在《南词叙录》中说:今唱家称弋阳腔则出于江西,两京、湖南、闽、广用之;称余姚腔者,出于会稽,常、润、池、太、扬、徐用之;称海盐腔者,嘉、湖、温、台用之;唯昆山腔止行于吴中。[1]

其实,海盐腔除"嘉、湖、温、台用之"外,稍后还曾远传至江苏、山东、江西、北京等地。南曲"四大声腔"中,昆山腔比较弱小,徐渭虽说"止行于吴中",但实际上,昆剧《浣纱记》问世之前,苏州流行的主要南戏声腔并不是昆山腔。

"昆山腔"直到明代中叶尚无力与海盐腔等声腔抗衡,这不是昆山腔艺术较其他声腔逊色,相反,昆山腔"流丽悠远,出乎三腔之上,听之最足荡人";也不是昆山腔传统较其他声腔浅薄,因它在明初时已有名声了。朱元璋在洪武六年(1373年)召见昆山百岁老人周寿谊,就特地问起了昆山腔。明代周玄暐的《泾林续记》记录了这段轶事:"太祖闻其高寿,特召至京,拜阶下,状甚矍铄。问:'今年若干?'对云:'一百七岁。'又问:'平日有何修

---

[1] 中国戏曲研究院,《中国古典戏曲论著集成:第三集》,中国戏剧出版社,1959年,第242页。

养致此?'对曰:'清心寡欲。'上善其对,笑曰:'闻昆山腔甚佳,尔亦能讴否?'曰:'不能,但善吴歌。'命歌之,歌曰:'月子弯弯照九州,几人欢乐几人愁。几人夫妇同罗帐,几人飘散在他州。'太祖抚掌大笑,命赏赐酒馔于殿上,又蠲其家丁役,送其还家。"

从这则轶事中,我们可以看到:一是"昆山腔"的名声在明初已传到宫廷,连皇帝老爷也听说了;二是朱元璋认为昆山腔"甚佳",至少他有点懂了。

需要指出的是,昆曲发展可分为三个阶段:昆山腔→昆曲→昆剧。"昆山腔"是指魏良辅创研成功昆曲(水磨腔)之前的民间声腔,其创始者是以顾坚为首的"一班人"。

顾坚(元末明初戏曲家,昆曲鼻祖),乃苏州昆山千墩人。根据日本国立国会图书馆藏《顾氏重汇宗谱》记载,顾坚之父顾鉴,晚娶毗邻华氏,得一子,名坚,字颙玉。顾坚天生歌喉,自幼从姑母学曲习唱。生而聪颖,雅好诗文,善作乐府散曲,时人尊为相公焉。尝与"风月福人"杨铁笛、"风月主人"倪云镇、"风月异人"顾阿瑛交往,号"风月散人"。

他不慕官场利禄,官拜太尉、中书平章政事、知枢密院事的扩廓帖木儿,因酷爱南曲而招徕过他,他却"屡招不屈",不愿与外族统治者合作,反倒与几位曲友——杨铁笛、顾阿瑛和倪元镇等交往甚密。

杨铁笛,元末明初著名诗人、散曲家,王世贞把他称为东南文人集团的"盟主";真名杨维桢,浙江诸暨人,善笛,人称"铁笛道人",故以为号。顾阿瑛,苏州昆山正仪人,《明史》有传,称他"轻财结客,豪宕自喜"。元末张士诚在苏州称王前,曾因贩盐失利,两次得到顾阿瑛资助,称王后,有意报答,多次邀顾阿瑛出仕,均被谢辞。顾阿瑛曾筑"玉山草堂",并建造私家园林,称为"玉山佳处"。不仅"园池亭榭之盛,图史之富""甲于东南",且顾家家班,也"冠绝一时"。顾阿瑛本人精于诗词,善唱,又擅奏多种乐器,常在草堂中轻歌曼舞,伴奏乐器有打击乐(板)和弦管乐(弦、笙),这与后来昆曲的伴奏乐器已经很相仿。

出入顾阿瑛玉山草堂的不仅有杨维桢、张翥这样的词曲家,还有著名南戏作家柯九思、高则诚等。一般认为柯九思是南戏《荆钗记》作者,高则诚是《琵琶记》作者。顾阿瑛在他的《玉山草堂雅集》第八卷中这样介绍高则诚:"长于硕学,为时名流,往来于草堂。"

而"善发南曲之奥"的顾坚也是顾阿瑛玉山草堂座上客。顾坚对权贵扩廓帖木儿"屡招不屈",这和顾阿瑛谢辞张士诚之请的清高相仿。不同的是,顾阿瑛出身士大夫之家,系富家子弟,顾坚却是一介布衣平民,顾坚之所以能成为玉山草堂的常客、上宾,正是因为他们有着共同的性格,以及以对声腔艺术的热衷为纽带。作为顾阿瑛声腔艺术人才群落的一员,不难想象,"善歌"的顾坚在玉山草堂不会不演唱"昆山腔"。也许顾坚正在把玉山草堂作为研究改革昆山腔的实验场,并得到了顾阿瑛的支持。

顾坚的另一个曲友倪元镇是著名北曲家,善抚琴、精音律,也是玉山草堂的贵宾,有多支北曲小令留传于世。杨维桢、顾阿瑛、倪元镇与顾坚深交,不仅是因为他们能够经常在玉山草堂相聚,更重要的原因是他们之间有着共同的声腔语言,他们的交往对于顾坚所醉心的昆山腔的研究、改革也是一种声援和支持。

精通音律的顾坚发扬"工匠精神",把流行于昆山各地的民歌、小调、山歌汇收起来进行提炼和改造，使它们能够归类成套并赋予其相应的板式，从而使它们适应以歌来唱南戏。他善发南曲之奥"翻新谱"，获得了巨大成功，其风月情词，甚得闺中姑嫂深爱，尝制锦囊藏之。

走进位于昆山千灯古镇的顾坚纪念馆（图8-3），在一个仿古的房间里，看见那么多男男女女坐在那里，热切地听着小小布景前仿古的腔调，一段段地唱，才猛然醒悟千灯不是一般的古镇，而是一个诞生过昆曲创始人顾坚、大思想家顾炎武的历史文化之乡，当然，还有一位文学家兼音乐家陶岘。

图8-3 昆曲鼻祖顾坚塑像

陶岘是晋代大文学家陶渊明的第九代嫡孙，在唐代开元年间从江西九江迁移到千灯一个小村生活居住。因为陶氏家族名望极高，因此小村以陶氏为姓，并且建造一座石拱桥名为陶家桥，小村也叫陶家桥村。陶岘不仅爱好文学，娴熟经济，撰写《乐录》，更是一位旅游爱好者，往往数年不归，子孙都长大了，可他连名字都叫不出来。他还特意造有三条船，一条自己用，一条给宾客好友，一条准备膳食，并且带上自己的乐队，用"丝""竹"做的弦、管乐器演奏地方上流行的民族乐曲，慢慢地这种乐曲及演出方式就流行于江南，被称为"江南丝竹"，陶岘亦被誉为"江南丝竹"的创始人。

顾坚的故乡千墩（所谓"千墩"就是指周边约有一千个土墩，现为"千灯"）是昆山东南的重镇，吴淞江流经其境，北是娄江，西连郡城苏州，东接州治太仓之浏河，经长江出海。这里经济繁荣，文化发达。2200多年前，千墩亦曾是秦始皇遣方士徐福第二次"入海求仙人"驻扎、休整，补给物资、人员之地，至今仍有徐福的后裔。早在梁代天监年间，千墩建造了延福寺，七级浮屠秦峰塔至今巍然屹立。

据地方州志、邑志载，昆山、太仓民间有"伎乐送祖"、春耕前有"搭台唱戏"的风俗。农人好唱山歌，戏台大都搭在广场、寺庙里，还有半搭在水中的戏台，称"河台"。而元末时，杂剧、南戏余热正炽，尤其苏州地区，海盐腔等南曲声腔的流行方兴未艾，南戏传奇正在呼唤新的声腔加盟。故顾坚研改昆山腔得其地利、天时。何况顾坚"善作古赋""善歌""善发南曲之奥"，其"三善"的才华，为他的声腔研究提供了有力保障。加上他与倪元镇等诸北曲家的友情，以及有机会在玉山草堂与著名词作家、南戏传奇剧作家交往，特别是有《玉山草堂雅集》为他提供了实验演唱的平台，让他又得了"人和"之利。

"曲圣"魏良辅曾说"故国初有昆山腔之称"，这为我们提供了非常确凿的信息。首先，"国初"，即明代初年，昆山腔在明代初年已开始成为南戏声腔了，这就是说，昆山地区的民间小调、山歌、民歌在顾坚人才群落的努力下已经套曲化、规模化、板式化，并运用于南戏传奇的演唱；其次，明白无误地告诉我们："国初"之前（元代）尚没有"昆山腔"这个名称,有的只是昆山地区的民歌、小调。"昆山腔"的冠名得自声腔歌唱南戏的成功,就像海盐腔出自嘉兴海盐、余姚腔出自绍兴余姚一样,顾坚就以自己的故乡昆山命名之。"昆山腔"由此横空出世,成为南戏"四大声腔"之一。

"昆山腔"的演唱分两种:一种是散曲形式,另一种称为南戏声腔。据《六如居士外集》所载,唐寅与祝允明等曾在"雨雪中作乞儿鼓节唱'莲花落'",他们"浪游维扬,极声伎之乐"以致"贵用乏绝",其对南曲之钟情与痴迷亦可见一斑。昆山腔"妓女尤妙此"[1],正因为吴中妓女尤爱昆山腔,据此也可推知"纵游平康妓家""极声伎之乐"的唐寅和祝允明的散曲与昆山腔之间那种非同一般的关系了。

《群音类选》"清音类"收录有祝允明的南散曲《八声甘州·咏月》《番山虎·闺怨》以及《新水令·春日闺情》南北合套等。祝允明常与唐寅出入"平康妓家","极声伎之乐"乃至"常傅粉黛,从优伶间度新声",可见他们乐于为昆山腔填词,声伎优伶也乐于用昆山腔歌唱祝允明的散曲。故清初苏州曲坛李玉在《南音三籁·序》中把祝枝山、唐伯虎、郑虚舟、梁辰鱼的散曲并称,称他们的散曲堪比"诗际盛唐",乃是"无以复加"的"于斯立极"之作。

从明初到嘉靖中叶的近 200 年间,四大声腔在吴中并存,据吕天成《曲品》所载(南戏),曾经用昆山腔演唱的剧目有《琵琶》《拜月》《荆钗》《牧羊》《香囊》《孤儿》《金印》……计 27 部。此外,沈德符《顾曲杂言》在提到南曲"填词名手"时说:南曲,则《四节》《连环》《绣襦》之属,出于成弘间,稍为时所称。其后则嘉靖间陆天池名采者,吴中陆贞山黄门子弟也,所撰有《王仙客明珠记》《韩寿偷香记》《陈同甫椒觞记》《程德远分鞋记》诸剧,今唯《明珠记》盛行。又郑山人若庸《玉玦记》,使事稳帖,用韵亦谐,内"游西湖"一套尤为时所脍炙。[2] 除上述《曲品》所列出的 27 种外,至少还有《明珠记》《玉玦记》《南西厢》等,也就是说,用"昆山腔"演唱过的南戏作品在魏良辅创研的昆曲问世之前,总计至少有 30 种。在《明珠记》创作过程中,陆贞山曾得到其兄陆粲的协作。据载,《明珠记》完成后是集中了吴门老教师中精音律者逐腔改定,然后再搬上舞台的,曾盛行一时。笔者认为,这是多方交流融合的硕果,而民间又是硕果之树的栽培者。

可惜的是,顾坚这位出生在教坊乐户家庭的小文人,不幸遭遇双目失明,沦为"陶真"艺人(陶真,又作淘真,是一种用琵琶和鼓伴奏的说唱艺术,它起源于宋代农村,大多不入勾栏,由路歧人——多为盲艺人,在街巷旷野甚至农村表演),依靠"弹唱词话"谋生。而正是"弹唱词话"给了他一片新天地——为普通百姓演唱的大舞台,从而使其开创的"昆山腔"得以广泛流传。他所著《陶真野集》十卷、《风月散人乐府》八卷,今均已不存。

二、百戏之祖 誉满天下

无论中外,古人在原始宗教时期的各式拜神行为演变为戏的史实说明,无神不成戏,

---

[1] 中国戏曲研究院,《中国古典戏曲论著集成:第三集》,中国戏剧出版社,1959 年,第 242 页。
[2] 中国戏曲研究院,《中国古典戏曲论著集成:第四集》,中国戏剧出版社,1959 年,第 209 页。

无戏不神奇;戏无奇不传,传而必奇。曲圣魏良辅,就是一个神秘的谜。

(一) 神迷痴醉"无声戏",呕心沥血十年不下楼

魏良辅(1489—约1566),新建(今江西南昌)人,字师召,号此斋,晚年号尚泉、上泉,又号玉峰,为嘉靖年间杰出的戏曲音乐家、戏曲革新家,对昆山腔的艺术发展有突出贡献,更有"曲圣"之称(见图8-4)。

他天生一副好嗓子。其青少年时期,南戏的海盐腔、余姚腔、弋阳腔以及吸收其精髓的青阳腔盛行于南昌。他一边博览群书,一边刻苦钻研曲艺。明弘治十三年(1500年),年仅11岁的魏良辅参加新建县学考试,中了秀才。次年,他潜心北曲,十年如一日,只是收效甚微。后赴南京投靠老乡、著名哲学家、明代"气学"的代表人物

图8-4 "曲圣"魏良辅雕塑像

罗钦顺门下,苦学五年不倦。正德十一年(1516年),魏良辅返回南昌参加乡试,考中举人,旋即赴京会试。嘉靖五年(1526年),登进士第,开始在官场崭露头角。应该说,他将官家的活计调理得像一首南曲,历任工部、户部主事,刑部员外郎,广西按察司副使。嘉靖三十一年(1552年)擢山东左布政使(系二品,属于现省级行政最高长官)。三年后致仕(辞去官职),流寓于江苏太仓。

魏良辅近30年宦海泛舟,波澜不惊,为何突然交还官职流寓太仓呢?这是一个谜。不过,恩格斯有句名言:"历史就是我们的一切。"雨果说:"历史是什么?是过去传到将来的回声,是将来对过去的反映。"过去,现在,将来,难以割裂,浑然一体。仔细分析他"致仕"的原因,这个谜或许可以破解。笔者认为缘由可能有二:

一是元末明初社会大动乱,广大的中原地区在从"靖康之难"到元末的两个多世纪中屡遭浩劫,至明初已是"中原草莽,人民稀少",与人口稠密、富裕的江南形成鲜明的对照;加之官场险恶,他觉得自己老了,稍有不慎,会落入旋涡。

二是他在京城邂逅了北曲大师王友三,听其一席话,惊醒梦中人,他做出了人生的重要抉择。明代戏曲家余怀在《寄畅园闻歌记》中说,魏良辅"初习北音,绌于北人王友山,退而镂心南曲,足迹不下楼十年"。可谓失之东隅,收之桑榆,圆了他从小就喜爱戏曲的梦。

吴中的繁华富庶居江南之首,苏、松两地多出文人,流寓和占籍之士又加入其列,文学在文士中蔚然成风。张士诚据吴时,先后在平江的知名文人有高启、杨基、张羽、徐贲、王行、唐肃、宋克、余尧臣、吕敏、陈则、王彝、高逊志、陈基、戴良等等。高启、杨基、徐贲、张羽号称"吴中四子",时人比之以"初唐四杰"。四子中的高启、徐贲和张羽,加上王行、

宋克、余尧臣、吕敏、陈则、高逊志、唐肃,又有"北郭十友"之谓,因为他们都住在平江北郭的齐门一带,交情十分密切。与平江相邻之地也有一些著名文人,如寓居松江的杨维桢,还有江阴王逢、昆山顾瑛、无锡倪瓒、华亭袁凯等等。以上这些文士中,若论原籍,多非吴籍人士,但都定居吴门。张士诚又开弘文馆,筑景贤楼,重金聘请文人儒士,故元末明初的江南云集了明初诗坛的大多数精英。

对于在南京、山东等地工作过的魏良辅来说,这些历史背景他不可能不知。特别是到明朝中后期,苏州是中国东南首屈一指的大都会。这里交通十分便捷,横向的有万里长江,纵向的有京杭大运河,商旅往来频繁,其繁华程度超过了当时前后的两个都城(北京和南京)。这里的地价是全国最高的,这里向京城交纳的粮食和税银,居然占到了全国的十分之一。苏州,给出了当年中国人生活的最高标准。

自从元末明初顾坚始创"昆山腔","流丽悠远,出乎三腔之上,听之最足荡人"。那时,听昆腔、唱昆曲是苏州最风靡的生活方式。每到中秋,当一年一度的虎丘山曲会举行的时候,那千人石上坐满了人,有本地人也有外地人,有懂曲的也有不懂曲的,有年老的也有年轻的,带着菜与酒,边吃喝边听曲,不是点头赞许就是跟着和唱,直至深更半夜,整个苏州城都陷入了狂欢的海洋。这些历史状况,对镂心钻研曲艺的魏良辅来说也是不可能不知的。于是,他在致仕退下后,很可能在山东乘船沿着京杭大运河南行至苏州东下娄江,也可能乘海船,到了皇上的粮仓之地——太仓州(牛郎织女传说的诞生处——太仓南码头)。

南码头位于太仓城南三里处。据《太仓县志》载,南郊古代经济繁荣,元明时期,因外通大小琉球、高丽、日本、安南、暹罗等六国,号称"六国码头",并于此设"海运仓",集结江浙等地运燕(今北京)漕粮上百万石,故又有"天下第一仓"之称。仓河上有关帝庙桥、北仓桥、环龙桥、仓桥和南仓桥等,南来北往的人员众多,南腔北调皆有,人气很旺。

机遇总是垂青于有心人。这些地理与文化氛围,尤其是距"昆山腔"的始创地(千墩)很近,曾任"山东左布政使"的魏良辅当然是清楚的。他"退而镂心南曲",便一口气奔到天造地设的南码头,以实现夙愿。这是魏良辅"流寓"太仓的又一主要原因。

他"流寓"太仓后感到,元杂剧虽"擅胜一代",但这种音乐南方人不适应,因"多染胡语"——用北方话唱的,很急促、不安详、不从容,故"南人不习也"。南方人喜欢安详的稳定的那种节奏,曲调唱得很慢,一个音要拖三个小节,讲究情调,优美又动听。于是他利用水上的交通之便,足迹遍及苏南大地。曾任省级行政长官的他,不耻下问,能者为师,洞箫名手张梅谷、笛师谢林泉都成为魏良辅的帮手。尤其是颇具音乐天分的张野塘(安徽寿州人),擅长北曲,曾被宰相王锡爵招致门下,教习家伶。他弹起弦索(三弦)来如珍珠掼地;拨弦按音之间,似闻风雨声声。可惜的是,他犯罪后被发配到太仓做"戍卒"。一次,魏良辅听他唱曲,竟一口气听了三天三夜,几乎喜爱到了极点,相见恨晚。魏良辅有一位貌美善歌的女儿,许多富贵人家争相求婚,他都不同意,后来他竟然把女儿许配给张野塘为妻。从此,翁婿联手,将昆曲的改革推上了新的峰峦。

明张大复《梅花草堂笔谈》载:"良辅自谓勿如户侯过云适,每有得,必往咨焉,过称善乃行,不,即反复数交勿厌。"过云适,史料记载极少,大概是掌管户口籍账之事的小官。明嘉、隆年间,太仓卫南关的驻军尚武,西关的驻军善曲,过云适恰好是善唱南曲的度曲家(即制曲、作曲家),魏良辅知道自己不少方面不如他,便常常以研究心得去请教。过云适说行就行,说不行就不行,多次反复,不厌其烦。终于,魏良辅"尽洗乖声,别开堂奥。调用水磨,拍捱冷板,声则平上去入之婉协,字则头、腹、尾音之毕匀。功深熔琢,气无烟火。启口轻圆,收音纯细……"令人耳目一新。

周贻白先生在《中国戏剧史长编》一书中说:"魏(良辅)不过一后起的歌人,因其有一副天赋过人的好嗓音,并兼通音律,参合其他腔调的长处,把'昆山腔'唱得更加婉转曲折,于是一般人皆捧为圭臬。其实,这里面还不知埋没多少无名英雄,过云适之得见记载,已属万幸了。"他又说:"过氏对魏氏之创昆山腔实居于指导地位,说不定魏之'能谐声律',也和过氏有关。"

再说,不仅仅是过云适指导过魏良辅。当时吴中一带还有几位老曲师,如袁髯、尤驼,都比魏良辅这个后起之秀的资格老。如陶九官、周梦谷、滕全拙、戴梅川、陆九畴、包郎郎等歌人,在艺术上也各有造诣,魏良辅都虚心地向他们请教过。

据张大复《梅花草堂笔谈》载,昆山人陆九畴善于唱曲,很想与魏良辅一比高下。然而登上戏坛,亮开嗓子一唱,发觉自己不如魏,立即甘拜下风。到后来,连袁髯、尤驼等老曲师,也"皆瞠乎自以为不及也"。

在兼收南北曲之长,将昆山腔演变为昆曲,并使之逐步取代其他各腔的地位、独霸曲坛的过程中,被誉为"曲圣"的魏良辅,是一大群研究者、实践者的代表人物。魏良辅能够脱颖而出,最重要的因素是他善于把别人的长处学到手,并且敢于在吴中歌曲发达、昆腔基本形成的基础上,创造出一种完整的新唱法。

魏良辅在向民众学习、反复实践的基础上,对昆腔进行了大刀阔斧的综合改革创新。为创新"水磨腔"(即腔调软糯、细腻,好像江南人吃的用水磨粉做的糯米汤团一样),闭门谢客,独自躲在古娄江畔的小楼上,穷讨古今乐律,十年不下楼。整整十年,春来春去,花开花谢,置身在五声音阶构筑的南曲天地里。我们在振兴中华、改革创新中特别需要这种精神。

众所周知,南音,是广泛流行于闽南地区的乐种。它是中国现存最古老的乐种之一,有"中国音乐史上的活化石"之称。南音的乐器主要有横抱曲颈琵琶、十目九节洞箫,以及二弦、三弦、拍板等十多种。弦管演奏时,右侧琵琶、三弦,左侧洞箫、二弦,和谐地合奏古曲,或为居中执拍板而歌者伴奏,尽显古朴优雅。它雅俗共赏,可以很宫廷,也可以很草根。由于古人不重视记谱,许多音乐连乐谱都没有留下,这也是不少古乐消逝的重要原因。而南音却十分重视记谱,弦管曲谱用"乂工六思一"五个简明表音汉字记音,对应宫商角徵羽五音,填入曲词,配上琵琶指法和撩拍符号而自成体系,有效地把各种乐音记录下来,加上南音乐人竭诚地"口传心授",使得南音一曲飘万家。

福建莆田人余澹心在《寄畅园闻歌记》中说:"良辅初习北音,绌于北人王友山,退而镂心南曲,足迹不下楼十年。当是时,南曲率平直无意致,良辅转喉神调,度为新声。"也就是说,魏良辅认为当时的南曲唱腔"率平直无意致"(行腔简单,或节奏拖沓),于是以原昆山腔为基础,参考海盐、余姚等腔的优点,并吸收了北曲中的一些唱法("抑扬顿挫,索纤牵结,停声、偷吹、依腔、贴调"等润腔手法,以及用不同音色塑造人物性格、情感的演唱技巧),将笛箫、笙琴、琵琶、弦子集合一堂,"每度一字,几尽一刻。飞鸟为之徘徊,壮士闻之悲泣,雅称当代",体现了东方人的情感特征,许多难以表述的情感,水一般地在委婉悠长、顿挫抑扬中汩汩流注,打动着人们内心世界最柔美的灵感区。于是天下翕然宗之。许多人不惜千里迢迢前来,花费巨资请人教授"水磨调",开创出"四方歌者皆宗吴门"的昆曲新境界。

可见,中国古代戏曲以曲成戏,曲是本体,是源头。这跟古希腊戏剧以"剧"为源头,古印度戏剧以"舞"为源头,是很不相同的。无论是宋代戏文,还是元代杂剧,都联曲成戏,是曲和戏的复合体。昆曲则是发展到了极点的曲。曲文必须依照曲律,引子要吟诵,念白定调要高,句读要运用诗化节奏。歌唱称度曲,必须依照曲腔腔法,连打击乐也是曲的组成部分,无法忽略,就连舞台上演员的表演也要在曲腔节律中进行,方可使表演和曲腔相得益彰。

"曲"是至关重要的。它的根在唐代宫廷音乐,溯源于《诗经》,故昆曲无疑是雅正之曲。当然,强调雅并不等于漠视"俗"。昆曲中既有《疗妒羹·题曲》这样缠绵悱恻,展示丰富、复杂的情感世界的雅,也有《望湖亭·照镜》这样极尽讽刺之能事的俗;既有《玉簪记·琴挑》这样借婉约琴声传情的雅,也有《钗钏记·相骂》这样絮絮叨叨、吵吵嚷嚷的俗。即使是在《牡丹亭》中,汤显祖也特意设计了石道姑、癞头鼋、郭橐驼等市井人物形象。然而,他们的"俗"恰恰是为了衬托杜丽娘和柳梦梅的雅。昆曲讲究的是俗不抑雅,俗不伤雅,俗到极致亦是雅。可见,昆曲是雅之极品,即便是京剧演员,过去也必须学昆曲,梅兰芳祖父梅巧玲开蒙就是在昆曲班。

(二)案上唯留《南词引正》书一卷,一炷香火守望到如今

在魏良辅的学生中,最有成就的要数昆山人梁辰鱼(约1521—约1594,字伯龙,号少白),他考订元剧,自翻新调,作《江东白苎》《浣纱记》诸曲,将昆山腔进一步发扬光大,其《浣纱记》更是一部划时代的作品。

《浣纱记》原名《吴越春秋》,写的是越国君臣团结图强,休养生息,终于破灭吴国的故事。这出戏第一次成功地把"水磨调"用于舞台。该剧排场热闹,曲调铿锵,一时引起轰动。王世贞有诗:"吴闾白面冶游儿,争唱梁郎雪艳词。"潘之恒则赞曰:"一别长干已十年,填词引得万人传。"可见《浣纱记》一剧万人争观的场面。从此昆曲有了一个新词,叫"昆剧"。从元末到魏良辅时期,昆腔还只停留在清唱阶段,到了梁辰鱼那里已是近乎完美的中国戏剧,它融合歌、舞、介、白为一体,运用手、眼、身、法、步等表演技能来塑造舞美

形象,载歌载舞,工丽、雅致、精到,体现了中华文明5 000多年来一脉相承的极其鲜明的儒雅文化特征和东方美学特征。这既是昆剧的开山之作,又使昆腔焕发了舞台的生命力。这是梁辰鱼在中国戏剧史上的重大贡献,至今仍是中国戏曲美学的最高典范。

正当大街小巷皆说"水磨腔",魏良辅功成名就、友人们举杯庆贺改革成功时,魏良辅却突然神秘"失踪"了,再度令人瞠目结舌。案上,唯留一卷《南词引正》(又名《曲律》)。这又是一个谜。

他是功成名就后忽然动了思乡之情,悄然回了南昌呢?还是忽然厌倦了台上的闪耀光环,选择老死江湖做寂然孤魂呢?查来查去,不见踪影。后人苦苦寻找,只有《九宫正始》的编辑之一钮少雅在文中透露了一点消息:"弱冠时,闻娄东有魏良辅者,厌鄙海盐、四平等腔而自制新声。腔用水磨,拍捱冷板,每度一字,几尽一刻。飞鸟为之徘徊,壮士闻之悲泣,雅称当代。余特往谒之,何期良辅已故矣!"如果按照时间上溯,魏良辅也许活了80多岁,逝世时间可能在明万历十二年(1584年)左右,他晚年及逝世时境况如何?只有苍天知道。

月下聆听,昆曲姓昆,更姓曲,它依然如苏州的园林玲珑灵气。苏州人,以一炷香火在守望,"燃我一生之忧伤,换你一丝之感悟"。此时,我们来细细琢磨他留下的《南词引正》。

《南词引正》是一部戏曲演唱论著,篇幅虽小,但内容精湛独到,中心内涵是对昆曲演唱规律的阐发,包括学唱途径、唱法和听曲门径等等,俗称"曲律十八条",是对新声腔歌唱方法的理论总结。元代有过同类著述《唱论》,但《唱论》是元曲家燕南芝庵对杂剧(北曲)歌唱实践的归纳。《南词引正》则全面总结了南曲的歌唱规律和歌唱技法。全文虽不足1 500字,但对南曲而言,既是开创性的,也是划时代的。

魏良辅在提及昆山、海盐、余姚、弋阳、杭州等南曲声腔时提道,南曲声腔之所以"腔有数样,纷纭不类",是由于"各方风气所限"。声腔的形成与地方人情、风俗,特别与语音密切相关。不唯南曲,北曲亦然。魏良辅在第八条论述北曲声腔时说:由于"五方言语不一",才有"中州调""冀州调""古黄州调"以及"磨调""弦索调"等,从而指出了民间声腔形成的一般规律。但魏良辅对声腔的"各方风气所限"的表达,也可以看成是他在研究和运用新的声腔语音——苏州官话("苏州—中州音")过程中切身经验的反馈。

据载,为《南词引正》作"叙"的曹含斋与毗陵吴伯高以及《浣纱记》的作者昆山梁辰鱼常"结客秦淮",且有"莲台之会",而其时新声腔因得到梁辰鱼的推波助澜,广为流传,以至"取声必取伯龙氏",并"谓之'昆腔'"。魏良辅似乎很乐意人们把新声腔称为"昆腔"或"昆山腔"。尽管在南曲"四大声腔"中,昆山腔最晚出,这支小小的民间声腔,直到"国初"(明初)因顾坚曲家群落的改革才取得了"昆山腔"的冠名权,但魏良辅却断语在南曲诸多声腔中"惟昆山为正声"。

为了给"正声"张目,魏良辅又把它说成是"唐玄宗时黄幡绰所传"。在明代,唐玄宗已被梨园界奉为"戏神"了,黄幡绰作为宫中艺人与昆山很有关系,他死后就葬在昆山(墓葬处现名"绰墓")。魏良辅借着黄幡绰,为"昆山腔"找到了通向"正声"的通道。在《南词引正》的第八条中,魏良辅还把北曲"磨调""弦索调"说成"乃东坡所传",这是因为魏良辅已把北曲引进昆曲的缘故,与"黄幡绰所传"乃异曲同工。与此同时,魏良辅大大抬举了元朝的"风月散人"顾坚,更使新声腔的血脉从唐朝,历经宋、元而至"国朝",绵绵不断。魏良辅把自己的著述取名"南词引正"可谓用心良苦。但后人在刊刻《南词引正》时,不约而同都删去了这一条内容:一是这条内容与全文的主题"曲律"无关;二是昆曲随后就成了主流声腔,已不必再向"正声""引渡";第三点,也是很重要的一点,刊刻者心中都很明了,昆曲的母体其实并非是单一的昆山腔,而是南曲整体改革的成果。故后人的刊刻本大多以《曲律》命名以直奔主题。

"曲律"的精髓在于字声、过腔、板拍。魏良辅称曲有"三绝"——字清为一绝,腔纯为二绝,板正为三绝。"字清"是对字声和字韵的要求,《南词引正》做了具体阐述:

五音以四声为主,但四声不得其宜,五音废矣。平上去入,务要端正。有上声字扭入平声,去声唱作入声,皆做腔之故,宜速改之。"中州韵"词意高古,音韵精绝,诸词之纲领,切不可取便苟简,字字句句,须要唱理透彻。

四声(平上去入)是五音(宫商角徵羽)的基础,四声不得其宜,等于毁了五音基础。故魏良辅谆谆告诫歌者"平上去入,务要端正",倘为了"作秀"(做腔)之故而使字声走样,则"宜速改之"。

魏良辅在对字声的阐述提到了"中州韵"。南曲与北曲的不同,很重要的一点在于南曲有入声。"韵遵中州"方有入声的地位,盖昆曲已以"苏州—中州音"为歌唱语音,而这种语音当时并没有韵书,《中州韵》(即《中原音韵》)是其唯一理想的检索工具。"字清",乃是魏良辅"曲律"的律中之律。吴江曲家沈宠绥在总结魏良辅的演唱特点时着眼点也正在于字声,所谓"声则平上去入之婉协,字则头腹尾之毕匀"。声韵学介入南曲歌唱领域,不是一种简单介入,它在被消化的过程中,终于达到了两个最基本的功利目标:字正和腔圆。而"头腹尾之毕匀"是魏良辅字声"务要端正"的重要手段。

声韵学上的反切法是一种用反切"上字"和反切"下字"相切成音的方法,所谓"头腹尾"者,即在反切"上字"和反切"下字"之间另立出一个反切"中字"作为字腹。在度曲过程中,字头即"上字"(声母),字尾即"下字"(韵母),而字腹即"中字"(介母),于是出声、音渡、收韵皆有所归。古代声韵学的学术成果,赖此长驱直入地介入了南曲歌唱,从而彻底结束了南曲"随心令"的无律状态。但声韵学介入的意义远远超出了歌唱者对字声的有效把握本身,它由此而推动了古代度曲领域中的理论革命,并为昆曲的宫调理论、曲牌理论的建立和发展奠定了基础。

如果"字清"要求"字正","腔纯"则是"过腔"的功夫。魏良辅制定律曲,以清曲为对象,即所谓"冷曲",俗称"冷板凳"。清曲不比戏场"藉锣鼓之势",从而可以"躲闪省力",因而在"字声端正"外,特别要求过腔的纯正。由于魏良辅集南、北曲于一体,而北曲仍作为一个独立体系介入南曲。南曲以五音阶为本,北曲则是七音阶。故"南曲不可杂北腔,北曲不可杂南字"(《南词引正》第十八条),此所谓"两不杂"者,也是过腔的先决条件。而"腔纯"的要害更在于"过腔"。过腔即运腔,而运腔过程中最容易丢失的就是字声。故魏良辅指出"过腔接字,乃关锁之地",绝对不可以"扭捏弄巧"。特别是生曲,一定要经过"虚心玩味",唱来才能使长腔"圆活"而短腔"遒劲"(《南词引正》第十二、十三条)。此外,《南词引正》第十八条规定运腔之"五不可"——不可高、不可低、不可重、不可轻、不可自作主张,则进一步强调了曲牌声情内容的纯正。腔之高低、轻重为曲牌的声情内容所决定,过腔超越了曲牌的声情要求就谈不上"腔纯"。

魏良辅《南词引正》第十一条云:"唱曲,俱要唱出各样曲名理趣。"魏良辅在这里所言的"各样曲名理趣",不仅包括在唱词内容中,同时也可以在曲牌的格律形式中去探求。曲牌格律形式上是平上去入的字声组合,实际上代表了曲牌的个性。"腔纯"乃是实现曲牌个性的重要途径,歌者通过运腔,以出字之轻重、反切之圆熟、归韵之粗细、收音之高低等种种技巧来体现内容的情感色彩,使运腔功夫最终与"曲情"紧密联系,这样才得以真正进入"功深熔琢,气无烟火"的至境。

字正、腔纯之外,魏良辅把"板正"也视为一绝。板即"拍",而"拍乃曲之余,最要得中"(《南词引正》第二条),古人把词称为"诗余",把曲称为"词余",而魏良辅把"拍"看成是"曲余",可见板拍在魏良辅心目中的重要地位。

拍,说到底乃是一种节奏形式,但与其说是过腔的节奏,还不如说是对情感宣泄的控制:北曲字多而调促,促处见筋,故词情多而声情少。北力在弦索,宜和歌,故气宜粗;南力在磨调,宜独奏,故气宜弱。

南北曲的这种词情、声情的多少、缓促,以及过腔力度的强弱,很大程度上表现为运腔节奏。魏良辅认为,错板是因为"不识字戏子不能调平仄"的缘故(《南词引正》第二条)。可见,在魏氏的曲律中,字正、腔纯与板正是三位一体,不可分割、不分主次的。故魏良辅在《南词引正》第十五条中告诫听曲者:

> 听曲尤难,要肃然,不可喧哗,听其唾字、板眼、过腔,得宜方妙,不可因其喉音清亮,就可言好。

魏良辅还为昆曲歌唱制定了批评标准,最重要的不是喉音,而是吐字、板眼和过腔,也就是《曲律》第十八条所规定的字清、腔纯和板正的"三绝"功夫。

《南词引正》体现了一种强烈的曲学理论批评思想,洋溢着根植于场上的实践精神,他把歌唱的艺术实践不仅作为歌唱艺人的实践,同时也看成是听众的实践,因而他的律曲内容还包括了"听曲"的守则。他把受众作为视听艺术本体不可分离的一部分,这也是魏良辅曲学思想中的一个独到的亮点。

即便是传奇——曲的戏剧化文本,人们也称之为词曲。所以明清时期文人创作传奇不叫编剧,而是"制曲"。李渔在《闲情偶寄·词曲上》中所说"此言前人未见之事,后人见之,可备填词制曲之用",可见一斑。

传奇的昆曲,出自多艺的文人。他们或失意于政治舞台,或蹉跎于科举试场,无不借助笔下的人物寄托自己的生活理想、伦理准则和审美情趣。雅者,正也。雅道,即正道、大道。雅学,即正道之学,儒家经典之学。雅音,当然就是正音。淡雅、素雅、清雅、儒雅,皆雅正之曲,无不体现了融合于自然本色的意蕴,不与卑劣庸俗形秽者沆瀣一气的趣旨。

业内人士常说,昆曲是没有烟火气的。这指的是水磨调的风格历来讲究闲雅清俊,情正言婉,绝不会强硬地让人的视听感官产生刺激性满足;在婉顺柔美的渲染中,在含蓄蕴藉的表达中,产生润物细无声的艺术效果。当下那些热衷于"天下武功,唯快不破"秘籍的人,可否休息一会儿,请享受一下闭着眼睛也能听进去的一唱三叹的千古绝唱——诗化语言、纤徐委婉、水韵江南的节奏与意象美。

(三) 天才的诗性智慧感知世界,"巨人时代"产生的华彩异章

2016 年,联合国教科文组织在全世界范围内隆重纪念世界三大文化巨人——英国的莎士比亚、西班牙的塞万提斯和中国的汤显祖逝世 400 周年。

早在 17 世纪,中国的《牡丹亭》已远传海外。自 20 世纪以来,《牡丹亭》的各种外文译本相继问世,研究这部名著的外国学者也日益增多。20 世纪初,日本著名戏曲史家青木正儿在他自称续王国维《宋元戏曲史》的《中国近世戏曲史》中,首次在国际视野中将汤显祖与莎士比亚相提并论,将汤显祖誉为"东方的莎士比亚"。汤显祖这位"绝代奇才"和"千秋之词匠"在当时和后世都影响深远。

1. 卓尔不群,"巨人时代"产生的"时代巨人"

汤显祖(1550—1616)之诞生,先于莎士比亚 14 年,同于 1616 年逝世。"东西曲坛伟人,同出其时,亦一奇也。"汤公和莎翁都是所处时代的伟人与骄子,同处一个地理大发现、一个科学萌芽的时代。而在中国历史的长河中,盛世的汉唐,已是亚洲各国经济文化交流的中心。壮美的宋朝,正如"先进的中国人"严复所说,是"一个站在近代门槛上的王朝"。疆域空前广阔的元朝,人的雅逸,是两宋无法望其项背的。到明朝中后期,商品经济已经活跃,产生了资本主义萌芽,出现了反礼教、抨击封建主义的思想,人们的人生观和价值观发生了变化,文化艺术呈现出世俗化趋势。

这个时期,正像恩格斯所说,"是一个需要巨人而且产生了巨人——在思维能力、热情和性格方面,在多才多艺和学识渊博方面的巨人"的时期。[1] 他们同作为"巨人时代"的"时代巨人",都以他们对人的尊严、价值和力量的热情讴歌,成为西方文艺复兴和东方人文启蒙的"时代的灵魂",而且以他们所创造的巨大艺术魅力,使他们"不属于一个时代而属于所有的世纪"(本·琼生语)。

汤显祖和莎士比亚的脚步都带有由旧信仰广泛崩溃和新思想尚未成熟所带来的社

---

[1]《马克思恩格斯选集》,第 3 卷,人民出版社,1972 年 5 月,第 445 页。

会阵痛的印痕。但他们又都是新思想的呼唤者、新理性的高扬者、新的人文精神的创生者,无论是对人、对"世界的美"的吟诵,还是对"情至"之大旗的高擎,都在东西方引领了涌向近现代的思想变革大潮。他们非常明白,既有精神又有肉体的才是人。所以,汤显祖在明中叶人欲横流的大势里,却极为冷静地提出要对情"持转易之关",而莎士比亚也一再提醒人们,"毫无节制的放纵,结果会使人失去了自由",这无疑透露了追求新的理性曙光的信息。

他们都是人类历史上天才的戏剧家、诗人和语言大师。无论是读他们的作品,还是看他们的戏剧演出,都令人折服地惊叹他们是"在各种意义上闪耀着天才的光辉"(雨果语)之人,甚至让我们强烈地感受到,正是他们天才的剧作而使我们"生存得到了无限度的扩展"(歌德语)。

莎士比亚有剧作37部。汤显祖虽只有"临川四梦",但其篇幅和演出时间都比莎士比亚的剧作长得多。正是在这个意义上,汤显祖的"临川四梦",如同莎士比亚的鸿篇巨制一样,展现了极为丰富广阔的戏剧人生。他们都以天才的诗性智慧感知世界,熔裁生活,创造了诗意的生存方式。

汤显祖吸屈骚六朝之丽辞俊语,纳唐宋八大家之丰沛语韵,创造了玑珠婉转、丰华美瞻的诗句文韵。"良辰美景奈何天,赏心乐事谁家院"(《牡丹亭·惊梦》)等这样的名句名段,经林黛玉的沉吟,经梅兰芳的传唱,经无数个俞二娘、内江女子、金凤钿、冯小青、商小玲等的苦吟、绝唱,早已家喻户晓,流传千古而不绝。而莎士比亚也以其语韵的优美、语汇的丰厚,让世人惊叹不已。一般受过教育的人只能熟练掌握4 000个词汇,而莎翁却在戏剧里自如地运用了15 000个词汇,以至他的语汇构成了英语语言体系中不可缺少的一部分。名言汇编书籍所摘抄的莎翁文句,也远远超出其他作家和典籍。

可见,无论汤公还是莎翁,他们都是极善于用语言抒写生命情怀的大师。当代西方一位大哲说,语言是存在的家。经汤公、莎翁所构筑的这个"家",使生命存在如此凝重、神圣、美妙、温暖,它给多少绝望的眼铺满了希望的绿,又给多少哭泣的心带来了欢乐的笑……

没有资料证实,两个人生前认识,但是有大量资料证实,死后他们两个人的名字经常"碰面"。在世界戏曲史上,汤显祖与莎士比亚犹如两颗巨星交相辉映。

历史哲学家汤因比在《历史研究·灵魂的分裂》一章中曾说:"文明的解体在于社会体与灵魂的分裂""而这种灵魂的分裂将为文明带来新的超越可能"。似乎是为了印证这个迟来的预言,四百多年前,当中国仍被古老而僵化的理学思想禁锢时,一位来自江西临川的思想者的灵魂便曾毅然分裂,呐喊出"世总为情""情有者理必无,理有者情必无"的声响,写下了中国人文主义精神史上最浓重的一笔。他流淌的文字优美而铿锵,他积郁的情感丰富而鲜明,他笔下的人物挚情而热烈,他心中的故事浪漫而美丽……正是他——汤显祖,用一生的痴梦为中国古老的灵魂圣殿筑起了一个不朽的舞台。

回顾汤显祖的一生,他的确是个顶天立地的大丈夫,虽然没能跻登尊位,甚至因严厉批评权臣贪赃枉法,而遭到打击与贬斥,却不改初心,终其身是个固守穷节的道德君子。

他祖籍江西临川,后迁居汤家山[今江西省抚州市,周武王十三年(前827年)属吴,春秋为百越之地]。出身书香门第,祖上四代均享有文名:曾祖汤瑄,嗜藏书、好作文;祖父汤懋昭,博览群书,精黄老学说,善诗文,被学者推为"词坛名将";父亲汤尚贤是个知识渊博的儒士,为明嘉靖年间著名学者、藏书家,重视家族教育,为弘扬儒学,还在临川城唐公庙创建了"汤氏家塾",并聘请江西理学大师罗汝芳为塾师,教授宗族子弟。

汤显祖卓尔不群,14岁(虚岁)就考上秀才,18岁因病没能参加乡试,到21岁考上举人,以文章博学而声名鹊起。之后受到首相张居正的青睐。张居正想把他与其同学好友沈懋学纳入自己门下,却没想到遭到汤显祖的拒绝,这显示了汤显祖强烈的自我主体意识。他明白自己做出抗拒的决定,要为此付出沉重的代价。之后六年蹉跎的经验教训,并未改变汤显祖耿直狷介的个性,反倒加强了他对官场蝇营狗苟的厌恶。他再次抗拒继任首相申时行与张四维的拉拢,远离权力中心的旋涡,隐身南京做闲差,专心写作诗歌与戏曲。

2. 最传统最先锋,《牡丹亭》艺术魅力穿越四百年

16世纪的后半叶,当英国莎士比亚的戏剧在舞台上呼风唤雨,将文艺复兴的辉煌推向新的高峰时,汤显祖也创作出了震撼人心的剧作。他作有传奇五部,即《紫箫记》《紫钗记》《牡丹亭》《南柯记》《邯郸梦》。《紫钗记》是《紫箫记》的改写本,所以,人们历来将后四部作品合称为"临川四梦"或"玉茗堂四梦"。

他的剧作,植根于现实生活的土壤,同时又显示出高度的浪漫主义精神。其代表作《牡丹亭》(又名《还魂记》),以强烈追求个性解放的进步思想,无情地抨击了腐朽封建的理念束缚,深刻地表达了作者"生者可以死,死可以生"的思想,达到了"情之至"。

杜丽娘因情而死,因情而生,是真正的"有情人",这观点赢得了深受封建礼教长期压抑的广大妇女的共鸣,写出了她们心中的痛。《牡丹亭》中的杜宝是汤显祖的化身。汤显祖因为有亡女之痛,便特别关心女子的青春生命与爱情幸福。杜丽娘对自由爱情的幻想,对美好事物的追求,都透露出汤显祖对人间儿女的体恤悲悯。他以文采瑰丽的妙笔,刻画得入木三分:"原来姹紫嫣红开遍,似这般都付与断井颓垣。良辰美景奈何天,赏心乐事谁家院。朝飞暮卷,云霞翠轩,雨丝风片,烟波画船,锦屏人忒看的这韶光贱。"数百年来,为人们唱得口齿生香。

晚于汤显祖20多年的沈德符说"《牡丹亭》梦一出,家传户诵,几令《西厢》减价",又说他"才情自足不朽"。和沈德符同时的戏曲家吕天成推崇汤显祖为"绝代奇才"和"千秋之词匠"。这部戏无论从哪个角度哪个阶层来看都非常好。情节曲折离奇,人物命运揪心虐心,戏词华丽多彩,戏剧情绪激情驰骋,立意新颖高远,即使放到今天,仍是一部让很多"大片"望尘莫及的精品。

《牡丹亭》问世后,引起了巨大的轰动,许多女性观众借此看到了自己可悲的命运,她们比杜丽娘更可怜,杜丽娘还有梦中与柳梦梅幽会的美妙回忆,而她们是连做梦的机会

都没有。她们对爱的渴望,也许是一个永远不能实现的痴想。

相传,娄江女子俞二娘,因读《牡丹亭》伤感而死,汤显祖还写了诗来悼念她。杭州的女演员商小玲,因婚姻不能自主,一日她在演《寻梦》这一折时,心有所感而当场死于舞台上。一位多情的才女冯小青,爱情婚姻极其不幸,读《牡丹亭》后写了一首缠绵悱恻的诗:"冷雨幽窗不可听,挑灯闲看《牡丹亭》。人间亦有痴于我,岂独伤心是小青。"曹雪芹在《红楼梦》"西厢记妙词通戏语,牡丹亭艳曲警芳心"这一回中,描述了林黛玉听了悠扬婉转的《牡丹亭》曲词后,竟"心动神摇"、"如痴如醉"、"仔细忖度,不觉心痛神驰,眼中落泪"。杜丽娘的精神苦闷是极有代表性的,汤显祖在司空见惯的生活中发现了礼教的残忍和对人性的压制,于是,他对礼教产生了怀疑,进而批判,希望能搬开这扭曲人性的沉重精神枷锁。杜丽娘要的只是一个自由的灵魂,一个不受拘束的身体,"花花草草由人恋,生生死死随人愿,便酸酸楚楚无人怨",这是从杜丽娘心灵深处发出的呐喊,也是无数正在遭受礼教约束的人的共同心声,具有石破天惊的力量。

经过漫长的发展与流变,各地不同昆曲院团自主创作,根据各自艺术特色加工整理的昆曲《牡丹亭》,已呈现出百花齐放的局面,有大师版、南昆版、天香版、典藏版、永嘉版、御庭版、大都版等等,尤其是青春版,青春时尚。

由中国台湾著名作家白先勇主持制作,内地、香港艺术家于2004年携手打造的青春版《牡丹亭》,被公认为是新时代昆曲的"创新表达"。白先勇完整继承汤显祖原著的"至情"精神,进行整理而非改编,创作出以"梦中情""人鬼情""人间情"为核心的青春版,映射出不同时代的个体对永恒情感的向往和认同,并在舞美、服装、音乐上融入了新元素和创意,以情动人,因而吸引了众多年轻人。苏州昆剧团演出了上下两本,由梅花奖得主俞玖林和沈丰英主演(见图8-5)。

图8-5　昆曲青春版《牡丹亭》剧照

白先勇乃民国时期国民党高级将领白崇禧之子,广西桂林人。曾就读台南成功大学水利系(一年),又考进台湾大学外文系。读完一年级,就在《文学杂志》上发表了他的第一篇小说《金大奶奶》,紧接着又发表了《入院》和《闷雷》。1960年,读三年级时,与同班同学王文兴、欧阳子和陈若曦等创办了杂志《现代文学》。1961年大学毕业。1963年到美国艾奥瓦大学作家工作室从事创作研究,较系统地接受了西方现代小说技巧的基本训练。1965年获硕士学位后,一直在美国加州大学圣塔·巴巴拉校区任教。著有小说集《寂寞的十七岁》《台北人》,长篇小说《孽子》等。他整理的青春精华版昆曲《牡丹亭》在剧本上完整地体现出汤显祖原著的"至情"精神,在演员上全部由年轻演员担纲,在音乐上把歌剧的音乐创作技法用到了戏曲音乐之中,在唱腔上将西方歌剧和东方戏曲相结合,在服装上整体着传统苏绣工艺色调的淡雅的戏服,在舞蹈上将传统的花神拿花舞蹈改为用十二个月不同的花来表现,在舞美设计上与现代剧场接轨,在国内外掀起了一波又一波的昆曲热潮,使老戏迷重温精致旧梦,年轻人也走进了剧院。究其因:一是昆曲美学价值高,超越了一切文化阻隔;二是汤显祖的剧本本身写得好;三是制作用心,演员选择得当,服装和舞美都花了很大心思。

年逾八十的白先勇谈起昆曲,依然手舞足蹈,像个好奇的孩子。他说:"昆曲,用两个字来形容,就是'美'和'情',它用最美的形式表达了中国人最深层的感情。我是昆曲的传教人,一直要说到你相信、你喜欢为止。"

回忆起与昆曲的初次邂逅,白先勇说,10 岁那年,他在上海观看过梅兰芳和俞振飞表演的昆曲《牡丹亭》选段《游园惊梦》。当时并不懂昆曲的他,只是深深被昆曲的"美"打动了。而真正"动心起念"去传承昆曲艺术,却是在 39 年之后。1987 年,白先勇阔别多年后回到祖国大陆,正赶上上海昆曲团上演《长生殿》。其后他又到南京,看了江苏昆剧团张继青演的《惊梦》《寻梦》,"我激动地跳起来鼓掌,其他观众都走了,我还愣愣地站在那里。震撼,不只为当天的演出,更是感慨文化的回归"。于是,从 2002 年开始,白先勇在写作之外,开始筹款、创建团队。他亲自上门去请最专业的昆曲老师手把手教授青年演员;他放下"名作家"身段,"支光所有人情支票"去筹款,10 年内共筹到 3 000 万元人民币;他将绝美精彩的演出免费带到各大高校,带到年轻人中。有人问他为什么要制作"青春版"《牡丹亭》。他说,很多昆曲演员老了,昆曲本身也越来越老了,渐渐脱离了现代观众的审美观。他想做一次尝试,借这个机会培养一批青年昆曲演员,也以这些青春焕发的演员吸引年轻的观众,激起他们的向往与热情。最终的目的,是想让昆曲重新焕发光彩,赋予它新的青春。他这个乐此不疲的"昆曲义工"成功了,高雅的昆曲美学正从小众走向大众。

艺术是一个民族的心灵之光,它与心灵的交流没有国界。昆曲最传统最先锋,现在洋学生演《牡丹亭》,中国人品莎翁剧,穿越时空,产生了心灵的辉映。笔者思忖着,了解世界艺术越多,就越能感知这个世界,这也许就是古代经典的当代意义。

有着 2 500 多年悠久历史的昆山千灯镇,近年通过"昆曲从娃娃抓起"等策略,在"小昆班"的孩子们身上播种下昆曲梦的种子,让昆曲文化得到了有效保护和传承。2005 年至今,千灯镇共有 24 人获得小梅花金奖。"小梅花"渐渐长大,现已绽放梨园。

3. 交流融合,华彩异章

文化自信是一个国家、一个民族发展中更基本、更深沉、更持久的力量。没有高度的文化自信,没有文化的繁荣兴盛,就没有中华民族的伟大复兴。

文化自信源于"古"而成于"今"。对源自中华民族五千多年文明历史所孕育的中华优秀传统文化,要充满温情和敬意,要结合时代要求,推动中华优秀传统文化创造性转化、创新性发展,让中华文明展现出永久魅力和时代的风采。

翻看中国传统戏曲的发展历史,产生于田间地头的地方戏曲在诞生之时,便承载着中华民族乐观豁达的性格特性。王国维曾说过："吾国人之精神，世间的也，乐天的也，故代表其精神之戏曲小说，无往而不着此乐天之色彩。"形成于两宋之交的戏曲，角色制的出现是其演出形态成熟的重要标志，"生旦净末丑"这五大行当，决定了戏曲表演近千年的基本格局。中国的昆曲艺术，是世界第一批非遗的榜首项目。作为拥有六百年历史的传统文化，昆曲是我国古典词曲艺术仅存的活化石，其蕴含的文化底蕴与艺术价值是其他任何剧种都无法匹敌的。之所以说昆曲具有活化石的价值，最重要的一点就是它保留了中国传统曲牌体的创作和演唱特点，是研究中国古典戏曲的唯一活体。白先勇曾说，昆曲拥有文学之美、音乐之美、身段之美，"昆曲就是以最美的形式表现最深的情感"。

在昆曲行当奉献了60多年的蔡正仁（苏州吴江人，著名昆曲表演艺术家，国家一级演员，上海昆剧团团长）见证了昆曲行当的一次次浮沉。他是"昆大班"培养出来的演员，从学艺至今，一直记得当年书画大师谢稚柳和他说过的一句话："蔡正仁，昆曲是我们中国的宝贝，不能再丢了。"一代代昆曲人筚路蓝缕，如今，他看到张军（国家一级演员，现任上海张军昆曲艺术中心艺术总监）等越来越多的年轻人开始追求文化、追求知识、追求精神的气质，这让蔡正仁很欣慰："以前我常常和学生讲，说我可能看不到昆曲兴盛的景象，也许几十年后，你们能看到。但是这几年，我不断感觉我这句话说错了，因为我真的已经看到了！"78岁高龄的蔡正仁魂萦昆曲，如今仍活跃在昆曲舞台上。

张军专工昆剧小生，曾主演《牡丹亭》《长生殿》等多部大戏，于2018年4月在大英博物馆参加"欧洲和世界艺术节"，用昆曲实验剧目表演《我，哈姆雷特》，一人分饰四角，用昆曲诠释莎士比亚，受到一致好评。这次演出给昆曲的传播提供了新的动力，这些动力来自国际，来自跨文化的互动；他让世界人民感受到了昆曲鲜活的一面。他又于当年5月18日晚，在上海梅赛德斯—奔驰文化中心举办"张军'新昆曲'——水磨新调"万人演唱会，ZERO-G男团成员伯远、赫宣、任豪、祖怀、鹭卓、卓沅、泰勋、逸辰、宇杰、羽泽、肖波和艺伟加盟。此次演唱会上，ZERO-G男团成员作为表演嘉宾，与中华民族传统艺术的瑰宝——昆曲，有了一次"亲密接触"，为观众呈现了一场古典与现代相融合的音乐视听盛宴，不仅使观众对百戏之祖——昆曲有了更深的了解，而且为大多数年轻人喜欢昆曲搭建了新的桥梁。

大艺无界，大爱无疆。回想中国的国粹——京剧发展，它是从乾隆皇帝时开始的，在晚清只用了半个多世纪的时间，从无到有，并迅速成为中华民族最具代表性和影响力的大剧种。它为何发展得这样快？主要原因就在于京剧剧目的丰富性与表演的精致化。它的前身是清初流行于江南地区，以唱吹腔、高拨子、二黄为主的徽班。清乾隆五十五年（1790年），以高朗亭（名月官）为首的第一个徽班（三庆班）进入北京，参加乾隆帝八十寿辰庆祝演出，徽风皖韵动京城。《扬州画舫录》载："高朗亭入京师，以安庆花部，合京秦二腔，名其班曰三庆。"刊于道光二十二年（1842年）的杨懋建《梦华琐簿》也说："三庆又在四喜之先，乾隆五十五年庚戌，高宗八旬万寿入都祝匦时，称'三庆徽'，是为徽班鼻祖。"京剧源于徽剧、昆曲及汉剧的交流融合，其后出现了梅兰芳、程砚秋、尚小云、荀慧生等著名的京剧"四大名旦"。梅、程、尚、荀四人在艺术上各树一帜,雄踞舞台,表演唱腔精益求精,并各有独自的代表剧目、师承及传人。

如果一定要说昆曲与京剧有什么区别的话,昆曲是歌剧,唯美;京剧是说唱剧,华美。应该说,各有所长。只不过,昆曲要比京剧"雅"一点,京剧相对来讲,更加口语化。京剧吸收了昆曲一定的唱腔,就某种程度来说,昆曲是京剧的"奶妈",但不是亲娘。京剧既是交流融合的圣果,也是与时代并行的新文化的一部分。

中华文明的初始,只有"天下"的理念,没有国家的概念。"王者欲一乎天下,以天下为一家。"(《礼记·王制》)京杭大运河是中国戏曲水路传播的一条纽带,大运河的水滋养了中华戏曲的成长。1 797千米的运河沿岸有那么多的曲种,那些经济重镇都是戏曲文化的集散地,这些地方戏随着大运河的水来来往往,徽班进京就是以水为媒,昆曲、京剧、评剧、梆子原来都是从大运河上"漂"进京城的,"同光名伶十三绝"中有11位京剧名伶是沿着大运河"漂"到北京的。众多曲调唱腔融合发展,造就了百花齐放、百家争鸣的盛世。

当下,笔者以为,传统戏曲,应返本开新。不要把经典当作凝固的东西,而应拉近经典戏曲与目下的距离,既要植根传统,更要放眼世界跨界、碰撞与创新。人类文明本是进化的,任何事物都不是非黑即白,人的知情意、文学的真善美是从差异处升华的,唯有如此,才能"百尺竿头,更进一步",为人类提供更多的滋养,让千娇百媚的身姿与铿锵有力的中国声音感动世界。

三、烟水滋养　最美声音

庄子在《天运》中说,来自天地自然的声音(天籁)是"上等",如风声、水声、雨声、鸟鸣等等,这些凝聚天地万物、日月精华的声音,不饰雕琢,其特点是"听之不闻其声,视之不见其形,充满天地,苞裹六极",可得天地自然之意趣。当你来到苏州,置身于吴侬软语的世界时,你会发现苏州话是首歌,是支曲,她让你痴迷,让你心醉。

吴侬软语作为人类问候外星人的六十六种语言中的最后一缕声音,已载入航天器被送上了太空。而用吴侬软语演唱的美妙绝伦的苏州评弹既是无国界的"天籁",也是世界上最美丽的艺术。在第四届中国昆剧评弹艺术节上,苏州光裕书厅及评弹博物馆书场每天听客满座,其中不乏蓝眼睛、高鼻梁的"洋听客",他们听得有滋有味,如痴如醉。外国听众对苏州评弹一窍不通,为何却情有独钟?一位新西兰听众说:我虽然听不懂曲目所唱的内容,但这并不影响欣赏美妙的旋律,在这幽深的巷子内,听到这样糯软的吴语,我终于找到真正的"东方"音乐的味道,大叹"太好听了""百听不厌"。在意大利金璧辉煌的大剧场首次演出的苏州评弹,轰动了罗马城;在法国巴黎举行的"中国艺术节"苏州评弹专场演出,主办方特地把演出场所设置成具有江南特色的茶馆书场;第二十八届世界遗产大会在苏州召开期间,联合国教科文组织遗产处处长爱川纪子女士来苏州后,就被这"世界上最美的声音"所折服,对评弹艺术赞不绝口。苏州评话名家金声伯应美国达慕斯大学邀请,穿越大半个美国,先后在 21 所大学讲述苏州评弹的艺术特点,受到美国大学师生的热烈欢迎。

金庸的武侠小说已在亿万华人的心中生根结果,祖籍苏州的香港人周文轩出资把金庸武侠小说改编成苏州评弹。而金庸更是大力支持,当即拍板将《雪山飞狐》和《天龙八部》的评弹版权授予苏州。金庸说:"之前北京不少文化机构都想从我手上得到这两部小说的版权,但始终是舍不得的。苏州评弹的魅力太大,我心甘情愿地奉上,这也算是送给苏州人的礼物,毕竟我也算是四分之一的苏州人啊。"难怪文化大师余秋雨在《白发苏州》中赞美苏州:"柔婉的言语,姣好的面容,精雅的园林,幽深的街道,处处给人以感官上的宁静和慰藉",使人领悟到"苏州是中国文化宁谧的后院"。

诗意的江南,苏州堪称"戏窝",笔者在苏州戏剧博物馆里看到,从大的架构上细细数来,大大小小的戏、曲、剧、腔、音、调达 30 余种。苏州评弹正是根植于苏州山水文化的沃土,和妈妈的味道一样,成了一种无法摆脱的印记,融入每个人的基因里,长久散发着它独特的魅力。

(一) 吴侬软语"天籁之音",苏州评弹"江南明珠"

著名语言学家萨丕尔认为,语言是一个民族最深刻的思想和感情的形式外衣。它是文化的载体,而方言是一种语言的变体。它在一定的条件下发展成为独立的地域性语言,有着浓郁的地方文化特色。"宁愿听苏州人吵架,也不听××人说话"这句俗话,足以形容苏州方言的悦耳动听。苏州话历来被称为"吴侬软语",是吴方言的代表,其最大的特点就是软、柔、甜、温、糯。这种方言孕育了两朵艺术之花——昆曲与评弹,造就了苏州人儒雅、内敛的气质;这种方言又蕴涵了苏州古城 2 500 多年的历史文化,其语言魅力非其他方言可比。别具一格的苏州话在汉语各大方言中很突出,使用吴方言的人口仅次于北方方言。汉代扬雄《方言》和许慎《说文解字》都指出了吴方言的特别之处。

南朝刘义庆《世说新语》有"未见他异,惟闻作吴语耳"的记载。其他如《切韵》《广韵》《集韵》等隋唐以来的韵书,都收录了有关吴语的材料。到明代,现代苏州话的基本面貌业已形成。冯梦龙辑录的山歌和小说、沈宠绥的《度曲须知》中所反映的方言现象,已很接近今日的苏州话。一代语言奇才赵元任先生以其"录音机的耳朵"和学说语言的能力闻名于世。他一生会讲 33 种汉语方言和英、法、日、德、西班牙等多种外语,是我国方言调查研究工作的开拓者和推动者,是国语运动的元勋和国语罗马字的主要制定者之一。他于 1928 年编写的《现代吴语的研究》首次科学地、系统地研究、记录了苏州等地吴语的语音、词汇和语法现象。据苏州市档案馆馆藏档案记载,赵元任先生于 1934 年到苏州,在苏州中学和苏州女子师范学校举行了题为《学习国音的三个基本法》《用苏州话做底子来讲国语》的演讲,对吴方言发音、苏音变国音的规则做了深入浅出的探讨,其中《学习国音的三个基本法》这篇演讲稿由日后成为中科院院士的谈镐生与其同学整理后发表在《苏州中学校刊》上。

如果说语言学家将苏州话作为一种纪实性语言进行研究,那么作家就让书中人物直接说苏州话。光绪十八年(1892年),松江府(今属上海市)人韩邦庆创作出版的长篇小说《海上花列传》是最著名的吴语小说,全书大量对白使用了苏州话,可以说对话皆用苏州方言是此书的鲜明特点。武侠小说大师金庸在他的《天龙八部》中不仅描写了苏州美景,而且也大量运用苏州话,塑造的阿朱、阿碧等可爱的女子均操着动听的苏州话。金庸是浙江海宁人,祖母是苏州人,年幼时的金庸经常吃祖母做的苏州菜,听她讲苏州话,所以苏州话对他而言并不陌生,是温馨亲切的。正是因苏州话环境的影响,金庸的《天龙八部》中出现了那么多精彩的苏州话对白,苏州话也许能唤起他对亲人和过去生活的美好回忆。

同属吴方言语系的其他几种方言,如无锡话、嘉兴话、绍兴话、上海话、宁波话、常州话等都好像不如苏州话来得温软甜糯。苏州语至今保留了相当多的古音,有着浓浓的书卷气,至今使用很多古文中的用法,如苏州人说"不"为"弗",句子结尾的语气词不用"了"而用"哉"。苏州话的特点是语调平和而不失抑扬,语速适中而不失顿挫,故让人回味无穷。

苏州话特别形象生动,比如说对动物的称呼:鸭哩哩(鸭)、鸡咕咕(鸡)、猪噜噜(猪)、羊咩咩(羊)……这种称谓下的动物显得特别可爱。比如对颜色的称呼:蜡蜡黄——非常黄;旭旭红——非常红;碧碧绿——非常绿;雪雪白——非常白;霜霜青——非常青;墨墨黑——非常黑;通过叠字的叫法,强调了色彩的浓烈。

"温和,源于一种对生命深深的慈悲。"最经典的评论苏州话的故事莫过于两个苏州人在吵架时说:"阿要拔侬两记耳光搭搭?"意思是:"要不要给你两记耳光尝尝?"说话声音柔和,而且用的是商量的口吻,在外地人听来有如小夜曲般舒缓动听。连吵骂的声音也让人感到曼妙无比的恐怕只有苏州话这种方言了,所以难怪世人说情愿听苏州人吵架了。

闻名遐迩的艺坛两姐妹——昆曲与评弹都是主要由苏州话演绎的两朵仙葩。如果说昆曲是一种高雅的艺术,那么苏州评弹就是一种雅俗共赏的说唱艺术。它优美典雅、悠闲从容,既是关乎芸芸众生的文化行为,也是苏州人的一种生活方式。它与《老炮儿》里面的葛大爷说的北京话"茬架""扛雷""撮火""局气"这些勇武粗犷、强硬的词儿风格形成了鲜明的对照。

所谓"评弹",是苏州评话和苏州弹词的合称,两者又俗称"说书",评话为"大书",弹词为"小书"。评话源于宋代,而弹词大约兴起于明代。它们都是江南重要的曲艺形式,被誉为"中国最美的声音",其滥觞、发展、衍变有赖于江南浓厚的人文社会环境。潺潺水流似的弹词音乐,饱含着人情、亲情、爱情、友情的评弹书目,是江南民众获取历史知识和社会化的重要途径,更是江南文化代际传承的重要媒介。评弹艺人"走码头",深入到江南的每一个"细胞"中,他们与小桥流水、枕河粉墙相映成趣,融合成一幅有声有色的江南图景。

南曲在苏州开花结果,讲究声腔的一路进入文人士大夫的贵族阶层,演化成昆曲;讲究叙事的一路进入平民阶层,成为评弹;可谓相互补充,左右逢源。

"评话"只说不唱,是用苏州方言讲故事的口头语言艺术,通常一人(单档)登台开讲。演员凭一把折扇、一块醒木,边说边演,以《三国》《隋唐》《岳传》《英烈》《水浒》《七侠五义》等历史演义、武侠公案、英雄史诗类传统书目为主要内容。

"弹词"是一种散韵文体结合,以叙事为主、代言为辅的既有说表又有弹唱的说唱艺术。它大都为双档(两人),也有单档和三档(三人)的,上手持三弦,下手抱琵琶,内容以社会生活和爱情故事为主,有《珍珠塔》《玉蜻蜓》《描金凤》《三笑》《啼笑因缘》等传统书目。

"弹词"一词,始见于明嘉靖二十六年(1547年)田汝成《西湖游览志馀》,其中记载杭州八月观潮:"其时优人百戏,击球、关扑、渔鼓、弹词,声音鼎沸。"陈汝衡《弹词溯源和它的艺术形式》(1983年)一文认为是"远出陶真,近源词话"。南宋《西湖老人繁胜录》又载:"唱涯词,只引子弟;听淘真,尽是村人。"

清代初年,随着江南城市经济的繁荣,弹词在苏州盛行。康熙末年定居于苏州的浙江吴兴人董说在他的《西游补》小说中,就描写了盲女弹词使用苏州方言演出的情况。至乾隆年间,关于苏州弹词形成的记载日益增多。知名的代表人物有外号"紫癞痢"(或"紫秃子")的王周士(生卒时间不详)。王周士擅唱《游龙传》,吸收昆曲、吴歌的声腔,滩簧的表演,以单档起"十门角色"而闻名。当时的史学家赵翼在《瓯北诗钞·赠说书紫癞痢》中对其说书的"说、噱、弹、唱"做了高度评价:"恃滑稽一尺口""但闻喷饭轰满堂";"妙拨丝擅说书""自演俚词弹脱手";"优孟能会故相生""绝技俳优侍至尊"(见图8-6)。

图8-6 王周士刻像

清《吴县志》记载:乾隆南巡,在苏州行宫召王周士御前弹唱,赐七品冠带,令他随驾北去。经过这一次"御前供奉",苏州评弹身价百倍。不过,王周士在京城没待多久,就因病告假回乡。乾隆四十一年(1776年),王周士于苏州宫巷第一天门创立包括评话艺人在内的行会组织光裕公所,以示评弹艺术"光前裕后"之意。得闲撰写了评弹理论著作《书品》和《书忌》。书中,他立下正反14条规则,譬如"快而不乱,慢而不断……闻而不倦,贫而不诌"之类,成为后代评弹艺人的圭臬。

嘉庆时苏州弹词迅速发展,此时传世的书目有《三笑》《倭袍》《义妖传》《双金锭》等。知名的弹词艺人增多,嘉庆、道光年间有陈遇乾、毛菖佩、俞秀山、陆瑞廷四大名家。咸丰、同治年间又有马如飞、赵湘舟、王石泉等，他们又进一步发展了王周士的书艺，丰富了上演书目，创造了流派唱腔，拓宽了技巧思路，奠定了今天苏州弹词的基本形式。

道光、咸丰时期，苏州出现的女子弹词以常熟人为多数，弹唱的开篇、书目、曲调和当时流传的大体相同，但多数不会说唱整部，只会说"书中的一段"。苏州弹词艺人马如飞在开篇《阴盛阳衰》中有较为具体的反映："苏州花样年年换，书场都用女先生。"《瀛壖杂志》记载了当时弹词女子弹唱"其声如百转春莺，醉心荡魄，曲终人远，犹觉余音绕梁"，因而"每一登场，满座倾倒"。

民国时期，苏州弹词的从艺人员激增。据民国十六年（1927年）统计，当时光裕社拥有社员200人，而未入光裕社的艺人有近2 000人，艺术竞争十分激烈，表现在书目上求新，唱腔上创新，表演上革新，演出场所上要标新。这一时期涌现的弹词新书目有《杨乃武》《秋海棠》《啼笑姻缘》等。艺人创新腔有：魏钰卿的"魏调"，杨筱亭、杨仁麟父子的"小杨调"，夏荷生的"夏调"，周玉泉的"周调"，徐云志的"徐调"，祁莲芳的"祁调"，蒋月泉的"蒋调"，薛筱卿的"薛调"，张鉴庭的"张调"等等。这一时期弹词的演出形式也发生了很大变化。随着女子弹词的重新兴起，双档已成为主要的演出形式。至抗日战争爆发前后，又出现了三档、四档的演出形式。此时供苏州评弹演出的场所很多，装潢华丽、场子宽大的称"新式书场"，在游艺场占一席之地的称"游艺书场"，每场演出两档弹词、一档评话的称"花色书场"，由商业电台播放评弹的称"空中书场"。1956年时，参加登记的苏州弹词艺人有600人，其中苏州市区480人。

其艺术特色：书词中的散文部分，用"说"来表现；叙述和描写故事中人物的行为、思想和活动环境的，称为"表"；人物语言叫"白"；书词中以七字句为主的韵文，用三弦、琵琶自弹自唱，相互伴奏，称"唱"和"弹"；在故事中穿插喜剧因素，称作"噱"；演员模仿故事中人物的表情、语言、语调及某些动作，称"演"或"学"，也称"做"。其中"说"的手段有叙述，有代言，也有说明与议论。艺人在长期的说唱表演中形成了诸如官白、私白、咕白、表白、衬白、托白等等功能各不相同的说表手法与技巧，既可表现人物的思想活动、内心独白和相互间的对话，又可以说书人的口吻进行叙述、解释和评议。艺人还借鉴昆曲和京剧等的科白手法，运用嗓音变化和形体动作及面部表情等"说法中现身"，表情达意并塑造人物。

在审美追求上，苏州弹词讲求"理、味、趣、细、技"。"理者，贯通也。味者，耐思也。趣者，解颐也。细者，典雅也。技者，工夫也。"

从20世纪初开始，评弹活动的中心已经从苏州转移到了上海，再以上海为中心，向长江三角洲地区辐射，几乎涵盖了整个江浙水乡，还远达北京、天津、武汉等地。

苏州评弹以其轻便灵活的形式、优美动听的音乐、生动传神的说表、引人入胜的内容赢得了广大听众，特别是苏浙沪一带百姓的喜爱，听众几乎遍布全国，在海外侨胞中也有一定影响，被著名国学大师俞大纲誉为"中国最美的声音"。一代无产阶级革命家陈云同志一生钟情于评弹艺术，为苏州评弹题写"出书、出人，走正路"。在他的关心支持下，苏州评弹得到了很大的发展和提高,评弹从内容到形式推陈出新,传统书目得到整理提高,反映现实生活的新编书目《九龙口》《真情假意》等陆续涌现,中篇和短篇等新的演出形式日臻完善。

吴侬软语的轻柔、粉墙黛瓦的静谧、吴中山水的温存、姑苏美人的姿仪俱在。也许古城的小桥流水会被城市的发展所同化,也许苏州美人会展翅他乡,但有一种文化、有一种精神不会变,那就是动人的评弹和通过评弹所传达出来的苏州人丰润刚强的精神世界。

"说不尽苏州好风光……"在2016年的中央电视台春节联欢晚会上,苏州评弹牵手刘涛、林心如、梁咏琪演绎的歌舞《山水中国美》,成为难忘一幕。这个戏曲犹如中国的国画一样,最适合用温婉的表达来体现美丽中国的概念。它将流行音乐与苏州评弹艺术相结合,梁咏琪弹钢琴,林心如弹古筝,歌舞和传统地方文化及非遗文化紧密结合,在碰撞中出彩。节目最受欢迎的倒不是钢琴、古筝和竖琴的演奏,而是镜头中出现的苏州吴中区评弹团演员张建珍、上海评弹团演员高博文和苏州评弹学校的青年学生们。

苏州吴江震泽镇上的美佳乐卤菜馆,以做得一手好卤菜而闻名,实际上它更是一家下得一碗好面的面馆。该店有个特点:食客在店里品尝美味的同时,还能欣赏到一阕弦索叮咚、吴侬软语的评弹。这些"演员"不管是"老腊肉"还是"小鲜肉",都是评弹的发烧友,具有很高的演绎水平,他(她)们给店里的顾客带来了美的享受。人生的真谛原本不全在索取,更在于平凡之中的付出与奉献,这正是评弹发烧友崇高的人间大爱之体现。再说曲艺原本就是老百姓的说唱艺术,如笔者原住址门口的苏州马大箓巷和平里书场几乎天天客满,有时还要加座(见图8-7)。

图8-7 苏州书场一角

(二) 源于生活高于生活,妙不可言千古流韵

有人说:"苏州评弹是一条通向古城的小巷,穿过这条小巷,你能看到一个美丽的苏州。"正是山水之韵、园林之秀和评弹之美,才造就了文化苏州的千古流韵和万种风雅。

评弹在表演上最大的特点是"一人多角",不仅是如贝托尔特·布莱希特所说的演员与角色之间的跳进跳出,在演员与角色之间还有不同的空间,更有种种已跳未跳的表演地带与角度。与戏曲艺术"于现身中说法"不同的是,评弹则是"于说法中现身",即所谓"说书说书,以说为主";演员在台上演绎引人入胜的故事情节、表现各种人物时的表情、动作、眼神、身段等等都必须借助于说表的功能。它体现在:

1. 语言艺术高超

评弹语言分为说书人(即叙述人)语言和角色(即人物)语言两部分,其语言叙述系统是灵活多变的。它运用上述的"六白",有各种不同的叙述方式,不同的叙述视角。正是各种表与白的交替穿插,使叙述方式不断变化,既很好地讲述了故事,又很好地塑造了人物。这些说书人的语言是说书人吸收并提炼了大量鲜活的庶民生活语言,如小巷庭院、茶坊酒司、闹市码头等处各种人物口头说着鲜活独特的吴语方言,如幽默、轻松、微妙、传情,各种比喻、俏皮话、歇后语、双关语,都被评弹艺人运用得出神入化,尤其是在营造环境氛围、描绘故事情节、刻画人物形象时,都会自觉地运用苏州人文环境和民俗土壤中产生的民俗风情和民俗语言,以此去再现活生生的社会生活。因此,它是原汁原味的,既源于生活又高于生活,极富感染力。例如:炒虾等不及红——形容一个人性子急;老鼠钻进书箱里——咬文嚼字;吊死鬼拍粉——死要面子;棺材里伸手——死要铜钿;油酱蟹过节——讨祖宗的手脚;风扫地月当灯——形容某一家人家贫寒彻骨;屋面上贴告示——天晓得……诸如此类的方言俗语在评弹中被广泛运用,大做文章,产生了不少的噱头笑料,取得了很好的艺术和娱乐效果。

众所周知,在法律以外的更大层面上,人们的道德行为主要是通过民俗教育得以规范和约束的。苏州民俗文化和方言俗语在评弹艺术中虽不能代替作者来安排结构、组织情节、标明主题,然而却可以从中帮助作者来营造环境、烘托气氛、丰富情节、激活人物,是一种不可或缺的带有正能量的艺术调味品。

就"角色语言"而言,应该说评弹借鉴和吸收了许多传统戏曲的优秀养分。苏州评弹的人物语言音韵用的是"南中州韵"(如江阳、新人、天仙、铜钟、盘欢、逍遥、头由、鸡栖、姑枯、家把、知书、兰心、居渔等十三辙;另有四个入声韵,即为龌龊、墨黑、邋遢、铁屑)。传统书中凡有一定社会地位和身份的生、旦、净角,大多以中州韵为"官白";而普通的平民百姓一般以苏州方言为"官白";另外根据特定人物和剧情环境的需要,可以包括天南地北各种方言为"官白"(常用的有北京话、四川话、山东话、上海话、浦东话、杭州话、宁波话、绍兴话、扬州话、常州话、无锡话、常熟话等),以构成丰富多彩的人物语言形象。

2. 声腔艺术经典

由于弹词是一门说唱艺术,就要求它的演唱必须做到以字行腔,字正才能腔圆,从而达到音乐和语言的完美结合;加上说唱相间、叙事与代言互为一体的特点,从而达到描绘生动的故事情节和刻画逼真的人物形象的效果。

它的唱词格式应归属于七言诗赞体,既有一定的格律,又显得相对自由,可谓雅俗共赏、文野并存。唱词对平仄、韵辙也有一定的规定,在一般情况下,凡一段唱词都是一韵到底。平仄安排上以七言律诗为基础,但比较自由,只要求在首句的末一字和偶句的末一字为平声,同时四三分逗中的第四字,二五分逗中的第二、第六字为平声即可。七言句如遇内容需要可加衬字,构成少数的三言、五言与七言混合使用,这在弹词唱段中较为常见。

苏州弹词的原生态唱腔音乐——书调,以及最早出现的三大基本流派唱腔是:

书调——在早期的评弹书坛上,盛行的是由七言上下句为基础的自由反复的演唱形式。据史书记载,乾隆时期的"弹黄调"即是如此,它给人的印象如同古代诗词的吟唱,日后才逐步演变发展形成了书调。

① 陈调:为清乾隆年间陈遇乾所创。陈调带有鲜明的戏曲音乐的成分,在演出中大都用以代言,而极少用来长段地表唱,较多地表现老生、老旦等角色。

② 俞调:为清嘉庆道光年间俞秀山所创。俞调吸取了昆曲的吐字行腔,长腔慢板,节奏悠扬。据《淞南梦影录》所载,"俞调系嘉道间俞秀山所创也,宛转抑扬,如小儿女绿窗私语,喁喁可听"。

③ 马调:为清同治光绪年间马如飞所创。马调脱胎于原始的书调,也最符合苏州弹词的说书性。它的曲调平直,节奏明快,字多腔少,体现了浓重的吟诵性,特别强调语言的因素。

苏州弹词中一部分流派声腔是由马如飞的马调直接传承演化而来的,如"沈调""薛调""琴调""周云瑞调""香香调""小飞调"等;更多的是在俞调艺术的基础上,逐步地繁衍创新而来,如"小阳调""夏调""徐调""周调",以及此后派生出的"蒋调""张调""严调""祁调""雄调""丽调"等等。以蒋月泉先生的"蒋调"为例,他继承了周玉泉先生的周调声腔结构,保留了俞调演唱的气蕴,又吸收了京剧老生和京韵大鼓的发声方法,其声腔讲究字音吞吐,行腔韵味醇厚,旋律大气流畅,轻游慢转,优雅凝练,早在 20 世纪 30 年代就已形成(以他的《离恨天》弹词开篇为标志)。1959 年上海文化广场评弹演出盛况空前,万人观看了蒋月泉先生的《莺莺操琴》。许多老听客说,"蒋调"至今百听不厌,久唱不衰,是弹词音乐的经典。经典是浸润灵魂的,欣赏这样的音乐,就会有含泪的微笑。因为它讲的是普通人的命运,于是从这里便走向了世界。原上海评弹团老团长吴宗锡笑忆当年不少听客听书入迷的逸事:有人坐在水缸盖上听书,不慎翻落缸里,半身浸湿,仍不愿为了换衣服而离开,坚持听到结束;每当上演新书目,排队买票的人绕场数圈,不少书迷通宵排队购票。

3. 音乐艺术多彩

音乐是一种无词的语言。除了二十几种本体流派唱腔之外,在日常的演唱中还有一些原汁原味的民间小曲,或从兄弟曲种中移植过来的一些曲牌,诸如"山歌调""费家调""乱鸡啼""耍孩儿""剪绽花""金绞丝""银绞丝""海曲""点绛唇"等等。曲牌的运用有助于人物刻画的个性化。一般情况下,曲牌运用以单曲为主,轮回反复。只有在以开篇或组唱形式演唱时,才可能以套曲联唱。以《苏州好风光》为例,前后共有"知心客""叠断桥""鲜花调""湘江浪""绿花绿节""翻七调"等六个曲牌。这几个套曲在苏州弹词中习惯地被称为"大九连环",广泛流传。

4. 文化素质颇高

比如中国评弹艺术专家、原苏浙沪评弹领导小组组长吴宗锡(生于 1925 年 3 月,笔名左弦、夏史、程苤、虞裹,评弹理论家,江苏苏州人),曾担任上海评弹团团长达 34 年之久,如果从 1949 年接受党组织派遣进入评弹界调研开始算,至今他与评弹结缘已 70 年了。这位学院里老一派的饱学之士,1942 从上海格致公学毕业,1945 年从上海圣约翰大学毕业。1946

年6月,诗歌社编印第一期诗刊《野火》,内刊左弦的两首诗:《无题》及《我写诗》。郭沫若给诗刊《野火》去信说:"读后的快感逼着我赶快来写这封信,左弦的两首诗都很好,我特别喜欢那首《我写诗》。"在《我写诗》中,诗人写道:"我写诗/在黑暗的地方,那里/星星会被当作太阳/在寒冷的地方,那里/热情已结成冰霜……"1949年中华人民共和国成立后,吴宗锡爱上了评弹,开始跑书场、听评弹、接触演员,逐渐融入了评弹圈子。1951年,上海18位单干评弹艺人成立了"上海市人民评弹工作团"。1952年,吴宗锡调任上海市人民评弹团(上海评弹团前身)团长。在吴宗锡领导上海评弹团的历史时期,上海评弹界出现了空前的繁荣。那个时候书场里不仅有经典的《玉蜻蜓》《珍珠塔》《长生殿》《三国》《三笑》《西厢记》《武松》《白蛇》等等,也涌现了大量群众喜闻乐见的新创书目和朗朗上口的新唱段。很多人即便不太听评弹,也会哼上几句。他亲自动手创作新剧目,把北朝诗歌《木兰辞》改写成适合评弹演唱的《新木兰辞》,由"丽调"徐丽仙首唱,一阕轰动曲艺界。"痴心总如我,人远天涯近,故乡烟水阔,满怀愁绪深,俯仰添惆怅,日落正黄昏,荷锄归去掩重门。"这是吴宗锡在1962年所作《黛玉葬花》的唱词,有人评价"其意趣若山之色,水之味,花之光,女之态,唯会心者知之",时至今日,也还是弹词开篇中的翘楚之作。

他擅长撰写文艺评论,早年也曾应约在《新民晚报》上连载《怎样欣赏评弹》,很有反响。1957年《怎样欣赏评弹》由上海文化出版社结集出版。2013年,吴宗锡曾为《新民晚报》写过一组《评弹群星谱》的稿件。吴宗锡把评弹的五门功课"说、噱、弹、唱、演"融合到对每个评弹艺人的艺术评论中。比如他说"蒋调"鼻祖蒋月泉(1917—2001,江苏苏州人,著名评弹表演艺术家)"说"的技法:"有些人的说表如重锤猛击,不留一点空隙,句句结结实实,而蒋月泉的说表如用竹柄小榔头,轻敲轻击,时疏时密,或轻或重,忽紧忽慢,留有一定空隙,是有弹性的,点到即止,找截干净,含蓄而有回味,调动着人们的情绪记忆和联想,给听众以充分的想象空间和余地。"有人笑言,读了吴宗锡的艺术评论,不是评弹(书)迷都变成了蒋(月泉)迷。1981年春天,陈云来到上海,4月5日那天专门约见了吴宗锡,"出人、出书、走正路"就是那天陈云对吴宗锡说的。作为这一历史时刻的亲历者,吴宗锡说:"直到现在,'出人、出书、走正路',不仅对评弹,对发展繁荣文化艺术事业有着深远的意义。"

吴宗锡爱评弹,不服老,90岁高龄时,还精心出版了评弹理论专著《走进评弹》。即便这几年视力退化,行动不便,他也十分愿意为评弹艺术"鼓与呼"。不仅如此,他还将评弹上升到理论。前几年上海市文联召开"吴宗锡评弹观研讨会",中国曲艺家协会专门发来贺电,称赞吴老是"新中国评弹事业的开拓者和建设者"。曾有人提议把"吴宗锡评弹观"改为"吴宗锡评弹学";还有人呼吁,为评弹理论建设谋长久大计,应有"评弹学",收硕士生于吴氏门下。

又如评弹女作家徐檬丹(1936— ,江苏苏州人),她1953年习唱弹词,1955年入苏州市评弹团任演员,其间参加评弹创作,1961年起任专业编剧。1980年,44岁的徐檬丹从苏州评弹团调入上海评弹团。勤奋创作,先后编写了大量弹词脚本(部分与他人合作):有长篇《追踪》《苦菜花》《飞刀华》;中篇《白衣血冤》《老子、折子、孝子》《裙带遗风》《真情假意》《一往情深》《两家母女》《情节风波》《婚变》;短篇《婚姻大事》《好对象》《风雨桃花洲》《雨夜客轮》

等。其作品大多表现现代生活,题材多样,立意新颖。手法既保持了评弹艺术的细腻特点,又注意加快行文节奏,同时善于从生活中提炼当代语汇,从而使作品更贴近生活。其中尤以中篇评弹《真情假意》影响较大,曾被改编为话剧、歌剧、广播剧等在各地演出。这部剧讲的是一个女青年在恋人遇到困难时抛弃了他,她的孪生妹妹替她尽责,悉心照顾他。男青年开始闹了乌龙,把妹妹当成了姐姐,后来才知真相,和妹妹真心人终成眷属。当时,上海评弹团进行拨乱反正,正抓新作品,吴宗锡看了本子,一稿就通过了。1981年5月,《真情假意》公演,轰动上海滩。后来,她又创作了另一个爱情中篇评弹《一往情深》。这部剧讲述一对门不当、户不对的知青恋人,回城后由于家人反对而分手,在即将结婚时,女孩与昔日恋人重逢,意识到这才是自己的挚爱,两人重归于好。1984年,吴宗锡调到上海市文化局工作,徐檬丹被任命为上海评弹团团长,她创作的《一往情深》令人眼泪夺眶而出。英国文学批评家詹姆斯·伍德曾说:"艺术是最接近生活的事物,它是放大生命体验,把我们与同伴的接触延展到我们个人机遇之外的一种模式。"

"云烟烟,烟云笼帘房;月朦朦,朦月色昏黄。阴霾霾,一座潇湘馆;寒凄凄,几扇碧纱窗……"吴侬软语,浅吟低唱,曲调优美,唱词如诗,动人心弦,形成无形共振,仿佛如庄子所言,"官知止而神欲行"(《庄子·养生主·庖丁解牛》),妙不可言。

老子曰:"大音希声;大象无形。"[1]千古流韵的苏州昆曲与评弹,有着"此时无声胜有声"的内涵。它融汇了大千世界的精彩,点亮了中华优秀传统文化的智慧之光,展示了江南水乡的清雅与从容,其星光耀中西,高峰耸古今。

---

[1] 陈鼓应著,《老子注译及评价》,中华书局出版,1984年5月,第228页。

第九章

绿水青山的地上天宫

"人人尽说江南好,游人只合江南老。春水碧于天,画船听雨眠。"唐代诗人韦庄说出了人们心目中的江南。

江南不仅是一个地理概念,还是一个文化概念、历史概念。它在不同的历史时期,文学意象也不尽相同。它是一个融合自然地理与文化地理、历史含义与现实含义的,充满活力与魅力的空间概念,主要包含地理方位、行政区划以及意象空间三重含义,彼此有分有合,相互交融,由此形成"泛江南"和大、中、小江南的空间指向。它是持久、含蓄、要眇而入骨的相思,以及永续的乡愁,也是一种超越现实而回溯生命本源的精神皈依。先秦时期已经存在江南的说法。《史记·秦本纪》中载:秦昭襄王"三十年,蜀守若伐楚,取巫郡及江南为黔中郡"[1]。到了唐太宗贞观元年(627年),江南道设立。从元代开始的官修地理志中,"江南"一词还被用于行政区划,明清时期江南省即如今江苏省和安徽省的统称。但文化意义上的"小江南"越来越明确地专指传统的江东、吴或三吴地区。

由于战乱,随着中原汉人南迁,江南成为一个文教发达、美丽富庶的地区。"江南"二字反映了古代人民对美好生活的向往,是人们心目中的世外桃源。

六朝之江南是江南之江南,明清之江南是中国之江南,近现代以来的江南则已成为世界之江南,不愧有"堆金积玉地,温柔富贵乡"之美誉。

《庄子·天道》有言:"素朴而天下莫能与之争美。"的确,沁人心脾的美往往是朴素的。怀有淳厚素朴的赤子之心,方能体悟朴素的可爱与恒久。江南大地以太湖平原为中心,自古以来不事修饰与刻意雕琢。江南人活得像蚂蚁,忙忙碌碌,不声不响,朴实而安静,温和而纯真。你看或不看,江南都在那里兀自芬芳。

她绿肥红瘦,像一泓清澈的水,美得一点也不嚣张。江南人世俗,却不庸俗,即使是复杂的况味,亦鲜有激烈的冲突,往往内蕴着深深的情意。她犹如谷雨前后苏州古城中街路上香樟树盛开的樟花,含蓄而内敛,蕴藉而沉静,具有馥郁而奇妙的清甜。她外儒内

---

[1] 司马迁,《史记》,甘肃民族出版社,1997年5月,第29页。

道,和合平和,不论经济还是文化,千百年来还没有大起大落折腾的窗口。她是千百年来根植于太湖流域的吴文化和宁绍平原的越文化融合发展的结晶。过去,无论是"苏南模式"还是"温州模式",无不印证了长三角地区的经济活力主要来源于县域的民众自为性。

公元1684年,康熙在收复台湾、敉平忧患的次年,即迫不及待地启程"南巡"。此后23年,这位来自大辽东的王者沿运河水道六次南下到苏州,每次都是正月出发,四五月份回京,赏风弄月,读书著文。无论从地理还是文化角度看,苏州都是江南的中心。苏州同样也是白居易在江南生涯的中心之一。"君到姑苏见,人家尽枕河。古宫闲地少,水港小桥多。夜市卖菱藕,春船载绮罗。遥知未眠月,乡思在渔歌。"苏州是浪漫的、诗意的,被誉为"人间天堂""地上天宫"。她的美让人爱恋,想拥抱,想带走,想珍藏,想天人合一,想源远流长。

马克思指出:"主体是人,客体是自然。"[1]毋庸置疑,在中国新时代如火如荼的当今,江南的文化底蕴是独一无二的存在。她的发展轨迹好像呼应了人类生态文明的演进方向,其气质与内存,不仅是当下的片段,更是过去与现在,也许也是将来一以贯之的整体。

过去,江南大地从贫瘠中长出富饶。今天,江南人已经踏上"强富美高"(经济强、百姓富、环境美、社会文明程度高)的新征程。面对世界百年未有之大变局,可持续发展才是破解当前全球性问题的"金钥匙"。历史进程正在逐步回归马克思的人类命运共同体意识,尊重大自然,模仿大自然的生产生活方式,物尽天然之趣,人忘尘世之怀,绿色生态已成为最大特色、最大优势与最大品牌。世人仿佛看见幽谷中的一朵兰花,静静地绽放着。她养育的中华民族、中华文明,生命不息,追梦不止。她就像长江入海口的那片沉积的沙滩陆地,无声无息地在不断生长、不断壮大,每时每刻都在续写着新的传奇。

一、唯实求真　自强不息

文明总是起源于江河湖畔,巨变往往从大江大河开始。上古时期,江南是个"姥姥不疼,舅舅不爱"的地方。可老天爷不负人愿,它安排江南地处"季风型"地带,当地人一方面感情纤细而丰富,另一方面对应四季变化劳作,习于忍辱负重,历史感甚为强烈,于是一步步走出了困境,至唐宋时期,"全吴之沃,鱼盐杞梓之利,充仞八方,丝绵布帛之饶,覆衣天下"(《宋书》卷五十四)。故在基督教时代的世界地图里,上面是亚洲,下面是欧洲,这可不是瞎画的,因为《圣经》里说,伊甸园在东方。

幸福的源泉来自百姓,"得吃苦,才能开出路",江南攻克了"水虐为灾",成了"鱼米之乡"。她犹如冬虫夏草,在冬天是一只冬眠的虫,静而不语;熬过了严寒,到了春夏,伴随着希望而盛开的她,像是一朵美丽的花。

---

[1]《马克思恩格斯选集》,第2卷,人民出版社,1972年5月,第88页。

（一）厚德载物，细细做事轻轻为人

远古时代的江南地区水势浩大，多沼泽盐碱，溪流被海水侵蚀，在这里生活的人与兽类没有什么区别。这从苏州草鞋山遗址，尤其是从最近太湖西北边溧阳市上兴镇秦堂山遗址中可以看出。在发掘的壕沟两边堆土上，有密密麻麻的蚬壳和螺蛳壳，有的已经碎掉，有的依然完整。可见，6 000年前生活在这里的先民是以蚬壳和螺蛳等水产为食的。"这些贝类没有被砸开的痕迹，而撬开贝壳又很麻烦，当时的人很有可能像我们一样，用水一煮，贝壳自然就张开了。"南京大学教授黄建秋认为，因为蚬类只能在洁净的水中才能生存，这表明当时的自然环境很好。除了吃贝类，6 000年前的人类吃鹿肉最多，如麋鹿、梅花鹿、麂子等等。在一片树林间，考古人员找到了先民居住的房子，根据发掘情况来推测，6 000年前，先民们居住的是圆形房屋，大约有50平方米。"从现有的考古情况来看，当时先民们采用了一种木骨泥墙的方法来建造房子：先用柱子搭起房子的框架，然后用树枝编织成墙，在上面抹上厚泥巴，再用火烤，使墙面和地面变得干燥坚硬，最后再苫上草顶。"此外，考古人员先后发掘了37座墓，都是单人葬，没有发现合葬，墓葬中的随葬品也比较少，这表明当时社会财富少，且没有出现明显的贫富差距。陶制的网坠则表明，人们用渔网捕鱼。因为没有见到随葬武器，可推断当时的生活环境相对和平。

那时的江南先人一切来自自然，证明人类的本真是"朴素"。山温水暖、烟水冉冉，使得江南成为动植物的天堂和乐园，也让江南的食物在新鲜和自然上独占鳌头。世代生活在这里的先人，他们在意的是植根于山地原野的味觉。他们并不太在意食物长得怎么样，而是其新鲜的程度怎么样。因为最高明的厨师并不是人类，而是自然。故江南先人崇尚天然，崇尚纯真。

一是"断发文身，裸以为饰"，以本色为真，以本色为美。如《诗经》中所描绘的那位姑娘，"巧笑倩兮，美目盼兮，素以为绚兮"。二是恬淡。不慕繁华，不贪名利，以清廉为贵，以平淡为美。三是精诚。《庄子》云："不精不诚，不能动人。"以诚为尊，以信为美。这种美灵动而无限，既是美之极致，又是美之根源。四是坚守。"江南卑湿，丈夫早夭。"（司马迁《史记》）"湿邪致病"，男子一般寿命不长，江南曾被北方人视为畏途。但江南先人不离不弃，面对"早夭"，顽强拼搏。

江南先人历尽坎坷，永不言败，以金石般的意志开拓创新。自在大禹带领下疏导"三江"后，民众始终不忘兴修水利，坚持疏通河道，治理水患。不论是太湖流域的"土著"，还是外来的移民，都积极治水营田，在低洼平原，开河筑塘，排除潦水，围湖围海，兴筑圩田；在高亢之地和丘陵地区，修筑陂塘堰坝，防洪蓄水，大力发展农业生产。除耕作自然平田土地外，采取筑堤造田的方法，扩大种植面积，如吴都蛇门外有吴世子开辟的"世子塘"，西郊有吴王亲自指导开辟的"吴王田"，这使得吴国水稻产量明显提升，储存丰富，达到"即便十年不收于国，而民有三年之食"的程度。同时，养殖业也得到了规模化的发展，在吴都周边出现了养鱼的"鱼城"、养鸭的"鸭城"和养鸡的"鸡陂"。经济的繁荣，为国力的提升夯实了基础。其主要举措有三：

一是保持太湖入海河道的畅通。吴越时，以吴淞江为主要泄水道，又以东北及东南两路河港为泄水之翼。当时吴淞江宽广，后来又有志丹苑领衔建造的中国规模最大的元代水闸，泄水较通畅。东北方向有娄江等排太湖洪水入江，唐时娄江已经淤湮，吴越天祐元年(904年)，浚治新洋江(今青阳港)，兼浚横塘，通小虞浦。新洋江开浚后，吴淞江以北的积潦，可北出长江，或向南排入吴淞江，又可引江流溉冈身，代替了娄江上段；经常疏浚常熟二十四浦，以起娄江下段的作用。太湖东南的东江，吴越时也已湮塞，由小官浦等分泄吴淞江部分洪水入海。公元915年，开浚淀泖上游的急水港；吴越宝正二年(927年)，又浚拓湖及新泾塘，由小官浦入海。除进行大的开浚工程外，平时常撩浅养护，故入海河港基本通畅。

二是沿江海口河浦设堰闸控制。宋郏亶在《水利书》中说，吴越时北从常州、江阴界，南至秀州(今嘉兴)、海盐，一河一浦皆设堰闸；今"海盐一县，有堰近百余所"，是古人遗法，又说古人为了防止高地降水流失，在高田区与低田区交界地带，也建堰门斗门，使高田旱时有水灌溉，又减轻低地排涝负担。采取"浚三江，治低田""蓄雨泽，治高田"的治理方法，使高低分治，旱涝兼顾。

三是严格水利管理养护制度。公元978年，吴越归附于宋。北宋结束五代十国的分裂割据以后，社会生产发展很快。《水利书》载，在吴越时，太湖平原已形成了"五里或七里一纵浦，七里或十里一横塘"，出现了圩田和浦塘相应布列的棋盘式圩田系统。在这本书中，郏亶详举了吴越在腹地水田和沿海旱田地区的横塘纵浦共264条，塘浦一般阔20～30余丈(1丈≈3.33米)，深2～3丈，浅者也不下1丈，可容纳充分的水量；圩岸高厚，高的到2丈，低亦不下1丈，可防御大水的危害：太湖地区从而成为水网密布、土地肥沃、阡陌相连、桑禾相蔽的殷阜之区。

在上述基础上，明朝时期的周忱、姚文灏、史鉴、金藻、吕光洵、何宜、吴诏、朱衮、耿桔、陈瑚、徐光启等，又对圩田水利做了较深的研究，如万历时耿桔所著的《常熟县水利全书》，其"开河法""筑岸法"专论，就对浚河筑圩技术进行了系统总结，即使是现在仍有一定的借鉴之处。

纵观整个明代，仅海盐、平湖段的海塘修筑就达20多次。为了防止这一段海岸坍塌，就将之改修为石塘。嘉定至海盐的土塘全长52 517丈，松江至平湖里护塘长53里。崇祯时，因华亭海塘屡被冲决，于是也改筑石塘。在修筑中，边修边总结经验，修筑海塘技术有了明显进步，创造出依据不同的地基、海浪情况的"五纵五横鱼鳞大石塘""坚砌坡陀塘""桩基叠石塘"等形式海塘。

苏州古城为何近700年(1223—1911)无洪灾？上述举措乃主要原因。当然，就苏州古城而言还有它的特殊缘由：一是伍子胥选址科学，将城市和湖河水系结合得恰到好处；二是有7座挡水的拦河堰挡水护城；三是有与众不同的护城河，御敌泄洪两不误；四是有特色的古城墙，成坚实防洪大堤。此外，在这里不得不指出的是，江南与黄河流域的中原地区相比,她的安宁是花了血本治水换来的。

经过长期自身的努力奋斗,太湖平原由"火耕水耨"到"地宜稻",并种桑养蚕、种棉纺织,亩产量及综合效益也逐步提高。"譬如,从欧洲近代早期的小麦来看,其平均种子产量比很难超过1∶5。在帝国晚期的嘉兴,好年景对勤快的农民而言,种的稻和收割的稻的种子产量比,从量上讲是1∶45到1∶51。就稻种和米(大多数人吃的那种)而言,产量比仍大约在1∶31到1∶36之间。也就是说,这里每公顷谷物的生产率与同一时期欧洲的产量处在完全不同的层次上。这是多种因素综合作用的结果,包括所种粮食的特性(是水稻,而不是小麦和其他旱地作物),诸如年平均温度、光照时间、土壤等等的自然条件,当然还包括农业技术。"[1]

伊懋可这位英国的教授可谓是一个中国通,他拿出了西方数据分析的本领,很富有洞见。这也说明中国曾经遗忘过世界,但世界却从未因此而遗忘中国。江南的农作物,尤其是水稻的产量比较高,确实是"多种因素综合作用的结果"。比如施肥,"庄稼一枝花,全靠粪当家"。除了使用人粪尿肥田(现在才被化肥取代)外,还罱河泥。在广大的农村,河泥被视为理想的肥料之一,特别是开春的季节,河底下的积泥经过一个冬季的沉淀后很肥。罱河泥可是一项重要的农村技术活,条件好的用小船,条件一般的用2~3个大木盆由两根粗点的大毛竹编扎起来,人站在中间的木盆毛竹上,用罱泥的网(有的是麻绳,有的是竹片编织的)夹。罱泥有男也有女,手持罱泥网夹,下去触泥时既要张开快又要向下猛使力,提时要把两根长竹柄夹紧,快速上提,连泥带水,一起提到船舱(木盆)里放掉,待船舱(木盆)泥满后,就把船(木盆)撑到岸边,再用长柄木勺,一勺一勺抛到陆地上,待干后用担子挑着分散到田里。这可是重体力活。又如,为使土地利用更为集约,精耕细作像园艺,又由一熟改为二熟甚至三熟等等。农忙时不仅男人下田,妇女也下田。妇女除了种稻、种麦、种油菜外,还要植桑养蚕、纺纱织布,对应四季变化劳作,十分辛苦。

一个人或一个民族经历了许多磨难便有了自己的个性。即使在大冬天,苏南人也是冬闲人不闲,有修理农具的,有合伙打(搓)草(麻)绳的,有上山开荒(翻地)、砍柴的等等。最热闹最有趣的是搓绳(挑稻萝的麻绳与牛耕田用的比较粗的草绳)。不论哪种,首先都要两人配合,一人用比人头还要大的木槌抡过头顶一槌一槌使劲往下打,一人蹲下用两手将捆起来的稻草或经沤好晒干的麻皮上下左右前后翻滚,等打"熟"后再用木制摇架绞成绳。小孩子主要是拾狗屎,必须起得早。有句俗话"捡狗屎都要走到前头"就是这个意思。小孩子每天在天刚有点亮时就背着秧篮出门了,一看到屎,尤其是狗屎,眼睛一亮,可开心。因为大人说的,狗屎比鸡、鸭、牛屎等都要好(肥)。回家时,不论拾多拾少大人不会说什么,因为大家心里都明白,"一堆粪,一堆粮",小孩子积极得很。小孩子都懂得:拾狗屎,去岔道;拾牛屎,瞅草窝;拾人屎,背道角。可见,江南的富不是天上掉下来

---

[1] [英]伊懋可著,梅雪芹、毛利霞、王玉山译,《大象的退却:一部中国环境史》,江苏人民出版社,2014年12月,第222-223页。

的,是男女老少一齐上、勤奋而节俭的结果。

《史记·项羽本纪》载:"沛公起如厕。"颜师古注:"厕,豕圈也。"可知当时的厕所是与猪圈直接相连的,人厕在上,猪圈在下,这种格局传承数千年。人的排泄物成为猪食,猪粪又是上好的农家肥,如此真正形成了"五谷轮回"。人蹲在那里,底下就是摇头晃脑的"二师兄"的后裔们,现在想想就不寒而栗。后来江南人有了改进,已不像19世纪之前,巴黎人在街头巷尾随意大小便,甚至为图省事直接从窗户"高空掷物",而是使用便盆与马桶。三四十年前,每日的清早,上海和苏州还可以见到和听到家家户户拎出枣红色马桶倾倒,而后用竹刷清洗马桶时的蔚为大观的"交响乐"。

江南人面朝黄土背朝天、自强不息的"草根精神",被南宋诗人范成大用脍炙人口的《田园四时杂兴》六十首七言绝句真切生动地展现于天下,其字里行间带着露珠,散发着泥土的芬芳,被誉为"字字有来历"的诗。

土膏欲动雨频催,万草千花一饷开。舍后荒畦犹绿秀,邻家鞭笋过墙来。(春日)
昼出耘田夜绩麻,村庄儿女各当家。童孙未解供耕织,也傍桑阴学种瓜。(夏日)
采菱辛苦废犁锄,血指流丹鬼质枯。无力买田聊种水,近来湖面亦收租。(夏日)
新筑场泥镜面平,家家打稻趁霜晴。笑歌声里轻雷动,一夜连枷响到明。(秋日)
放船闲看雪山晴,风定奇寒晚更凝。坐听一篙珠玉碎,不知湖面已成冰。(冬日)

躬耕起家的著名江南巨富沈万三就是一个案例。中国四大小说之一的《金瓶梅》中有这样一句民谣:"南京的沈万三,北京的槐树湾;人的名儿,树的影儿。"他不仅是当时江南躬耕起家的天下富贾,也是江南文化的杰出代表。

据沈氏家族《沈氏支谱》记载,沈万三祖籍浙江吴兴(今湖州)南浔镇沈庄漾,元末随父迁居苏州昆山周庄。沈父见此处人少荒地多,父子便躬耕桑梓。开始耕种的是一片低洼地,只出产芦苇和茅草。但他们勤于耕作,使之成了产量颇高的熟地。又因精于管理,十多年后便积累起第一笔财富,随即"好广辟田宅,富累金玉",庄田多达1 300多亩(1亩≈666.67平方米)。这体现了平民初创阶段"第一桶金"的辛劳。

沈万三一方面开辟田宅,以躬耕起家;另一方面又进行二次创业,把"东走沪渎,南通浙境"、水路交通便利的周庄,作为商品贸易和流通的基地,把内地的丝绸、瓷器、粮食和手工艺品等从千墩旁的青龙港运往海外,又将海外的珠宝、象牙、犀角、香料和药材等运回国内,开始了"竞以求富为务"的对外贸易活动。据《云蕉馆纪谈》记载,沈万三"曾为海贾,奔走徽池宁太常镇豪富间,展转贸易,致金数百万,因以显富"。由此可见,沈万三的起家是当时正常商人的正常经商结果,不外乎得益于江南水乡特有的地理环境和周庄的"天时地利人和"。沈万三故居中的一副对联则可印证:"念之祖仓廪广集南北货,创先河舟楫远销东西洋"。东南沿海的"海盗"们不仅汇集了千百年来中国的海洋史,还阐述了一个"盗"亦有"道"的人文内涵。沈万三靠勤劳、智慧、机遇、胆识和诚信,在商海中遨游,在风浪中行进,因而成为江南历史上的第一富豪。他崇尚创业,始终求实务实,"厚德载物",演出了威武雄壮的活剧,创造了令世人难以想象的奇迹。

沈万三发迹后,没有沉醉于花天酒地,纸醉金迷,而是富后思文化。他专门以重金延请王行为塾师到周庄办学,可谓一位儒商。据说有一次,沈万三在沈字银楼,看到因中午时分店内生意清淡,一个店伙计伏在柜台上没精打采地等着顾客来做生意。他走了进去,那管事的见老爷前来,少不得小心伺候。沈万三走到那个早已毕恭毕敬地站着的伙计身边,看着他说:"做生意的'意'字,有什么讲究,你知道吗?"那伙计低下头来。沈万三拿过纸笔,一边写一边说:"这生意的'意'字,上面是一个'立'字,就是说,要立在那儿等候买主,不能坐着、伏着等买主上门;这中间一个'曰'字,曰——就是说话,要主动地与买主打招呼,而且要和颜悦色;这下面是个'心'字,就是说做生意要和买主共心,讲求信誉。"一席话,说得那伙计头都抬不起来。后来,这事传了出去,沈字商号的所有店里,伙计们再也不敢懒洋洋地接待买主了。

尤其令人敬佩的是沈万三从内心里愿意做善事,认为有国才有商,有商才能富,富了才能强,于是上疏自请"助筑京城三分之一"。这种从"为小家"到"为国家",全然不顾自己的淳朴情感,正是江南人的奉献、致力精神。遗憾的是朱元璋这个皇帝老儿"忌富",将沈万三发配到云南,又将其子沈茂打成"蓝党",发配到辽东,自此一家南北分离,终于破败。对于沈万三的无私奉献,中国现代历史学家钱穆说:"因为无我,所以才不朽。"

其实,江南人是"细细"做事,"轻轻"为人,勤奋不露富的,就像月亮一样从不炫耀。苏州历史上的富人,像拙政园、网师园、狮子林主人,家有名园,美轮美奂,完全是露富的架势,这不是苏州人的本相。大道低回,大味寡淡,繁华过后是极简。苏州人骨子里是极其节俭的,家中有多少银子是点得清清楚楚的。江南人,特别是苏州人,历史上华丽的砖雕门楼都是朝里开的,它的外面是简朴的、素雅的。如果你在苏州的小巷里走一遭,只要发现有高高的广玉兰从园墙里伸出来,经验就告诉你,这个园子是有点历史的,而且是上档次的。明朝初年的苏州人家,即便是中产之家,前房必定是泥土做墙,茅草做盖,后房才用砖瓦的。

宜兴的徐庆平在讲述他眼中的父亲——中国现代画家、美术教育家徐悲鸿时说:父亲为艺术呕心沥血,用他自己的话说是"爱画入于骨髓"。他为此节衣缩食。记得小时候家里从来没吃过全白米饭,一定是小米和大米一起煮的"二米饭",这样可以省钱。张大千到家里做客,吃的是熬白菜,尽管大家知道张大千是美食家。徐庆平回忆说,父亲除了抢救艺术品,还经常拿剩下来的钱去帮助一些困难学生,他记得,他的父亲一生没有进过银行存过钱。

出生于无锡的中国现代民族工商业者的杰出代表荣毅仁,他积极支持抗美援朝,捐献七架半飞机和大量衣物。1954年5月,他响应党和政府号召,提出对申新纺织公司等荣氏企业实行公私合营,在完成对资本主义工商业的社会主义改造中起了带头作用,为新中国的工业振兴做出了重要贡献,被称为"红色资本家"。他虽出身名门,但始终保持着辛苦经营、克勤克俭的家风,不追求奢侈,不允许浪费。担任国家领导职务后,他更是坚持清正廉洁、严于律己,从不谋求私利和特权。他心系乡愁,造福家乡父老,创办江南大学。他的儿子荣智健捐款 3 000 万港元在太湖边建设了新宝界桥,与荣德生当年捐资修造的宝界桥珠联璧合,形成了"两水夹明镜、双桥落彩虹"的亮丽景观。1979 年荣毅仁说:"只要国家给我工作,我就做,白天、半夜,什么时候找我都行。我才 60 出头,80 岁前还可做点工作。"他为国家强盛、民族振兴、人民幸福做出了重要贡献。

江南人是"食草"的族群,农耕是根基。他们就像棉花一样,虽不名贵,花朵也不大好看,但是能让人类抵御风寒。自耕自食,男女老少生活怡然自乐、朴素的情怀,无私的追求,岁月历久,醇香依旧。

(二)穿自己的鞋走自己的路,太湖平原创造了持续高速增长的奇迹

英国学者李约瑟曾问:"为什么直到中世纪中国还比欧洲先进,后来却会让欧洲人着了先鞭呢? 怎么会产生这样的转变呢?"今天,这个"先鞭"又打回来了,这个"转变"又转回来了。"天行健、地势坤",这是激动人心的豪迈壮举、磅礴伟力!"我们的理想,在希望的田野上";我们的梦想,在浩瀚的太空中……

天下没有不变的人间天堂。梦想的花朵,只有以劳动浇灌才能绚丽地绽放。所谓的智慧与厚重,其实是各种挫败的磨炼。江南人由"天道酬勤"取代了"听天由命",知行合一,务实行动,在发展中穿自己的鞋,走自己的路,砥砺前行,经世致用,将涓涓细流汇成江海,构筑起通向伟大梦想的坚实路基,描绘出一幅波澜壮阔"振兴中华"的壮美画卷,镌刻下属于中华民族的历史丰碑。

以苏州为例:地区生产总值 2011 年比 1952 年增长了 624 倍,比 1978 年增长了 80.6 倍;1979 年至 2011 年平均增长 14.2%。2017 年,长三角地区的江浙皖沪三省一市实现地区生产总值 19.53 万亿元,占全国的 23.6%,成为我国经济发展最快、最有潜力的一块热土。而太湖流域又是长江三角洲的核心区域,2016 年总人口为 6 028 万人,占全国总人口的 4.4%;GDP 达 72 779 亿元,占全国 GDP 的 9.8%;人均 GDP 12 万元,是全国人均水平的 2.2 倍[1]。此时的江南也出现了许多感人的故事和华彩篇章。这些故事,不仅是江南的,也是中国的。2008 年金融危机动摇了世界对美国和西方经济能力的认同,这是中国走向世界的开始,也进一步印证了马克思恩格斯的预见——1857 年 5 月,恩格斯在《波斯和中国》一文中指出,随着中国革命的深入,"过不了多少年,我们就会看到世界上最古老的帝国做垂死的挣扎,同时我们也会看到整个亚洲新纪元的曙光"[2]。

1. 苏锡常创造苏锡常,走在中国经济社会发展的前列

苏州、无锡与常州皆为古老之地,同属吴语系,人文底蕴厚实,历来为世人瞩目。

常州是一座有着 3 200 多年历史的文化古城,曾有过延陵、毗陵、毗坛、晋陵、长春、尝

---

[1] 水利部太湖流域管理局,《2016 年度太湖流域及东南诸河水资源公报》,2017 年 9 月。
[2] 《马克思恩格斯选集》,第 2 卷,人民出版社,1972 年 5 月,第 21—22 页。

州、武进等名称。它位居太湖之滨,处于长三角中心地带,与上海、南京两大都市等距相望,与苏州、无锡联袂成片,构成了苏锡常都市圈。春秋末期(前547年),吴王寿梦第四子季札封邑延陵。季札不仅品德高尚,而且是具有远见卓识的政治家和外交家,广交当世贤士,为江南文化做出了重要贡献。仅一条青果巷,自明清以来,就走出了唐荆川、瞿秋白、张太雷等100多位文武奇才。常州还是近代中国民族工业的发祥地之一,被誉为"中国实业之父"的盛宣怀(1844—1916,常州人)倾注毕生精力从事近代工矿交通事业,创造了中国第一家电信企业、第一个民营股份制企业轮船招商局、第一个内河小火轮公司、第一所近代大学——南洋公学(交通大学)与北洋大学堂(天津大学)等11项"中国第一"。

1997年5月,常州明代王洛家族墓在基建施工时被发现,出土文物157件,其中纺织品80余件,其纺织品面料品种之多、服饰之全、织造工艺之精和纹饰图案之丰富,令人目瞪口呆,尤其难得的是大部分精美的纺织品保存完好,许多纺织品纹样从未见过,《中国图案大系》《中国纹样全集》上也没有。天孙机杼,传巧人间,精美的织造工艺、纹饰图案是明代纺织品技术与艺术的完美结合。当下,常州又出现了石墨烯应用新品,它是一种新型纳米材料,被誉为"新材料之王"(见图9-1),其产业已成为全国最大的基地,创造了全球首条年产3万平方米石墨烯透明导电薄膜生产线等10项"全球第一",得到石墨烯发现者、诺贝尔奖获得者康斯坦丁·诺沃肖诺夫的"点赞"。近期,深兰亚太科创中心又在常州开工,布局芯片、自动驾驶和脑科学,抢占"智"高点。

图9-1 常州国家级石墨烯产业应用新品

无锡市,简称"锡",古称梁溪、金匮,被誉为"太湖明珠"。它是江南文明与中国近代工业的发源地之一,有文字记载的历史可追溯到3 000多年前的商朝末年。现有面积4 628平方千米,人口493.05万人。2017年,GDP迈入了"万亿俱乐部"。其底气何在?一言以蔽之:人杰地灵。

无锡市自明清以来一直是江南人文荟萃、书香鼎盛之地。笔者于20世纪60年代初中期在无锡工作了好几年,因为当过警卫,对那儿的大街小巷很熟悉。比如有一条名气很大的学前街,那里有个薛福成故居,无锡人俗称"薛家花园""江南第一豪宅"。薛福成在清光绪年间曾出使英、法、意、比四国，是著名外交家，也是洋务运动主要领导者之一；他也是个散文家，《出使四国日记》堪称近代国人开眼看世界的代表作之一。这条街上还有座嵇氏牌坊。嵇曾筠、嵇璜父子历仕康熙、雍正、乾隆三朝，均位至大学士，官居一品。那牌坊往西一点，是杨家。该宗族有个杨绛，还有杨荫榆，曾任北京女子师范大学校长，是中国历史上第一位大学女校长。学前街最有名的，当数"一门五博士"和"一门十院士"。这"一门五博士"就是顾氏家族。学前街3号，如今是顾毓琇纪念馆。"纵堪万象推演物理玄真，横量千帆激扬艺韵诗情"，门口的楹联概括了这位文理巨擘的传奇一生。前者赞其科学上的贡献，他是现代自动控制理论的先驱；后者称道其育人伟业，他是清华工学院主要奠基者之一，又曾任中央大学、政治大学校长，还出版诗词曲集34部。"一门十院士"的钱家名声更炽。无锡钱家"东有七房桥，西有七尺场"。钱基博、钱基厚两兄弟都是国学大师，后代钱钟书更是名满天下。无锡这个重镇，在当代又出现了两位中国杰出的经济学家：一位是中国经济学界泰斗薛暮桥，另一位是著名经济学家、老一辈无产阶级革命家孙冶方。还有一位上面已述的出生于著名的工商业家族的荣毅仁——"红色资本家"。

苏州这个"人间天堂"之地就更富有灵性了。早在春秋晚期，苏州已成为中国古代工业文明中一颗璀璨明珠。两宋时，自然经济得到长足发展，纺织业已出现专业的"贡户"，出现了"苏州码"计数系统，这是苏州独有的计数符号，不仅体现了中国数字文化的演变，而且已成为中国商业经济发展和市场交易的特定历史印记。马可·波罗在他的《东方见闻录》中，用充满赞叹的语气描述了苏州这座城市，说这里漂亮得惊人，商业和工艺十分繁荣。当地人精于工艺，城市里有许多学识渊博的学者和医术高明的医生……当时，很多读过《东方见闻录》的欧洲人都认为马可·波罗是夸大其词，甚至是欺骗。在黑死病蔓延的13世纪，欧洲人很难相信，在遥远的东方会有这样富丽的城市。元朝时，苏州已建有织造局，人民"恃工商业为生，产丝甚饶"。明代时出现资本主义萌芽。清朝时，苏州已出现"计日受值"的计时工资与"按件而计"的计件工资形态，约有50多个行业，"五方杂处，人烟稠密，贸易之盛，甲于天下"。国外学者估计，当时苏州的可量化财富总量，相当于工业革命初期的整个英格兰积累的财富。

近代中国受到西方舰炮的重创，直到新中国建立后，苏州工业由1949年的1 655个增至1952年的3 051个。经过三年的恢复时期后，广大农村出现了"萌生于50年代、衰落于60年代、活跃于70年代"的乡镇企业，"异军突起"，离土不离乡、进厂不进城，发扬"四千四万"（说尽千言万语，走遍千山万水，经历千难万险，吃尽千辛万苦）精神，突破计划经济的樊笼，迅猛发展，在20世纪80年代上中期占据了全市经济的"半壁江山"。这并非什么"顶层设计"，而是农民的伟大创造。改革开放后，实现了历史性的第二次飞跃。1978年至1997年，国内生产总值从31.95亿元上升到1 132.59亿元，增长了34.4倍。其特点是：速度中求效益，持续高速增长；扩展中求实绩，出现了一批高新技术企业；建设中求合理布局，以外向型经济带动产业结构调整，国民经济已开始发生质的变化。

与此同时，到20世纪80年代中后期，在苏州、无锡与常州三市及所辖的12个县范围内，广大民众创造了"四为主一共同"（以集体经济为主，以乡镇工业为主，以市场取向为主，以政府推动为主，走共同富裕道路）的"苏南模式"，形成了以城带乡、以乡促城、城乡共同繁荣的发展格局，在实现城乡发展一体化方面走在了前列，为全国农村改革提供了宝贵经验。苏州以不足全国千分之一的土地面积，创造了全国近百分之三的经济总量。

1983年春天，小平同志的苏州之行就是对小康社会内涵的最好阐释和注脚。在苏州，他心系1981年起全国工农业的年总产值20年能否翻两番、人民物质文化生活能否达到小康水平的问题，江苏和苏州的同志对此给出了肯定的答案，而且表示能提前完成。对一位伟大的政治家而言，小康并非只是经济指标问题，小平同志在苏州看到了政治稳定、经济发展、社队工业勃兴、人民生活改善的稳定局面。回北京后，他又让秘书进一步核实苏州的经济社会数据。这些都让小平同志吃了定心丸。在重要场合论及小康社会建设问题时，他都会用他在苏州视察时的所见所闻，向人们阐述与描绘小康社会的宏伟蓝图，最终使得小康社会理论成为中国现代化建设"三步走"发展战略的重要组成部分。

中共党史出版社出版的《小康社会思想与苏州实践》书中一方面解密了小康理论与苏州的渊源，另一方面以苏州建设小康社会独具特色的整体实践和诸如"张家港精神""昆山之路""园区经验"为代表的典型例证，以一幅幅立体、生动的历史画卷，创造性地诠释、丰富了小康社会理论的内涵。由此证明，小平同志的小康社会思想是经得起实践检验的，融合了理论与实践理性的真理性认知。

从20世纪50年代初到2011年的50年间，苏州国民生产总值由1952年的4.38亿元上升到2011年的10 716.99亿元，进入了"万亿俱乐部"。2017年，全市实现地区生产总值17 319.51亿元，人均GDP达162 107元，形成了名扬天下的"张家港精神""昆山之路""园区经验"。2018年上半年财、税收入分别占江苏全省的24%和25.8%。

苏州并非省会，也非特区，更没有机场，这座江南的梦幻之城，它的质感与诗意曾被赋予无限的浪漫与遐想（见图9-2）。它犹如西墙边的爬墙虎，从春到夏，打根底冒出的能量，翻腾着江河般的力量，顺着爬墙虎褐色的茎干，奔涌着流向绿叶，流向千千万万个小脚丫，在淡黄色的墙布上一寸寸泼墨、一厘厘游走，让绿，叠盖着绿。它几乎用不着人去浇灌，也不需要施肥、修剪，硬是依靠伸向大地的根，探寻能量，用自己的身体织成浑厚的"挂毯"，消噪、蔽日、除尘……它是自力更生、自强不息的典范，亦是江南人的真实写照。

图9-2　苏州古城风韵

改革开放40年风雷激荡,40年极大解放和发展了中国社会生产力,40年开辟了中国特色社会主义道路。2018年,苏州城乡居民人均可支配收入分别达6.35万元和3.24万元,是全国城乡收入差距最小的地区之一,其奇绩源自自身的奋斗与创新。

苏州是江苏的属地,江苏是一个工业大省。近年来,其制造业规模连续8年保持全国第一,先进制造业不断壮大,自主创新能力不断增强。它以全国1.1%的土地面积、5.8%的人口,创造了10.2%的经济总量,居全国第二。制造业总值约占全国的1/8,国有企业利润多年位居全国第一。

大海的深处是平静的,巍峨的山峦是缄默的。谦者胜,骄必败。大自然中许多蔚为壮观的生命往往以沉默示人,就像认识一棵树,不需急着去看春天里开的花,可以等到秋天时去看树上的果实,果实是花的语言,也是树的注释。有鉴于此,我们应慎言!有时,悠着点未尝不是聪明之举。当下,我们的很多产业还处在中低端,应补短板、强弱项。

2. 上海从青浦出发,由一个小港口发展成国际大都市

上海,简称"沪"或"申"。春秋属吴,战国先后属吴、越、楚。南濒杭州湾,北、西与江苏、浙江两省相接。面积6 340平方千米,全市常住人口2 418.33万人,使用吴语,早在宋代就有了"上海"之地名。它既是中国共产党的诞生地,也是中国近现代最早的发迹地。2018年,国民生产总值达32 679.87亿元,人均生产总值为13.50万元。

上海,是"古吴之裔壤也,然负海枕江,水环山拱",它从上海西部青浦这个小渔村、小港口出发,逐渐发展成现代国际化的大都市。

依水而生、因海而兴的上海,距今7 000年前后绝大部分还被海水覆盖,仅西部局部出露,成为滨海湖沼低地。今日之上海,西南与浙江平湖、嘉兴市接壤,西与江苏省苏州市吴江区、昆山及太仓市相连。青浦东部江河交错,西部湖荡群集,内河航运具有天然优势,是苏浙沪的重要水上通道。境内有全国重点文物保护单位福泉山与崧泽文化遗址、陈云故居等。

距今3 000~1 700年时,今浦东花木、北蔡、周浦、下沙、航头一线形成北、北西方向断续沙带,和今宝山盛桥、月浦沙带构成一条平行于西部冈身的古海岸线,冈身以东至下沙沙带间的中部地区渐成陆。距今1 700~1 000年时,下沙沙带以东至今里护塘故址之间浦东中部、黄浦江以西地区才成陆。距今1 000~600年时,西沙带以东为滨海地区,近600年才发育形成浦东。

上流下潮的上海,可谓海纳百川。从1008年至1843年,这800多年的历史,上海处于传统江南文化的边缘地位。1292年上海县设立,作为一个县级行政单位,在中国的城市版图上,既非省城都会,也非府衙治所,那个时候的上海人羡慕苏州的繁华、杭州的富足,时不时地自称自己"阿拉是小苏州"而已。从经济地理角度而言,上海实在与素称"鱼米之乡""人间天堂"的苏杭二州有着天壤之别,在以农耕文明为主体的传统社会中自然也谈不上占有一个什么位置。除了传统盐业、渔业、农业、纺织业外,主要就是靠开放的沿海贸易,"先有青龙港,后有上海浦",它的社会构成没有沉重的包袱,市民的民俗与心理构成相对传统型城市,较少传统的束缚,尤其是1843年开埠后形成的海派文化,勇于接纳新事物,开放与创新是这座城市娘胎里带来的基因。

经过一代又一代上海人的艰难打拼,至上海开埠80年后的20世纪20年代,上海城市的体量已经庞大,工业产值约占全国60%以上,金融占到80%左右。据1919年统计,上海工人总数达513 768人,其中产业工人181 485人,约占全国工人总数的四分之一。即使在计划经济时代,上海出产的精良品牌产品、诚信商业道德、有序城市管理,都在全国赢得了高度的信任和美誉。

今日之上海,转型升级。GDP的含金量不断提升,放射出国际经济中心、国际金融中心、国际贸易中心、国际航运中心和科技创新"五个中心"联动推进的火焰。

600年前的浦东还是一片水草地,如今已成改革开放的弄潮儿。1990年成立的陆家嘴金融贸易区,而今已享有"东方曼哈顿"的美誉。29年来披荆斩棘、筚路蓝缕,在中国改革开放的征程中,浦东写下了浓墨重彩的一笔,也使自己成为一扇窗口、一张名片、一段传奇(见图9-3)。今天的"中国之巅"在浦东陆家嘴——632米高的上海中心,云霞星辉仿佛触手可及。

回首30年前陆家嘴"第一高度",却是仅25米高的东昌消防队瞭望塔,从这往东望,农田阡陌纵横;向西远眺,有国棉十厂、立新船厂等数十家老厂房,大片危棚简屋,与外滩形成鲜明对比。

图9-3　陆家嘴鸟瞰(钮一新摄)

"开发浦东,振兴上海,服务全国,面向世界",一幕精彩瑰丽的开发开放大戏在上海展开。1995年9月,中华人民共和国成立后第一家进入中国的外资银行——日本富士银行上海分行在浦东成立;1996年,美国花旗银行等9家外资银行在浦东率先试点经营人民币业务;2005年6月,国务院批准浦东在全国率先开展综合配套改革试点;2013年9月,中国首个自贸区——中国(上海)自由贸易试验区从浦东起航……一项项"第一",犹如一次次破冰,浦东开发将中国对外开放的大门逐渐打开,在社会主义市场经济体制渐趋完善的过程中,上海也终于从中国改革开放的后卫,一跃成为前锋。

今日,站在上海中心鸟瞰浦东,对比29年前的黑白影像,人们不禁惊呼,这是多么神奇的画面啊!而这一切都来自改革,来自开放。29年来,浦东经济总量从60亿元增长到9 650亿元,增长约160倍。这不仅仅是经济总量的提升,更是体现了上海的窗口与示范意义。上海敢闯敢试、先行先试,发挥了排头兵作用。

明末清初"三大儒"之一的著名思想家顾炎武提倡"经世致用",认为"六经之旨与当世之务"应该结合,提出"博学于文""行己有耻"古训,开创了踏踏实实做学问的优良学风。借天下之势,做脚下之事,脚踏实地,开拓创新。2017 年长三角地区人均 GDP 为 8.74 万元,比全国高 2.77 万元,按 2017 年年底汇率,人均水平为 1.36 万美元,已达到发达国家初等水平。

二、转型升级 江海潮涌

时代潮流,浩浩荡荡,唯有弄潮儿能永立潮头。历史车轮,滚滚向前,唯有奋斗者能乘势而上。

中国改革开放 40 年,弹指一挥间。"春山磔磔鸣春禽,此间不可无我吟。"改革开放发轫伊始,江南大地活跃非常。在江南人站立的地方,历史的洪流撞上了冷峻的峭壁,腾起巨浪,淘尽黄沙,始见真金。江苏省 2017 年规模以上企业工业增加值达 3.5 万亿元,占全国比重 12.5%;规模以上工业企业利润总额超过 1 万亿元,居全国第一,占全国比重超过 14%。先进制造业不断壮大,新材料、节能环保、医药、软件、新能源、海工装备等产业规模居全国第一,新一代信息技术产业规模全国第二,光伏、智能电网、海工装备等细分领域分别占全国市场份额 50%、40% 和 30% 以上。仅苏州市近 5 年发展速度已从激进到渐进,虽然减速了,但规模依然庞大(见图 9-4)。2017 年全市规模以上工业总产值 3.2 万亿元,比上年增长 10.4%,其中重工业产值 2.41 万亿元,比上年增长 12.3%;规模以上工业全员劳动生产率 24.3 万元/人,比上年增长 12%。可以说,产品不是缺少,而是多少有点儿过剩。在解决了"有没有"的问题后,现在要解决的问题是"好不好"。其产业政策应该由传统的产业政策转向新的产业政策——以支持高质量经济活动为目标。

图 9-4 2013～2018 年苏州 GDP 及增速情况

核心技术是国之重器,自主创新是摆脱受制于人的最好方式。中国现在虽然享受着世界第一制造大国和世界第二大经济体的荣耀,但在现代高科技领域中还有许多落后之处,"中国芯"就是其中的一项。"中兴事件",相信对每个中国人都是沉重的打击,其羞辱之耻、惨痛的教训使人难忘。毕竟经历过死亡的人,更知生的可贵和责任;立足于西方理论和技术基础上的大国崛起是不可靠的!中华当自强,自力更生,同时又积极利用国际创新资源的中国特色自主创新道路才是唯一出路。科技创新,既包括"从0到1"的基础研究和原始创新,也包括"从1到100"的应用研究。目下,我们在"从0到1"方面依然是块短板,而创新又从来都是九死一生的,我们必须横下一条心,尽快突破制造、信息、材料、航空航天、海洋工程、生物医药等六大领域短板,可谓形势逼人,挑战逼人,使命逼人。"钱学森之问"必将激励更多的英才"登顶"!在大国高科技博弈必争之地,我国已正式进入5G时代就是一个例证。

(一) 加快转型升级,由高速增长向高质量发展

历史常有惊人的相似之处。读史的人或多或少地会生出这种感觉来。今天,"德国制造"俨然成了高品质的代名词,笔者在前几年到德国去旅游时,在法兰克福买了把指甲钳,直到现在还挂在腰间的钥匙串上,因为它的钢火好、小巧玲珑,用得一直很顺心。可在140多年前情况刚好相反。19世纪40年代的德国还是一盘散沙,36个诸侯国林立。在经历德丹战争、普奥战争和普法战争后,1871年"铁血宰相"俾斯麦才实现了德国统一。但此时世界市场已被其他强国瓜分完毕,德国的科学技术与英法相比也几乎差了半个世纪。在夹缝中追求突破的德国人一开始想走"捷径",即不择手段地仿造英法美等国产品,以仿制廉价产品冲击世界市场,招来世界一片嘲笑。在嘲笑与"白眼"中,德国人没有抗议、没有辩解,而是开始彻底反省:占领全球市场靠的不是廉价产品,不是低价格,而是好质量!他们不再盲目扩大生产,而开始卧薪尝胆,专注于生产高质量、经久耐用的产品,加上"包豪斯"的美学设计,一跃而为天下先。可见,"德国制造"也是被逼出来的,这就是历史!

经济活动的本质,是人类社会通过自己的知识和能力,利用自然资源,获得福利的过程。列宁指出:"只有用人类创造的一切财富的知识来丰富自己的头脑,才能成为共产主义者。"[1]一个国家要崛起为大国并持久保持大国地位,主要是靠科技创新能力及其主要载体——制造业的竞争力,而不是仅靠自然资源,更不能靠殖民掠夺。当今,中国人民已经站起来、富起来、强起来,有条件创新,超越式发展。约翰·勃朗宁曾说:人应该进行超越能力的攀登,否则天空的存在又有何意义? 未来已来,唯变不变。"可上九天揽月,可下五洋捉鳖",江南大地已经呈现出千帆竞发、逐浪前行、向高质量进军的良好态势。

1. 自主创新,破浪前行

走好自己的路,办好自己的事。始于2011年左右,中国经济总量成为世界第二,城市人口第一次超过农村人口,中国已由几千年农业社会转型出来,进入了全面建设小康社会的决胜期,并将在全面建成小康社会的基础上,乘势而上,开启全面建设社会主义现

---

[1]《列宁选集》,第四卷,人民出版社,1960年4月,第348页。

代化国家的新征程。社会主义现代化国家的经济基础是社会生产能力水平的明显提升，核心是经济发展的高质量。如果说改革开放之初我国经济发展要解决的首要问题是数量不足，需要"快"字当头，那么，在新时代要解决的首要问题则是实现高质量发展，必须"好"字当头。唯有树立新理念，打造新模式，从要素驱动转向创新驱动，才能提高资本质量和人力资本质量。江南大地在这一转变过程中，正如太阳一样，每天都是新的。

① 凝心聚力创奇迹，"神威·太湖之光"为产业赋新能。美国对中国的技术封锁是一贯的，但中国超级计算机（简称"超算"）从来没有停止对自主可控芯片的研发。曾连续四次蝉联世界之冠的"神威·太湖之光"超级计算机，作为我国着力推进的战略高技术研究典范得到世界"点赞"。令人欣喜的是，该套系统实现了包括处理器在内的所有核心部件全部国产化。只有 5 厘米见方的薄块"申威 26010"，不仅成为"神威·太湖之光"的心脏，也成为我国自主研发打破 30 年技术封锁的一柄利器。25 平方厘米的方寸之间，集成了 260 个运算核心、数十亿晶体管，达到了每秒 3 万多亿次的计算能力，在国际上产生了巨大影响。

目下，"神威·太湖之光"千万核心全机应用已达 20 多个，完成了 20 多个应用领域、200 多项百万核心大型问题的求解任务。高质量科技供给，支撑现代化经济体系建设。在超级计算机无锡中心，以高质量超级计算机供给助推经济高质量发展，已成为科研工作者的职责和使命。2018 年 4 月，国内首个"超算云"在国家超算无锡中心正式发布。"云"上搭建了新药研发、动漫渲染、汽车设计、船舶设计、深度学习、智能制造等 10 个产业化平台，重点支持产业转型升级，旨在打造世界一流的超算技术与产业发展深度融合的高性能计算应用生态圈。基于"神威·太湖之光"强大的硬件支撑，无锡超算云平台将为科研院所、应用团队和企业等提供更加方便、简单和便宜的应用服务，把更多的资源投向产业应用领域。目前，国家超算无锡中心的用户数量已超过 300 家，支持包括紫金山天文台、远景能源集团、中船重工 702 所在内逾 50 家江苏用户，并以"神威·太湖之光"为"圆心"，在无锡探索建设"超算产业园"，通过打造超算产业链，形成更强的超算"产业能量"。最近，华虹无锡集成电路研发和制造基地项目一期产品已全面进入试生产准备阶段，产品将应用于智能卡、能源管理、节能减排等领域，也将面向物联网及 5G 等新兴领域。

② 自主研发芯片，射频领域打破国外技术垄断。"中兴事件"后，国人对"中国芯"的企盼变得比以往更加迫切。在扬州仪征经济开发区有一家叫稻源微电子的半导体企业，六年磨一剑，自主研发出 Nova 超高频芯片，是一颗真正纯粹的"中国芯"。

一个芯片，只有芝麻的四分之一大小，为何设计制造如此之难？"可别小看了它，其中的技术含量高，自主研发周期长。"作为一个芯片自主研发的过来人，王彬很有体会地说。芯片研发是个系统工程，小芯片背后是个大产业链。不过，再难也要迎难而上。2010 年 6 月，王彬带着 3 000 万元的产业引导资金和贴息担保贷款，毅然决定带着海归团队和超高频芯片项目回仪征创业。2015 年，公司设计了世界上第一颗专业防伪芯片

D315，为产品提供全球唯一数字身份码，通过手机无线扫描实现云端查询防伪、互动，开启了防伪"芯"时代。为了进一步破解芯片设计难点，王彬又带领他的海归团队多次测试验证，最终在2016年自主研发出第一代Nova超高频芯片，并实现了量产，大大降低了电路功耗和生产成本。

③ 国产电子级多晶硅量产，纯度达99.999 999 999%。大家知道电子芯片都是硅基材料制成的，电子级多晶硅材料是集成电路的关键基础材料，过去中国基本依赖进口。相对于太阳能级多晶硅99.999 9%的纯度，电子级多晶硅的纯度要求达到99.999 999 999%，即5 000吨的电子级多晶硅中总的杂质含量仅相当于一枚1元硬币的重量。

2015年12月，江苏徐州鑫华半导体材料科技有限公司与国家集成电路产业投资基金成立合资公司，投资38亿元。研发团队历经317次电子级多晶硅生产试验，用一年多时间，对629项技术、设备优化改进，以70%的国产设备，系统性解决了杂质释放问题，实现了原料端彻底去除和控制杂质，在全球首创采用自动化无接触硅料处理系统，于2017年11月8日正式发布电子级多晶硅产品，不仅打破了国外技术、市场垄断，也成为继美国Hemlock、德国Wacker之后全球第三大半导体硅材料生产商。该公司第一条生产线的产能为5 000吨，可保证国内企业三至五年内电子级多晶硅不会缺货，产品质量满足40纳米及以下极大规模集成电路用12英寸单晶制造需求。同时，还将规划再上一条5 000吨生产线，以更好地满足国际国内市场。

2. 零的突破，提质增效

众所周知，产业持续性的创新与升级是经济高质量发展模式的核心，这需要从过去的劳动密集型转向技术密集型，从依赖资源禀赋的比较优势走向依靠技术创新的竞争优势。一般而言，产业创新升级都是一个链条行动，它由产品创新和工艺创新两个部分组成。如果说产品创新偏重于创造和设计新的成果，那么工艺创新则侧重于通过生产过程将创新的想法、理念实现和转化为现实可用且具有市场竞争力的物品。在中国已经站起来、富起来、强起来的新时代，时乎运乎！江南物华天宝，人杰地灵，面朝大海，风暖花开，高精尖的"独角兽"如雨后春笋，不断涌现。试举几例：

① 上海汇聚全国智慧，从仿创新到主导国际标准。如01100301001……在海内外专业人士眼中，这串看似神秘的数字由5层编码构成，依次代表"根及根茎类/贵重药材/三七/春三七/一等品"。这就是由中国专家主导，经国际标准化组织（ISO）批准，2016年春起向全球发布并出版的《中药编码规则》。任何中药材、中药饮片、中药配方颗粒，都将用一个分10层、长达17位的阿拉伯数字，分类表达品种来源、药用部位、品种类别及其规格、炮制方法等。设在上海中医药大学的国际标准化组织/中医药技术委员会（ISO/TC249），发布了这个世界上首个中医药编码的国际标准。委员会自2009年成立以来，截至目前已正式独立发布28项中医药国际标准，包括一次性无菌使用针灸针、亚洲人参种子种苗、中药重金属检测方法、中药煎煮设备、艾灸器具等，还正在制定国际标准46项，实现了ISO领域中医药国际标准的重大突破，为促进中医药产品和服务国际贸易带来了

深远影响。尤其是占地95平方千米的张江高科技园区,从1992年7月开园至今,已经汇聚了1.8万余家企业,包括53家跨国公司地区总部和828家高新技术企业,志在"打造世界一流的科学城",如今,已放射出未来之光。"上海光源"等大科学装置从点至集群,建起生物医药研发生产"生态链":目前已经占到了3个"30%"——国家新药研发机构有30%来自张江,国家每年用于新药开发总预算的30%投入张江,30%的全国一类创新药带着张江的身份证出生。

② 南京江宁前沿公司历经16年研制的我国首个抗艾滋病新药获准上市。南京江宁高新区自主研发的国家一类新药——抗艾滋病新药"艾可宁",已获国家药品监督管理总局上市批准。这是我国第一个原创抗艾滋病新药,拥有全球知识产权。

"艾可宁"由国家千人计划专家谢东博士创立的"前沿生物药业(南京)股份有限公司"研发,从2002年开始,历经150多项研究攻关,最终研发成功。谢东介绍说,目前全球上市的抗艾滋病药品有30种,其中28种是口服药。患者一旦吃药,需要终身服用、每日服药,毒副作用随着年龄增长越来越明显,带来肝肾损伤。此外,艾滋病病毒是一种逆转录病毒,容易发生突变,对药物产生耐药性。"艾可宁"作为全球首个长效HIV-1融合酶抑制剂,在解决病毒耐药性问题上,对比口服型抗艾药物有很大优势,而且一周一针,从整体上提高了艾滋病药物的依从性。医药专家说,国际上原创药研发一般要12~15年,投资12亿~15亿美元,这个过程很长,需要不同阶段的资本接力。"前沿生物"在风险投资和江宁高新区的支持下,迎来"艾可宁"的获批上市,实现了我国抗艾新药零的突破。

③ 产业创新,"吴江智造"推动经济高质量发展。地处长三角腹地的苏州市吴江区民营经济发达,工业基础比较扎实,地区生产总值亦高,但主导产业仍集中在传统领域。从2013年开始,该区开启智能工业升级转型之路,以智能设计、智能生产、智能装备、企业资源计划管理、供应链管理和生产性电子商务六大关键环节为切入点,大力推进工业智能化,推动了经济高质量发展。可见,没有淘汰的产业,只有落后的产品。

铸造本来是劳动密集型的传统行业,但吴江的苏州明志科技有限公司呈现的却是另一番景象:偌大的铝合金热交换器智能生产车间内,20多台不同类型的机械手、AGV智能小车与零星的工人交互协作,这里俨然是一个"机器人王国"。几年前,明志科技的车间里还是人头攒动。自从实现了产品设计、打样、生产、检测等全过程智能化,生产质效明显提升,人力成本省去了50%,生产效率提升了73%,产品废品率从4.5%降低到2%。

"吴江智造"也是被逼出来的,因该区土地开发强度已逼近30%警戒线,人口红利优势又逐步消失,对此,他们瞄准AI(人工智能),首先全力打造智能工业发展标杆。成立于2001年的"博众精工"17年如一日深耕智能装备制造,在智能化上已经起步,为吴江传统产业的智能化改造提供了服务。目下,吴江区既有上游的智能装备提供商,也有下游的智能装备使用者,加快了新旧动能转换,全区已累计装备工业机器人逾4 000台,建成9个国家级企业技术中心、40个省级示范智能车间。在AI赋能下,"人类+人工智能",跨进了"赛托邦"大门。近3年累计淘汰落后产能企业183家,腾出土地24 980.39亩,有力地推动了产业升级——从规模速度型转向质量效率型。它犹如"息壤",风生水起逐浪高,战斗正未有穷期。

(二)一体化发展,打造具有全球竞争力的世界级城市群

德国谚语说:"一个人的努力是加法,一个团队的努力是乘法。"中国谚语说:"一根线容易断,万根线能拉船。"改革开放以来,随着中国社会经济的发展,中国区域经济的联系越来越紧密,区域合作的范围和领域不断拓展,合作规模不断增大。可是要真正建构起一个行之有效的区域经济一体化系统,又绝非一朝一夕之事。从发达国家的经验看,甚至连欧洲的一体化也走过了半个世纪的艰难历程。但区域经济一体化的前景又是诱人的,我们有足够的理由相信,建构一个行之有效的区域经济一体化,绝非是一个遥不可及的乌托邦。苏浙沪皖地缘相接、人缘相亲、生态相类、经济发达、文化一脉,历史上曾合力打造出光彩夺目的江南文化,使长三角地区成为我国具有经济活力、开放程度高、创新能力强的区域之一。在当下的新时代,各地争相对接国家战略,不断将一体化推向纵深发展,跃马扬鞭,改革开放再出发,群策群力创新局。

1. 江苏改革开放再出发,"1+3"功能区战略助推高质量发展

长期以来,人们习惯把江苏分为苏南、苏中、苏北。这既是地理上的分界,也是发展水平上的分野。三个区域之间仿佛只有差距,很难说得上关联和协调。其实,历史上的苏中、苏北是富饶的,也是与苏南关联和协调的,如今的争论都是人为的黄河决堤改道惹的祸。

为实现高质量发展,江苏于2017年5月提出并实施了"1+3"功能区战略("1"是沿江八市组成的扬子江城市群;"3"分别指连云港、盐城、南通一线的沿海经济带,宿迁、淮安和苏中部分地区组成的江淮生态经济区,以及将徐州建成淮海经济区的中心城市),不再以地理界线,而是以资源禀赋、发展阶段、功能定位作为谋划区域发展的主要依据。这一开创性的举措带来了连锁效应,激发了区域发展的蓬勃活力。

2018年5月,距徐州主城区东北18千米的潘安湖湿地公园中,阳光下的潘安湖水光潋滟、绿柳婆娑。湖畔成群的游人也许很难想象这里曾经历130年的煤矿开采。8年前,这里还是一片矿坑遍布、荒草丛生的采煤塌陷区。经过整治,这片塌陷区形成的水面水质趋于Ⅱ类,成为国家级湿地公园,人们能在这里观赏到400多种鸟类和植物。全市森林覆盖率达30.1%,居江苏省第一,实现了从"一城煤灰半城土"到"一城青山半城湖"的华丽转变,获得2018年联合国人居奖。

不仅如此,徐州还在努力建设淮海经济区的中心城市,这是江苏"1+3"重点功能区战略的重要一环。通过建设淮海经济区中心城市,徐州将辐射苏、皖、鲁、豫四省交界地区,不断拓展江苏的发展纵深。现在国内外许多重大基础工程中随处可见的系列旋挖钻机就来自江苏徐工基础工程机械有限公司。2017年,该公司主要产品年收入达到39亿

元。目前产品板块包括桩工机械、非开挖机械、矿业机械、能源勘探机械,产品远销70多个国家和地区,市场占有率远超国内同行。想当初青藏铁路施工,全线100余台旋挖钻机几乎全靠进口。今天徐工基础不仅填补了这一空白,还挺进了全球矿业顶级市场,出口市场已覆盖182个国家和地区,全球知名度、美誉度节节攀升。

苏中的里下河地区是江苏的地理低点,历史上洪水肆虐,被称为"锅底洼"。如今,位于里下河腹地的兴化市,虽然垛田上的油菜早过了盛花期,但游客热情不减。因为自然环境好,田园采摘等延伸项目成为又一个旅游热点。在江淮生态经济区,许多地方像兴化一样,正努力擦亮"生态"这张名片。

与苏北转型、苏中变绿同步,苏南沿江各市正积极拓展对外开放,加速壮大经济体量。2018年5月,长江南京以下12.5米深水航道贯通,这意味着10万吨级海轮可减载通航至南京,江苏沿江港口全部由江港变成海港。沿江八市与海相连,进一步强化了其作为江苏经济增长主引擎的效应。

"1+3"功能区战略,打破了三大板块的地理分界和行政壁垒,从"隔江相望"到"跨江融合",苏南、苏中连为一体,形成更为强大的经济增长核,更好辐射、带动和支撑包括苏北腹地在内的其他区域发展。

江苏作为制造业经济大省,底子较好。鉴于现代化是人类社会文明进步的重要标志和共同愿景,为"决胜全面建成小康社会,开启全面建设社会主义现代化国家新征程",江苏省委省政府决定,在南京市江宁区、江北新区,苏州市昆山市、工业园区,无锡市江阴市,常州市溧阳市开展社会主义现代化建设试点(标准定为达到中等发达国家国标),为全国发展探路。

2. 潮涌长三角,一体化发展向纵深推进

区域合作发展是当今世界的又一大趋势,已经成为经济社会发展的重要动力。长江三角洲地区生在一块扬子古陆上,有着"你中有我、我中有你"的骨肉情,一直处于血肉相连的流动、交合、交融状态。

上海是中国共产党的诞生地,将马克思主义与工人运动相结合。新理论和新社会力量在此交汇,决定了它是新社会力量的集中之地。2016年5月,国务院常务会议通过《长江三角洲城市群发展规划》,提出以上海为龙头,培育更高水平的经济增长极。自2017年底明确了"共同打造世界级城市群"的理念以来,长三角各地区便开始携手加速探索区域协调发展新机制:从组建长三角区域合作办公室(见图9-5)到编制《长三角一体化发展三年行动计划》,再到启动各项专题合作……人们真切地感受到,"一体化"一词从未像今天这般炙手可热。

风起大上海,江南加速度。现今,长三角(沪苏、浙皖)已经跻身于"全球六大城市群"的行列,它以占全国3.8%的地域面积,创造了全国近25%的经济总量。

从城市来看,除了上海外,苏州、杭州、南京、无锡的经济总量都已陆续迈入"万亿俱乐部";从收入增幅来看,以上城市2017年几乎都高于全国平均水平。然而,虽说经济总

图9-5 长三角区域合作办公室

量与居民生活水平都在不断走高,但长三角地区仍有很多深层次的瓶颈问题尚未得到很好的解决,比如:政府与市场的协调问题、区域经济发展的平衡问题(包括人才、资本、信息、技术等在内的要素差异)、各地产业同构与集聚水平不足以及互联互通问题……都影响着一体化发展。在这样的背景下,长三角一体化的进程提速,意味着必须对其高质量发展做更深一步探索。

经济学的开山鼻祖亚当·斯密早在其1776年的经典巨著《国富论》中,就对一个国家或地区的经济增长源泉进行了探讨。他不仅论证了分工导致劳动生产率提高的效应,还从商品交易角度出发系统分析了市场规模与劳动分工的关系,即"交换能力引起了分工,所以分工的程度就必然总是要受到交换能力的大小的限制。换句话说,要受市场大小的限制。当市场很小的时候,没有人会全身心地投入一种生产"[1]。后人对其加以提炼,总结出一条名曰"斯密定理"的规律。不难看出,"斯密定理"最关键的环节便是市场规模的扩大,而这当中又隐含着两层意思:市场范围"量"的扩大与市场深度"质"的增加。这就需要采取超越进化的发展路径,重塑时空。对于长三角地区来说,一体化应打破边界,建立平行绿色通道机制,"多规合一",把功夫下在"放管服"(政府简政放权、放管结合、优化服务)上。为此,要强化思想自觉,坚持统一规划,形成法律约束,实施重点突破,建立协调机制,强化平台支撑,探索共享模式,推动产业结构向"高端高智"方向发展。

这里的关键是对内对外都要扩大开放。我国历史上的唐代就很开放,其首都长安人口逾100万,其中外国人约占2%。《唐户令》规定,外国人来做买卖,做一年买卖的免三年赋税,做两年买卖免四年赋税……这就是引进外资。外国人还普遍参政,有好多外国人在唐朝做官,如安国(安息)人安附国,父子三人长期在唐朝为官,被封为男爵。可见唐朝是多么开放的国度。

应该说,融汇和市场化是江南繁盛的灵魂与精神。笔者认为,作为龙头的上海应更

---

[1] (英)亚当·斯密著,谢祖钧译,孟晋校,《国富论》,新世界出版社,2008年6月,第15页。

加自信,更加开放,同时要更好地融入本土,利用我国制度优势,以用好用足江南文化资源为抓手,真正培育出"海纳百川,追求卓越,开明睿智,大气谦和"的城市精神;要减少要素流动费用,降低交易成本,并推进新时代国家的诚信文化建设,从而将外部经济内部化,促成区域经济高质量增长;这样必将有利于资源更好地配置,促进创新活动的产生,从而为区域经济发展赋能,并创造出具有中国特色社会主义的产业经济学。

纵观世界发展史,已有美国的纽约湾区、日本东京湾区、英国伦敦的大都市圈等城市群为我们做出了榜样,那里云集着世界最具竞争力的优质资源,无论是企业、科研机构,还是大学集群中的人才等等皆如此。

世界银行报告显示,地球上1.5%的土地上聚集着全世界一半的生产活动。在日本,3 500万人挤在东京这块不足日本总面积4%的土地上,实现着超过日本60%的经济总量;在美国,2.43亿人集中在仅占全国总面积3%的城市群,成为世界生产率最高的城市区域。因此,可以毫不夸张地说,城市群是全球经济重心转移的重要承载体,也是当今世界最具活力和竞争力的核心区。正如前不久刚刚结束的第十一届"中华学人与21世纪上海发展"研讨会上,中国工程院院士、同济大学副校长吴志强教授所呼吁的,"单打独斗的城市没有未来"。

今时不同往日。现在的长三角地区,已具备了相当的经济规模和产业实力,并告别了过去一味追求高速增长的阶段,发展理念理应有所转变。面对"提质增效"的现实,长三角一体化的提速也拥有了更新的内涵和更深的寓意。北京大学国家发展研究院周其仁教授指出,纽约的钱并不只来自纽约人的储蓄,也绝不是只给纽约人用,而是汇聚全球资本,再给全球用;巴黎的时尚也不只是巴黎自创自赏,而是汇聚天下时尚精英并辐射、引领全球。上海就要走这么一条全球城市之路。创全球城市靠的不再是传统招商引资的思维,不仅要着眼自身的GDP,更要看多少GDP是上海通过给别人提供产品和服务创造的,给人越多,上海越厉害。因为当你把英雄托举到天上的时候,你的手也在云端;更重要的是我们已经进入了合作的竞争时代。

中国科学院院士刘忠范教授认为,"目前,我国原始创新的成果比较少,除了基础研究积累不够外,主要原因在于做科研的方式、方法还是比较急躁,现在的评价机制也让大家特别浮躁。创新需要慢功夫,不是喊几句口号就可以实现的,必须踏踏实实,才有可能出现原始创新"。问题是中国在原始创新上"老是差口气",从某种意义上说,目前原始创新少与浮躁的学风也不无关系。应在竞争中合作,在合作中竞争,最终实现共同发展,共同提高。有鉴于此,2018年6月1日,由三省一市共同研究制定的《长江三角洲一体化发展三年行动计划(2018—2020)》内容正式发布,其中涉及的打造世界级产业集群和全国首位的新技术应用示范引领区,加快布局城际轨道交通、优化长三角机场群,5G协同布局先行试用等多项具体内容,均有了具体行动计划。

万事开头难。目下,上海青浦与浙江嘉兴已签订了战略合作框架协议,上海的西大门和浙江的北大门嘉兴再"联姻"。作为"上海之源"的青浦,正在积极从规划、产业、城市功能等方面构建与周边区域的网络化、开放型、一体化发展格局,如昆山与青浦跨省域的合作正在主动对接。浦东新区、宁波市、南通市、舟山市海洋主管部门签订了《长三角区域海洋经济协同创新发展联盟》协议;沪苏浙皖四地 25 家国家级双创示范基地成立"长三角双创示范基地联盟",以及长三角地区湿地公园绿色发展国家创新联盟成立……随着长三角一体化浪潮奔涌,一大批民间联盟已纷纷出现,它们正和企业一起参与到长三角一体化推进工作中。长三角一体化的新浪潮,正吸引着众多赶潮人。

与大地贴得更近,看天空才会更远。强大源自合作而非征服,思维着的精神才是地球上最美丽的花朵。江南人,要从江南之内看江南,上升到跳出江南看江南,还要跳出中国看世界,方有新的认知与感悟。鉴于我国仍处于并将长期处于社会主义初级阶段,笔者期盼:各级政府不可浅尝辄止,更不要浮躁;创业维艰,守成不易,发展更难;打造"长三角命运共同体",唯有脚踏实地,深耕于田野,把有效的市场之手和有为的政府之手结合起来,消除制度壁垒,重塑经济地理,为高质量发展赋能,特别应利用我国社会主义制度的政治优势和制度优势——"集中力量办大事"的"国体",建立一个"科技走廊",联合共同打造"大国重器",以"创新高原"推动长三角一体化,在我们脚下的这片土地上,必定会升腾起更多希望,串起一个个惊艳世界的"惊叹号"。如中国首创的全球首架量子无人机诞生,美国人求技术共享。又如安徽合肥的科学岛,承载着人类的终极梦想——打造一个"人造太阳",拟一劳永逸地解决地球存在的能源短缺问题,最终的目标是使这个聚变能真正商用,造福整个全人类。

三、中国主义 美美与共

一个时代有一个时代的标志亮点,一个时代有一个时代的价值追求。岁月如歌,时空穿越。中国改革开放 40 年,已经由站起来、富起来到强起来,现在正在美起来。江南不仅有"上有天堂,下有苏杭"的美称,还有"桃花岛"(苏州石湖中)、神仙居(浙江仙居县天姥山),更有在太湖泛舟、石湖赏月的穿越式浪漫。

车尔尼雪夫斯基在《生活与美学》中指出:"美是生活。"美是朴实的、多元的,诗意是美,隽永是美,幽默是美……7 000 年前有着骨哨伴奏的江南先人的原始乐舞也是美。因为人类终究是有其局限性的,有高山必有低谷,平平安安就是福,宁静蕴含大力量,正如马克思、恩格斯在《神圣家族》中所说:"历史不过是追求着自己目的的人的活动而已。"[1]

随着生产力的提高、劳动人口的不断增加、生产方式的传统粗放、对自然资源的暴力掠夺,生态环境迅速恶化。半个世纪以前,海洋生物学家蕾切尔·卡逊在她的著作《寂静的春天》里描绘出一幅图景:由于农药的滥用,人类失去了遍布乡野的鸟儿、蜜蜂和蝴蝶,

---

[1]《马克思恩格斯全集》,第 2 卷,人民出版社,1957 年 12 月,第 118-199 页。

制造出一个寂静而恐怖的世界。这强烈震撼了社会民众,为人类环境意识觉醒点燃了一盏明亮的灯,由此"环境保护"一词频繁出现,引起了人们的反思。

其实,中国早在战国时期的秦国,就出现了世界上第一部关于环境保护的法律——《田律》。它已明确规定:"春二月,毋敢伐材木山林及雍堤水。不夏月,毋敢夜草为灰、取生荔麛卵,毋……毒鱼鳖、置阱罔,到七月而纵之。"也就是说,春天二月,不准到山林中砍伐木材,不准堵塞河道。不到夏季,不准烧草做肥料,不准采刚发芽的植物,或捉幼虫、鸟卵和幼鸟,不准设置捕捉鸟兽的陷阱和网罟,到七月解除禁令。还明确了对违反规定者的处理办法。此后许多朝代都设过"虞""衡"等保护山川的职位。据《尚书》和《史记》载:舜帝时任命九官二十二人,其中之一便是虞官伯益,其历史已有四千多年了。庄子"天地与我并生,万物与我为一""独与天地精神往来"的高尚境界早已给我们指明了方向。

改革开放后,我们用了短短40年的时间走完了西方150多年的发展道路,创造了世界经济的奇迹,同时也付出了巨大的代价,粗放式"快"的背后隐含了诸多问题。古印第安人有句谚语说得好:"别走太快,等一等灵魂。"发人深省。我国著名的美学家宗白华先生在20世纪20年代写的《流云小诗》中有一句话:"白云在天空飘荡,人群在都会中匆忙。"这句诗形象地折射了我们今天的现代化场景。的确,人们都在脚踏实地、拒绝时间地忙,哪有时间仰望星空,也许这就是今天我们社会所面临的问题。2015年,举世瞩目的天津"8·12"大爆炸重大事件;2016年4月,常州外国语学校被曝出建在污染地块旁,493名学生身体异常事件……让我们在经济飞速发展中反思人与自然、人与社会的关系,这是当代中国的重要现实问题。

人类的目光是有限的,不能把自己看得太伟大,正所谓"人类一思考,上帝就发笑"。然而盘点人类思想曾经的误区并非毫无意义。回归真实,才是我们应该选择的自我救赎之路。伊斯兰教先知穆罕默德说:"如果你有两块面包,你应当用其中一块来换取一朵水仙花。"尊重自然、保护环境,付出就是未来的幸福,毕竟地球是我们目前唯一的家园,人类与山水林田湖草是一个不可分割的生命共同体。100多年前,恩格斯就指出:"美索不达米亚、希腊、小亚细亚以及其他各地的居民,为了想得到耕地,把森林都砍完了,但是他们梦想不到,这些地方今天竟因此成为荒芜不毛之地。"[1]"世界上最后一滴水将是人类的眼泪"绝非危言耸听,这是摆在人类面前的严峻事实。

为什么汉代以后黄河开始不断改道、泛滥呢?春秋以后,社会生产力明显提高,铁器和牛耕开始广泛应用于社会生产和生活,再加上人口的急剧增长,使得黄河中上游的荒地、草原被大量开垦,植被不断破坏,生态环境开始恶化,水土流失严重,黄河携带的泥沙量急剧增加,最终导致黄河下游河道不断淤积,河床逐年增高。因此,到了战国中期,位于黄河两岸的齐、赵、魏等国就开始筑造黄河大堤,固定河道。随着淤积不断加快,到了汉代,黄河已不堪重负,开始经常改道迁徙。这一现象在文献中有着生动的反映,战国以

---

[1]《马克思恩格斯全集》,第20卷,人民出版社,1971年3月,第519页。

前黄河在文献中只称作"河",战国时开始有"浊河"之称,汉代及以后"黄河"一词开始出现于文献记载中,西汉时人们更称"河水一石,其泥六斗"。黄河下游地区自然环境的变化,表面上与黄河的改道、泛滥密不可分,实质上源自人类对自然的过度利用。同理,最近国家生态环境部发布的《2017中国近岸海域生态环境质量公报》中指出:长江口、杭州湾和珠江口水质极差;从11个沿海省(自治区、直辖市)的近岸海域水质来看,上海和浙江极差。究其因,亦是过度开发的原因。不仅我国,2018年夏季,高温热浪席卷全球,欧美以及亚洲多国遭遇持续高温天气,就连北极圈气温也超过了30摄氏度。有关专家指出,气候变暖背景下,全球极端天气事件在过去数十年里显著增多,预计未来会越来越多,世人必须警醒。天地的"大美"连着人间的"大爱",二者都应受到认真的呵护。

(一) 生态优先,绿色崛起

马克思认为,自然界是人类生存与发展的基础,"人靠自然界生活。这就是说,自然界是人为了不致死亡而必须与之不断交往的、人的身体"[1]。在马克思看来,好的生态环境本身就意味着生产力和经济财富,"外界自然条件在经济上可以分为两大类:生活资料的自然富源,例如土壤的肥力、渔产丰富的水等等;劳动资料的自然富源,如奔腾的瀑布,可以航行的河流,森林、金属、煤炭等等"[2]。这揭示了保护环境就是保护生产力,改善环境就是发展生产力的客观规律。没有适合人类生存的自然界,再多的钱财也无所用处,甚至会化为虚无。可是这个通俗的道理许多人虽然清楚,但在行动中往往就会犯糊涂,直到重大事件发生后才会变得清醒。2007年5、6月间,在无锡发生的太湖蓝藻污染事件就是一个例证。

从2007年5月28日起,无锡市民陆续发现,家里水龙头里流出的水带着难以忍受的臭味,发生了"七日水危机"。太湖病了,而且病得不轻!一下子炸开了锅。十万火急!正在国外的无锡市委书记只好中断访问紧急赶回。该市政府公布统计显示,除锡东水厂之外,其余占全市供水70%的水厂水质都被污染,影响到200万人口的生活饮用水。"29日凌晨的时候,水质最坏",太湖流域无锡沙渚水质自动监测站记录显示:当时氮超过10毫克/升,磷则超过0.4毫克/升,"最高的时候,氮含量曾超过仪器量程"。全城恐慌!市民蜂拥排队将超市、商店里的桶装水、瓶装纯净水抢购一空。市民只好用纯净水做饭、漱口、洗手、洗脸……该市交巡警部门通知,对运水进无锡的车辆,即使有超载、闯禁区行为,也可在登记、教育后放行。为此,该市政府启动了"太湖蓝藻防治应急预案",采取紧急调水、打捞等办法,引江济太,从长江引入清水更换太湖水体。即使在水危机解决后,部分市民仍心有余悸,甚至不敢用水漱口,"凡是入口的,都用纯净水"。左邻右舍早晨见面时,第一句话就是:"你家的水臭不臭?"无锡的电视台插播着一条公益广告:"汽车脏

---

[1]《马克思恩格斯全集》,第42卷,人民出版社,1979年9月,第95页。
[2]《马克思恩格斯全集》,第23卷,人民出版社,1972年9月,第560页。

了,我们用水洗;马路脏了,我们用水洗;可是水脏了,我们用什么洗呢?"令人沉思。

问题是时代的声音。太湖的病和人生病一样,绝不是突然间发生的。因为在蓝藻污染事件发生前的10多年中,太湖蓝藻是"常客",几乎年年都要"访问"无锡。这次猛击一掌,方才醒来!如果说"太湖污染事件"还有一点"功"的话,那就是它从反面教训了我们。

自1991年起,国家就先后投资百亿元治理太湖,国家环保总局还于1999年元旦联合苏浙沪两省一市举行了声势浩大的"零点达标行动"(即在1998年年底,太湖地区1 045家重点污染企业全部实现达标排放,其中江苏省占770家、浙江省占257家、上海市占18家),"其声呜呜",灯火通明。然而,8年后却是"触目惊心!"这是一曲唇亡齿寒的环保悲歌。

禹定震泽,太湖平原伊始。那时草木花果之香,像一个不善于甜言蜜语的人,却有着温厚含蓄的质地,沁人心肺,既可供养诸天菩萨,更是凡人日常生活里绵绵无尽的廉价享受。

就是到了20世纪60年代中期,笔者穿便衣护卫李宗仁与郭德洁女士游览无锡与太湖连着的蠡湖时,李看到清澈见底的湖水中游来游去的小鱼很有劲,这位曾经的临时大总统用双手捧起湖水自言自语地说,"呵呵!好可爱的一方湖水呀!"20世纪80年代初,太湖水质也良好,以Ⅱ类、中富营养水体为主,符合饮用水源地的水质要求。据1981年调查,太湖水域属Ⅱ类水的面积占69%,Ⅲ类水占30%,Ⅳ类水占1%。2000年后太湖水质恶化趋势明显,水质级别下降了两个等级。于是2001年11月22日凌晨,嘉兴北部渔民不堪吴江盛泽镇污水连年侵袭,自筹资金100万元,动用8台推土机、数万只麻袋,自沉28条水泥船,截断麻溪港,堵塞盛泽至嘉兴的航道,拦阻来自盛泽方向的污水,引起了中央领导的高度重视。百姓要生存,所以采取了这种极端的"零点行动"。沧海何尝断地脉,觉醒开启新征程。"共抓大保护,不搞大开发",求新求变谋长远,"铁腕"治污不留情。

1. "铁腕"治污,守护碧水蓝天

苏州吴江区下决心"铁腕"治污,恢复碧水蓝天。该区位于苏浙沪交界处,境内拥有规模逾千亿的世界级纺织服装产业基地,独特的地理位置、鲜明的产业特点,构成了该区的特殊区情,其举措:

一是"零容忍"执法。面对区域环境保护的巨大压力,该区环保局迎难而上,顺势而为。一方面强化环境执法,以民为本,解决群众关心的突出环境问题;另一方面以专项行动,提升环境执法的能力和水平。自2017年以来,针对印染、电镀、喷织等涉污企业,先后开展8次"雷霆"环保专项行动,采取"停、罚、拘"3种铁腕措施,重拳打击环境违法行为。第一次主要对印染、喷织企业突击夜查,查处私设暗管、"三口"(雨水口、污水排放口、冷却水排放口)整治不到位及擅自增加生产设备等违法问题,停产整治4家,责令整改7家,查封设备45台套,移送公安机关2起。第二次结合环境执法大练兵活动,围绕印染、喷织、日化、食品、金属制品等行业,分行业随机抽取44家企业突击夜查,共查处12家违法企业,4家移送公安机关,8家被行政处罚。第三次结合吴江区"四个融入"大走访活动中收集到的问题线索,检查企业30余家。第四次对盛泽镇以及太浦河沿线的80多家企业进行突击检查,涵盖化工、制药、印染、石材等行业,最终移送公安4人,取缔企业1家,停产企业3家,立案处罚企业16家……至2018年上半年,该区环保局已累计作出处罚决定641件,处罚金额5 131万元,实施拘留27人,追究刑事责任86人。

二是与"友邻"环保部门建立合作机制,确保太浦河清水长流。太浦河因沟通太湖和黄浦江而得名,流经苏浙沪三地。该区在与浙江嘉善县、上海青浦区三地监测数据及监察情况互通的基础上,建立健全了三地环境监测、监察、应急处置联合运作机制。苏州市、嘉兴市、青浦区三地环保部门及吴江区、秀洲区、嘉善县三地政府亦联合制定了《太浦河流域跨界断面水质指标异常情况联合应对工作方案》,明确了应急处置、日常管理等治污规定,还与上海市、浙江省等地环保部门联合起草了《太浦河流域水质预警联动机制》和《太浦河流域跨界断面水质指标异常情况联合应对工作方案(2017修订版)(征求意见稿)》。为确保太浦河水质稳定,强化了科技支撑,将区域内所有水质自动监测站的监测数据实时上传至手机APP,并采用海底长期科学观测网、物联网技术,针对蓝绿藻、叶绿素、COD、TOC、氨氮、总磷和总氮等关键参数,对东太湖、元荡湖水面水上气象、湖底至湖面开展立体综合观测,一期项目试验点运行良好,形成了立体监测的基础。

江苏张家港市东沙化工园区,坚持生态优先、绿色发展,治理污染不讲条件,实行整体关停。该园区创建于1993年,面积约3.2平方千米,已经建设20多年,曾为当地发展经济、增加就业、完善基础设施做出了贡献。2017年,在主要化工企业正式关停前,区内实现开票销售收入28亿元,入库税收2.58亿元。为顺应转型、绿色发展的时代要求,园区决定关停转型。原园区中有一处占地1 000多平方米的厂房,是某化工集团生产液氯的车间,每天要生产150多吨液氯,现在所有生产设备已拆除干净。通过关停整治,园区每年可减排化学需氧量1 190吨、氨氮27吨、二氧化硫1 530吨、氮氧化物550吨,减少危废产生量2 028吨,节约标煤15万吨。许多当地居民说,现在化工区关闭了,空气中再也闻不到异味,感觉整个环境都变好了,生活也更加舒心了。原园区内的17家化工企业按照"一企一档"的法子,实现了关停并转妥善安置,成为江苏全省乃至全国首个整建制主动实施关停的化工园区。目前园区地块的新蓝图已浮出水面,将转型主打新材料、新装备等高新技术产业,打造一个生态、生产、生活协调发展的新园区,这既是腾笼换凤、转型升级的标志,也是绿色经济崛起的象征。

奔腾万里的长江是大自然给我们的馈赠,正如苏轼《赤壁赋》所云:"江上之清风,与山间之明月,耳得之而为声,目遇之而成色,取之无禁,用之不竭,是造物者之无尽藏也。"多少年来,"滟滟随波千万里""江天一色无纤尘"。然而,一段时间来存在的无序开发,导致长江也病了。2018年一季度,江苏45个入江支流断面水质劣Ⅴ类比例同比上升10.7个百分点。对此,江苏省以压倒性思维抓生态修复,严控空间不让分毫,修复生态不打折扣。当年4月下旬以来,省专项行动期间,沿江8市检查组共出动环境执法人员960人次、公安民警240人次,发现存在环境违法行为企业1 199家;对661家企业排放废水进行采样,有256家超标,立即告知当地环保部门行政立案查处,其中,停产整治187家,查封扣押161家,取缔关闭25家,建议移送公安机关行政拘留或追究刑事责任的违法企业线索277条。

为还长江一江清水,江苏将对突出环境问题继续"下猛药"。在化工产业上,全省不上增量、优化存量、严控总量,特别是沿江沿太湖地区,不再新上化工、钢铁、煤电产业。严格管控企业排污,从源头上堵住污染源。

过去,靠江吃江,推进"八百里江岸起宏图",沿江成为全省发展的重心。现在,沿江生态空间只能增加不能减少,以往南京是"用空间换发展",如今是"花钱买空间",确保红岸线"守得住",发展"保得好"。

在常州高新区滨江有一大片密林,从空中俯瞰,这片540公顷的生态林呈狭长形状,东西绵延近10千米,相当于700多个足球场的面积。这里曾经是零散的村庄和河塘。政府统一规划后,村庄整体搬出,村民统一安排,腾出来的土地打造城市绿肺。

江苏常熟市不建物流岛、改建生态岛。地处该市境内福山东南的福山港,因这里的江水深,当年的日本人曾试图在这里登陆,从侧后进攻上海。后长江泥沙冲积渐渐淤塞,在长江滩地上长出了一个洲岛——铁黄沙,面积达12平方千米。"十二五"期间,该市先后投入16亿元整治铁黄沙,通过吹填方式并陆连岸,周边江水深达20米左右。如今从高空俯瞰,铁黄沙已成为常熟"嵌入"长江的三角形岛屿(见图9-6)。为共抓长江大保护,不搞大开发,当地政府毅然决定将铁黄沙改建成生态岛。2017年10月以来,铁黄沙共种植油菜4 500亩、小麦1 000亩、紫云英900亩。花期过后将这些植物再翻耕入土作为养料,进一步优化土质。经过半年多的种植管理,铁黄沙土壤品质与环境面貌逐步改善。相较于直接倾倒有机废弃物的土壤改良模式,这种就地种植、翻耕方式虽然耗时较长,但不会引入外源污染。有关部门还计划夏秋季种植一批旱地植物,包括玉米3 500亩、向日葵700亩、芝麻900亩、花生400亩、大豆900亩等,并搭配种植部分观赏花草。这一计划将历时3年,誓把铁黄沙打造成集生态、旅游、休闲、度假于一体的生态岛,让长江再现一江清水、两岸葱绿。

图9-6 江苏常熟市铁黄沙改建生态岛一角

2. "五水共治",从源头上确保清水入太湖

在太湖南岸边,以湖命名的浙江湖州市,是全国首个国家生态文明标准化示范区创建城市。东西苕溪、环湖河道等水系河道直接与太湖联通,境内有8个主要入太湖口。这些入湖口水质经多年监测达到Ⅱ～Ⅲ类,连续9年境内所有入湖口水质达到Ⅲ类。行船于通往太湖的西塘漾之上,可见湖水干净,两岸布满铁线莲、水草、野生茭白等,灰鹭在此翩翩飞舞。该市连续四年获得浙江省"五水共治"(治污水、防洪水、排涝水、保供水、抓节水)工作最高奖——"大禹鼎",其治水的秘诀是:

一是搞好生态修复。曾几何时,在浙江湖州约5 820平方千米的土地上,不到10平方千米就有一个矿点。作为华东地区最重要的建筑石料生产基地,鼎盛时期,该市每年石材开采量达1.64亿吨。现在一下子降至4 800万吨。数字下降的背后,是一场坚持十几年的矿山生态建设探索。

昔日尘土飞扬、满目疮痍的矿山不见踪影,取而代之的是重生的绿意。比如离太湖南岸不远的湖州市吴兴区有个菰城村,以前是一个典型的靠山吃山的"石头村"。开矿炸山富了村,当年的环境"糟糕透顶":"在外晒的衣服,收回家轻轻一抖全是灰;菰城村的天总是灰蒙蒙的,若几辆货车开进村,之后300米都见不到人。"2001年起,当地政府下决心治矿,菰城村成为首批关停点。3年后,11家矿产企业彻底关闭。关矿的同时,复垦复绿也在进行。在"后矿山时代",过去伤痕累累的矿山摇身一变,成了果林、经济林,原先靠近河岸的机组所在地也恢复成农田。截至目前,湖州已完成废弃矿山治理336个。埭溪镇东红村,昔日矿山变身千亩茶园;妙西镇的废弃矿区上建起了光伏发电场,成为湖州的新型清洁能源示范项目;长兴县太湖边,一座建在废弃矿区上的龙之梦乐园正在兴起成型。"宜耕则耕、宜林则林、宜建则建、宜景则景",在环境修复和生态涵养的同时,化废为宝;并针对保留的矿山,出台了《湖州市市级绿色矿山管理办法》,明文规定:凡是在产的矿山,都必须达到市级绿色矿山创建标准;凡是治污不达标的矿山,一律停产整治。2017年,该市率先在全国发布绿色矿山建设地方标准,为矿企转型树立了"绿色屏障",其新开元碎石有限公司就是其一。目下,该公司已成为一座"花园式"矿山,放眼望去,青山环绕,鸟语花香。经多次测试显示,矿区内的PM2.5值同期有时甚至低于市区。

二是"五水共治"。早在2014年,该市就全面吹响了"五水共治"号角,从源头入手,标本兼治。在制定的《2014—2017年"五水共治"实施方案》中,提出了"近期洁、中期清、长期净"的三步走战略,重点实施45类项目。同时,每年都出一份细化的年度安排,明确任务书、路线图、时间表、责任状,在浙江全省率先完成245.2千米垃圾河、258.9千米黑臭河的治理任务。2017年,又率先完成了1 752个挂号问题小微水体整治,并对4 733个小微水体开展深化提升整治。曾经的黑臭、垃圾河渐渐恢复清澈,房前屋后的小水池、小水塘变成小公园、小景点,百姓纷纷点赞。为了消除岸上的污染源,四年来,全市累计关停并转涉水重污染高耗能企业和低小散企业(作坊)4 054家,全市生猪存栏由125万头减

少到19.7万头左右,温室龟鳖养殖实现"全域清零"。数据显示,目前湖州全市77个县控以上地表水监测断面首次100%实现Ⅲ类及以上水质,较2013年提升16.7个百分点;县级以上集中式饮用水源水质达标率稳定保持在100%;入太湖水质连续10年稳定保持在Ⅲ类及以上。

三是督察问责。为压实"河长"责任,湖州从2013年就构建起市对县区、县区对乡镇的两级常态化治水督察体系。2017年开始,湖州市委、市政府、市治水办都专门组建专项督察组,通过明察暗访、随机抽查、带案督察等方式,对治水工作实行常态化督察,实行"亮牌预警、亮灯提醒、亮剑约谈"。对治理效果不明显、水质不稳定、工作进展慢的地区,对经多次提醒仍不改进或因工作不力造成恶劣影响的乡镇,启动问责程序。

为解决治水中遇到的"疑难杂症",湖州市还聘请了两院院士在内的27名专家组成治水专家团,开展决策咨询、技术指导和难题攻关服务。为了治水,各种智能法宝都用上了,如电子眼、无人机、声波探测仪、管道机器人……大大提升了实效,成为全国首个国家生态文明标准化示范区创建城市。随着河道水环境大幅提升,村民们也开始恢复了用河水淘米洗菜的习惯(见图9-7)。

图9-7 湖州长兴县南太湖陈家浜村民在河道边淘米洗菜
图片来源:新华社

南浔区和孚镇的"渔光互补"光伏发电项目建设在4 200多亩鱼塘上,40多万块太阳能光伏板下养殖小龙虾和青虾等水产,千亩鱼塘与绿色光伏电站构成一幅和谐的生态美景图。借此榜样,长三角地区应积极推动能源转型,逐步淘汰燃煤发电,大力发展光伏、风电等可再生新型能源,向"绿色、低碳、安全、高效"转型。

3. 攻难克坚,太湖水质稳定向好

"鹰击长空,鱼翔浅底,万类霜天竞自由",这是梦里水乡的模样。远古的太湖由小变大,神秘莫测,亦梦亦幻。由于近几十年太湖流域经济高速发展,它承受了太多的苦难。严峻的现实表明,太湖治理水平与新时代的要求还存在着巨大的差距,这也是太湖流域面临的最大挑战。但在流域6 000多万民众的共同努力下,截至2018年5月30日,无锡蓝藻打捞量减半,与上年同期相比减少了 53.18%;太湖无锡水域水质稳定在四类水,优于 20 年前(1997 年)水平。事实见证并反映了太湖水质历史性的变化,也为人们解剖了这个由生态付出到改善生态,进而逐步实现人与自然和谐共生的"活标本"。根据卫星遥感监测,2018 年全太湖藻类最大聚集出现在 5 月 8 日,面积为 466 平方千米,较上年同期下降 49.6%。其中,无锡水域共发生藻类聚集 26 次,藻密度均值 936 万个/升,同比下降 24.8%。

如今的太湖波光粼粼,静谧而美丽。可这份"美"来之不易。11 年治理,"河长"全面上岗,重拳出击:清淤泥,疏河道,控源截污,累计关闭重污染企业 5 300 多家,打捞蓝藻 1 000 多万吨,生态清淤 3 700 万立方米……流域各地区可谓"动足"了脑筋。

但太湖的生态治理与全国各地一样,依然任重道远。请问专家与当地政府:太湖无锡水域只占太湖面积的四分之一,蓝藻为什么专门与无锡作对——大量集结在太湖无锡水域?

笔者认为:什么风向的问题、苏州地界湖水的影响问题等等都是次要的。根子在于太湖无锡水域是死水!而死水最适合蓝藻生长。可以说,投再多的财力、人力或许也是白搭。究其因,太湖无锡水域湖岸线绵延曲折,又有贡湖湾、梅梁湖、竺山湖等众多湖湾,这些湖湾多变的地形地貌使蓝藻易进难出,加之湖岸边又设置了好多水闸,使太湖无锡水域原本流(转)动的湖水变成了死水,造成了无锡成为太湖蓝藻暴发的"重灾区"和"主战场"。因此,要想根治无锡蓝藻暴发,笔者以为,一要发动太湖流域全民治水,改变生产生活方式,枯枝落叶、杂草残花等"绿色垃圾"也应回收再利用。严控岸上污染物入湖,进一步削减入湖污染负荷,逐步建立起社会主义民主法治的理性文明生活方式。二要定期在太湖无锡水域重灾区清淤,削减内源污染,逐步恢复水体自然净化能力,特别要多种与保护好水草,从源头上减少蓝藻的产生。因为如果没有水草与它争夺养分,藻类就会疯长。三要做好"加减法",退地还湖,恢复太湖无锡水域原本就是流(转)动的态势,把围湖造田、造路、造景的湖面(如连接马山的地块)退还于湖。这是回归自然的最佳方案。四要引(长)江水冲击,使水流动起来。多管齐下,综合治理。否则,今后太湖无锡水域蓝藻依然还会暴发!

寰宇有序,时光流长。科学精神倡导在自然规律面前人人平等,人为的权力是没有办法耍横的!打官腔更是徒劳的。古语云:"耕当问奴,织当访婢。"人民群众是绿色崛起的真正英雄。绵延 5 000 多年的中华文明孕育了丰富的生态文化,尽管蓝藻的治理是一项世界性的难题,但当全民奋起之时它就会低下头。也可能是天意,位于太湖边的无锡胡埭镇富安村的民众采取在小胡山浜河道内放养"食藻虫"(一种低等甲壳浮游动物)、种植水生植物、投放虾螺贝、设置曝气装置等办法,打造了新颖的"水下森林",形成了健康的自我循环、自我平衡的清洁水体环境,闪烁出智慧之光,出现了一幅青山绿水、美丽和谐的生态画卷。这使我们看到了希望,也看到了无锡的未来。再一次证明,人民是真正的英雄,"市民社会是全部历史的真正发源地和舞台"[1]。

---

[1]《马克思恩格斯选集》,第一卷,人民出版社,1972 年 5 月,第 41 页。

2018年1～12月,长三角地区41个城市PM2.5平均浓度为44微克/米^3,虽同比下降10.2%,但仍未达"国标"(35微克/米^3)。"前事不忘,后事之师",谦卑的人骨子里流淌着江河。当下,绿色正在浸润江南各地,从"灰色发展"转向绿色发展,从单一发展转向融合发展,向"智慧"赋能,保护生命之源,修复自然之肾,利用自然资产,化污为宝,已经蔚然成风,激活了生态经济的"乘数效应",假以时日,必将蓝天更多,碧水更长。

(二) 强富美高,和合共生

天上月亮,地上太湖;美丽江南,诗意弥漫;荷塘月色,风光秀丽。用"绿色投资"促进绿色发展,究天人之际循生生之道,以绿色置换旧空间,"蒹葭苍苍,白露为霜。所谓伊人,在水一方"(《诗经·国风》)。在36 900多平方千米的太湖平原上,6 000多万人民从来没有像今天这样意气风发、斗志昂扬。那山清水秀的"颜值",开明开放的"气质",已初现江南的本色。

泛着光泽的青石板深巷,宛如徽墨泗漫出的古韵痕。它的安宁蕴含着大力量,人和腾起新希望。开放的江南,发展的江南,为解决百姓如何吃好、吃得更营养健康,生活得更加体面、更有尊严、更为幸福,正在苦干实干。

站在风口上的长三角,牵住科技创新的牛鼻子,取得了科技创新的先手棋,由高速增长阶段迈向高质量发展。2017年,江苏推进"煤改电""煤改气",减煤1 655万吨;为让更多的地歇一歇,让有机质使它肥起来,2018年有70万亩耕地轮作休耕;畜禽养殖污染治理与资源化利用正全面整体推进,以"四线"(绿线、蓝线、紫线、黄线)替代"城市开发边界和生态红线";回归"原点",再造"第三生活空间";城乡同值齐观,特色小镇遍地开花,百姓无不拍手称快。

等闲方识无边景,有悟脚下处处是灵山。清晨,雾隐江南,成为天然的兴奋剂;而太阳一旦露出笑脸,地面展现出千姿百态,这可不是"梦幻",而是实景。

脚踩坚实大地,梦想的沃土在江苏昆山市开出了五彩缤纷的花朵。这个县级市,总面积927.68平方千米,其中水域面积占23.1%。自秦代置娄县至今已有2 200多年的历史。这个曾经血吸虫泛滥成灾、"万户萧疏鬼唱歌"的地方,改天换地,1955年9月曾受到毛泽东主席的称赞,并号召全国"请看一看江苏省昆山县的这个乡罢!"[1]如今该市已是全国首个GDP突破3 000亿元、财政收入突破300亿元的县级市,连续多年稳居中国中小城市综合实力百强县第一名,荣获福布斯中国大陆最佳县级城市"七连冠",荣获全国中小城市综合实力百强县市、投资潜力百强县市、创新创业百强县市、新型城镇化质量百强县市"四个第一"。它圆了古人的梦——"民亦劳止,汔于小康"(《诗经·大雅·民劳》),率先实现了江苏省全面建设小康社会指标(见图9-8)。2005年,出自昆山的空军特级飞行员、我国首批航天员费俊龙,还随神舟六号飞船踏入了太空。

---

[1] 《毛泽东选集》,第五卷,人民出版社,1977年4月版,第229页。

该市围绕争当"强富美高"新江苏建设排头兵总目标,紧紧抓住高新技术产业,特别是第一大电子信息产业的转型升级。随着中科曙光、澜起科技等大项目的落户,在友达光电、龙腾光电等光电龙头企业带动下,积极做好"强芯亮屏"文章,推进电子信息产业迈向中高端,着力打造世界级先进制造业集群,实现昆山在整个国际生产网络中角色的转变,从国际生产体系的"执行者"转为国际生产网络的"掌控者",力争在国际价值链中处于主导地位。如前身为校办工厂的"好孩子"集团公司自主创新,蝶变为全球最大的耐用儿童用品公司、中国最大的孕婴童产品全渠道零售商。

2013年2月,国务院正式批复同意设立昆山深化两岸产业合作试验区。5年多来,昆山优美的环境引来了更多的彩蝶。目前,台湾名列前100名的制造业企业已有70多家分别在昆山投资设立了近百家企业,基本形成了光电显示、智能终端、装备制造等完整产业链。在昆山试验区这片试验田上,产业门类更多,投资领域更广,越来越多的台企投身其中。总投资120亿元的友达光电低温多晶硅显示面板项目目前已实现全面达产。在友达光电的生产车间,灵活的六轴机器手臂精准的"抱起"厚度不到1毫米的玻璃基板,轻放在气浮式的传送带上,整个过程无需人工操作。这座高度智能化的现代工厂,颠覆了人们固有概念中"工厂"的定义。在从高速增长走向高质量发展之际,这些企业给昆山带来了更多的新鲜空气——先进技术、管理经验、体制机制和创新思维方法等,进一步发展、壮大了自己。可谓惠风吹两岸,心桥连昆台。经济上的密切合作催生了文化上的深度融合,昆山已成为广大台商成就事业梦想的沃土和安放乡愁、栖息心灵的港湾。

图9-8　江苏昆山市城市广场

值得关注的是:2018年10月7日,位于昆山高新区的中科院安全可控信息技术产业化基地开工建设,标志着国家信息技术产业重大合作项目进入实施阶段,打造年产100万台安全可控高性能服务器的生产基地。据预测,这将带动上下游产业链总投资超100亿美元,为苏州经济社会高质量发展注入强劲动力。

"一人富不算富,大家富才是富。"漫步于江苏江阴市华西村,春风拂面,鸟语花香,村民别墅错落有致,酒店、公园、医院、文体活动中心等等应有尽有,风景如画,"强富美高",俨然置身于现代化都市。它映现了费孝通的"江村"初心——"志在富民"。

该村用奋斗敲开梦想之门,从名不见经传,仅有0.96平方千米的贫穷落后小村庄,发展到如今占地35平方千米、人口6万的"大华西"。华西人用57年时间创造了一段中国农村发展的传奇,也让华西村享有了"天下第一村"的美誉。华西村党委书记、华西集团董事长吴协恩说:"我们要在新时代创造更加美好的未来,把华西建设成'百年企业、百年村庄',让老百姓过上更加幸福的生活。"2013年至2017年,华西可用资金比上一个五年增18.65%,上缴税费增46.06%,目前全村人均年收入超过9万元。近年来,其发展轨迹是:从钢铁减产提质入手,加快传统产业的技改升级,坚持不扩产,陆续关停9家能耗高、效率低的企业。在对传统产业进行技术改造和转型升级的同时,成功拓展了金融投资、旅游服务、仓储物流、远洋海工、农产品批发市场及矿产资源等一大批新兴产业。综合立体的产业格局令华西经济活力四射。他们放眼全球,涉足的产业从国内到国外,从天上到地下,从陆地到海洋。发展铺就"绿"底色,产业转型追求高质量。更为可贵的是,从2013年起,吴协恩坚持每月只拿3 500元的基本工资,还把这些年上级批给他的1亿多元奖金全部留给了集体,践行了"一个共产党员,为民利益的一面旗帜"这句吴仁宝老书记生前常说的话,而这,也许就是华西村多年来稳健发展的"秘诀"所在。

这里有必要指出,决定一国经济兴衰的因素是复杂的、多样的,但从中国经济社会发展的历程来看,企业家精神与经济兴衰呈正相关关系。如何营造有利于企业家创新进取的社会氛围,更好地激发和弘扬企业家精神,值得我们深入研究,尤其是民营中小企业,犹如"热带雨林",应大力扶持发展。

小康社会,大同世界,是中国人民亘古向往的理想社会。共产党人干革命、搞建设、抓改革,目的就是为了让人民过上幸福的生活。苏霍姆林斯基曾说:"美是道德纯洁、精神丰富和体魄健全的有力源泉。"改革开放40年来,全国已有7亿多贫困人口摆脱贫困。但这还是低标准,我们还需要"第五维空间"、公共的"第三卫生间"、繁荣的夜间经济(包括食、游、购、娱、体、展、演等在内的多元夜间消费市场)、更大的精神空间,以及现代的5G数字化与智能生活……人类学家费孝通先生在20世纪90年代就指出:"美好的生活不仅仅是一个吃饱穿暖的生活……除了物质的需要,还需要art,也就是艺术……这是高层次的超过一般的物质的生活,也是人类今后前进的方向。"这在江南大地,太湖潺潺带梅开,"江左风流"已露面。幸福不是什么"高大上",而是生活中一个个的"小确幸"(见图9-9)。"休闲同健康、教育一样对人们生活至关重要",它是我们重要的"心灵寓所",人们正是通过休闲而不是工作来充分展示个性和自我价值。

太湖边上的苏州吴江区七都镇,经济发展了,百姓富裕了,他们充分发掘镇里的特色与个性,已经形成一个颇有名气的"国学音乐小镇",显得温文尔雅,连续四年举办音乐节,每年文旅结合都吸引了四面八方数以万计的音乐爱好者到访。其缘由是,音乐的

图9-9　苏州花间雅集（马耀明摄）

"乐"字，加上草字头，就是繁体的"药"字。或许我们的祖先早已发现这个奥妙——乐和药相通。现代科学也表明，音乐是可以用来治疗甚至治愈某些疾病的，它有一种不可名状的神奇功效——能抵达人的心灵深处，释放人的内心最本真的情绪。孔子曰："移风易俗，莫善于乐。"音乐还具有净化社会风气、调节社会矛盾、促进社会和谐发展的作用，故而很受欢迎。

素雅沉实，平凡孕育伟大。并非所有植物都需要肥沃土壤，荒漠也可以成为胡杨树的天堂。幸福本身是朴素的，低调也是一种力量。花开、花谢、圆满、如常，每一处地方都是我们的家园。幸福是一种心态。半夜的星星会唱歌，真正的快乐来自心灵的享受。我们不必刻意寻找这世间的"人间天堂"，把脚步慢下来，把心静下来，此心安处是吾乡，即使是住了几十年的老地方，也一样可以成为"神仙居"。

陶渊明写的《桃花源记》里的"桃花源"究竟在哪里？世人找了1 600多年也摸不着。其实，真正的桃花源就在他的名字里——"潜"（陶渊明，又名潜），就在他的心里面。正因我们每个人都需要一个属于自己的精神乐园，"必情好，人不老"。文学家余光中曾在苏州的诚品书店说过一句话：科技催未来快来，文化求历史慢走。静下心来，你可以"横读"（宽泛）、"竖读"（精读）看点书。生命需要文学的滋养，因为文学，我们不再害怕肉体只有那么短暂的百把年；通过读书，我们可以以有限的肉体，接通人类文明的永恒。静下心来，你或许会在凌晨四点左右看到昙花盛开、海棠花未眠，会在平时最熟悉的湖岸边看到绿柳如烟、飞花如雾的迷人景致，会在烹茶时体会古人"松花酿酒，春水煎茶"的雅趣……讲究生活情趣，便拥有了生活的诗意。

山清水秀宜为家，人心安处即天堂。江南人就像那菖蒲（又名香蒲、蒲苇），群聚而生，择水而居。它在碧水盈盈的池塘边、汨汨流淌的小河畔，从水底窜出，潜滋暗长，恣意勃发，铺展出一片青翠的水中丛林。它行走在属于自己的江湖，清凉不失热闹，簇拥却不纠缠；既有邻里之间和睦相处的融洽，也有老朋友久未谋面笑盈盈的亲热。

思想和精神泰斗托尔斯泰曾说:"人活着,不是为了要求别人为自己工作,而是为了要服务他人。"德国作曲家、诗人巴赫亦指出,生命不是享有,而是奉献。马克思在分析德国社会现实、揭示资本主义弊端并憧憬人类社会未来时,曾反复使用过"共同体"的概念,江南人"修己以达人",其"和谐和合"的生活方式注释了"共同体"的本意。地球本来就是一个共同体,目下世界上最缺的是绿色经济增长,唯有和谐和合,"众人拾柴",共建共享,方能美满幸福。在"强富美高"的征程中,愿我们每个人都拥有大森林一样的胸怀和反哺的魄力,吐出的是氧气,洒下的是荫凉,阻止的是风沙,涵养的是水源……有"元元"的奉献,才有温暖的"大家"的人间。来吧,朋友们!天下处处可以变为桃花源。"小康路上,一个民族都不能少。"让我们携手奋斗,心手相牵,在共同的道路上前行!